Wolfgang Werner

Studien zur alttestamentlichen Vorstellung
vom Plan Jahwes

Wolfgang Werner

Studien zur alttestamentlichen Vorstellung vom Plan Jahwes

Walter de Gruyter · Berlin · New York
1988

Beiheft zur Zeitschrift für die alttestamentliche Wissenschaft

Herausgegeben von Otto Kaiser

173

Als Habilitationsschrift auf Empfehlung der Katholisch-Theologischen
Fakultät der Universität Augsburg gedruckt mit Unterstützung der
Deutschen Forschungsgemeinschaft

Gedruckt auf säurefreiem Papier
(alterungsbeständig – pH 7, neutral)

CIP-Titelaufnahme der Deutschen Bibliothek

Werner, Wolfgang:
Studien zur alttestamentlichen Vorstellung vom Plan
Jahwes / Wolfgang Werner. – Berlin ; New York :
de Gruyter, 1988
(Beiheft zur Zeitschrift für die alttestamentliche Wis-
senschaft ; 173)
Zugl.: Augsburg, Univ., Habil.-Schr., 1986
ISBN 3-11-011255-8
NE: Zeitschrift für die alttestamentliche Wissenschaft /
Beiheft

Satz und Druck: Arthur Collignon GmbH, Berlin 30
Bindearbeiten: Lüderitz & Bauer, Berlin 61

Vorwort

Die vorliegende Arbeit stellt die gekürzte Überarbeitung meiner Habilitationsschrift dar, die im Sommersemester 1986 von der Katholisch-Theologischen Fakultät der Universität Augsburg angenommen wurde.

Mein besonderer Dank gilt meinem akademischen Lehrer, Herrn Professor Dr. Rudolf Kilian, der die Arbeit kritisch und fördernd begleitet hat. Ihm verdanke ich zahlreiche Anregungen. Gern erinnere ich mich zudem an die von den Lehrstühlen für alttestamentliche Exegese und biblische Theologie veranstalteten Kolloquien, in denen Herr Professor Dr. Hans-Christoph Schmitt aus seiner wissenschaftlichen Fragestellung heraus zu von mir vorgetragenen Ergebnissen Stellung genommen hat. Herr Professor Dr. Herbert Leroy übernahm die Mühen des Korreferates. Auch ihm sei an dieser Stelle herzlich gedankt. Zu danken habe ich schließlich Herrn Professor Dr. Otto Kaiser, Marburg, für die Aufnahme der Arbeit in die BZAW-Reihe, den für die Drucklegung verantwortlichen Damen und Herren des Verlaghauses Walter de Gruyter, Berlin, und der Deutschen Forschungsgemeinschaft für die Gewährung eines beachtlichen Druckkostenzuschusses.

Augsburg, im Juli 1987   Wolfgang Werner

Inhaltsverzeichnis

2. KAPITEL
DER PLAN JAHWES IM BUCH DES DEUTEROJESAJA (JES 40 – 55)

3. KAPITEL

JES 25,1 – 5 – DER PLAN JAHWES IN DER JESAJA-APOKALYPSE
(JES 24 – 27)

4. KAPITEL

DIE VORSTELLUNG VOM GÖTTLICHEN PLANEN IN WEITEREN
PROPHETISCHEN UND PROPHETENTHEOLOGISCHEN TEXTEN

5. KAPITEL

DAS GÖTTLICHE GESCHICHTSHANDELN IN DER SOGENANNTEN
THRONFOLGE-ERZÄHLUNG DAVIDS (2 SAM 9 – 20; 1 KÖN 1 – 2)

Einleitung

Ahnung und Wissen, daß eine göttliche Macht in das Leben der Menschen eingreift und in ihm bestimmend wirkt, ist das fundamentale Konstitutivum jeglicher religiöser Erfahrung. So kann G. Widengren im Anschluß an J. B. Pratt den Begriff Religion ausdrücklich als Machterfahrung definieren: Religion ist demnach »eine ernste, sozial betonte Einstellung gegenüber der Macht oder den Mächten«, »von denen man glaubt, daß sie die letzte Kontrolle über das menschliche Schicksal ausüben.« Diese Macht wird näherhin als »Schicksalsbestimmer« charakterisiert.[1]

Es bedürfte keiner Studie, um diesen grundlegenden Sachverhalt als auch für das Alte Testament zutreffend und gültig zu erweisen. »Daß Gott der gebietende Herr ist, das ist der eine und grundlegende Satz der Theologie des ATs.«[2] Jahwe wird bezeugt als der souveräne Herr, der den Seinen seinen Willen auferlegt, so daß L. Köhler völlig zu Recht alttestamentlichen Glauben als ein Willensverhältnis versteht: »die Unterordnung des beherrschten unter den beherrschenden Willen ... In diesen Angeln: hier der gebietende Herr, dort der gehorchende Diener, schwingt das ganze AT.«[3]

Gegenwärtigem theologischen Denken und religiösen Empfinden mag dieses alttestamentliche »Grunddogma« befremdlich erscheinen, weil es offensichtlich einem dialogal-partnerschaftlichen Gottesverhältnis diametral entgegengesetzt zu sein scheint, doch gibt die weitaus überwiegende Zahl der Texte kaum Raum für eine andere Verstehensmöglichkeit. Gott verfügt souverän in der Welt und in der Geschichte, und menschliches Reden mit ihm wird erst möglich, wenn er es will und geschehen läßt. Stets bleibt die Distanz gewahrt: Gott ist Gott, der Mensch Mensch.

Dieser alttestamentliche Fundamentalsatz vom Herrsein Jahwes findet eine Ausprägung in der Vorstellung, daß bei Jahwe ein Plan konzipiert ist. Dieser Plan wird entweder als eine Größe verstanden, die das Leben eines Einzelnen bzw. einer Gemeinschaft führend lenken will, oder als Instrument göttlicher Weltpolitik, mit dem Jahwe seine Absichten in der Völkerwelt durchsetzen will. Gott greift, so die Vorstellung, nicht nur

---

[1] Vgl. G. Widengren, Religionsphänomenologie, 3 f.
[2] L. Köhler, Theologie, 12.
[3] L. Köhler, Theologie, 12.

punktuell oder intermittierend in die Menschen- und Geschichtswelt ein,
vielmehr läuft das Geschehen selbst nach einem vorher bestimmten Plan
ab, der sich notfalls sogar gegen die erklärten Absichten und Strebungen
der Menschen durchsetzt. Es besteht freilich auch die Möglichkeit, daß
sich die Menschen – zu ihrem Schaden – dem göttlichen Planen
widersetzen.

Die vorliegenden Studien wollen dieser häufig durch eine spezielle
Terminologie geprägten Vorstellung nachgehen. Bei der Terminologie
beginnen freilich schon die Schwierigkeiten: Das Verbum יעץ kann sowohl »beraten« bedeuten als auch »planen«, und dementsprechend meint
das Substantiv עצה neben »Rat« auch »Plan«. Die theologischen Wörterbücher vermuten häufig einen fließenden Übergang der Bedeutungen:
»Aus der Bed. ›raten‹ ergibt sich auch die daraus resultierende von
›beschließen, planen‹, wobei nach dem Zusammenhang dieses Planen
bzw. Beschließen sowohl einen positiven (selten, vgl. Jes 32,8) als auch
einen negativen Sinn beinhaltet...«[4] Gegen diese ohne eine etymologische
und linguistische Basis gegebene Erklärung, die in der Wiedergabe von
עצה durch »Ratschluß« den Sachverhalt vollends verschleiert, hat L.
Ruppert Bedenken geltend gemacht: »Der etymologische Befund deckt
nur die Bedeutung ›raten, ermahnen‹ bzw. ›Vorhaben, Plan‹. Sollte die
Basis lediglich im Bibl.-Hebr. einen Bedeutungswandel durchgemacht
haben?«[5] L. Ruppert vermutet seinerseits für יעץ ursprünglich die Bedeutung »ein Orakel erteilen«, vgl. Num 24,14. »Da Ratsucher das Orakel
in Anspruch nahmen, konnte die Basis die Bedeutung ›raten‹ annehmen
und der ›Orakelgeber‹ zum ›Ratgeber‹ werden, der ›Orakelinhalt‹, also
der offenbarte Zukunfts*plan* der Gottheit, zum Rat, insofern sich daraus
das richtige, dem Plan der Gottheit gemäße Verhalten ablesen lassen
konnte.«[6] Dieser von L. Ruppert zutreffend charakterisierte Sachverhalt
belastet jede Untersuchung der anstehenden Termini, da lediglich der
Kontext entscheidet, in welchem Sinn denn nun יעץ und עצה verwendet
werden.

Eine weitere Schwierigkeit bietet der Vorstellungsrahmen, in dem
von einem göttlichen Planen bzw. Plan gesprochen wird. Wenn davon
ausgegangen werden darf – die bereits angeführten etymologischen
Erwägungen von L. Ruppert scheinen dafür zu sprechen –, daß es sich
bei יעץ bzw. עצה keineswegs eindeutig um der Weisheit entstammende
Begriffe handelt[7], das Substantiv עצה »mit 28 Belegen ungleich öfter
in der prophetischen Literatur als in den Weisheitsschriften (18mal)«[8]

---

[4] H.-P. Stähli, Art. יעץ, Sp. 749; ähnlich J. Fichtner, Plan, 29.

[5] L. Ruppert, Art. יעץ, Sp. 720.

[6] L. Ruppert, Art. יעץ, Sp. 721.

[7] L. Ruppert, Art. יעץ, Sp. 727 ff.

[8] L. Ruppert, Art. יעץ, Sp. 727.

begegnet, dann wird man zunächst einmal vermuten dürfen, daß die Vorstellung vom Plan Jahwes, insofern sie vorzugsweise in der prophetischen Literatur bezeugt ist, etwas vom göttlichen Verhalten in der Geschichte aussagen will. Das beinhaltet ein Zweifaches: Einmal kann sich der göttliche Plan auf eine begrenzte Abfolge von Ereignissen beziehen, zum andern kann die Vorstellung entwickelt werden, daß Jahwe als Herr der Universalgeschichte einen göttlichen Plan für diese Welt- und Völkergeschichte gefaßt hat.[9] Die an zweiter Stelle genannte Auffassung vom göttlichen Plan begegnet, wenn ich es recht beurteile, im Alten Testament nur spärlich. Erst die Apokalyptik schafft derartige universalgeschichtliche Entwürfe.

Die zuerst angeführte Auffassung ist weitaus häufiger anzutreffen: Gott faßt einen Plan für eine bestimmte geschichtliche Situation oder Epoche und führt ihn aus. Diesem Verständnis widersprechen auch nicht die eschatologischen Texte, die die Vorstellung des göttlichen Plans mit dem Gedanken einer umfassenden Wende der gegenwärtigen geschichtlichen Lage verbinden.

Um das Material einzugrenzen, beschränkt sich die folgende Untersuchung vor allem auf die Stellen, in denen das Verbum יעץ bzw. das Substantiv עצה in Aussagen über Gott begegnet. Mit Gott als Subjekt findet sich das Verbum יעץ in (q.:) Jes 14,24–27; 19,12.17; 23,(8).9; Jer 49,20; 50,45; Ps 16,7; 2 Chron 25,16; (nif.:) Jes 40,14. In der Status-constructus-Verbindung עצת יהוה begegnet das Substantiv עצה in Jes 19,17; Jer 49,20; 50,45; Ps 33,11; Spr 19,21; Jes 5,19 (עצת קדוש ישראל); Ps 107,11 (עצת עליון). In Jes 40,13; 46,10 f.; Mi 4,12; Ps 73,24; 106,13.(43) verweist das Pronominalsuffix der 1., 2. oder 3. Pers. Sing. auf Jahwe als den Urheber der עצה. Absolut begegnet עצה an drei Stellen: Jes 14,26; 25,1 (Plural) und Jer 32,19.

Neben עצה gibt es eine Reihe anderer Wörter, die ebenfalls die Bedeutung »Plan« annehmen können: In Jer 29,11; 51,29; Ps 33,10 f. begegnet der Terminus מחשבה, um das göttliche Planen auszudrücken, in Ps 33,10 f. parallel zu עצה. Jer 23,20; 30,24; 51,11 verwenden מזמה. Am 3,7 bezeugt in dieser Bedeutung die ungewöhnliche Vokabel סוד. Außer den יעץ- bzw. עצה-Belegen berücksichtigen diese Studien noch den prophetentheologisch äußerst interessanten Vers Am 3,7. Zudem untersuchen sie die Stellen der sog. Thronfolgeerzählung, die den gesamten Erzählkomplex geschichtstheologisch deuten.

Es wäre sicherlich reizvoll und interessant, die Josefsgeschichte mit in die Überlegungen einzubeziehen. Da sich aber die Pentateuchforschung zur Zeit sowohl hinsichtlich der Beurteilung der literarischen Verhältnisse als auch hinsichtlich der Datierung neuen Lösungen

---

[9] Vgl. dazu auch B. Albrektson, History, 87.

öffnet, müßte der gesamte Komplex Gen 37 – 50 einer genauen Analyse
unterzogen werden.[10] Das würde wiederum den Rahmen der hier
vorgelegten Arbeit sprengen. Ebenfalls unberücksichtigt blieben die
einschlägigen Stellen des Psalters[11].

---

[10] Vgl. dazu H.-C. Schmitt, Josephsgeschichte, eine Arbeit, die dem redaktionsgeschichtlichen Ansatz verpflichtet ist. Folgende von H.-C. Schmitt vorgetragene Ergebnisse
müssen m. E. ernsthaft erwogen und diskutiert werden: 1.) Die Ansicht, der elohistische
Bestand der Josefsgeschichte sei das Werk einer Redaktion und nicht der Teil einer
umfassenden Quellenschrift, vermag besser die immer wieder beobachtete Einheitlichkeit der Josefsgeschichte zu erklären, ohne die bestehenden literarischen Spannungen
harmonisieren zu müssen. Dabei werden die zweifellos begegnenden Eigentümlichkeiten der elohistischen Partien nicht vernachlässigt. – 2.) Innerhalb der Josefsgeschichte
erweist sich das von H.-C. Schmitt entwickelte redaktionsgeschichtliche Modell gegenüber einem an der traditionellen Urkundenhypothese orientierten Modell als überlegen,
weil es in zahlreichen Textpassagen die einfachere Lösung, nicht zuletzt den Verzicht
auf einen »Jehowisten«, anbietet. – 3.) Die von H.-C. Schmitt vorgetragene Analyse
zeigt, daß die alte Josefsgeschichte (Juda-Israel-Schicht) noch keine Verbindung nach
vorn zur Erzvätergeschichte bzw. nach hinten zur Exodustradition aufweist. (117 –
129) Dagegen zeigen die elohistischen Partien (Ruben-Jakob-Schicht) deutliche Verbin-
dungen zur Erzvätergeschichte und zum Exodus. (94 – 100) Diese Schicht weist auch
die für unsere Thematik bedeutsamen geschichtstheologischen Aussagen auf. – 4.)
Das redaktionskritische Modell bleibt offen für die in anderen Pentateuchkomplexen
begegnenden elohistischen Textpassagen. So kann z. B. das an verschiedenen Stellen
des Pentateuch begegnende Traummotiv, das als für die elohistische Theologie typisch
angesehen wird, *einer* elohistischen Überarbeitung zugeschrieben werden. Siehe dazu
ferner H.-C. Schmitt, Hintergründe. Daß die elohistische Theologie »Prophetisches«
vermitteln will, hat H.-C. Schmitt, Redaktion, gezeigt. Zur »prophetischen Sicht« von
Gen 15 vgl. zudem schon R. Kilian, Aspekt, 373.380 – 384.

[11] Vgl. Ps 16,7; 33,10 ff.; 73,23 – 28; 106,13; 107,11.

1. Kapitel
Der Plan Jahwes im Buch des Protojesaja (Jes 1 – 39)

I. Zur Vorstellung vom Plan Jahwes in Jesaja 1 – 39

»›Plan‹ (ʿēṣāh), ›planen‹ (yʿṣ) – das sind Zentralbegriffe in der politischen Sprache Jesajas; sie begegnen in Worten aus allen Phasen seiner außenpolitischen Wirksamkeit.«[1] Mit dieser Feststellung gibt W. Dietrich modifiziert eine exegetische Meinung wieder, die vor allem seit J. Fichtner immer wieder geäußert wird.[2] In einer Anmerkung nennt W. Dietrich die Textbasis, auf der sein Urteil aufruht: Jes 5,19; 7,5; 8,10; 14,24.27; 28,29; 29,15; 30,1.[3]

Für W. Dietrich kommt der Tatsache, daß die entsprechenden Termini sowohl auf Jahwe als auch auf Menschen bezogen sein können, eine große Bedeutung zu; denn das besage, daß Jahwes Plan und Menschenplan Größen sind, die auf denselben Gegenstand, die eine und ganze Zukunft, ausgerichtet sind. Da beides, göttliches und menschliches Planen, auf ein und dasselbe Ziel aus ist, kann es zu ernsthafter Konkurrenz, ja zu Kollisionen kommen. In einer Zusammenschau der Texte gelingt W. Dietrich eine umfassende Integration des Themas »Das Planen Gottes und die Pläne der Menschen« in die sich zu verschiedenen Zeiten äußernde jesajanische politische Theologie. Das abgerundete, bis in die Details gehende Bild von der politischen Tätigkeit Jesajas ist freilich schon fast zu schön, um vorbehaltlos akzeptiert zu werden, vor allem, wenn die Bereitschaft fehlt, der von W. Dietrich bereitgestellten Textbasis zuzustimmen. Das gilt nicht nur für die oben angeführten יעץ- bzw. עצה-Belege, sondern insgesamt für die Stellenverweise, die es W. Dietrich ermöglichen, ein relativ präzises Bild der prophetischen Arbeit Jesajas zu erstellen.[4]

In der Tat ergeben sich gegen das von W. Dietrich stilisierte Prophetenbild erhebliche Einwände. Die Zuordnung von göttlichem und menschlichem Planen, die W. Dietrich vornimmt, kann sich lediglich auf die Kombination von Texten stützen, denn es gibt keinen zusammenhängenden jesajanischen Textkomplex, der dieses Problem anreißt, geschweige denn reflektiert; dem widerspricht auch Jes 30,1 – 5 letztlich nicht, denn dieser Text stammt, wie noch zu zeigen ist, keinesfalls aus

---

[1] W. Dietrich, Jesaja, 233.
[2] Vgl. J. Fichtner, Plan; ders., Jesaja, 25; R. Feuillet, Art. Isaïe, Sp. 685 ff.; H.-P. Stähli, Art. יעץ, Sp. 752; L. Ruppert, Art. יעץ, Sp. 735 f.
[3] W. Dietrich, Jesaja, 233 Anm. 3.
[4] Vgl. die Verweisstellen bei W. Dietrich, Jesaja, 233 – 246.

dem 8. vorchristlichen Jahrhundert, sondern bezeugt vielmehr einen späteren Umgang mit bereits vorliegendem Traditionsgut. So muß W. Dietrich dort Bezüge annehmen, wo sie kaum zu finden sind.

Als beispielhaft für dieses Vorgehen seien seine Ausführungen zu Jes 5,18 f. und 29,15 f. angeführt:»In den sprachlich und sachlich engstens aufeinander bezogenen Sprüchen 5,18 f und 29,15 f wird besonders augenfällig, daß diese beiden Faktoren [die Hoffnungen, Wünsche, Bestrebungen der Menschen und die Zielsetzungen Jahwes] nicht je für sich gesehen werden dürfen...«[5]

Man kann es nun drehen und wenden wie man will, in den beiden Wehesprüchen Jes 5,18 f. und 29,15 f. wird Unterschiedliches verhandelt. Jes. 5,18 f. zitiert Spötter, die sich über den Plan Jahwes mokieren; Jes 29,15 prangert dagegen die an, die ihre eigenen geheimen Pläne vor Jahwe verbergen. Nur phantasievolle exegetische Kombination bringt beide Sprüche zusammen. »Fast alle entscheidenden Begriffe dieses Spruchs [29,15 f.] begegnen auch in 5,18 f: hôy ›Wehe‹, ma˓ăśeh ›Werk‹, ˓ēṣāh ›Plan‹, rʾh ›sehen‹ und yd˓ ›wissen‹. Die beiden Weherufe stehen sich gleichsam spiegelbildlich gegenüber: in 5,18 f ist vom Planen Jahwes die Rede, das die Judäer nicht bemerken wollen, nach 29,15 f hingegen schmieden die Judäer einen Plan und hoffen, Jahwe werde nichts davon merken. Die Ähnlichkeit der Formulierungen läßt kaum einen Zweifel daran, daß es sich um unterschiedliche Pläne zur gleichen Sache handelt.«[6] Findet sich W. Dietrich mit seiner Situierung des Spruchs Jes 29,15 f. in die Zeit der Verhandlungen mit Ägypten noch im Gefolge (und unter dem Traditionsdruck) der geläufigen Exegese, so fügt er mit der Erkenntnis der spiegelbildlichen Bezogenheit von 5,18 f. und 29,15 f. Neues hinzu. Genau besehen findet die zeitgeschichtliche Einordnung von Jes 29,15 f. im Wort selbst keine Grundlage.[7] Wie Jes 5,18 f. so verrät das Wehewort Jes 29,15 f. in keiner Weise die (außen)politische Situation, in die es gesprochen wurde.[8] Derartige Unwägbarkeiten aber lassen die Interpretation W. Dietrichs als recht gewagt erscheinen.

Daß die Vorstellung vom Plan Jahwes und Beschluß Jahwes immer wieder mit der Verkündigung Jesajas zusammengebracht wird, hat zunächst einen Grund im statistischen Befund. Die עצה-Belege finden sich am häufigsten im Jesajabuch (36mal, davon in Jes 1–35 allein 27mal)[9]. J. Fichtner kann, nachdem er für Amos und Hosea das Fehlen der Jahweplan-Vorstellung konstatiert hat, zu Jesaja ausführen: »Er ist unter den Propheten, deren Botschaft uns überliefert ist, der erste, der deutlich von einem Plane Jahwes redet ... Diese These gründet sich einmal auf das häufige Vorkommen der Termini für Plan, bzw. planen bei Jesaja, sodann darüber hinaus auf eine ganze Reihe anderer Stellen, aus denen

---

[5] W. Dietrich, Jesaja, 233.

[6] W. Dietrich, Jesaja, 170 f.

[7] Siehe dazu die Datierungserwägung bei O. Kaiser, Jesaja II, 219.

[8] G. Fohrer, Jesaja II, 83 Anm. 91, befragt unter Hinweis auf Jer 18,1–11; Jes 45,9; 64,7 den Authentizitätscharakter von Jes 29,16. Als späterer Text wird Jes 29,16 schon von B. Duhm, Jesaia, 212; H. Schmidt, Propheten, 88 Anm. 1, angesehen. Anders entscheidet O. Procksch, Jesaia, 380.

[9] Vgl. dazu L. Ruppert, Art עץ, Sp. 721.

wir auf einen Gottesplan schließen können, ohne daß entsprechende Termini erscheinen.«[10]

J. Fichtners These hat in zahlreiche Darstellungen der Prophetie Jesajas Eingang gefunden. So schreibt G. von Rad zu Jes 5,19: »Hier erscheint neben dem Begriff des Werkes mehr oder minder synonym der des Ratschlusses Jahwes. Auch er ist eine eigene Schöpfung des Propheten.«[11] G. von Rad weist eine Deutung, die den Terminus עצה mit der Vorstellung einer allgemeinen Lenkung der Weltgeschichte durch die göttliche Providenz verbindet, zurück, »denn es handelt sich ja bei diesem ›Ratschluß‹ für Jesaja um eine Veranstaltung zur Rettung des Zion, also um ein Heilswerk. Aber dieses Heilshandeln Jahwes hat Jesaja in die weitestmöglichen geschichtlichen, d. h. in weltgeschichtliche Zusammenhänge gestellt.«[12]

Schon L. Köhler fand vor allem bei Jesaja die begriffliche Fassung dessen, was das Alte Testament über Gott als den Herrn der Geschichte sagt: »Es gibt ein Tun Jahwes Jes 5,12. Man kann das Werk seiner Hände sehen 5,12.19. Denn der Heilige Israels hat einen Plan 5,19. Daß die Gegner des Propheten über diese Gedanken ihren Spott haben, zeigt, daß die Gedanken neu, durch Jesaja offenbarte Gedanken sind.«[13]

Für W. Eichrodt hat Jesaja wie kein anderer die planende Vorsehung Jahwes ausgesagt: Das gesamte Weltgeschehen »ist durchzogen von einer planvollen Bewegung, die alle Völker sich einordnet, um die βασιλεία θεοῦ, das Reich des Friedens und der Gerechtigkeit zu bauen...«[14]

H. W. Wolff und H. Wildberger betonen die mit der Vorstellung vom Plan Jahwes verbundene Geschichtserkenntnis; in den Worten H. H. Wolffs: »Der sachgemäße Ausdruck für Geschichte ist darum in der Prophetie ›Werk Jahwes‹. Jesaja braucht ihn in diesem Sinne zuerst von der Zukunft (5,19), in Parallele zu ›Plan Jahwes‹ (28,29)...«[15] Noch deutlicher findet sich diese Auffassung bei H. Wildberger: »Die Geschichte ist das Werk des einen Jahwe der Heere, der auf dem Zion thront und sie vollzieht sich nach dem Plan, der von ihm beschlossen ist.«[16]

Es kann demnach nicht verwundern, wenn dieser nahezu einhellige Konsens in den exegetischen Wörterbüchern als Grunddatum der Jesaja-Exegese referiert wird. So kann H.-P. Stähli ausführen: »Die aus der weisheitlichen Tradition stammende Wurzel j'ṣ wird im theologischen Bereich zum ersten Mal von Jesaja verwendet.«[17] Und L. Ruppert differenziert: »So richtig es ist, daß erstmals Jesaja 'eṣāh für JHWHs ›(Geschichts-)Plan‹ gebrauchte, so geht doch das Sprechen von JHWHs Plan im allgemeinen Sinn schwerlich erst auf diesen Propheten zurück...«[18]

---

[10] J. Fichtner, Plan, 28.
[11] G. von Rad, Theologie II, 168 f.
[12] G. von Rad, Theologie II, 169.
[13] L. Köhler, Theologie, 79.
[14] W. Eichrodt, Theologie II, 115.
[15] H. W. Wolff, Geschichtsverständnis, 290.
[16] H. Wildberger, Verständnis, 81.
[17] H.-P. Stähli, Art. יעץ, Sp. 752.
[18] L. Ruppert, Art. יעץ, Sp. 720.

Gegenüber allen Versuchen, die Verkündigung Jesajas, seine Theologie, einigen wenigen Generalnennern zuzuordnen, nimmt G. Fohrer skeptisch Stellung. Zunächst zitiert er die gängige exegetische Ansicht, die zwar einerseits konzediert, daß Jesaja sich zu einzelnen Problemen in verschiedener Weise geäußert habe, die aber andererseits bestimmte Fixpunkte jesajanischer Verkündigung annimmt: »Aber er [der Prophet] soll doch von einem gleichbleibenden Plan Jhwhs geredet haben, der in dem planvollen und zielsicheren Durchsetzen des unbedingten Herrschaftsanspruches seines Gottes bestanden habe und dessen zwei Seiten Gericht und Heil seien.«[19] G. Fohrer meldet gegen diese Sicht der Verkündigung Jesajas Bedenken an, denn sie geht seines Erachtens von einer falschen statischen Sicht der prophetischen Tätigkeit aus, »die die Möglichkeit, das prophetische Wort von einem persönlichen Erleben her zu verstehen, zugunsten einer scheinbaren Objektivierung des Prophetenspruches als Gotteswort aufgibt.«[20] Damit schließt diese Sicht jesajanischer Prophetie, so der Vorwurf G. Fohrers, Wandlungen des prophetischen Glaubens und der prophetischen Verkündigung aus.[21] G. Fohrer fordert deshalb unter anderem: »Nicht einmal von einem festen Plan Jhwhs sollte man sprechen. Das paßt schlecht zu der Spannweite der Ankündigungen von einem Läuterungsgericht bis zur völligen Vernichtung der Jerusalemer... und von der Auffassung der Assyrer als Jhwhs Werkzeug bis zu ihrer Verwerfung und Vernichtung... Daher ist ʿeṣā besser nicht als ›Plan‹, sondern als jeweils gefaßter und veränderlicher ›Willensbeschluß‹ zu verstehen.«[22] Diese dezidierte Erklärung G. Fohrers soll hier, obwohl es möglich wäre, keiner detaillierten Kritik unterzogen werden, denn es sollte nur eine recht zeitig von der gängigen Exegese abweichende Stimme angeführt werden.[23]

Angesichts des gegenwärtigen Diskussionsstandes stellt sich somit erneut die Aufgabe, alle für eine Jahweplan-Theologie relevanten Stellen in Jes 1 – 39 zu sichten. Können sich die im Jesajabuch begegnenden einschlägigen Aussagen über den Plan Jahwes auf Jesaja selbst zurückführen lassen, oder müssen diese Texte nicht eher als redaktionell erstellte, die Botschaft Jesajas reflektierende und von einem anderen geschichtlichen Standort her interpretierende Weiterführung verstanden werden?

---

[19] Vgl. G. Fohrer, Wandlungen, 11. Er beruft sich hier im Wesentlichen auf die Auffassungen von J. Fichtner.

[20] G. Fohrer, Wandlungen, 11.

[21] G. Fohrer, Wandlungen, 11.

[22] G. Fohrer, Wandlungen, 12.

[23] Kritisch nimmt R. Kilian, Jesaja 1 – 39, 98 – 106.138, zum häufiger vertretenen Umschwung in der Beurteilung Assurs durch Jesaja Stellung.

II. Jesaja 5,11 – 17.18 f.

In Jes 5,8 – 24; 10,1 – 4 begegnen Wehesprüche, die vor allem soziale Mißstände und ein leichtsinniges Verhalten gegenüber Gott anprangern. Gemeinhin wird angenommen, daß Jes 5,8 – 24 und 10,1 – 4 ursprünglich literarisch zusammengehört haben und erst später durch die Einfügung der Sammlung Jes 6,1 – 9,6 voneinander getrennt worden sind.[1] In ihrer Jetztgestalt weisen die einzelnen Sprüche einen unterschiedlichen Umfang auf. Während in Jes 5,20 – 22 kurze Weherufe begegnen, fallen die Sprüche Jes 5,8 – 10.11 – 17.18 f. erheblich umfangreicher aus. Dieses wurde schon z. B. von G. B. Gray sehr deutlich erkannt, denn er unterschied zwischen Sprüchen, in denen das Schicksal der Angeredeten bereits durch die »ominous interjection« allein ausgesprochen wird, und solchen, die eine Beschreibung der Strafe haben.[2] Zu Recht lehnt er die Position B. Duhms ab, bei den kurzen Weherufen sei eine Strafankündigung ausgefallen.[3]

Bis in die gegenwärtige exegetische Literatur hinein führt der Befund, daß die einzelnen Weherufe von unterschiedlicher Länge sind, zu verschiedenen Erklärungen. Ist für die einen die Erweiterung des ursprünglichen Wehleworts ein untrüglicher Beweis dafür, daß der Prophet eine vorgegebene Form aufgreift und um die Propria seiner Botschaft erweitert, so sehen andere in dem Nebeneinander von kurzen und langen Weherufen ein Indiz dafür, daß ein Grundbestand redaktionell überarbeitet und ausgeweitet wurde. Die zuerst genannte Position wird von E. Gerstenberger ausführlich begründet: Die Formanalyse habe »a standard woe-form« erkennen lassen. »In quite a number of cases the prophet's own ideas, his emphasis on theological concepts like disobedience and guilt, clearly show that the old form of the woe-cry has been filled with the prophet's own message.«[4]

---

[1] Vgl. dazu G. Fohrer, Jesaja I, 90 f.; H. Wildberger, Jesaja I, 180 ff.; O. Kaiser, Jesaja I, 102.115. Anders B. Duhm, Jesaia, 95 ff.; O. Procksch, Jesaia, 100 – 109; H. Donner, Israel, 66 ff.; R. Fey, Amos, 83 ff.; P. Auvray, Isaïe, 129; W. Janzen, Mourning Cry, 50 Anm. 23. Die redaktionelle Anlage von Jes 5,8 – 24 gehört zu den exegetischen Grundüberzeugungen, vgl. z. B. G. B. Gray, Isaiah, 88.

[2] G. B. Gray, Isaiah, 88.

[3] B. Duhm, Jesaia, 56.

[4] E. Gerstenberger, Woe-Oracles, 254. An anderer Stelle spricht E. Gerstenberger von einem Widerspruch zwischen der »impersonal attitude« des »Wehe« und dem »personal style« der Drohung in der »woe-threat-combination« (253). Daher sieht W. Janzen, Mourning Cry, 22, die Übernahme des Weherufs u. a. darin begründet »that it was germaine to the personal, addressee-directed speech of the prophet«. H. W. Wolff, Heimat, 14, führt zu den Weherufen des Amos in ähnlicher Weise aus: »Die Weherufe

Im Unterschied dazu rechnet O. Kaiser mit einer redaktionellen Auffüllung und Ausgestaltung von ursprünglich kurzen Weherufen. Ihm zeigen formgeschichtliche Überlegungen, daß der Weheruf, wenn er an einen Lebenden ergeht, die Todesdrohung einschließt. »Die Anklage ist in der Bezeichnung des Täters, die Begründung in dem seinen Tod ankündigenden Wehe enthalten. Wenden wir uns mit diesem Vorwissen den vorliegenden Weherufen zu, bemerken wir, daß diese Grundform im ersten, zweiten und siebten aufgegeben ist, vgl. V. 9 f.13 ff. und 10,3. Es fragt sich also, ob diese zudem nicht alle Worte gleichmäßig berücksichtigenden Erweiterungen ursprünglich sind; ja, man kann schon weiter gehen und das Problem aufwerfen, ob nicht auch die unterschiedliche Länge der Kennzeichnung der Täter auf eine Nacharbeit hinweist.«[5] Für O. Kaiser ist es eine ausgemachte Sache, daß die späteren Erweiterungen der kurzen Weherufe die Klarheit der ursprünglichen Disposition zerstört haben. Diese »tritt uns entgegen, sowie wir uns von der konkreten Ausgestaltung lösen und allein nach dem thematischen Vorwurf der einzelnen Weherufe fragen. Dann zeigt es sich, daß sie eine Ringkomposition bilden: Der erste, vierte und siebte befaßt sich mit Rechtsverletzern, der zweite und sechste mit Zechern und der dritte und fünfte mit Gott vergessendem Leichtsinn.«[6] Wenn auch die Frage, ob es sich bei den Weherufen um eine genuin prophetische Redeform handelt oder nicht, kontrovers diskutiert wird, so muß hier festgehalten werden, daß diese von O. Kaiser mit guten Gründen postulierte ursprüngliche Kurzform der Wehesprüche sich gut mit der auch sonst belegten Intention jesajanischer Prophetie als Gerichtsprophetie verbinden läßt. So verweist schon W. Eichrodt, ohne freilich eine differenziert redaktionskritische Analyse der Weherufe vorzutragen, mit Recht auf den Gerichtscharakter der Weherufe.[7]

Im Grundsatz ist der von O. Kaiser vorgetragenen Argumentation nur zuzustimmen. Auch J. Vermeylen unterstreicht den Kompositionscharakter der Einheit Jes 5,8 – 23; 10,1 – 4. Er ortet den Grundbestand des Abschnitts in einer sehr alten Sammlung von Weherufen, die zu verschiedenen Anlässen gesprochen worden sind. Stellt man mit J. Vermeylen Jes 5,8 – 10 zwischen 5,22 f. und 10,1 – 4*, dann ergibt sich eine klare Disposition: Jes 5,11 ff.18 f.20.21 »dénoncent l'attitude suffisante de l'homme envers Yahvé«, Jes 5,22 f.8 ff.; 10,1 ff. »dénoncent l'injustice sociale de la classe possédente envers le petit peuple«.[8]

---

sind als solche von Haus aus nicht mit einer ausgeführten Strafankündigung verbunden; kommendes Unheil ist ja schon im ›Wehe‹ selbst impliziert. Diese Annahme geht bei Amos aus der Beobachtung hervor, daß die prophetische Explikation des ›Wehe‹ recht verschiedenartig an die sonst so feste Form angefügt wird…«

[5] O. Kaiser, Jesaja I, 102. Vgl. die ähnliche redaktionskritische Lösung bei R. Kilian, Jesaja, 41 f. Anders als O. Kaiser führt R. Kilian den Grundbestand der Weherufe auf den Propheten zurück. Dieser Grundbestand erfuhr eine zweifache redaktionelle Bearbeitung: 5,9 f.12 f.17.19.24 und 5,14 – 16. Auch W. J. Whedbee, Isaiah, 83, spricht, ohne allerdings literarkritische Konsequenzen daraus zu ziehen, beim mit einem Partizip verbundenen »Wehe« von einer »self sufficient unit«. Auf eine strukturelle Analogie zwischen zeremoniellem und prophetischem Klageruf verweist C. Hardmeier, Texttheorie, 222 – 255.

[6] O. Kaiser, Jesaja I, 103, der zudem Jes 5,23 hinter v. 20 einordnet.

[7] W. Eichrodt, Jesaja I, 70. Vgl. aber auch H. W. Hoffmann, Intention, 38 – 49, der in den Weherufen prophetische Handlungskritik erblickt, die ihrer Intention nach Umkehr und Entscheidung für Jahwe bewirken will.

[8] J. Vermeylen, Isaïe I, 170.

Daß in Jes 5 die kurzen Weherufe redaktionell erweitert worden sind, sollte nach den Ausführungen von O. Kaiser und J. Vermeylen nicht mehr bestritten werden. Zu fragen bleibt freilich, ob die Redaktion zur Erweiterung genuin jesajanisches Material benutzt oder ob sie ad hoc formuliert hat. So spricht z. B. bei der als Jahwewort an den Propheten stilisierten Strafandrohung in Jes 5,9 f. zwar einiges dafür, daß diese Verse auf Jes 6,11 und 5,5 f. blicken; somit scheinen sie ihren redaktionellen Charakter zu erweisen. Doch kann es auch nicht völlig ausgeschlossen werden, daß die Erweiterung selbst unter Verwendung eines jesajanischen Gerichtswortes erfolgt ist, denn Jes 5,9 f. läßt sich problemlos anderen Gerichtsbildern Jesajas an die Seite stellen.

Schwierigkeiten ergeben sich ferner bei der von O. Kaiser u. a. vorgenommenen Verbindung von v. 23 mit v. 20, und der von J. Vermeylen getroffenen Umstellung von v. 8 – 10. Zum einen ist nicht einzusehen, wieso v. 23 als Fortsetzung von v. 20 gelten soll. Spricht v. 20 in allgemeiner Weise von einer Verkehrung der Werte, so geißelt v. 23 konkret den Mißstand der Rechtsbeugung vor Gericht.[9] Demgegenüber erscheint die Lösung G. Fohrers, v. 23 als eigenen Weheruf anzusehen und mit הוֹי »wehe« beginnen zu lassen, als weniger gewaltsam.[10] Zum andern kann eine Umstellung von Jes 5,8 – 10 zwischen 5,22 f. und 10,1 – 4*, wie sie J. Vermeylen vornimmt, kaum stringent begründet werden. Es könnte allenfalls so gewesen sein.

Ein weiteres, wohl kaum jemals einer befriedigenden Lösung zuführbares Problem stellt sich in der Frage nach der Beurteilung von Jes 10,1 – 4. Gehört dieser Weheruf zur Reihe Jes 5,8 – 24, liegt somit ein versprengtes Wehewort vor oder handelt es sich hier um eine redaktionelle Bildung? Zwar korrespondiert Jes 5,25 – 30 mit 9,7 – 20, und die Möglichkeit eines Tausches von Wehespruch und Kehrversgedichtstrophe bleibt diskussionswürdig[11]. Nur, läßt sich das so einleuchtend zeigen und begründen, daß weitergehende Schlußfolgerungen, die den Charakter der Komposition betreffen, daran angeschlossen werden können? So bietet J. Vermeylen, der sich auch für diesen literarkritischen Schritt entscheidet, ebenfalls keine hinreichende Begründung, sondern er verweist seinerseits lediglich auf zahlreiche Autoren. Sein Argument, Jes 10,1 – 4 weise keinerlei Verbindung zum Vorangehenden auf, stimmt als Beobachtung, reicht aber für die Umstellung des Komplexes kaum aus, denn Jes 10,4b könnte immerhin dafür sprechen, daß in dem Wehespruch ein an das Kehrversgedicht Jes 9,7 – 20 redaktionell angehängtes Wehewort vorliegt. Zwar regten die Weherufe zur Reihenbildung an, doch zwingt das nicht

---

[9] Siehe dazu R. Fey, Amos, 57 ff.; H. Wildberger, Jesaja I, 195 ff.; O. Kaiser, Jesaja I, 103.

[10] Vgl. G. Fohrer, Jesaja I, 87.

[11] Vgl. O. Kaiser, Jesaja I, 115.

dazu, einen einzelnen Wehespruch als »versprengten«, d. h. ursprünglich einer Reihe zugehörigen Spruch ansehen zu müssen. Wenn 10,1 – 4 einen Wehespruch und eine Kehrversgedichtzeile miteinander verknüpfen, kann das auf redaktionelles Arbeiten verweisen.[12]

Läßt man Jes 10,1 – 4 außer acht, dann begegnen in der Reihe Jes 5,8 – 24 sieben Wehesprüche:

1. Gegen die Boden- und Häuserspekulanten (Jes 5,8)
2. Gegen die Zecher (Jes 5,11)
3. Gegen die vor Jahwe Leichtsinnigen (Jes 5,18)
4. Gegen die, die die Werte verdrehen (Jes 5,20)
5. Gegen die eingebildet Weisen (Jes 5,21)
6. Nochmals: Gegen die Zecher (Jes 5,22)
7. Gegen die Rechtsverdreher (Jes 5,23)

Im Zusammenhang unserer Thematik kann die Untersuchung auf den zweiten und dritten Weheruf beschränkt werden. Der Wehespruch Jes 5,18 f. spricht explizit vom Plan Jahwes; der Wehespruch Jes 5,11 – 17, der mehrere Erweiterungen aufweist, bietet in v. 12b mit פעל יהוה »Tun Jahwes« und מעשה ידיו »Werk seiner Hände« eine ebenfalls zu berücksichtigende Terminologie.

A. DER WEHERUF JES 5,18 f.

1. Der Text

18 Wehe denen, die die Sünde an ›Rinder‹seilen[13] herbeiziehen,
     und wie Wagenseile die Schuld;
19 die sagen: Es eile,
     es komme schleunig sein Werk,
     damit wir es sehen;
     es nahe sich und komme
     der Plan des Heiligen Israels,
     damit wir ihn kennenlernen.

2. Zur Abgrenzung und zur Form von Jes 5,18 f.

Auf einen kurzen Weheruf, der das Drängen zu Sünde und Schuld anprangert, wird in v. 19 ausgeführt, worin diese leichtfertige Sünde

---

[12] Vgl. zum Ganzen J. Vermeylen, Isaïe I, 169 Anm. 1. Kritisch äußert sich W. Janzen, Mourning cry, 50 Anm. 23, für den eine abschließende Sicherheit hinsichtlich der literarischen Zuordnung nicht zu gewinnen ist. R. Kilian, Jesaja, 79 f., beurteilt Jes 10,1 – 4 vor allem wegen der Verse 3 f. als redaktionell.

[13] Statt השוא lies השור.

besteht: in leichtsinnigem Sprechen über das Werk und den Plan Jahwes. Dem Exegeten stellt sich die Frage, ob dieser Aussagezusammenhang in einer ursprünglich zusammengehörigen Einheit begegnet, oder ob es sich bei v. 19 um eine redaktionell angefügte, aktualisierende Nachinterpretation des Wehewortes Jes 5,18 handelt.[14] Da die syntaktische Anlage der Verse beide Möglichkeiten bestehen läßt – das Partizip האמרים könnte, muß aber nicht unbedingt eine redaktionelle Erweiterung anschließen –, hilft nur eine genauere Erörterung der in v. 19 ausgesprochenen Vorstellungen weiter.

Der Sprecher von v. 19 wendet sich gegen eine Haltung, die voller Spott vom Werk und Plan Jahwes redet, und gibt somit seiner Auffassung Ausdruck, daß es dieses Werk und diesen Plan Jahwes gibt; beides wird von den Spöttern nicht gesehen bzw. nicht erkannt.

Gesetzt der Fall, der Wehespruch Jes 5,18 f. wäre in seiner Ganzheit Jesaja zuzuschreiben, dann böte er für eine Jahweplan-Theologie des Propheten streng genommen nicht viel, es sei denn die unverbrüchliche Gewißheit des Sprechenden, daß es einen Plan Jahwes gibt. Wo dieser Plan wirksam wird, ob er in der Geschichte, in der Schöpfung oder gar in beiden Bereichen erfahren wird, bleibt offen. Die Art und Weise, wie die gegnerische Ansicht zu Wort kommt, läßt lediglich vermuten, daß der Sprecher an einen Jahweplan glaubt, und daß beide, der Sprecher und seine Gegner, von einer zumindest in den Anfängen terminologisch ausgearbeiteten Theologie des Jahweplans wissen. Will man also diese Verse als jesajanisch erweisen, dann müßten andere Texte, die ebenfalls eine terminologische Fixierung des theologischen Sachverhaltes versuchen und gleichzeitig unzweideutig jesajanisch sind, existieren.

Einer häufig vertretenen Ansicht zufolge rechnet Jesaja hier mit denen ab, die seine prophetische Botschaft verspotten. Nach H. Wildberger ist »kaum daran zu zweifeln, daß die אנשי לצון [die Spötter], wie Jesaja diese Leute in 28,14 nennt, wirklich so oder ähnlich gesprochen haben. Aus [Jes 5,]12b ist zu schließen, daß Jesaja seine Zuhörer dazu bringen wollte, auf Jahwes ›Werk‹ in der Geschichte zu achten. Hier verwendet er neben מעשה den geradezu zum term. techn. seines Geschichtsverständnisses gewordenen Begriff עצה.«[15]

Auch W. Dietrich versteht Jes 5,18 f. als Antwort auf diejenigen, die Jesajas Politik verspotten. »Der Prophet sprach von Jahwes ›Plan‹ gegen Assur (14,24 ff; 28,29) und forderte daraufhin von seinen Landsleuten den Verzicht auf eine eigenmächtige Kriegspolitik. Von dem gegen Juda gerichteten ›Werk‹ redet er, nachdem die Judäer dieses Ansinnen

---

[14] G. B. Gray, Isaiah, 94, äußert die Vermutung, in v. 19 sei ein einleitendes הוי verloren gegangen.

[15] H. Wildberger, Jesaja I, 192. Ähnlich ders., Verständnis, 81.

abgewiesen und sich dadurch den göttlichen Strafwillen zugezogen haben (22,11a; 28,21).«[16] Ähnliche Ausführungen zur Stelle finden sich bereits bei J. Fichtner: »der Plan des Heiligen Israels und sein Werk zielen hier auf das Gericht über sein Volk hin, von dem Jesaja in der Zeit dieses Wortes und vorher immer wieder gekündet hat.«[17]

Exkurs: Das göttliche Werk (מַעֲשֶׂה)

Ein Blick in die Konkordanz zeigt, daß von einem Werk Jahwes/Gottes vor allem in den Psalmen und in der Weisheitsliteratur die Rede ist.[18] Sieht man einmal vom Jesajabuch ab, dann begegnet מעשה יהוה »Werk Jahwes« u. ä. innerhalb des Prophetenkorpus nur noch in Jer 51,10 (und Dan 9,14). In einem Rückblick auf den Fall Babels formuliert Jer 51,10:

> »Hervortreten ließ Jahwe unsere Gerechtigkeit;
> kommt, daß wir auf Zion das Werk Jahwes unseres Gottes erzählen.«

Das Substantiv bezeichnet hier das in der Geschichte manifest gewordene Gerichtshandeln Jahwes an Babel, das aber zugleich Wiedergutmachung für Israel darstellt, weil dessen Gerechtigkeit offenkundig wird.

In Dan 9,14, einem Vers der an Neh 9,33 erinnert, spricht Daniel in einem Bußgebet:

> »Und Jahwe wachte über das Unheil und brachte es über uns, denn Jahwe unser Gott ist gerecht in all seinen Werken, die er getan hat; doch wir haben nicht auf seine Stimme gehört.«

Der Abschnitt Dan 9,1 – 27 beschäftigt sich mit der Prophetie von den siebzig Jahren, vgl. Jer 25,11 f.; 29,10; Sach 1,12; 2 Chron 36,20 f.; Jes 23,15. Das Gebet Dan 9,4 – 19 erinnert, O. Plöger macht darauf in seinem Kommentar aufmerksam, in Aufbau, Stil und theologischer Aussage an die in der Deuteronomistik und späterhin im Chronistischen Werk gestalteten Gebete, Reden und Betrachtungen, vgl. z. B. 2 Kön 17,7 – 23.[19] Nach dem Schuldbekenntnis in Dan 9,5 f. wird in der »Polarität von Gerechtigkeit und Barmherzigkeit Gottes das Ziel des Schuldgeständnisses angedeutet: das Israel, das die Gerechtigkeit seines Gottes auch in dem Unheil, das geschehen ist, anerkennt, kann seine Barmherzigkeit erbitten; denn nur der, der sich als schuldig von Gott geschlagen weiß, und nur er kann die Barmherzigkeit Gottes anrufen!«[20]

Für die Geschichtsbücher verbleiben – bei deutlichem Überwiegen der dtr Passagen – Ex 32,16[21]; 34,10; Dtn 3,24; 11,3.7; Jos 24,31; Ri 2,7.10. Ex 32,16 nennt die steinernen Tafeln מעשה אלהים »Werk Gottes«; der Ausdruck meint somit das Ergebnis eines handwerklichen Schaffens.

---

[16] W. Dietrich, Jesaja, 169.

[17] J. Fichtner, Plan, 30.

[18] Ps: 31x; Ijob 14,15; 34,19; 37,7; Koh 3,11; 7,13; 8,17; 11,5; 12,14; Spr 16,11. Vgl. zum Ganzen G. v. Rad, Werk, 290 – 298.

[19] Vgl. dazu O. Plöger, Daniel, 137 f.; ders., Reden, 50 – 66. Zu den »Siebzig Jahren« siehe ders., »Siebzig Jahre«, 67 – 73.

[20] O. Plöger, Daniel, 138.

[21] Die steinernen Gesetzestafeln werden als »Werk Gottes« bezeichnet.

Ex 34,10 führt im Zusammenhang eines Bundesschlusses aus:

»Und er sprach: Siehe ich schneide einen Bund. Im Angesicht deines ganzen Volkes tue ich Wunder, die auf der ganzen Erde und unter allen Völkern nicht geschaffen wurden; und das ganze Volk, in dessen Mitte du stehst, sieht das Werk Jahwes. Fürwahr, furchterregend ist dieses, das ich an dir tue.

Folgt man der literarkritischen Analyse von M. Noth, dann handelt es sich bei Ex 34,10aβγ.b um einen späteren, die in lapidarer Kürze gehaltene Ankündigung des Bundesschlusses erweiternden Zusatz.[22] Worauf diese hinzugefügte Verheißung hinweisen will, ist nicht genau auszumachen: »vielleicht ist an die in der Fortsetzung des Themas Wüstenwanderung erzählten Wunder (4. Mos. 11 ff.) gedacht, auf die an dieser Stelle hinzuweisen jedoch kein rechter Anlaß bestand.«[23] Wenn die Vermutung von M. Noth zutreffen sollte, dann meint מעשה »Werk« hier ein wunderbares Tun an Mose.

Dtn 11,7 schließt eine lange und umständliche Satzperiode ab, in der von Jahwes wunderbarem Tun in Ägypten und beim Exodus berichtet wird:

»Denn eure Augen sind es, die die ganze große Tat Jahwes, die er vollbracht hat, gesehen haben.«

Jos 24,31 und Ri 2,7.10 unterscheiden deutlich zwischen der Generation, die Jahwes große Geschichtstaten noch gesehen hat, die deshalb Jahwe dient, und den folgenden Generationen, die Jahwes Werk nicht mehr kennen. Unter מעשה »Werk« wird hier das Handeln Jahwes an Israel in Ägypten und beim Exodus verstanden.

Im Jesajabuch begegnet der Terminus 5,12.19; 10,12; 19,25; (26,12); 28,21; 29,23; 60,21; 64,7. An einigen Stellen werden Menschen oder bestimmte Völker als Werk Jahwes vorgestellt: Jes 19,25 (Assur); 60,21 (Israel); 64,7 (»wir« – die Sprechenden); in 29,23 bezieht der Zusatz »seine Kinder«[24] das Wort מעשה »Werk«, das eigentlich Jahwes Erlösungshandeln an Israel meint, im Sinne der Nachkommenverheißung auf die Kinder Abrahams. In Jes 10,12 und 28,21 bezeichnet מעשה »Werk« das Gerichtshandeln Jahwes an Juda/Jerusalem.

In den Psalmen wird מעשה »Werk« an folgenden Stellen mit Gott in Beziehung gesetzt. Ps 8,4.7; 28,5; 33,4; 66,3; 86,8; 92,5 f.; 102,26; 103,22; 104,13.24.31; 107,24; 111,2.6 f.; 139,14; 143,5; 145,4.9 f.17. Eine erste Gruppe der Psalmenbelege versteht unter מעשה »Werk« die Schöpfung, sei es die Schöpfung insgesamt oder einzelne Geschöpfe: Ps 8,4.7; 102,26; 104,24.31[25]; 139,14. An ein geschichtliches Handeln Jahwes denken Ps 66,3; 111,6 und 143,5, eschatologisches Handeln Gottes erwartet Ps 86,8 ff. Für zahlreiche Belege ist eine genaue Zuweisung des Begriffs מעשה »Werk« nicht durchzuführen. Das Wort umfaßt dort beide Aspekte: Gottes Schaffen in der Welt und sein Handeln in der Geschichte, bezeichnet somit an diesen Stellen eine umfassende göttliche Lebensordnung. Diese ist sowohl im Leben des Einzelnen als auch im Leben des Volkes wirksam: Ps 28,5; 33,4; 92,6 f.; 103,22; 107,24; 111,2.7; 145,9 f.17. Bemerkenswert sind hier vor allem die Texte, die den Terminus מעשה »Werk« mit einem Begriff der göttlichen Willenskundgebung parallel setzen: Ps 33,4; 92,6; 111,7.

---

[22] M. Noth, Exodus, 215.
[23] M. Noth, Exodus, 215.
[24] Vgl. BHK und BHS.
[25] Der masoretische Text von Ps 104,13b »von der Frucht deiner Taten wird die Erde satt« ist kaum ursprünglich. Vgl. dazu H.-J. Kraus, Psalmen II, 879.

In Ijob 14,15; 34,19; 37,7 meint מעשה »Werk« das Walten Gottes in der Schöpfung. Interessant ist auch noch der einzige Beleg aus dem Buch der Sprüche, Spr 16,11, in dem »die richtige Waage als zu Jahwe gehörig und als seiner Ordnung gemäß beurteilt«[26] wird.

Die vier Belege des Koheletbuches, die von einem göttlichen Werk sprechen, sind für das Verständnis von Jes 5,18 f. und 5,12 deshalb von besonderem Gewicht, weil sie grundsätzlich festhalten, daß das göttliche Werk nicht zu erkennen, vgl. Koh 3,11; 8,17; 11,5, und somit für den Menschen unberechenbar, vgl. Koh 7,13, ist.

Sucht man nach Aussageparallelen zu Jes 5,19 und 5,11 f. dann bietet sich zunächst Ps 28 an. Dort heißt es in v. 5 von den Frevlern:

> »Denn sie achten nicht auf die Taten Jahwes und auf das Werk seiner Hände.
> ›Darum wird Jahwe‹ sie niederreißen und nicht bauen.«

Nach H.-J. Kraus spricht der Vers vom göttlichen Gerichtswirken, das die Frevler übersehen.[27] Zwar wird der Psalm vor allem wegen der Erwähnung des (königlichen) Gesalbten in v. 8 f. der Königszeit zugewiesen, doch ist diese Datierung nicht über jeden Zweifel erhaben. Wenn H.-J. Kraus bemerkenswerte Anklänge an Jes 5,12 und die Prophetie Jeremias in Jer 24,6; 42,10 und 45,4 konstatiert, dann nennt er für das Jeremiabuch Texte, die von W. Thiel der deuteronomistischen Redaktion des Buches zugeschrieben werden.[28] Bemerkenswert ist zudem, daß das Paar בנה »bauen« und הרס »einreißen« außer in der sechsgliedrigen Reihe Jer 1,10 und in Ps 28,5 nur noch in Mal 1,4 und Ijob 12,14 begegnet.

Daß mit Tun und Werk Jahwes im Psalm das göttliche Gerichtshandeln angesprochen wird, kann nicht eindeutig gesagt werden. V. 4 f. legt ein anderes Verständnis nahe: die Frevler gehen voller Eigensinn ihren bösen Taten nach und ihre Untat besteht vor allem darin, daß sie das göttliche Tun, Jahwes Mühen und Walten in der Welt, nicht wahrnehmen.

Ein weiterer, Ähnlichkeiten aufweisender Beleg ist Ps 92, ein vermutlich nachexilischer Dankhymnus.[29] V. 6 f. lautet:

> »Wie groß sind deine Werke, Jahwe,
> ganz tief deine Gedanken.
> Ein dummer Mensch erkennt (sie) nicht,
> ein Tor hat darin keine Einsicht.«

---

[26] O. Plöger, Sprüche Salomos, 191.
[27] H.-J. Kraus, Psalmen I, 374. Ähnlich J. Vollmer, Art. פעל, Sp. 465 f.
[28] Belege bei H.-J. Kraus, Psalmen I, 374. Vgl. zu Jer 24,6 W. Thiel, Jeremia 1 − 25, 255 f.; zu Jer 42,10 ders., Jeremia 26 − 45, 63; zu Jer 45,4 ebd., 85 f.
[29] So H.-J. Kraus, Psalmen II, 810 f.

Wenn die Verse von den Werken Jahwes sprechen und diese zu den göttlichen Gedanken in Parallele setzen, dann kann vermutet werden, daß hier weder ausschließlich das Geschichtshandeln Jahwes noch allein seine Schöpfungsmacht angesprochen wird. Die Ausdrücke meinen vielmehr das andauernde gerechte und ordnungsstiftende göttliche Handeln in der Welt und in Israel: Die Gottlosen werden vernichtet, die Feinde Jahwes vergehen, vgl. Ps 92,8 ff., doch der Gerechte lebt in Jahwe verwurzelt, vgl. Ps 92,13 – 16.

Die vorliegende Stelle Jes 5,18 f. kann mit G. Fohrer auf das Gerichtshandeln Jahwes bezogen werden: »Sie [die, denen das Wehe von Jes 5,18 gilt] ziehen S ü n d e und S c h u l d wie mit starken S t r i c k e n herbei, die nicht zerreißen, sondern solch schwere Last aushalten. Sie tun es mutwillig und frivol, weil sie an das angedrohte Gericht nicht glauben. Sie wollen tüchtig sündigen, damit es – falls es dergleichen wirklich gäbe – wegen des großen Schuldmaßes b a l d kommen kann und sie es noch erleben!«[30] Wenn G. Fohrer hier mit den meisten Auslegern Werk und Plan Jahwes mit dem göttlichen Gerichtshandeln verbunden sieht, dann ist das auf dem Hintergrund seiner Konzeption jesajanischer Prophetie als Umkehr- und Gerichtsprophetie nur konsequent. Daß in der Exegese nicht nur diese Interpretation vertreten wird, lehrt ein Blick in die Theologie G. von Rads, wo Werk und Plan Jahwes als Heilsveranstaltung zur Rettung des Zion gelten: »... dieses Heilshandeln Jahwes hat Jesaja in die weitestmöglichen geschichtlichen, d. h. in weltgeschichtliche Zusammenhänge gestellt.«[31]

Eine andere Perspektive eröffnet sich denen, die einen Umschwung in der jesajanischen Verkündigung von der Heils- zur Unheilsansage annehmen. So hat für W. Dietrich Jesaja zunächst einmal von Jahwes Plan gegen Assur gesprochen, dann aber, nach dem Versagen Judas, vom gegen Juda gewendeten Werk Jahwes. Jes 5,18 f. wird von W. Dietrich dieser Zeit nach dem Umschwung zugeordnet: »Zu der Zeit allerdings, in die 5,18 f gehört, dürfte auch der Begriff ʿēṣāh ›Plan‹ in Jesajas Sprache einen drohenden Klang angenommen haben. Offenbar hat er schon mehrfach von dem Unheil gekündet, das Jahwe zu bringen plane, so daß er nun höhnisch gefragt wird, wann diese Drohungen sich endlich erfüllen würden, wo denn die Assyrer eigentlich blieben; Jahwe möge sich doch ein bißchen beeilen, man würde zu gern wissen, was es mit seinem Plan auf sich hat!«[32]

Nun läßt sich der Begriff עצה »Plan«, der in seiner umfassenden Allgemeinheit »Jahwes gesamtes Tun in Völkerwelt und Schöpfung

---

[30] G. Fohrer, Jesaja I, 84. Ähnlich B. Duhm, Jesaia, 60; O. Procksch, Jesaia, 96.

[31] G. von Rad, Theologie II, 169.

[32] W. Dietrich, Jesaja, 169. Vom Kontext her bestimmt W. J. Whedbee, Isaiah, 130, מעשה als Gerichtsterminus.

wie im Leben des einzelnen Menschen«[33] meinen kann, in Jes 5,19 kaum eindeutig als synonymer Ausdruck für ein erwartetes göttliches Gerichtshandeln verstehen, denn die Mißachtung von Werk und Plan Jahwes bringt ja erst das Gericht, und der von G. Fohrer geäußerte Gedanke, die Redenden wollten das Gericht herbeisündigen, läßt sich dem Text nicht entnehmen. Ebensowenig läßt sich das Wort in eine Konzeption ambivalenter jesajanischer Prophetie einbinden. Zur hin und wieder behaupteten Einheit von Unheils- und Heilsverkündigung in der jesajanischen Prophetie hat R. Kilian das Nötige gesagt.[34] Darüber hinaus kann die von W. Dietrich gegebene Interpretation dem Text allenfalls unterlegt werden, sie läßt sich ihm kaum entnehmen. So hat der Begriff »Plan« an sich keinen bedrohlichen Klang; gefährlich wird für die Angeredeten jedoch, daß sie den Plan Jahwes nicht kennen. Wenn W. Dietrich den göttlichen Plan diskussionslos mit dem Anrücken des Assyrers zusammenbringt, unterstellt er zudem letztlich nicht Erweisbares, denn daß hier mit »Plan« und »Werk« ein aktuell anstehendes Geschichtseingreifen Jahwes angesprochen wird, läßt sich dem Wort kaum entnehmen.

Eine gewisse Schwierigkeit bei der Interpretation liegt zudem darin, daß der Terminus עצה »Plan« nur hier als Begriff für das an Israel zu vollziehende Gericht begegnen würde; zwar gibt es den Gerichtsplan Jahwes an den Völkern: Jes 14,26 (Völker); 19,17 (Ägypten); Jer 49,20 (Edom); 50,45 (Babel); Mi 4,12 (Völker), doch nirgendwo einen mit der Vokabel עצה »Plan« ausgedrückten Gerichtsplan Jahwes an seinem eigenen Volk. Außerdem sprengt die Aussage von Jes 5,19 die von O. Kaiser zu Recht hervorgehobene soziale Dimension der Weherufe, die auch dem kurzen Weheruf v. 18 mühelos entnommen werden kann.[35] Wenn nun aber in Jes 5,19 keine thematische Weiterführung des Weherufs v. 18 vorliegt, sondern vielmehr eine theologisch reflektierende Interpretation des soziale Mißstände geißelnden Weherufs vorgenommen wird, dann liegt es nahe, in Jes 5,19 die nachträgliche redaktionelle Erweiterung des kurzen Weherufs 5,18 zu erblicken. Die Offenheit der Begriffe עון »Vergehen« und חטאה »Sünde«, die, wie mit O. Kaiser begründet zu vermuten ist, ein soziales Fehlverhalten benennen sollten, werden in v. 19 theologisch interpretiert: Es geht jetzt um das spöttische Bezweifeln von Jahwewerk und Jahweplan, d. h. das göttliche Handeln in der Geschichte und in der Menschenwelt und um die bei Gott bestimmte Konzeption des Weltgeschehens.

---

[33] J. Vollmer, Art. עשה, Sp. 368.
[34] Siehe R. Kilian, Jesaja 1 – 39, 136 ff.
[35] O. Kaiser, Jesaja I, 107.

B. DER WEHERUF JES 5,11 – 17

1. Der Text

11 Wehe denen, die früh auf sind am Morgen
und dem Rauschtrank nachjagen,
die spät sitzen bleiben am Abend,
der Wein erhitzt sie.

12 und es gibt Leier und Harfe, Pauke und Flöte[36]
und Wein — ihr Getränk.
Doch das Tun Jahwes erblicken sie nicht,
und das Werk seiner Hände sehen sie nicht.

13 Darum geht mein Volk in die Verbannung ohne Einsicht.
und seine Pracht ›entkräftet‹ vor Hunger[37],
und seine lärmende Menge ausgedörrt vor Durst.

14 Darum macht die Unterwelt ihren Rachen weit,
und sie reißt ihr Maul maßlos auf,
und es fährt hinab ihr Ruhm und ihre lärmende Menge
und ihr Tosen und was in ihr jubelt[38].

15 Da wird gebeugt der Mensch und gedemütigt der Mann,
und die Augen der Erhabenen senken sich.

16 Und erhaben ist Jahwe Zebaot im Gericht,
und der heilige Gott erweist sich als heilig in Gerechtigkeit.

17 Und es weiden Lämmer wie auf ihrer Trift,
und die Trümmer fressen Fette (die Fremden)[39].

2. Zur Abgrenzung und Schichtung von Jes 5,11 – 17

Unbestritten beginnt mit Jes 5,11 ein neuer Wehespruch. Ebenfalls setzt in v. 18 unzweideutig ein weiterer Wehespruch ein. Ob jedoch die vv. 11 – 17 eine ursprüngliche Einheit, einen in extenso durchgestalteten

---

[36] Vgl. hierzu H. P. Rüger, Art. Musikinstrumente, 234 ff.

[37] M bezeugt מְתֵי רָעָב »Männer des Hungers«. Wenn man mit einigen Textzeugen מְתֵי liest, dann heißt es: »vor Hunger Gestorbene«. Die Gesetzlichkeiten des Parallelismus legen es jedoch nahe, מְזֵה von מָזָה »verzehrt, erschöpft« zu lesen, vgl. Dtn 32,34. So entschieden schon G-B, 474, s. v. מזה; HAL, 535, s. v. מת; B. Duhm, Jesaia, 58, u. a. Zur Form siehe B-L, 587j.

[38] BHS will in v. 14b das Suff. 3. Pers. masc. lesen.

[39] Bei גרים »Fremde« handelt es sich vermutlich mit J. Vermeylen, Isaïe I, 173, um eine die fremden Herren des Landes bezeichnende Nachinterpretation. Vgl. in diesem Sinne bereits H. W. Hertzberg, Nachgeschichte, 71 f., und jüngst wieder O. Kaiser, Jesaja I, 101 Anm. 12.

Spruch bilden, muß als problematisch gelten. Nicht allein die ungewöhnliche Länge, sondern vor allem die zahlreichen Themen und Bilder lassen Zweifel an der Geschlossenheit des Abschnitts aufkommen. So nimmt man zumeist in Jes 5,11 – 13 einen ursprünglichen Weheruf mit einem dazugehörenden Drohwort an; in 5,14 – 17 wird häufiger ein verstümmeltes »Wehe« über Jerusalem gesehen[40]; v. 15 f. gilt als nachträglicher Einschub[41]. Daß sich gegenüber der Annahme, es handle sich um Bruchstücke oder es seien Textstücke ausgefallen, methodische Bedenken erheben, muß nicht besonders ausgeführt werden. Unbefriedigend sind ferner nicht hinreichend begründete Umstellungen im überlieferten Text.[42]

Der Abschnitt Jes 5,11 – 17 gliedert sich folgendermaßen:

a) Weheruf (v. 11)
b) Erweiterung des Weherufs (v. 12)
c) Erstes Drohwort mit לכן (v. 13)
d) Zweites Drohwort mit לכן (v. 14)
e) Intermezzo: Jahwe im Gericht (v. 15 f.)
f) Fortsetzung des zweiten Drohwortes (v. 17)

a) Der Weheruf (v. 11)

Legt man die oben bereits referierten formgeschichtlichen Überlegungen O. Kaisers zum Weheruf, wonach es weder einer gesonderten Anklage noch einer auf die Schuldfolge blickenden Begründung bedarf, als Maßstab an den hier zu untersuchenden Text an, dann beschränkt sich der eigentliche Weheruf lediglich auf v. 11. Er beginnt mit הוי »wehe« und benennt, wie schon in v. 8, die Adressaten des »Wehe« in Partizipialform; darauf folgt eine finite Satzkonstruktion. Mit dem Themenbereich »Trunksucht, Völlerei, Schwelgerei« greift der Spruch ein Vergehen auf, das auch sonst die Prophetie (vgl. Jes 5,22; 22,13; 28,1.3.7 f.; 29,9; Am 4,1; 6,6) und die Weisheit (vgl. Spr 20,1; 21,17; 23,20 f. 29 – 35; 31,4 ff.; Koh 10,16; Sir 19,2; 31,25 – 31) beschäftigt.

Eine Begründung, warum dieses exzessive Trinken dem prophetischen Verdikt unterliegt, wird in dem Weheruf nicht näher mitgeteilt. Es muß aber als wahrscheinlich gelten, daß der Weheruf das indizierte Verhalten vor allem als sozialen Mißstand aufgefaßt hat, denn es war

---

[40] So z. B. W. Eichrodt, Jesaja I, 72 f.
[41] So im wesentlichen A. Dillmann, Jesaja, 48; B. Duhm, Jesaia, 57 ff.; K. Marti, Jesaja, 56 f.; G. B. Gray, Isaiah, 91 – 94; H. Schmidt, Propheten, 42 – 45; O. Procksch, Jesaia, 94 f. G. Fohrer, Jesaja I, 82 f., erblickt in Jes 5,14 – 17 Bruchstücke. Anders urteilt A. S. Herbert, Isaiah I, 52, der in v. 16 eines der großen Worte Jesajas erblickt.
[42] Vgl. das Vorgehen von W. Eichrodt, Jesaja I, 51, der Jes 5,15 f. hinter 2,9 stellt.

nur denen möglich, die selber nicht von ihrer Hände Arbeit lebten. Daß es sich dabei um Mitglieder der Führungseliten gehandelt haben könnte, verdeutlicht ein Blick auf Jes 28,7; vgl. ferner Am 4,1; 6,6; Koh 10,16.

b) Die Erweiterung des Weherufs (v. 12)

Der kurze Weheruf v. 11 wird erweitert durch die Erwähnung lärmender Musikinstrumente, die im Verein mit dem unmäßigen Weingenuß verhindern, daß Jahwes Tun und Werk wahrgenommen werden. Das nachklappende ויין משתתהם »und Wein ihr Gelage« erweist den gesamten Halbvers 12a als redaktionelle Anknüpfung, die vor allem im Hinblick auf das Drohwort v. 13 und des darin begegnenden Terminus המון »lärmende Menge« erfolgt ist. Zugleich soll die in v. 12b niedergelegte theologische Wertung der im Weheruf angeprangerten Mißstände diesen mit der ersten Drohung (מבלי דעת) verbinden.

Weitere Überlegungen können den redaktionellen Charakter von v. 12 ebenfalls erweisen:

1. Das Wort פעל »Tun« findet sich im Jesajabuch nur noch an eindeutig späten Stellen: Jes 1,31; 41,24; 45,9.11; 59,6. Von Jahwes Tun (פעל) sprechen auch sonst im Alten Testament überwiegend Texte aus exilisch-nachexilischer Zeit: Dtn 32,4; 33,11; Jes 45,11; Hab 1,5; 3,2; Ps 44,2; 64,10; 77,13; 90,16; 92,5; 95,9; 111,3; 143,5; Ijob 36,24.[43]

2. In theologischer Bedeutung begegnet מעשה »Werk« im Jesajabuch nur noch an nachjesajanischen Stellen: Jes 5,19; 10,12; 19,25; 28,21; 29,23; 60,21; 64,7.[44]

3. Da v. 12 eine Verbindung zum ersten Drohwort v. 13 herstellen will, ergibt sich ein weiteres Argument für den Nachtragscharakter dieses Verses. In Jes 5,13a wird mit der Androhung der Verbannung ein Standort jenseits von 587 v. Chr. eingenommen (vgl. Jes 6,12 f.*).[45] Wenn gesagt wird, das Volk müsse »ohne Einsicht« (מבלי דעת) in die Verbannung, dann erinnert das an Hos 4,6; dort steht freilich, der hoseanischen Bedeutung des Terminus דעת entsprechend, der Artikel (מבלי הדעת).[46]

---

[43] G. v. Rad, Werk, 295 f., sieht in den seiner Ansicht nach späten Belegen Dtn 32,4; Ps 92,5; Ijob 36,24 durch den Begriff פעל das göttliche Walten bezeichnet.

[44] Zu Jes 5,19 siehe oben. Zu 10,12 vgl. G. Fohrer, Jesaja I, 156 Anm. 90; H. Wildberger, Jesaja I, 392 ff.; O. Kaiser, Jesaja I, 226. Zu 28,21 siehe O. Kaiser, Jesaja II, 203 f.

[45] Anders A. S. Herbert, Isaiah I, 52, der das Exil aufgrund der zur Zeit Jesajas bestehenden internationalen Machtkonstellation für den Propheten als erkennbare reale Möglichkeit erscheinen läßt.

[46] In Jes 5,12 ist die Wendung kaum mit »unversehens« wiederzugeben. Gegen diesen von K. Marti, Jesaja, 56, unterbreiteten Vorschlag wendet sich z. B. H. Wildberger,

c) Das erste Drohwort mit לכן (v. 13)

Mit לכן »darum« wird eine erste Drohung an den um v. 12 erweiterten Weheruf angefügt. Dem Volk wird die Verbannung angesagt, der Oberschicht im Sinne eines »reversal imagery«[47] die Demütigung und der Verlust der Vorrangstellung. Das Verbum גלה, q., »in die Verbannung gehen«, begegnet in Jes 1 – 39 nur hier. Der Vers stellt zudem fest, daß »mein Volk« »ohne Einsicht« in die Verbannung geht. Damit wird das theologische Urteil aus v. 12 aufgegriffen: Die Weinsäufer *erblicken* nicht das Tun Jahwes und *sehen* nicht seine Werke. Die angekündigte Strafe bewirkt eine Umkehr der bisherigen Verhältnisse: Die Vornehmen erleiden Hunger, die lärmende Menge Durst.

Da die Überleitungsfunktion von v. 12 bereits erkannt wurde, liegt die Annahme nahe, daß v. 13 gemeinsam mit v. 12 eine erste Erweiterung des Wehespruchs bildet. Dabei konnte die Redaktion auf andere prophetische Stellen zurückgreifen, denn auch Am 4,1 – 3 und 6,1 – 7 verbinden den Vorwurf des maßlosen Lebens mit der Androhung der Verbannung.[48]

d) Das zweite Drohwort mit לכן (v. 14)

In v. 14 folgt ein zweites, ebenfalls mit לכן »darum« eingeleitetes Drohwort.[49] Bedrohte das erste Wort v. 13 das Volk und dessen Oberschicht, so legen die Suff. 3. Pers. Sing. fem. in v. 14 es nahe, das zweite Drohwort auf die Stadt Jerusalem zu beziehen.[50] Der Ruhm und die lärmende Menge der Stadt werden in die Unterwelt fahren.

Die Vorstellung der Höllenfahrt begegnet als Gerichtsbild im Prophetenkorpus nicht gerade häufig. In Jes 14 fährt der König von Babel, in Ez 31 f. der Pharao in die Unterwelt. In Ps 9,18; 31,18 werden die Frevler, in Ps 49,15 die Überheblichen und in Ps 55,16 die persönlichen Feinde des Beters von der Unterwelt erwartet. Es handelt sich hier durchweg um nachjesajanische Belegstellen. In die vorexilische Zeit führt vielleicht die Datan-Abiram-Geschichte in Num 16, die gemeinhin dem

---

Jesaja I, 188. In Dtn 4,42; 19,4; Jos 20,3 meint בבלי דעת als Rechtsterminus soviel wie »unversehens, ohne Vorsatz«. In Ijob 36,12; 38,2; 42,3 bedeutet בבלי דעת bzw. בלי דעת eindeutig »ohne Einsicht«.

[47] Zum Begriff siehe W. Janzen, Mourning Cry, 35 – 38. Zur Sache vgl. H. W. Wolff, Begründungen, 27 f.; J. Fichtner, »Umkehrung«; G. v. Rad, Theologie II, 83; C. Westermann, Grundformen, 114 f. Die Beziehung zwischen Weheruf und Strafankündigung begegnet in v. 13b nicht als einfache, sondern als umgekehrte Entsprechung.

[48] Vgl. dazu H. W. Wolff, Dodekapropheton 2, 241 – 246.314 – 323; I. Willi-Plein, Vorformen, 25 f.39 – 43.

[49] Der Vorschlag von A. S. Herbert, Isaiah I, 51 f., in v. 14 mit einem »Shame on you« ein neues Gerichtswort beginnen zu lassen, muß als nicht begründbar gelten.

[50] So G. B. Gray, Isaiah, 92, u. a.

Jahwisten zugeschrieben wird.[51] Datan und Abiram hatten sich gegen die Führungsautorität des Mose aufgelehnt. Zur Strafe werden sie samt Anhang von der Unterwelt verschlungen (Num 16,30 – 33).

Die in Jes 5,14 begegnende Terminologie verweist nicht zwingend in die vorexilische Zeit. פער »(den Mund) aufsperren« findet sich noch Ps 119,131; Ijob 16,10 und 29,23. בלי »ohne« wird nur noch Ijob 38,41 und 41,25 mit der Partikel ל konstruiert. Von der Pracht einer Stadt (הדר) sprechen noch Klgl 1,6 (Zion) und Ez 27,10 (Tyros). Die Vorstellung einer den Rachen aufreißenden Unterwelt bietet noch Hab 2,5: Der Reiche und Hochmütige reißt in seiner Unersättlichkeit den Rachen auf wie die Unterwelt (vgl. auch Spr 30,16).

Daß v. 14 die Strafe aus v. 13 in bildhafter Weise wiederholt, wie P. Auvray vermutet[52], muß als allzu harmonisierende Interpretation, die die divergierenden Aussagen zusammenbringen will, beurteilt werden.

Das Drohwort v. 14 findet in v. 17 eine Fortsetzung.[53]

e) Intermezzo: Jahwe im Gericht (v. 15 f.)

Die vv. 15 f. unterbrechen das zweite Drohwort. Der Kompositcharakter der Einschaltung liegt auf der Hand: V. 15a entspricht Jes 2,9a, v. 15b übernimmt im Wesentlichen Jes 2,11aα; ferner könnte, was allerdings terminologisch nicht sicher zu erweisen ist, v. 16 auf Jes 2,17b Bezug nehmen. Da die beiden Verse das Drohwort über Jerusalem unterbrechen, wird man in ihnen mit B. Duhm u. a. eine spätere Einfügung erblicken dürfen.[54] Ob die beiden Verse als sekundäre Erweiterung des Orakels v. 11 – 13 anzusehen sind, wie J. Vermeylen meint[55], kann nicht eindeutig ausgemacht werden; diese These würde jedenfalls einen komplizierten Verschachtelungsprozeß voraussetzen.

Mit Jahwe als Subjekt begegnet גבה »erhaben sein« nur hier. Offenbar will die Aussage v. 16a diejenige von v. 15b kontrastieren: die Augen der Erhabenen senken sich, wenn Jahwe sich im Gericht als erhaben erweist. Daß Gott sich als heilig erweist, ist eine vor allem im Ezechielbuch anzutreffende Vorstellung: Gott erweist sich vor den Völkern als heilig bei der Rückführung der Deportierten (Ez 20,41; 28,25; 36,23;

---

51 Vgl. für die hier interessierenden Verse A. H. J. Gunneweg, Leviten, 171 f.; und V. Fritz, Israel, 24 ff. Ferner O. Eißfeldt, Hexateuchsynopse, 173* – 175*; M. Noth, Überlieferungsgeschichte, 19; ders., Numeri, 107 – 114; J. de Vaulx, Nombres, 190 f.

52 P. Auvray, Isaïe, 78 f.

53 So schon G. B. Gray, Isaiah, 92 f.; K. Marti, Jesaja, 57; und jüngst J. Vermeylen, Isaïe I, 172 f.

54 Vgl. B. Duhm, Jesaia, 59: »... wenn die Menschen alle tot sind, können sie und ihre Augen nicht noch erniedrigt werden.«

55 J. Vermeylen, Isaïe I, 173.

39,27), aber auch beim Vollzug des Gerichts an Sidon (Ez 28,22) und an Gog (Ez 39,27). Nach Lev 10,3 erweist sich Gott heilig an denen, die ihm nahe sind. Israel soll, so Lev 22,32, Jahwes Namen nicht entweihen, damit Jahwe inmitten Israels geheiligt wird. Der Namensätiologie Num 20,13 zufolge heißt ein Gewässer »Wasser von Meriba«, weil die Israeliten mit Jahwe gestritten haben, und dieser sich dort als der Heilige erwiesen hat.

Der Redaktor, der v. 15 f. in das zweite Drohwort eingeschaltet hat, vermißte offenbar einen expliziten Hinweis darauf, daß es Jahwe ist, der die Stolzen richtet. Seine Einschaltung will die Höllenfahrt der Jerusalemer Hautevolee ausdrücklich als Jahwes Gerichtshandeln ausweisen und nicht etwa als Gerichtshandeln der Unterwelt verstanden wissen.

f) Die Fortsetzung des zweiten Drohworts (v. 17)

In den Trümmern Jerusalems werden Schafe wie auf ihrer Trift weiden. Diese Vorstellung knüpft an die Jerusalem-Erweiterung v. 14 an. Ähnliche Gedanken begegnen Jes 17,2; 27,10; 32,14; Zef 2,6; 2,14; Klgl 5,18.[56]

g) Ergebnis

Versucht man, den Wachstumsprozeß des Weherufs Jes 5,11 – 16 nachzuzeichnen, dann können folgende Stadien benannt werden:

1. Am Anfang steht der Weheruf Jes 5,11, der, zusammen mit den anderen Weherufen, den Kern der Sammlung bildet. Diese Sammlung wurde vielleicht vom Propheten selbst, vielleicht im Umkreis des Propheten zusammengestellt. Nach vorn wurde die Sammlung frühestens in exilischer Zeit mit dem Weinberglied verbunden; dazu wurde der erste Weheruf Jes 5,8 um den Jahweschwur v. 9 f. erweitert.

2. Mit den vv. 12 f. wurde eine erste Erweiterung angefügt, die die ursprünglich »soziale« Anklage mit Hilfe der theologischen Reflexion v. 12b als Brandmarkung eines falschen Gottesverhältnisses interpretiert, um mit v. 13 eine erste Drohung anzufügen: Fehlender Erkenntnis wegen muß das Volk in die Verbannung. Hier liegt eine ex eventu formulierte Androhung der frühen nachexilischen Zeit vor.

3. Eine zweite Erweiterung bietet das Drohwort v. 14.17. Den Ungläubigen des nachexilischen Jerusalem wird die Höllenfahrt angedroht.

---

[56] Belege nach H. Wildberger, Jesaja I, 190. Es handelt sich durchweg um exilisch-nachexilische Stellen.

4. In v. 15 f. liegt die Einschaltung eines schriftgelehrten Glossators vor, der offenbar ein mögliches Mißverständnis des zweiten Drohwortes ausräumen will: Wenn die Unterwelt den Rachen öffnet, um Jerusalems Pracht und Stolz zu verschlingen, dann ist das ausschließlich eine Folge von Jahwes Gerichtshandeln.
5. Die terminologischen Bezüge zwischen Jes 5,19 und 5,12b legen es nahe, Jes 5,19 und 5,12 f. derselben Bearbeitungsschicht zuzurechnen.

C. DER PLAN JAHWES IM ZWEITEN UND DRITTEN WEHESPRUCH

Wie die vorliegenden Überlegungen gezeigt haben, handelt es sich bei den Versen in Jes 5,11 – 17.18 f., die vom Plan Jahwes handeln, um redaktionelle Texte, die einen kurzen Weheruf weitergehend und vertiefend reflektieren. Diese theologisch-reflektierende Redaktorenarbeit will zum einen vorgegebenes Spruchgut präzisieren und aktualisieren, zum andern will sie — ex eventu — die bisherige Geschichte Israels interpretieren. Wie das im einzelnen vor sich geht, soll hier noch einmal im Zusammenhang dargestellt werden.

1. Jes 5,19 greift den allgemein gehaltenen Weheruf v. 18, der sündhaftes Verhalten richtet, auf und präzisiert dieses Verhalten als leichtfertiges Sprechen von Gottes Werk und Gottes Plan. Der Begriff עון »Vergehen«, ein Formalbegriff, »der sich auf alle Arten von Vergehen beziehen kann«[57], erfährt somit eine Konkretisierung. Daß sich der Redaktor mit religiös-geistigen Strömungen seiner Zeit auseinandersetzen will, kann mit einigem Recht vermutet werden. Er aktualisiert ein vorgegebenes Prophetenwort, indem er es um ein in seiner zeitgeschichtlichen Situation relevantes Problem erweitert. Ein derartiges Vorgehen läßt darauf schließen, daß einerseits dem alten, als Prophetenwort verstandenen Spruch bereits eine gewisse Dignität zukommt, daß es aber andererseits mit der Würde des alten Wortes durchaus vereinbar ist, wenn es in aktualisierenderweiterter Form tradiert wird. Jes 5,19 aktualisiert den Wehespruch in polemischer Weise; somit darf es nicht verwundern, daß die im Zitat als Meinung der Gegner angeführte Äußerung in anderen alttestamentlichen Selbstaussagen so nicht begegnet.
2. Auch die längere Spruchkomposition Jes 5,11 – 17 weist in v. 12 f. eine Textpartie auf, die das in v. 11 vorgegebene Wehewort aktualisierend und präzisierend erweitert. Die Aktualisierung und Konkretisierung begegnet in der Entfaltung des Themas »Gelage« und in

---

57 So R. Knierim, Art. עון, Sp. 247.

dem Vorwurf, das ausschweifende Leben bewirke, daß Tun und
Werk Jahwes den Augen nicht mehr zugänglich seien. Die im mit
לכן »darum« angefügten Drohwort angekündigte Strafe verweist
auf die Folgen dieses Tuns: fehlende Erkenntnis bringt das Volk in
die Verbannung, und die vormals lärmende und prassende Oberschicht muß Hunger leiden.

Fragt man nach den Gegnern, mit denen der Redaktor sich auseinandersetzt, so ist man zunächst auf Vermutungen angewiesen. Als relativ
gesichert kann gelten, daß seine Polemik Stimmen begegnen will, die
sich mit als spezifisch prophetisch geltenden Verkündigungsinhalten auseinandersetzen, denn der Sprecher sieht durch das skeptische Reden und
Verhalten der anderen Seite eine sich auf Jahwes Werk und Jahwes Plan
richtende Erwartung desavouiert.

Will man sich bei der Suche nach ähnlichen Aussagen nicht mit den
schwer datierbaren Psalmversen Ps 28,5; 92,6 f. begnügen[58], dann mag
einem zunächst der Epilog des Deuterojesajabuches in den Sinn kommen.
Dort wird in Jes 55,8 f. formuliert:

>»Denn meine Gedanken sind nicht euere Gedanken,
> und eure Wege nicht meine Wege, Spruch Jahwes.
> Vielmehr: So hoch der Himmel über der Erde ist[59],
> so hoch sind meine Wege über eueren Wegen
> und meine Gedanken über eueren Gedanken.«

Mit C. Westermann kann zu dieser Stelle gesagt werden: »›Gedanken‹ hat hier nicht den Sinn von Reflexionen, sondern wie häufig im
Alten Testament von Plan, Entwurf. Die Wege sind entsprechend dem
Ausführen dieser Pläne oder Entwürfe. Es geht um das, was Gott vorhat
und wie er es durchführt.«[60] Dieser dem redaktionellen Rahmen des

---

[58] Ps 28 wird von G. Fohrer, Einleitung, 310, und H.-J. Kraus, Psalmen I, 372, vor allem
wegen der Erwähnung des »Gesalbten« in v. 8 f. der Königszeit zugewiesen. So auch
schon H. Gunkel, Psalmen, 120; N. Peters, Psalmen, 59. Anders B. Duhm, Psalmen,
84 f., der den Abschnitt v. 1 – 4 »wegen seiner zahlreichen Anklänge an junge Dichtungen« (85) als jung einstuft. Ferner erkennt er den Zitatcharakter von v. 5 (Jes 5,12b; Jer
24,6; 42,10; 45,4) und notiert als auffällig, daß der ganze Vers in der dritten Person von
Jahwe redet. A. Deissler, Psalmen, 116 f., bemerkt den »anthologischen Abfassungsstil«
(116). »Eine genaue Durchprüfung des Wort- und Gedankenguts ... läßt mit Sicherheit
auf nachexilische Abfassung schließen.« (116). Vgl. auch die oben getroffenen Bemerkungen zu Ps 28,5. Ps 92 gilt als nachexilisch. Vgl. G. Fohrer, Einleitung, 315; H.-J.
Kraus, Psalmen II, 810 f., äußert sich vorsichtiger.
[59] Zur statischen Bedeutung von גבה »hoch, erhaben sein« siehe Joüon, § 112a.
[60] C. Westermann, Jesaja 40 – 66, 231.

Buches zuzuweisende Satz[61] entbehrt nicht der theologischen Brisanz. Zwar ist er weit davon entfernt, Skepsis zu verbreiten, vielmehr will er dem ermüdeten und resignierten Volk, das sich von seinem Gott verlassen fühlt, die unvorstellbare Größe seines Gottes Jahwe vor Augen führen. Dieser Gott hat einen Plan mit seinem Volk, das diesen jedoch seiner Größe wegen nicht überschauen kann. »Indem der Prophet auf die gewaltigen, das Denken der Menschen himmelhoch überragenden Horizonte der Entwürfe und Wege Gottes weist, gibt er seinen Zuhörern Vertrauen in die Möglichkeit Gottes, die sie jetzt nicht mehr zu sehen vermochten.«[62] Es liegt aber auf der Hand, daß diese Argumentation beim Ausbleiben des erfahrbaren Heils zu völlig anderen Schlußfolgerungen führen kann: aus dem großen, seine Schöpfung übersteigenden Gott wird der, der in seinen Plänen rätselhaft und in schrecklicher Weise undurchschaubar wird.

In Jes 56,9 – 57,13, einer umfassenden Komposition, die Nähen zum Deuterojaseja-, Jeremia- und Ezechielbuch aufweist[63], rechnet ein von der Prophetie bestimmter Schriftsteller mit den Führern des Volkes ab. 56,11 f. kennzeichnet die Oberschicht als unersättlich:

»Doch die Hunde sind gierig,
sie kennen kein Sattsein.
Hirten sind sie. Sie lernen keine Einsicht.[64]
Sie alle wenden sich ihrem (eigenen) Weg zu,
jeder zu seinem Gewinn, ausnahmslos[65].
Kommt, ich hole Wein!
Laßt uns Bier zechen!
Wie heute so der morgige Tag!
Ganz großartig!«

---

[61] Zum redaktionellen Charakter von Jes 55 siehe H.-C. Schmitt, Prophetie, 58 ff. Schon K. Elliger, Deuterojesaja-Tritojesaja, 135 – 167, schrieb Jes 54 f. dem Tritojesaja zu. Vgl. auch K. Kiesow, Exodustexte, 159 ff., zum Verhältnis von Jes 40,6 – 8* zu 55,10 f., und O. Kaiser, Einleitung, 275.

[62] C. Westermann, Jesaja 40 – 66, 232.

[63] G. Fohrer, Jesaja III, 191. Die Abgrenzung des Abschnitts erfolgt ebenfalls nach Fohrer. Eine differenzierte redaktionskritische Analyse von Jes 56,9 – 57,13 legt J. Vermeylen, Isaïe II, 458 – 460, vor. Für ihn sind mit C. Westermann, Jesaja 40 – 66, 253 f.; P. Volz, Jesaia II, 208, u. a. Jes 56,9 – 12 vorexilisch. Für Jes 57,3 – 5 bieten sich zwei Möglichkeiten: v. 3 f. ist entweder als (vor)exilisch anzusehen oder als redaktionelle Hinzufügung der nachexilischen Zeit. V. 5 ist auf jeden Fall nachexilisch. Ebenfalls redaktionell sind Jes 57,1 – 2.(3 – 4).13b. V. 6 – 13a »reprennent sans doute un poème (pré)exilique«. (460)

[64] V. 11aβ wird häufiger als Zusatz angesehen. Vgl. z. B. G. Fohrer, Jesaja III, 191.

[65] Zu dieser Bedeutung von מקצהו vgl. HAL, 1046, s. v. קצה.

Die Kehrseite dieses Verhaltens wird in der Situation der Gerechten und Frommen ablesbar, vgl. Jes 57,1 f. Sie gehen zugrunde, doch niemand nimmt daran Anstoß. Die in 57,3 – 13 folgende Gerichtsrede zählt noch weitere Vergehen gegen Gott vor allem im kultischen Bereich auf und nennt in v. 11b das für das Verhalten der Oberschicht grundlegende Motiv:

»Doch wen hast du gescheut und gefürchtet,
daß du betrügst?
An mich hast du dich nicht erinnert,
es dir nicht zu Herzen genommen.
Nicht wahr: Ich hielt mich still und ›verhüllte meine Augen‹[66],
hast mich nicht gefürchtet.«

Weil Jahwe »bisher geschwiegen hat, sündigen sie ohne Scheu. Darin sind alle Einzelheiten der Anklage abschließend zusammengefaßt: Was der führenden Schicht und ihrer Gefolgschaft vorzuwerfen ist, sind Sünde gegen Gott und Abfall von ihm.«[67] Weil Gott schweigt, so der Vorwurf, kann die Oberschicht tun, was ihr gefällt.

Der Gedanke, daß die Frevler Gott ohne Folgen auf die Probe stellen können, begegnet in Mal 3,13 – 21. V. 13 ff. handelt von der ausbleibenden göttlichen Gerechtigkeit. Der Prophet zitiert eine umlaufende Meinung:

»Stark sind eure Worte gegen mich, spricht Jahwe,
und ihr sagt: Was haben wir beredet gegen dich?
Ihr sagt: Vergeblich ist es, Gott zu dienen,
und was ist der Lohn dafür, daß wir seine Anordnung befolgen,
und daß wir umhergehen in Trauer
vor Jahwe Zebaot?
Und nun: Wir müssen die Frechen glücklich preisen,
Sie sind aufgebaut worden, die Böses taten;
obgleich sie Gott versuchten, sind sie davongekommen.«

Es geht in diesem kurzen Abschnitt um die Frage, ob die göttliche Vergeltung noch wirksam ist. Schon Mal 2,17 – 3,5 setzt sich mit der Tatsache auseinander, daß es dem Frevler wohl ergeht. »Aber während dort (abgesehen von 3,4 f.) nur das Wohlergehen der Gottlosen das Thema und deshalb das Ausbleiben des göttlichen Gerichtes über sie der Stein des Anstoßes war, ist jetzt das Problem doppelseitig. Gewiß ist auch hier die Lage der Gottlosen anstößig (15)... Jedoch das Aufreizendste dabei ist (14), daß die Frommen in ihrer Lebenslage keinerlei Zeichen des göttlichen Wohlgefallens erfahren, obwohl sie bemüht sind, ihrem

---

[66] Mit BHS ist das pt. hif. מעלם zu lesen. Vgl. HAL, 790, s. v. עלם.
[67] G. Fohrer, Jesaja III, 199 f.

Gott zu dienen und seine Gebote zu halten und zu der schlechten Welt
›sauer sehen‹ (Mt 6,16).«[68]

Die Lösung, die der Prophet anbietet, kann nur als Vertröstung
bezeichnet werden: Die Gerechten werden in das himmlische Merkbuch
eingetragen, so daß sie am Tag der großen Abrechnung verschont bleiben,
vgl. Mal 3,16. Dann wird zudem deutlich werden, daß es sich lohnt, gut
und ordentlich zu sein, und daß das gottlose Leben nichts einbringt, Mal
3,18. Freilich, noch ist die Verwirrung groß, da die Frommen den Frevler
glücklich preisen, Mal 3,15.

Die für den Glaubenden drängende Erfahrung, einem Gott, der
offenbar letztlich nicht helfen kann, anvertraut und ausgeliefert zu sein,
bildet den Hintergrund der aus der Prophetenliteratur angeführten Texte,
die wohl allesamt aus dem 4./3. Jahrhundert v. Chr. stammen. Die
Lösungen fallen unterschiedlich aus. Argumentiert Jes 55,8 f. mit der der
göttlichen Größe entspringenden Unbegreiflichkeit des Denkens und
Handelns Jahwes, und wird damit eine entscheidende theologische Erkenntnis angeführt, muß sich der Verfasser von Jes 56,9 – 57,13 mit einer
in der Oberschicht anzutreffenden Haltung auseinandersetzen, die seiner
Ansicht nach das Schweigen Jahwes dazu ausnützt, drauflos zu leben.
Beachtenswert ist, daß die attackierten Führer wie in Jes 5,18 f. mit ihrer
verwerflichen Einstellung »zitiert« werden. In Mal 3,13 – 21 geht die
Verwirrung der Frommen so weit, daß sie die Frevler glücklich preisen,
weil es diesen trotz ihres fehlenden Glaubens besser als den Frommen
geht. In dieser Welt der innerjüdischen Auseinandersetzung werden auch
die Verse Jes 5,12 f.19 verständlich. Der Redaktor polemisiert gegen eine
Einstellung, die das Ausbleiben von Plan und Werk Jahwes dazu ausnützt, die eigenen Wege zu gehen. Gleichzeitig sieht er die Unfähigkeit der
Menschen, Jahwe nicht mehr vernehmen zu können, in der einlullenden
Genußsucht und im eigenen Lärmen begründet.

Ein Blick muß jetzt noch auf die Weisheitsliteratur fallen, in der
ebenfalls die Rätselhaftigkeit des göttlichen Handelns empfunden wird.[69]
Nach Ijob 38,2 verdunkeln Worte ohne Einsicht den göttlichen Ratschluß,
und in Ijob 42,3 bekennt Ijob eben dieses: sein Unverstand redete über
Dinge, die zu unbegreiflich und zu wunderbar sind.

Fügt sich Ijob noch anbetend dem unbegreiflich großen, in der
Schöpfung sich offenbarenden göttlichen Geheimnis, so kann bei Kohelet
eine deutliche Wende konstatiert werden. Auch er redet in Koh 3,11;

---

[68] W. Rudolph, Dodekapropheton 4, 287 f. K. Elliger, Dodekapropheton II, 213, betont
dagegen sehr die Eigenständigkeit von Mal 3,13 – 21, die es verbiete, die offenen
Probleme, die das Stück aufgibt, durch einen Rückgriff auf das nur scheinbar von
ähnlichen Fragen betroffene Stück Mal 2,17 – 3,5 lösen zu wollen.

[69] Zum Folgenden siehe auch O. Kaiser, Einleitung, 400 ff., und die dort in Anm. 35
referierte Literatur.

7,13; 8,17; 11,5 von einem Werk Gottes, doch dieses bleibt für den Menschen grundsätzlich unberechenbar und undurchschaubar; der Mensch ist seinem geheimnisvoll-unberechenbaren Gott ausgeliefert.

In Jes 5,12 f.19 meldet sich eine Stimme zu Wort, die gegen eine Haltung der Gottvergessenheit angeht, wie sie sonst vor allem in prophetischen und weisheitlichen Zeugnissen aus dem 4./3. vorchristlichen Jahrhundert begegnet. Sie will das fehlende Vertrauen in Gottes Plan und Werk anprangern. Dabei versteht sie sich als authentische Interpretin des vormals ergangenen prophetischen Wortes, das ihr in den Schriften Jesajas zugänglich war.

Berücksichtigt man, daß noch weitere redaktionelle Eingriffe erfolgt sind, wird man sich bei der Wahl, ob nun an das 4. oder mehr an das 3. vorchristliche Jahrhundert zu denken ist, eher für die erstgenannte Möglichkeit entscheiden.

III. Jesaja 14,24–27

1. Der Text[1]

24 Es schwört, Jahwe Zebaot:
Fürwahr,
wie ich zu tun gedenke, so wird es sein,
und wie ich beschlossen habe, so wird es eintreffen.
25 Ich zerbreche Assur in meinem Land,
und auf meinen Bergen zertrete ich es.
Und es weicht von ihnen sein Joch,
und seine Last weicht von seiner Schulter.
26 Das ist der Plan, der über die ganze Erde geplant ist;
das ist die Hand, die über alle Völker gestreckt ist.
27 Ja, Jahwe Zebaot hat es beschlossen, und wer zerbricht es?
Und seine Hand bleibt ausgestreckt, und wer biegt sie zurück?

2. Der Plan Jahwes in Jes 14,24–27

Da bereits an anderer Stelle eine Analyse des kurzen Spruchs vorgelegt worden ist[2], reicht es aus, das Ergebnis zu referieren. Bei dem Wort gegen Assur handelt es sich, wie O. Kaiser und jüngst R. Kilian mit guten Argumenten dargelegt haben, und es zudem durch stilistische und motivgeschichtliche Beobachtungen noch untermauert werden konnte, um einen Spruch der nachexilischen Zeit.[3]

Somit aber ist mit Assur in Jes 14,24–27 nicht das historisch faßbare Großreich, die Israel in der Königszeit bedrohende Macht, gemeint, sondern es verbirgt sich dahinter die zur Zeit des Verfassers herrschende Großmacht.

Die in dem Jahwewort auffällige Rede von »meinem Land« (vgl. auch Jer 2,7; 16,18; Ez 36,5; 38,14–16; Joel 1,6; 4,2) und »meinen Bergen« (Jes 65,9; ferner: Ez 6,2 f.; 19,9; 33,28; 34,13; 39,17 u. ö.) erhält in der nachexilischen Zeit ihren eigenen Unterton: zwar hat das Volk

---

[1] Zum Text siehe W. Werner, Eschatologische Texte, 190.241.
[2] Vgl. W. Werner, Eschatologische Texte, 190–193.
[3] O. Kaiser, Jesaja II, 39–42; R. Kilian, Jesaja 1–39, 52–57. Vgl. ferner W. Werner, Eschatologische Texte, 190–193.

seine Eigenstaatlichkeit verloren, und es kann somit nicht mehr als ein von einem König geführtes souveränes Staatsvolk gelten, denn als Besitzer des Landes treten jetzt die Perser (538 – 333/2 v. Chr.) oder, was für unseren Text wahrscheinlicher sein dürfte, die hellenistischen Herrscher auf; doch wird in Jes 14,24 – 27 weiterhin Jahwe als Eigentümer des Landes angesehen.

Die Befreiung vom Bedrückerjoch wird als an Ort und Stelle geschehend angekündigt: in Jahwes Land und auf Jahwes Bergen. Zwar sitzt die Bedrückermacht im Land und herrscht darin, doch ist sie nicht Eigentümer im eigentlichen Sinn. In der von Jahwe selbst als Schwur machtvoll proklamierten Befreiungstat, vgl. 14,24, wirkt sich der von ihm beschlossene Plan aus, 14,26. Wenn die Fremdmacht besiegt ist, dann hat das Auswirkungen auf die ganze Erde und für alle Völker. Der Text nennt diesen Befreiungsvorgang ein im göttlichen Plan beschlossenes Handeln. Wenn Jahwes Handeln an Assur die ganze Erde betrifft, dann sind diese Auswirkungen nicht einfache Folgen des göttlichen Handelns im Sinne eines Tun-Ergehen-Denkens, sondern sie sind wie das vernichtende Handeln Jahwes an Assur ebenfalls Bestandteil des göttlichen Plans. Obwohl Israel in der Völkerwelt politisch schwach ist, kann niemand verhindern, daß der Plan seines Gottes Jahwe Wirklichkeit wird.

Wenn es sich auch nahelegt, den Spruch Jes 14,24 – 27 mit anderen Fremdvölkerorakeln zusammenzusehen, so sind doch die Unterschiede festzuhalten. Zwar weiß das Wort gegen Tyros in Jes 23,1 – 14 von einem Beschluß Jahwes und bezieht diesen gegen die Stadt und zugleich gegen die ganze Erde, vgl. 23,9, und auch Jes 19,12 (Ägypten), Jer 49,20 (Edom) und Jer 50,45 (Babel) kennen einen Plan Jahwes gegen einzelne feindliche Fremdvölker, doch unterscheidet sich das in Jes 14,24 – 27 vorliegende Wort gegen Assur von den anderen erwähnten Fremdvölkerorakeln vor allem dadurch, daß die Fremdmacht *in Juda* präsent ist und dort ihrer Vernichtung entgegengehen wird.

Der Spruch Jes 14,24 – 27 spiegelt, wie auch die anderen angeführten Fremdvölkerorakel, die politische Machtlosigkeit des Judentums wider. Zwar lebt Israel wieder im Land, doch es ist weiterhin unfrei, denn ausländische Herrscher bestimmen das politische Geschick. Zudem kann sich Israel, da es als eigenständige politische Macht ausfällt, seine Befreiung selbst nicht schaffen. In dieser Situation setzt der eschatologischen Gedanken nahestehende Verfasser von Jes 14,24 – 27 auf Jahwe als den eigentlichen Besitzer des Landes und den Herrn der Geschichte. Sein Geschichtsplan wird sich durchsetzen. Der Autor bzw. der Redaktor des Spruches erwartet möglicherweise eine zukünftige Messiasgestalt, vgl. 14,25 mit 9,3, denn auch in Jes 9,1 – 6 geht der messianischen Zeit Jahwes befreiendes und befriedendes Handeln voraus. Wenn v. 25 als redaktionelle Einfügung zu gelten hat, dann wäre diese Anspielung auf das die Messiasherrschaft anbahnende göttliche Handeln nachgetragen.[4] Außer dem Zitat aus Jes 9,3 in v. 25 weisen Anspielungen auf prophetische Traditionen den Verfasser als mit den prophetischen Schriften, wie sie ihm vorgelegen haben, vertraut aus. So zeigt die Vorstellung, Jahwe werde den Feind im eigenen Land besiegen, eine Nähe zum Gog-Mythos, vgl. vor allem Ez 38,14 – 16; ferner: Jes 10,16 ff.; 10,24 ff.; 17,12 ff.; 29,5 ff.; 31,4 f. Die Stilisierung des Anfangs als Gottesschwur läßt Am 4,2; 6,8; 8,7 in den Blick kommen und erinnert zudem an ähnliche Formulierungen in Jes 5,9; 22,14 und 62,8.

Es darf somit vermutet werden, daß Jes 14,24 – 27 das Werk eines an der prophetischen Überlieferung interessierten und orientierten Schriftstellers darstellt, der unter Rückgriff auf verschiedene ihm vorgegebene Motive und Wendungen ein Wort geschaffen hat, das die Zuversicht auf das noch ausstehende göttliche Handeln an Israel wecken will. Seine Kenntnis des Prophetismus und die daraus gewonnene Sicht der Geschichte seines Volkes mag ihn dazu veranlaßt haben, von einem göttlichen Plan in dieser Geschichte zu sprechen. Dieser Plan, der entgegen aller Erfahrung schon die Geschichte bestimmt, wird auch die eschatologische Wende heraufführen. In seinen Gedanken ist der Verfasser nicht originell; andere haben bereits ähnlich gesprochen. Bei seinen Überlegungen haben vermutlich die Jesaja-Legenden, die von einem Sieg Jahwes über Assur vor Jerusalem, d. h. in Jahwes eigenem Land, berichten, Pate gestanden. Die in dieser Legendentradition herausgehobene Stellung des Propheten, sein von Jahwe autorisiertes Sprechen zum Wohl Jerusalems, mag unter anderem dazu verholfen haben, hinter der Geschichte einen göttlichen Plan am Werk zu sehen, der prophetisch verkündet wird. Für den Autor ist das Handeln Jahwes deshalb gewiß, weil dieser in einem sich selbst verpflichtenden Schwur zu seinem Plan steht. Daß das Wort, aus der politischen Ohnmachtserfahrung der nachexilischen Zeit geboren, nicht ausschließlich Vertrauen auf Jahwe, sondern ebenso nationalistische und ethnozentrische Haltungen zu wecken vermochte, muß festgehalten werden.

3. Zur Datierung von Jes 14,24 – 27

Die an sich interessante Datierungsfrage läßt sich kaum sicher beantworten. Spricht man sich für die Perserzeit aus, dann ist an deren Ende zu denken. Zwar hatte die Religionspolitik der Achämeniden kaum jemals Konflikte aufgeworfen, man darf aber »annehmen, daß jedes

---

[4] O. Kaiser, Jesaja II, 42, sieht den Halbvers 25b, da er »die sonst in der Dichtung gewahrte Glätte vermissen läßt«, als späteren Nachtrag an. Zurückhaltender urteilt W. Werner, Eschatologische Texte, 193. Da der Verfasser auch sonst Kenntnisse von anderen Texten verrät, ist ein diesbezügliches Urteil nicht völlig eindeutig zu fällen.

Anzeichen für einen Zerfall oder gar Fall des Großreichs die geschichtstheologische Phantasie beflügelte, daß die großen Niederlagen der Perser
gegen die Griechen bereits als Hinweise auf eine bevorstehende Ge-
schichtswende verstanden wurden. Somit konnte der Siegeszug Alexan-
ders des Großen ... durchaus positiv gedeutet werden.«[5] Datiert man
dagegen in die griechische Zeit, dann wird man an die damals einsetzenden und zudem politisch geförderten synkretistischen Bestrebungen und
die damit gegebenen innerjüdischen Kontroversen denken müssen. Man
erwartet, so könnte der Text verstanden werden, eine Befreiung von der
die jüdische Glaubens- und Volksidentität bedrohenden Fremdmacht.
Das steht freilich nicht explizit im Text und bleibt eine (nicht völlig
unberechtigte) Vermutung.

---

[5] J. Maier, Grundzüge, 15 f.

IV. Jesaja 19,1 – 15.16 f.

1. Der Text

1 Wort über Ägypten.
Siehe, Jahwe fährt auf schneller Wolke
und kommt nach Ägypten;
und es zittern die Götzen Ägyptens vor ihm,
und das Herz Ägyptens zerfließt vor Angst in seinem Innern.
2 Und ich werde Ägypten gegen Ägypten aufstacheln[1],
und sie werden kämpfen: ein Bruder gegen den anderen,
ein Freund gegen den anderen,
Stadt gegen Stadt, Königreich gegen Königreich.
3 Und verstört[2] wird Ägyptens Geist in seinem Innern,
und seinen Plan will ich verwirren[3].
Sie werden die Götzen, die Totengeister[4],
die Gespenster der Toten und die Wahrsagegeister befragen.
4 Und ich werde Ägypten ausliefern in die Hand eines harten
Herrn[5],
und ein starker König wird über sie herrschen.
Ausspruch des Herrn[6] Jahwe Zebaot.
5 Und es werden ausgetrocknet die Wasser des Meeres[7],
und der Strom trocknet aus und vertrocknet.
6 und die Kanäle werden stinkend[8],
es sinken und vertrocknen die Flüsse Ägyptens,
Rohr und Schilf welken dahin,

---

[1] Das pilp. von סוך »aufstacheln« begegnet nur noch Jes 9,10. Vgl. HAL, 704, s. v. I סוך.
[2] Zur Form siehe B-L, 431, § 58t.
[3] Es wird das pi. von III בלע »verwirren« genommen. Möglich wäre auch das pi. von II בלע »vertilgen«.
[4] Bei אטים handelt es sich um ein Hapaxlegomenon.
[5] Bei אדנים קשה handelt es sich um einen Pl. majestaticus bzw. excellentiae; vgl. dazu C. Brockelmann, Syntax, 16 f., § 19c.
[6] האדון wird oftmals gestrichen, vgl. G, S und BHS; ferner H. Wildberger, Jesaja II, 700. Anders O. Kaiser, Jesaja II, 80.
[7] Nach einigen Autoren meint ים hier den Nil, vgl. HAL, 395 f., s. v. ים, und H. Wildberger, Jesaja II, 700.
[8] Mit BHS wird וְהִזְנִיחוּ gelesen.

7 die Binsen (am Nil)[9] an der Mündung des Nil.
Und das ganze Saatland am Nil
vertrocknet, wird verweht und ist fort.

8 Und es trauern die Fischer und klagen,
alle, die in den Nil den Angelhaken werfen;
die das Fischernetz ausbreiten überm Wasser, verkümmern;

9 zuschanden werden, die den Flachs bearbeiten,
die Hechlerinnen[10] und Weber erbleichen[11],

10 und die ihn weben[12], werden zerschlagen,
alle, die um Lohn arbeiten[13], sind betrübt.

11 Fürwahr, Dummköpfe sind die Fürsten von Zoan,
die weisen Berater Pharaos eine blöde Ratsversammlung[14]!
Wie könnt ihr zum Pharao sagen:
Ein Sohn von Weisen bin ich, ein Sohn von Urzeitkönigen.

12 Wo sind sie denn, deine Weisen?
Sie mögen dir doch mitteilen und ›wissen lassen‹[15],
was Jahwe Zebaot über Ägypten beschlossen hat.

13 Die Fürsten von Zoan erweisen sich als Toren,
die Fürsten von Nof geben sich falschen Hoffnungen hin,
zum Taumeln gebracht haben Ägypten die Häupter[16] seiner
Stämme.

14 Jahwe mischte in ihr Inneres[17] einen Geist der Verwirrung;
und sie lassen Ägypten taumeln bei allem was es tut[18],
wie ein Betrunkener in seinem Gespei herumtaumelt.

15 Und es gibt für Ägypten kein Werk,
das Kopf und Schwanz, Palmzweig und Binse vollbringen.

16 An jenem Tag wird Ägypten sich wie die Frauen verhalten, und
es wird zittern und erschrecken vor dem Schwingen der Hand
Jahwe Zebaots, die er gegen es schwingt.

17 Und es wird das Land Juda für Ägypten zur Beschämung[19]; sooft
man es ihm gegenüber erwähnt, erschrickt es vor dem Plan
Jahwe Zebaots, den er über es beschlossen hat.

---

[9] Mit G ist עַל יְאוֹר zu streichen; vgl. BHS.

[10] Statt שְׂרִיקוֹת wird mit BHS שׂרְקוֹת gelesen, der 'atnaḥ wird zu פשׁתים gezogen.

[11] Statt חורי wird חָוְרוּ, von I חור, q., »erbleichen«, gelesen.

[12] שׁתתיה, traditionell als »Fundament« verstanden, hat vermutlich mit שׁתי »Gewebe« zu tun,
vgl. G. Man darf wohl eine Wurzel שׁתה »weben« vermuten. Vgl. H. Wildberger, Jesaja II, 701.

[13] שֶׂכֶר ist noch Spr 11,18 belegt und heißt so viel wie »Lohn«.

[14] Mit B. Duhm, Jesaia, 143, wird עצה als abstractum pro concreto aufgefaßt.

[15] Lies mit BHS וְיֹדְעוּ.

[16] Anstelle des in M bezeugten Singular ist mit BHS פֻּנֹּת zu lesen.

[17] Lies בקרבם; vgl. BHS.

[18] Lies mit BHS מעשׂיה.

[19] Mit HAL, 278, s. v. חגא, wird חגא mit »Beschämung« übersetzt; andere, z. B. G-B, 213,
s. v. חגא, geben dieses Hapaxlegomenon mit »Furcht, Zittern« wieder.

2. Zur Abgrenzung und Herkunft von Jes 19,1 – 15.16 f.

Die Überschrift משא מצרים »Spruch über Ägypten« in v. 1a markiert eindeutig einen Neueinsatz. Mit der Wendung ביום ההוא »an jenem Tag« in v. 16 f. beginnt die exegetisierende Kommentierung. V. 1b – 15 bilden einen relativ geschlossenen, wenn auch thematisch nicht unbedingt streng geordneten Block:

a) V. 1b schildert die Ankunft Jahwes in Ägypten.

b) V. 2 ff. müssen, da sie in der 1. Pers. Sing. formuliert sind und mit der Wendung נאם האדון יהוה צבאות »Spruch des Herrn Jahwe Zebaot« abschließen, als Jahwewort gelten, das die Absichten der göttlichen Wolkenfahrt nach Ägypten darlegen will: in Ägypten werden Anarchie und Gewaltherrschaft ausbrechen.

c) V. 5 – 10 schildern die Auflösung der Naturordnung.

d) V. 11 – 15 verdeutlichen die Verwirrung im Thronrat Pharaos.

Ob es sich bei Jes 19,1b – 15 um eine geschlossene Komposition handelt, oder ob v. 5 – 10 als spätere Einfügung und v. 15 als an Jes 9,13 orientierter Nachtrag zu gelten haben, wird häufig mit der Authentizitätsfrage verbunden. So erblickt H. Wildberger in Jes 19,1b – 4.11 – 14 ein jesajanisches Orakel, das in etwa nach 716 v. Chr. entstanden ist, in der Epoche der Wirksamkeit Jesajas, in der »ein aufmerksamer Beobachter der Kräfteverhältnisse sehen konnte, daß das schwachgewordene Fürstentum [von Tanis] sich zu einer höchst törichten Politik hinreißen ließ.«[20] Diese Position H. Wildbergers kann freilich angezweifelt werden, denn die von ihm vorgenommene Herauslösung von v. 5 – 10.15 ist keineswegs so hieb- und stichfest, wie es auf den ersten Blick zu sein scheint. Daß Jes 19,15 sich an 9,13 anlehnt, erweist nicht so eindeutig, wie H. Wildberger es allzu gern wünschte, den Nachtragscharakter dieses Verses, zumal auch sonst noch Termini aus Jes 9 in Jes 19 auftauchen: סוך, pil. (9,10; 19,2), III בלע (pu. 9,15; pi. 19,3). Darüber hinaus findet sich bei J. Vermeylen die Überlegung, ob ein Leser nicht das Unheilvolle, das im Jesajabuch Israel angekündigt ist, in Jes 19,1 – 4.10 – 15 auf Ägypten bezieht: Bruderkampf (Jes 19,2; 3,5), der Besuch bei Nekromantikern und Wahrsagern (Jes 19,3; 3,2 f.; 8,19), die Unfähigkeit der Herrschenden (Jes 19,4; 3,4), die Dummheit der Weisen (Jes 19,11; 29,14), der Plan Jahwes (Jes 19,12; 14,24 – 27), die Trunksucht (Jes 19,13 f.; 28,7 f.; 29,9), das Erbrechen (Jes 19,14; 28,8), der von Jahwe ausgegossene Geist (des Schwindels) (Jes 19,14; 29,10, vgl. 31,3), Kopf und Schwanz, Palmzweig und Binse (Jes 19,15; 9,13). Weitere Entsprechungen bestehen

---

[20] H. Wildberger, Jesaja II, 707. Auch W. Eichrodt, Jesaja II, 66, und P. Auvray, Isaïe, 191, schreiben den Spruch Jesaja zu. A. S. Herbert, Isaiah I, 121, vermutet hinter Jes 19,1 – 15 drei Orakel: v. 1 – 4.5 – 10.11 – 15.

nach J. Vermeylen zwischen 19,3 und 30,1; 31,3 und zwischen 19,11.13 und 30,4.[21]

Selbst wenn man nicht alle von J. Vermeylen gebotenen Bezüge akzeptiert, so bleibt seine Aufstellung doch beachtlich, denn sie belegt hinlänglich die bei G. Fohrer und O. Kaiser zu findenden Hinweise, ein Späterer habe aus der Lektüre des Jesajabuches heraus dieses Wort formuliert.[22]

Daß Jes 19,5 – 10 nicht einfach als spätere Erweiterung ausgesondert werden kann, zeigt die lockere thematische Verbindung, die zwischen den drei Partien v. 1 – 4.5 – 10.11 – 15 besteht: es geht um die Auflösung der innerägyptischen Ordnung im Zusammenleben, in der Natur und im Zentrum der Macht, am Hof Pharaos. Zudem kann auch innerhalb der einzelnen Abschnitte nicht unbedingt eine einleuchtende Ordnung festgestellt werden. So wird in Jes 19,2 – 4 der politische Verfall Ägyptens als Kampf eines jeden gegen jeden und als Verwirrung von Geist und Rat verstanden, um mit der Ankündigung der Gewaltherrschaft eines Fremden zu enden. Das widerspricht sich zwar im strengen Sinn nicht, doch macht die Weite des Aussagebogens stutzig. Der Verfasser stellt sich offenbar vor, daß Jahwes verwirrende Eingriffe Land und Volk zu einer leichten Beute für Fremde werden lassen. In Jes 19,11 – 15 blickt v. 14 auf v. 3 zurück, lokalisiert aber den Taumelgeist bei Ägyptens Oberschicht. Zwar wäre es möglich, in v. 11 – 15 die Ausführung des im Jahwewort v. 2 – 4 Angekündigten zu sehen; das ist aber unwahrscheinlich, da das Befragen der Totengeister nicht wiederkehrt, der Bruderkampf keine Erwähnung findet, und die völlige Anarchie in v. 15 nicht gerade mit der Gewaltherrschaft des Fremden korreliert. Es verbliebe immer noch die Möglichkeit, sich das Wachstum des Orakels in zwei Schritten vorzustellen (v. 1 – 4.11 – 15.5 – 10 oder v. 1 – 4.5 – 10.11 – 15), doch ist das nicht zwingend, »zumal sich ein gewisser Gedankenfortschritt in der ganzen Dichtung nachweisen läßt«.[23] Kurzum: Die von H. Wildberger und anderen Exegeten beschworene gedankliche Einheitlichkeit von Jes 19,1b – 5.11 – 15 läßt sich nur mit großem Wohlwollen rekonstruieren, de facto besteht sie nicht.

Darüber hinaus hat bereits die klassische Literarkritik seit B. Duhm und K. Marti entscheidende und immer noch gültige Überlegungen zur Authentizitätsfrage angestellt. So konstatiert B. Duhm für v. 1 eine

---

[21] Zum Ganzen vgl. J. Vermeylen, Isaïe I, 320 f.

[22] G. Fohrer, Jesaja I, 226, sieht eine »Abhängigkeit von Worten Ezechiels und des Zweiten Jesaja und manche erst der nachexilischen Zeit eigenen Züge«. O. Kaiser, Jesaja II, 81, spricht allgemeiner von zahlreichen Rückgriffen auf andere Stellen des Jesajabuches und von »der Abhängigkeit der Weissagungen von älteren prophetischen Motiven«.

[23] O. Kaiser, Jesaja II, 81.

Abhängigkeit von Ez 30,13. Ferner häufe der Verfasser, so B. Duhm, »alle möglichen Kalamitäten, die ein Land treffen können und Ägypten damals [zur Zeit Artaxerxes' II. und III.] wirklich trafen, vermag aber weder ihren Zusammenhang noch auch nur ihr Zusammentreffen recht darzustellen«. V. 4 habe in Ez 30,12 eine Parallele. V. 12 ist für B. Duhm ein deutlicher Hinweis darauf, daß Schreibtischarbeit vorliegt (vgl. Jes 47,12 f.). V.»14 benutzt zuerst 29,10, variiert dann v. 13b und enthält zuletzt noch eine Reminiszenz aus 28,7«.[24]

K. Marti verweist darauf, daß in Jes 19,1 – 15 eine Anknüpfung an einen Juda betreffenden Anlaß fehle, daß manche Gedanken nicht jesajanisch seien (Fahrt nach Ägypten, theoretischer Monotheismus, Vergleich der jüdischen Religionslehre mit der ägyptischen Weisheit, Jahwes Plan als Gegenstand des gelehrten Wissens), und daß der Stil recht weitschweifig sei.[25] G. B. Gray trifft die kaum zu widerlegende Feststellung, daß in Stil und Gedankenwelt des Abschnitts nichts zu finden ist, das dessen jesajanische Herkunft positiv stützen könnte, und daß Sprachgebrauch und Vorstellungen eher die Annahme einer nachexilischen Entstehungszeit begünstigen.[26] Mögen auch die Einzelhinweise je für sich genommen nicht überzeugen, so kann dennoch über die bei T. K. Cheyne, B. Duhm und K. Marti geschnürten und präsentierten Argumentationsbündel nicht einfach hinweggegangen werden. Zwar mag das eine oder andere ihrer Ausführungen aus gegenwärtiger Sicht als skurril erscheinen, doch berechtigt das kaum dazu, das oftmals auf einer Anzahl von Einzelbeobachtungen aufruhende Gesamtergebnis an die Seite zu schieben. Natürlich kann H. Wildberger auf B. Duhms Einwand »Würde Jes. sich so eingehend, wie v. 5 – 10 geschieht, um die Brotsorgen der ägyptischen Fischer und Weber gekümmert haben?«[27], mit der Frage »Nun, warum eigentlich nicht?« kontern.[28] Mit dieser Gegenfrage mag er ein einzelnes Argument entkräften; doch darf das nicht darüber hinwegtäuschen, daß das von H. Wildberger selbst entwikkelte Prophetenverständnis nicht gerade als problemlos gelten kann. Nur allzu häufig tritt die apologetische Absicht, für den Propheten zu retten, was zu retten ist, zutage. So läßt er das von ihm als jesajanisch erkannte Orakel Jes 19,1 – 4.11 – 14 unter der Hand doch an Juda gerichtet sein: »Bei der notorischen Schwäche des damaligen Ägypten war es für die Staaten Palästinas und Umgebung ein selbstmörderisches Unternehmen,

---

[24] Hierzu und zum Ganzen B. Duhm, Jesaia, 141 – 144. Die Zitate stehen auf S. 141 und S. 144.
[25] Vgl. dazu K. Marti, Jesaja, 155.
[26] G. B. Gray, Isaiah, 322.
[27] B. Duhm, Jesaia, 140.
[28] H. Wildberger, Jesaja II, 706.

sich auf die ägyptischen Machenschaften einzulassen.«[29] Daß derartiges nicht im Text steht, muß nicht eigens herausgestellt werden. Es genüge ein Verweis auf die Kommentare von G. Fohrer und O. Kaiser.[30]

Anders als H. Wildberger behauptet, stützt sich B. Duhm in seiner Beweisführung eben nicht allein auf den Stil und die Metrik des Abschnitts; sein Hinweis auf den Kompositcharakter von 19,14 ist für das Authentizitätsproblem gewiß nicht belanglos. Auch K. Marti behauptet nicht einfachhin die späte Entstehungszeit des Textes, sondern er bietet einige respektable Gründe an, die für die Spätzeit als Entstehungszeit sprechen. Wenn nun zudem, wie es oben bereits angeführt wurde und in der Einzelanalyse noch ausführlicher gezeigt werden soll, der sekundäre Charakter von Jes 19,5 – 10.15 keineswegs über jeden Zweifel erhaben ist, dann fallen tragende Säulen der Argumentation H. Wildbergers.

3. Die Analyse von Jes 19,1 – 15.16 f.

a) Jahwes Kommen nach Ägypten und dessen Auswirkungen (v. 1)

Die sekundär vorangestellte Überschrift מצרים משא »Spruch über Ägypten« kennzeichnet das folgende Wort als einen prophetischen Ausspruch über Ägypten. Daß der Terminus משא »Spruch« innerhalb des Jesajabuchs einen als prophetisch qualifizierten Ausspruch meint, belegen zum einen Jes 13,1; 14,28 und 22,1 »Schautal« (vgl. zudem 15,1; 17,1; 21,1; 21,11; 21,13; 23,1; 30,6), zum andern die Belege außerhalb des Jesajabuches: In 2 Kön 9,25 f. bezieht sich das als »Ausspruch« zitierte Jahwewort auf die Prophezeiung Elijas in 1 Kön 21,19. Klgl 2,14 erwähnt die trügerischen Aussprüche der Jerusalemer Propheten (משות שוא). 2 Chron 24,27 nennt Aussprüche gegen Joasch (mit der Partikel על). Auch in der sonstigen Prophetenliteratur ist משא »Spruch« als prophetischer Ausspruch zu verstehen (Nah 1,1; Hab 1,1; Sach 9,1; 12,1; Mal 1,1).[31]

Ob einige der als משא »Spruch« eingeführten Orakel des Jesajabuches ursprünglich einer משא-Sammlung angehört haben, kann nicht sicher geklärt werden, ist aber zumindest

---

[29] H. Wildberger, Jesaja II, 725.

[30] Vgl. G. Fohrer, Jesaja I, 226 ff. O. Kaiser, Jesaja II, 82, interpretiert Jes 19,1 – 15 konsequent als eine Glaubensäußerung des nachexilischen Judentums: Die eigentliche Bedeutung der Dichtung »liegt nicht in ihrem dürftigen historischen Gehalt, sondern in dem Einblick, den sie uns in Glauben und Denken eines Juden gewährt, den die politische Ohnmacht seines Volkes nicht daran irrewerden ließ, daß Jahwe dennoch der Herr der Völkerwelt und Lenker ihrer Geschicke ist.«

[31] G. Lisowsky, Konkordanz, 868, s. v. II משא, nennt noch Spr 30,1; 31,1. Doch handelt es sich hier wohl um einen Stammesnamen. Vgl. HAL, 604, s. v. III משא; A. van den Born, Art. Massa, Sp. 1107, Und G. Morawe, Art. Massa, Sp. 1158 f.

für die Orakel über Städte und Länder zu vermuten: Jes 13,1 (Babel); 15,1 (Moab); 17,1 (Damaskus); 19,1 (Ägypten); 21,13 (Dedan?); 23,1 (Tyros). Darüber hinaus gibt es einige Orakel, deren Überschrift das Wort משא »Spruch« mit einem Stichwort verbinden: Jes 21,1 (›Aus der Wüste‹); 21,13 (›In der Wüste‹?); 22,1 (Schautal). Ob in Jes 14,28 lediglich eine Nachahmung der משא-Überschrift begegnet oder ob hier, wie in Jes 13,1, die Urheberschaft Jesajas besonders hervorgehoben werden soll, muß offen bleiben. Geht man einmal von einer gegen fremde Städte und Völker gerichteten משא-Sammlung aus und zählt man versuchsweise Jes 14,28 hinzu, dann würden, vorausgesetzt die ursprüngliche Anordnung ist noch gewahrt, die ersten beiden Orakel gegen Babel und Philistäa in besonderer Weise die Herkunft von Jesaja herausstellen. Vieles dabei bleibt freilich, wie auch ein Blick in die jüngere Forschungsgeschichte zeigt, hypothetisch.[32]

Die Hinweispartikel הנה »siehe« lenkt den Blick auf den auf der Wolke nach Ägypten ziehenden Jahwe. Innerhalb des Jesajabuches wird noch Jes 26,21; 35,4; 40,10; 66,15 mit הנה »siehe« auf ein Ankommen Jahwes hingewiesen. Wie in Jes 26,21 so bricht Jahwe auch in 19,1 auf, um Gericht zu halten. Zwar begegnet immer wieder der Hinweis, die Vorstellung von Jahwe als Wolkenreiter sei kanaanäischen und somit alten Ursprungs[33], doch reichen die dafür herangezogenen Belege kaum in die vorexilische Zeit (Ps 68,5.34; 2 Sam 22,11 = Ps 18,11; Ps 104,3; Dtn 33,26; Hab 3,8; vgl. Am 4,13). Dieser Befund trifft sich mit der auch sonst häufiger feststellbaren Tatsache, daß Israel vor allem seit der exilischen Zeit alte und fremde Vorstellungen dem Jahwe-Gottesbild hinzugefügt hat. Es ist denkbar, daß die seit dem Exil sich verstärkende Polemik gegen die fremden Götter und der damit verbundene Glaube an die Weltüberlegenheit Jahwes, derartige Ausgriffe auf außerisraelitisches Material begünstigt hat. Wenn die anderen Götter »Nichtse« sind, so wird Jahwes Identität auch dann nicht bedroht, wenn er Züge dieser fremden Götter annimmt. So kann er, wie einstmals Baal, auf Wolken daherfahren. Wie in Dtn 33,26 – 29 und Hab 3,8 – 13 demonstriert der auf den Wolken zum Gericht heranreitende Jahwe seine Überlegenheit und Einzigartigkeit: die ohnmächtigen Götter Ägyptens schwanken, und das Land verliert seine handlungsleitende Mitte.

Religionsgeschichtlich erhebt sich die Frage, ob die Vorstellung einer Wolkenfahrt Jahwes nach Ägypten in vorexilischer Zeit überhaupt denkbar ist. Nach Jes 6,1 – 11 war Jahwe zunächst einmal und vor allem im Jerusalemer Heiligtum präsent und offenbarte sich dort dem Propheten als der heilige und zum Gericht kommende Gott. K. Marti kann daher zu Jes 19,1 kritisch anmerken, daß sich Jahwe Jesaja zufolge nicht selber nach Ägypten hätte verfügen müssen, um dort seinen Willen

---

[32] Vgl. G. Fohrer, Entstehung, 127 ff.132 f.; H. Wildberger, Jesaja II, 497 f.; O. Kaiser, Jesaja II, 5 – 8.
[33] Vgl. in diesem Sinn H. Wildberger, Jesaja II, 709.

auszurichten.[34] Das Eingreifen Jahwes in Ägypten setzt vielmehr Vorstellungen voraus, die frühestens bei den Exilspropheten Ezechiel und Deuterojesaja deutlich belegt sind. Im Berufungsbericht Ez 1,1 – 3,15 haben Redaktoren der Ezechielschule die vom Propheten vorgegebene Schilderung des im fernen Exilsland in seiner Herrlichkeit erscheinenden Gottes mit Hilfe des Thronwagenmotivs ausgestaltet. »Was von Ez[echiel] selber mit den Mitteln altisraelitischer Tradition ... geschildert wird, ist in der ›Schule‹ Ez[echiel]s rationalisierend auf das Thronphänomen hin durchdacht und mit fast technischer Genauigkeit geschildert worden.«[35] Die nachexilische Redaktion des Deuterojesaja-Buches erwartet in Jes 40,3 – 5 eine Rückkehr Jahwes nach Jerusalem[36] und setzt somit einen Auszug Jahwes aus der Stadt voraus. Die beiden Exilspropheten und ihre Schulen liefern die theologischen Voraussetzungen für die in Jes 19,1 geschilderte Intervention Jahwes in Ägypten. Zudem bietet die breit angelegte Auseinandersetzung Deuterojesajas mit den fremden Göttern den Hintergrund, auf dem dann Jes 19,1 die ägyptischen Götter als אלילים »Nichtse« bezeichnen kann.

Mit אלילים »Nichtse« begegnet ein terminus technicus der Fremdgötterpolemik.[37] Das Wort begegnet überaus häufig, 8 von insgesamt 14mal, in Jes 1 – 39 (2,8.18.20; 10,10.11; 19,1.3; 31,7). Daher findet sich in der Literatur hier und dort die Vermutung, Jesaja selbst habe diesen Begriff geprägt.[38] Nun läßt sich kaum bestreiten, daß der Terminus אלילים »Nichtse« außerhalb des Jesajabuches nicht eindeutig früh ausgemacht werden kann. Die beiden Belege Lev 19,4; 26,1, die nach K. Elliger dem im Exil arbeitenden Initiator der Sammlung des Heiligkeitsgesetzes (Ph[1]) zuzurechnen sind, könnten zwar älteres, vorexilisches Material verarbeitet haben, doch läßt sich das kaum sicher erweisen. Der Gesamttenor der Abschnitte Lev 19,1 – 4 und 26,1 f. entspricht völlig, wie den Ausführungen K. Elligers zu entnehmen ist, den theologischen Intentionen dieses Redaktors.[39] Nach M. Noth muß der Vorschriftenkomplex Lev 19,3 f. wegen des in ihm enthaltenen Sabbatgebotes (»meine Sabbate«) als ziemlich jung gelten.[40] Das würde dann entsprechend auch für Lev 26,1 f. gelten.[41] Bei Hab 2,18 – 20 handelt es sich um einen späteren

[34] K. Marti, Jesaja, 152; ähnlich B. Duhm, Jesaia, 141.

[35] W. Zimmerli, Ezechiel I, 65. Vgl. zudem Ez 10,18 – 22; 11,22 – 25.

[36] Zum Redaktionscharakter der Verse siehe R. P. Merendino, Der Erste, 36; H. C. Schmitt, Prophetie, 43 – 61; R. Kilian, Straße, 54.

[37] Vgl. dazu H. D. Preuß, Verspottung, 58 u. ö.

[38] Vgl. H. D. Preuß, Art. אליל, Sp. 307. Ders., Verspottung, 139, sieht in einer en passant getroffenen Bemerkung den Ausdruck אלילים als für Jesaja typisch an.

[39] K. Elliger, Levitikus, 245.363 f.

[40] M. Noth, Levitikus, 120.

[41] Auch H. D. Preuß, Art. אליל, Sp. 308, rechnet die Lev-Stellen nicht zu den älteren Belegen.

Zusatz zu Hab 2,5 – 17.[42] Die Psalmen 96 (v. 5) und 97 (v. 7) gelten gemeinhin als nachexilische Dichtungen.[43] 1 Chron 16,26 entspricht Ps 96,5.

Müssen nun einerseits die außerhalb des Jesajabuches befindlichen Stellen als frühestens in der Exilszeit entstanden gelten, so besticht andererseits das literarkritische Urteil, das Jes 2,8 und 10,11 im 8. Jahrhundert ansiedeln will, nicht sonderlich – Jes 2,20 und 10,10 stammen wie 31,7 kaum von Jesaja. Wie es um Jes 2,8 steht, zeigt ein Blick in den Kommentar von H. Wildberger. Zunächst führt er aus: »Daß Jesaja in diesem Zusammenhang auch von den Götzen spricht, überrascht. Götzendienst ist kein Hauptthema seiner Verkündigung. ›Niederfallen vor dem Werk seiner Hände, vor dem, was seine Finger macht‹, klingt zudem formelhaft, vgl. etwa 17,8 (nicht jesajanisch), Mi 5,12 und Jer 1,16. Man kann sich fragen, ob hier nicht ein Bearbeiter am Werk ist.«[44] In der Tat kann man sich das fragen und gleichzeitig die Zweifel H. Wildbergers noch vermehren. So muß der Konkordanzbefund, daß die Stat.-Constr.-Verbindung מעשה ידיו etc. häufig in den Büchern anzutreffen ist, die der dtr Sprechweise nahestehn, nachdenklich stimmen: Dtn-2 Kön 12mal; Jer 8mal. Im Psalter begegnet die Wendung 13mal. Die sonstigen Belege im Jesajabuch sind zweifelsohne späteren Datums: Jes 5,12; 17,8; 19,25; 29,23; 37,19; 60,21; 64,7; 65,22. Zur Wendung »sie verneigen sich vor dem Werk ihrer Hände« ist Jer 1,16 zu vergleichen, sowie die zahlreichen Stellen vor allem in den Büchern Dtn und Jer, die vom Sich Verneigen vor den fremden Göttern sprechen (Dtn 4,19; 5,9; 8,19; 11,16; 17,3; 29,25; 30,17; Jos 23,7.16; Ri 2,12.17.19; 1 Kön 9,9; 11,33; 2 Kön 17,16.35 f.; 21,3.21; Jer 8,2; 13,10; 16,11; 22,9; 25,6; Mi 5,12 u. ö.). Die Vermutung H. Wildbergers, daß hier ein Redaktor sich anmeldet, wird also zu Recht erhoben. Um so überraschender klingt daher H. Wildbergers freilich immer noch zögerndes Plädoyer für die Echtheit: »Aber gerade Jesaja redet auch sonst von Götzen als von אלילים.«[45] Zu fragen ist, wie weit H. Wildberger seine eigenen Analysen ernst nimmt: Jes 10,10 f. werden von ihm als sekundär ausgeschieden[46], Jes 31,6 f. ebenfalls[47]; Jes 2,18 wird von ihm zwar dem größeren Zusammenhang 2,7 – 9a angefügt, doch stehen derartige Textumstellungen auf unsicheren Füßen, zumal sich Jes 2,18 als Nachtrag zu 2,12 – 17 gut

---

[42] So K. Elliger, Dodekapropheton II, 47, der eine Nähe zu Jes 40,19 f.; 41,6 f.; 44,9 ff.; 46,6 – 8, zu Jer 10,1 ff. und zu Ps 115,4 f.; 135,15 ff. erkennt. Anders W. Rudolph, Dodekapropheton 3, 229 f.

[43] H.-J. Kraus, Psalmen II, 834 f.840 f.; G. Fohrer, Einleitung, 315.

[44] H. Wildberger, Jesaja I, 100.

[45] H. Wildberger, Jesaja I, 100.

[46] H. Wildberger, Jesaja I, 401 f.

[47] H. Wildberger, Jesaja III, 1239.

machen würde, wobei es durchaus denkbar ist, daß die einfügende Hand auf Jes 2,8 zurückblickt. Sie sah sich durch v. 17b dazu veranlaßt, die Größe Jahwes durch das Verschwinden der Götter zu unterstreichen. Die in Jes 2,18 durch die Textlage mitgegebene Unsicherheit mindert zudem die Beweiskraft des Verses. Somit verbleibt für den Argumentationsgang, der eventuell für H. Wildberger die Jesajanität von 2,8b retten könnte, allein der Text Jes 19,1 – 15 übrig.[48]

Bei Würdigung aller Sachverhalte kann somit die Authentizität des Abschnitts 2,7 – 9 kaum weiterhin behauptet werden; in den Versen liegt vielmehr eine späte, nachexilische Stelle vor, die sich der dtr Götzenpolemik verpflichtet weiß. Gleichzeitig läßt sich das Argument, mit אלילים »Nichtse« begegne in Jes 19,1.3 ein für Jesaja typischer Ausdruck, kaum halten. Im Gegenteil: Gerade das Vorkommen dieses Wortes weckt berechtigte Zweifel, ob nicht doch insgesamt ein späterer Text vorliegt, so wie es literarkritische Überlegungen bereits häufiger festgestellt haben.[49]

b) Ein Jahwewort gegen Ägypten (v. 2 – 4)

Unvermittelt wechselt v. 2 in die 1. Pers. Sing.; doch lassen die in v. 2 ff. geschilderten Aktionen keinen Zweifel daran aufkommen, daß Jahwe selbst hier redet, wie es dann am Ende von v. 4 explizit ausgesprochen wird. Jahwe will Ägypten in die völlige Anarchie stürzen, ein »bellum omnium contra omnes«[50] soll die soziale, politische und religiöse Ordnung auflösen. Dieses Jahwewort steht thematisch nur in lockerer Verbindung mit der göttlichen Wolkenfahrt von v. 1, wird jedoch mit Hilfe der Kopula ו an v. 1 angeschlossen. Schon B. Duhm hat gesehen, daß v. 1 und v. 2 nicht so recht zusammenpassen: Das »Fahren [Jahwes nach Ägypten] hat weiter keine Folgen, der Verf. kann mit der Vorstellung weiter nichts machen.«[51] Damit sieht er Richtiges, denn klingen in v. 1b noch Elemente der Theophanieschilderungen nach (נוע »schwanken«, vgl. Ex 20,18; מסס »zerfließen«, vgl. Mi 1,4; Ps 68,3; 97,5), so beginnt

---

[48] Der unbegründeten Behauptung von H. D. Preuß, Verspottung, 136, Jes 10,11 könne (mit 19,1.3) »ohne Schwierigkeiten von Jesaja hergeleitet werden«, hat schon B. Duhm, Jesaia, 99, die nötigen Gegenargumente geliefert; zu v. 10 sind die sorgfältigen Erwägungen von K. Marti, Jesaja, 103, der allerdings v. 11 als vielleicht echt ansieht, zu berücksichtigen.

[49] K. Marti, Jesaja, 155, spricht von einem »schon theoretisch festgestellte[n] Monotheismus«. Vgl. auch J. Vermeylen, Isaïe I, 321, für den das Substantiv אליל zeigt »que le rédacteur appartient a l'école deuteronomienne ou avait subi son influence«.

[50] K. Marti, Jesaja, 152.

[51] B. Duhm, Jesaia, 141.

im Jahwewort v. 2 ff. mit der Absichtserklärung Jahwes, in Ägypten Verwirrung zu stiften, etwas Neues.

Das aufrührerische Eingreifen Jahwes wird mit dem Verbum סוך, pil. »aufstacheln«, wiedergegeben, mit einem deutlichen Rückbezug auf Jes 9,10, wo Jahwe die Feinde des Nordreichs gegen dieses aufstachelt.[52] Der darauf entbrennende innerägyptische Kampf erfaßt alle Bereiche: ein Bruder kämpft gegen den anderen (Lev 25,46; 26,37; Jes 3,6; Ez 38,21; Mal 2,10; Neh 5,7), ein Freund gegen den anderen (Ri 7,22; 1 Sam 14,20; Jes 3,5; Jer 9,4; Sach 8,10; 2 Chron 20,23), Stadt gegen Stadt (2 Chron 15,6), Königreich gegen Königreich. Die Abfolge der Aufzählung ist als Steigerung von der kleinsten zur größten Auseinandersetzung angelegt, so daß sich eine Aussonderung von ואיש ברעהו »ein Freund gegen den anderen«[53] nicht empfiehlt. Weiter bewirkt Jahwe, daß Ägyptens Geist verstört und sein Plan verwirrt wird. Als Gerichtsterminus begegnet בקק, q., »verstören« mit »Jahwe« als Subjekt Jes 24,1 und Jer 19,7. Jer 19,7 ist in unserem Zusammenhang von Interesse, denn dort läßt Jahwe die Pläne Judas und Jerusalems (עצת יהודה וירושלם) vereiteln. Im nif. findet sich das Verbum noch Jes 24,3, im po. noch Jer 51,2. Der der Vorstellung von Jes 19,3 besonders nahekommende Vers Jer 19,7 stammt frühestens aus exilischer, wenn nicht sogar noch aus späterer Zeit.[54] III בלע »verwirren« ist überwiegend im Jesajabuch belegt: nif. 28,7; pi. 3,12; 19,3; pu. 9,15.[55] Die chaotischen Zustände lassen die Menschen Zuflucht bei in den Augen des Verfassers nutzlosen mantischen Praktiken suchen. Sie befragen ihre Götter, die, vgl. v. 1, vor Jahwe nicht bestehen können, die Totengeister[56], die weissagenden Totengeister[57] und die Wahrsagegeister.[58]

Das innerlich zerstörte Ägypten wird von einem fremden Gewaltherrscher in Besitz genommen. Die Wendung מלך עז »starker König« erinnert, wie schon B. Duhm angemerkt hat[59], an מלך עז פנים »König mit frecher Mine« in Dan 8,23. Ob hier eine bestimmte geschichtliche Konstellation angesprochen wird, kann nicht mehr genau ausgemacht werden. Die Kommentare, die den Abschnitt Jesaja absprechen, denken

---

[52] Das Verbum begegnet im pil.-Stamm nur an diesen beiden Stellen, im hif. noch Ijob 3,23; 38,8.

[53] So H. Wildberger, Jesaja II, 698, ohne nähere Begründung.

[54] Vgl. W. Rudolph, Jeremia, 127.

[55] Sonst noch hitp. Ps 107,27.

[56] אטים ist Hapaxlegomenon.

[57] Lev 19,31; 20,6.27; Dtn 18,11; 1 Sam 28,3.7 (2 ×). 8.9; 2 Kön 21,6; 23,24; Jes 8,19; 29,4; 1 Chron 10,13; 2 Chron 33,6.

[58] Lev 19,31; 20,6.27; Dtn 18,11; 1 Sam 28,3.9; 2 Kön 21,6; 23,24; Jes 8,19; 2 Chron 33,6.

[59] B. Duhm, Jesaia, 141.

an die Zeit Artaxerxes' II (404 – 359/8 v. Chr.), Artaxerxes' III (359/8 – 338/7 v. Chr.) oder Antiochos' III (ausgehendes 3. Jh. v. Chr.).[60]

V. 4 beschließt das Jahwewort mit der breit ausgeführten Zitationsformel נאם האדון יהוה צבאות »Spruch des Herrn Jahwe Zebaot«.

c) Die Auflösung der Naturordnung (v. 5 – 10)

Der zweite Abschnitt des umfangreichen Ägyptenwortes schildert die Auflösung der Naturordnung. Das Gedicht verläßt damit zwar den im ersten Abschnitt angesprochenen gesellschaftlichen, staatlichen und religiösen Bereich, doch nicht grundsätzlich die gewählte Thematik. In die von Gott gestiftete Unordnung wird auch der ansonsten lebensspendende Naturbereich einbezogen. In Ägypten ist das vor allem der Nil. Meer und Fluß trocknen aus[61], wobei v. 5b wörtlich Ijob 14,11b übernimmt, die Kanäle beginnen zu stinken[62], die Nilarme vertrocknen, so daß Rohr, Schilf und Binse, die für Ägypten typischen Pflanzen[63], verdorren[64], und das Saatland vertrocknet[65]. Hinter all diesen Erscheinungen steht Jahwes Macht; das steht außer Frage, denn wer könnte alttestamentlichem Glauben zufolge sonst noch derartiges bewirken? Wenn H. Wildberger die Überlegung anstellt, es sei nirgendwo gesagt, »daß die Katastrophe als von Jahwe oder irgendwelchen Göttern geschickt zu betrachten sei, und ebensowenig wird auch nur angedeutet, daß Ägypten dieses Schicksal verdient habe«, dann zeigt das nur, daß seine literarkritische Entscheidung nicht auf festen Füßen steht. Näher begründet wird das Eingreifen Jahwes in v. 1 – 4 auch nicht, und das Postulat einer ägyptischen Vorlage muß für v. 5 – 10 als problematisch gelten, da die mit Hilfe ägyptischer Vokabeln gegebene Begründung sich genau genommen nur auf das Hapaxlegomenon ערות »Binsen« stützen kann; besondere Kenntnisse über Ägypten finden sich in dem Abschnitt kaum, und einige Vorstellungen sind gut alttestamentlich: Jes 44,27 f.; 50,2; Jer 50,38; 51,36; Joel 1,20; Nah 1,4 sprechen davon, daß Jahwe Flüsse und/oder Meer austrocknet. Die weitaus überwiegende Anzahl der Belege von יבש, hif., »austrocknen« hat Jahwe zum Subjekt: Jos 2,10 (das Wasser des Schilfmeers); 4,23, 2mal (den Jordan wie das Schilfmeer); 5,1 (Jordan); Jes 42,15, 2mal (Berge, Höhen, Gras); 44,27 (Flüsse); Jer

---

[60] So z. B. O. Kaiser, Jesaja II, 82.

[61] נשת, nif., nur hier.

[62] זנח, ein Hapaxlegomenon, wird in HAL, 264, s. v. I זנח, mit dem arab. zaniḥa zusammengebracht.

[63] קנה: Jes 36,6; Ez 29,6; סוף: Ex 2,3.5; zu ערות vgl. H. Wildberger, Jesaja II, 701, der darin ein ägyptisches Fremdwort erblickt ('r »Binse«, 'rt »Stengel einer Pflanze«).

[64] קמל: Jes 33,9.

[65] מזרע ist ein Hapaxlegomenon.

51,36 (Quellen des Eufrat?); Ez 17,24 (den frischen Baum); Ps 74,15 (starke Ströme). Diese Belege lassen es nicht geraten sein, für Jes 19,5 – 10 unbedingt eine ägyptische Vorlage anzunehmen.[66]

Als Folge der Naturkatastrophe stellt sich wirtschaftliche Not ein: Fischer, Hechlerinnen und Weber verlieren ihre Existenzgrundlage.

Das Vokabular spiegelt eine späte Entstehungszeit wieder: Jes 19,5b entspricht wörtlich Ijob 14,11b; דלל (in der Bedeutung »gering sein«: Ri 6,6[67]; Jes 17,4; Ps 79,8; 116,6; 142,7); מצור »Ägypten« (2 Kön 19,24 = Jes 37,25; Mi 7,12, 2mal); קמל »welken« (Jes 33,9); נדף »verweht werden« (nif. Lev 26,36; Jes 41,2; Ps 68,3; Ijob 13,25; Spr 21,6; vgl. auch q. Ps 1,4; 68,3; Ijob 32,13); חכה »Angelhaken« (Hab 1,15; Ijob 40,25); מכמרת »Netz« (Hab 1,15 f.; vgl. auch מכמר »Netz« Jes 51,20; Ps 141,10); חור »erblassen« (Jes 29,22).

Eine Reihe von Hapaxlegomena verdeutlichen das dem Text eigene Profil: נשת, nif. »versiegen« (vgl. q. Jes 41,17; Jer 51,30); זנח i. S. von »stinken«; ערות »Binsen«; מזרע »Saat«; דיג »Fischer«; שריק »Hechlerin« und אגם »traurig«.

Zwar gibt es einige lockere Beziehungen zum Ägyptenwort Ez 29,1 – 16 (vgl. v. 10.12 mit Jes 19,5 ff.) und Ez 30,1 – 14 (vgl. v. 12 mit Jes 19,4 ff. und v. 13 mit Jes 19,1), doch sind die motivlichen Berührungspunkte derartig allgemein, daß kaum eine literarische Abhängigkeit angenommen werden kann.

d) Über die Ratsversammlung Pharaos (v. 11 – 15)

Mit v. 11 – 15 kehrt der Text wieder in die politische Szene Ägyptens zurück, wobei vermutlich assoziativ an v. 3 angeschlossen wird. In spöttischem Ton stellt der Abschnitt die Kompetenz der Weisen Pharaos in Abrede. Die Fürsten von Zoan (= Tanis; vgl. Num 13,22; Jes 30,4; Ez 30,14; Ps 78,12.43) sind Toren. Daß die Partikel אך »gewiß« in Jes 1 – 39 nur in späten Texten begegnet (Jes 14,15; 16,7; 19,11; 34,14 f.; 36,5) ist festzuhalten. Ein Blick in die Konkordanz ordnet das Wort אויל »Tor« eindeutig der weisheitlichen Literatur zu (2mal Ijob; 18mal Spr; 1mal Ps); außerhalb den Weisheitsbüchern begegnet er nur Jes 19,11 und 35,8.[68] Die weisen Berater Pharaos sind eine blöde Ratsversammlung[69]. Spöttisch hinterfragt der Verfasser die Legitimation der Berater, die sich auf die Herkunft von Urzeitkönigen stützt. Daß der Hinweis auf die uralte Herkunft der Berater die Dignität der Versammlung herausstellen will, zeigt ein Blick auf Mi 5,1, wo die Herkunft des messianischen

---

[66] Vgl. die entsprechenden Positionen bei H. Wildberger, Jesaja II, 712 ff.
[67] Der Vers gehört zur dtr Bearbeitung; vgl. G. Fohrer, Einleitung, 231.
[68] Als Adjektiv findet sich אויל »töricht« noch Jer 4,22; Hos 9,7; Spr 29,9.
[69] Als abstractum pro concreto begegnet עצה z. B. noch Ps 1,1.

Herrschers aus Urzeittagen, d. i. aus der Zeit Davids, dessen Bedeutung hervorhebt. Die Frage in v. 12a verdeutlicht dann letztendlich, daß Ägypten keine Weisen hat, die das, was Jahwe beschlossen hat, dem Pharao, an den sich doch wohl die Frage richtet, kundtun können. Die Fragepartikel אי »wo« begegnet in Jes 1 – 39 wiederum nur in späten Partien (Jes 33,18; 36,19; 37,13).

Das, was Jahwe beschlossen hat, entzieht sich den Weisen Ägyptens; neben den Fürsten von Zoan werden hier noch die von Nof (= Memphis)[70] und allgemeiner die Stammeshäupter[71] genannt. Der Verfasser stellt nochmals fest, daß es sich bei ihnen um Toren, Getäuschte und Irregeleitete handelt.[72] Das Motiv, daß die Weisheit, derer sich das fremde Volk rühmt, vor dem göttlichen Eingreifen Jahwes nicht bestehen kann, begegnet auch in der Edom-Dichtung Jer 49,7 – 22. Die Dichtung wird in v. 7 mit der ironischen Frage eingeleitet, ob es denn in Teman (= Edom) keine Weisheit mehr gebe.

V. 14 muß als deutende Zusammenfassung des Vorangehenden verstanden werden. Jahwe mischt (מסך: Jes 5,22; Ps 102,10; Spr 9,2.5) in ihr Inneres einen Geist der Verwirrung[73], so daß Ägypten in seinem Gespei (קיא: Jes 28,8; Jer 48,26) herumtaumelt[74]. Hier wird, wie G. Fohrer zu Recht anmerkt, die Vorstellung vom Taumelbecher vorausgesetzt.[75] Mit der Aufnahme des Stichwortes מעשה »Werk« aus v. 14b und einem Zitat aus Jes 9,13 endet das Gedicht.

e) Eine Nachexegese des Ägyptenwortes (v. 16 f.)

In Jes 19,16 – 25 liegt eine sechsfache, vielleicht sukzessive angefügte[76] Nachexegese des Ägyptenwortes Jes 19,1 – 15 vor:

V. 16 f. sprechen vom Schrecken, den Jahwes Plan verursacht.

V. 18 weiß von hebräisch sprechenden Jahwestädten in Ägypten.

V. 19 erwähnt einen Jahwealtar und Jahwegedenksteine in Ägypten.

V. 20 ff. lassen Jahwe heilbringend für Ägypten wirken.

V. 23 kennt eine Straße, die von Ägypten nach Assur führt; Ägypter und Assyrer werden Jahwe dienen.

V. 24 f. bezeugt den Glauben, daß Assur, Ägypten und Israel ein Segen inmitten der Erde sein werden.

---

[70] נף/מף: Jer 2,16; 44,1; 46,14.19; Ez 30,13.16; Hos 9,6.

[71] Vgl. Ri 20,2; 1 Sam 14,38; Sach 10,4.

[72] יאל: Num 12,11: Jer 5,4; 50,36; II נשא, nif., begegnet nur hier; תעה, hif., findet sich in Jes 1 – 39 noch 3,12; 9,15; 19,13 f.; 30,28.

[73] עועים nur hier.

[74] תעה, nif., nur noch Ijob 15,31Q.

[75] G. Fohrer, Jesaja I, 228.

[76] Anders z. B. B. Duhm, Jesaia, 144.

Im Rahmen der vorgegebenen Thematik interessiert allein die erste Nachexegese in v. 16 f. Sie wird, wie auch die folgenden Sprüche, eingeleitet durch die in der eschatologisch orientierten Redaktionsarbeit häufig belegte Einleitungsformel ביום ההוא »an jenem Tag«, die an das Vorangehende anschließen will. Wenn all das, was Jes 19,1 – 15 angekündigt hat, eingetroffen ist, dann wird Ägypten Frauen gleichen: es wird zittern (חרד) und erschrecken (פחד) vor dem Schwingen (תנופה, vgl. Jes 30,32) der Hand Jahwes (vgl. Jes 1,25; 5,12.25; 8,11; 9,11.16.20; 10,4; 11,11.15; 14,26 f.; 19,25; 23,11; 25,10; 26,11; 29,23; 31,3; 34,17), die er gegen es schwingt (vgl. Jes 10,15; Sach 2,13).

Möglicherweise hat der Verfasser, wenn er Ägypten mit zitternden und bebenden Frauen vergleicht, an das häufiger begegnende Bild von der Gebärenden gedacht[77]; doch eindeutig kann das nicht ausgemacht werden; vielleicht hängt er auch lediglich dem Vorurteil vom »schwachen Geschlecht« an. Weiter wird gesagt, daß die Erwähnung Judas für Ägypten zur Beschämung[78] wird wegen des Plans, der über Ägypten beschlossen ist.

Die beiden Verse interpretieren und wiederholen auf ihre Weise das, was der Ägyptenspruch Jes 19,1 – 15 bereits gegen Ägypten gesagt hat. Gleichzeitig beziehen sie Juda in das Orakel ein, geben somit eine Begründung für das Gerichtshandeln Gottes an Ägypten. »Kriegerische Erfolge der Juden sind es schwerlich, die Ägypten in Angst jagten, sondern das Land Juda …, wie es hier feierlich genannt wird, ist Jahwes Land, und das erinnert an Jahwes Plan, der Juda Heil und den Völkern Unterjochung und Vernichtung bringt …«[79] Der Verfasser der Nachexegese zeigt ein besonderes Interesse an dem Schrecken in Ägypten (vgl. v. 1 ff.14) und an den Auswirkungen des göttlichen Plans (vgl. v. 12). Ob v. 16 f. das Plagenmotiv aus dem Exodusbuch als eschatologisches Entsprechungsmotiv verwendet, ist durchaus möglich; auf jeden Fall sind die Bezüge zu Jes 19,1 – 15 gesichert.

4. Der Jahweplan in Jes 19,1 – 15.16 f.

Wird abschließend die Frage gestellt, welche Vorstellungen sich in Jes 19,1 – 15 mit dem Plan Jahwes verbinden, dann fällt zunächst die Selbstverständlichkeit auf, mit der von Jahwes Plan gegen Ägypten die Rede ist. Jahwe verfügt souverän über das Schicksal Ägyptens. Wird akzeptiert, daß in Jes 19,1 – 15 eine geschlossene Dichtung vorliegt, dann wird man den Plan Jahwes im Jahwewort v. 1b – 4 ausgesprochen finden.

---

[77] Vgl. dazu W. Werner, Eschatologische Texte, 56 – 59.
[78] חוא ist Hapaxlegomenon.
[79] K. Marti, Jesaja, 156.

Zweierlei besagt die göttliche Absichtserklärung: Zum einen ist es Jahwes Wille und Absicht, wenn Ägypten ins Chaos stürzt. Zum andern bricht Jahwes geplante Intervention Ägyptens eigenen Plan. Warum Jahwe an Ägypten so handelt, wird nicht näher erklärt. Auch der Zeitpunkt des göttlichen Eingreifens bleibt im Dunkeln. Das göttliche Gericht an Ägypten bringt gleichzeitig für Israel eine verheißungsvolle Wende. Zwar wird das in Jes 19,1 – 15 nicht ausgeführt, doch läßt sich anders das Interesse am Untergang Ägyptens kaum verstehen. Mit dem Untergang der feindlichen Macht kann Israel wieder neu erblühen. Wenn die erste Nachexegese des Gedichtes in 19,16 f. herausstellt, daß Juda für Ägypten zur Beschämung wird, weil schon allein die Erwähnung Judas die Ägypter an Jahwes Gerichtshandeln denken läßt, dann wird nur ausgesprochen, was das polemische Gedicht sagen will: Der Gott Israels/Judas erniedrigt die feindliche Großmacht. Dem Leser muß die Auffassung genügen, die der Verfasser als seine Glaubensüberzeugung vermittelt: Irgendwann wird sich Jahwes Plan an Ägypten in der Geschichte verwirklichen; sein Machtbereich ist dabei keiner Begrenzung unterworfen. Wenn Jahwes Plan eine neue Wirklichkeit setzt, dann wirkt sich das nicht nur in der Menschenwelt aus, vielmehr ist die gesamte Natur einbezogen.

Der Verfasser des polemischen Gedichts mag der Auffassung gewesen sein, daß sich an Ägypten durch Jahwes Hand die Ereignisse der Frühzeit wiederholen. Wie damals, als Israel in Ägypten weilte, schlägt Jahwe das Land mit Plagen (vgl. vor allem Ex 7,14 – 25). Konnten aber damals die ägyptischen Schriftkundigen mit ihren Geheimkünsten der P-Tradition zufolge dieselben Zeichen vollbringen wie Mose und Aaron, so stehen sie jetzt ratlos vor den Geschehnissen und können trotz ihrer berühmten Weisheit das hinter den Erkenntnissen wirkende göttliche Planen nicht erkennen. Ihre Unfähigkeit bestünde darin, daß sie *Jahwe* nicht als Urheber der chaotischen Zustände erkennen, und daß sie deshalb die Verwirrung in Staat und Natur nicht *deuten* können. Die Auflösung der Ordnung kann daher von ihnen nicht als die Auswirkung eines göttlichen Beschlusses erfaßt werden; deshalb wenden sich die Ägypter fragwürdigen und nutzlosen religiösen Praktiken zu. Doch müssen die Weisen Pharaos nicht allein deshalb vor dem Plan Jahwes kapitulieren, weil sie mit ihrer Weisheit am Ende sind; es ist vielmehr Jahwe selbst, der die rechte Erkenntnis der Dinge verunmöglicht, weil er einen Taumelgeist in das Innere der ägyptischen Führer mischt und somit verhindert, daß sein Planen erkannt wird. Das Volk der Ägypter ist samt seinen Fürsten diesem Gott hilflos ausgeliefert; Jahwes Plan setzt sich durch.

Der Nachtrag v. 16 f., der v. 1 – 15 interpretiert, trägt zu diesem Verständnis nichts grundsätzlich Neues bei. Er bindet freilich explizit das Geschick Judas mit ein in den Plan Jahwes. – Das Verbum יעץ »planen« aus v. 12 wird mit dem Substantiv עצה »Plan« aufgegriffen.

Hier ist nicht gemeint, daß Juda den Plan Jahwes an Ägypten vollstreckt, das ist ausschließlich Jahwes Werk, vgl. Jes 19,16b. Er selbst versetzt Ägypten in Angst und Schrecken und vollzieht, was er gegen Ägypten beschlossen hat. Gleichzeitig aber erfährt Ägypten Jahwe als den Herrn Judas, vgl. 19,17. Weshalb die Erwähnung Judas für Ägypten zur Beschämung wird, kann dem Text nicht genauer entnommen werden; das Hapaxlegomenon חגא bleibt hinsichtlich seines hebräischen Bedeutungsfeldes unklar.[80]

Vielleicht kann Folgendes vermutet werden: Da der Text ein eschatologisches Geschehen, das alttestamentlicher Vorstellung zufolge die Ebene der Geschichte nicht unbedingt verlassen muß, zur Sprache bringt, könnte er von der in den Eschata durch Jahwe vollzogenen Rechtfertigung Judas/Israels vor Ägypten sprechen. Wenn Jahwe, der Gott Israels und der ganzen Welt, seinen gegen Ägypten gefaßten Beschluß machtvoll vollstreckt, dann muß Ägypten seine in der Geschichte bislang wirksam gewordene Haltung gegenüber Juda als falsch erkennen, sich somit schämen. Einmal, so denkt der Verfasser der Nachexegese mit Blick auf 19,1 – 15, wird sich Juda auch Ägypten gegenüber, das auf seine uralte Geschichte, vgl. v. 11b, auf seine Götter, vgl. v. 3, und auf die in dieser Geschichte gewachsene Kultur, vgl. v. 11 f., stolz ist, als überlegen erweisen, und es ist Jahwe, der das bewirkt.

---

[80] HAL, 278, s. v. חגא, bringt חגא mit dem arab. ḫaǧi'a »sich schämen« in Verbindung.

V. Jesaja 23,1 – 14

1. Der Text

1 Ausspruch über Tyros.
  Heult, Tarsisschiffe,
  denn ›eure Zuflucht‹[1] ist zerstört.
  Beim Heimkehren[2] aus dem Land der Kittäer
  ward es ihnen kundgetan.
2 ›Klagt‹[3], Küstenbewohner,
  ›Händler‹[4] Sidons,
  ›deren Boten‹[5] 3 ›große Wasser‹[6] ›durchfahren‹[7].
  Die Saat des Nil (›die Ernte des Nilflusses,)[8] sein Einkommen,
  der Schacher[9] der Völker.
4 Schäm dich, Sidon, denn das Meer spricht[10]
  (die Feste des Meeres):
  Nicht kreißte, nicht gebar ich,

---

[1] מבית ergibt keinen guten Sinn. Als besser erscheint der Vorschlag von BHS, ביתם zu lesen. Mit O. Kaiser, Jesaja II, 130 Anm. 1, und H. Wildberger, Jesaja II, 855, wird ein auch in v. 14 belegtes מעוזכן gelesen.

[2] Zu dieser Bedeutung von מבוא siehe HAL, 566, s. v. מן.

[3] Mit HAL, 217, s. v. II דמם, wird die Lesung des M beibehalten. Der Imperativ ordnet sich gut in eine Reihe weiterer Imperative (v. 1.4.6) ein. Gegen die Lösung von O. Kaiser, Jesaja II, 130 Anm. 3, נדמו zu lesen, spricht der Einwand von H. Wildberger, Jesaja II, 855, daß ein Befehl zum Verstummen zu der Klageaufforderung in v. 1 in Spannung steht.

[4] Es ist der Plural סחרי zu lesen.

[5] Gelesen wird מלאכו, vgl. BHS.

[6] Das ו ist zu streichen.

[7] Statt עבר ים ist עברים zu lesen.

[8] קציר יאור ist eine interpretierende Glosse, um die nur noch Jer 2,18 anzutreffende Bezeichnung שחר für den Nil zu verdeutlichen. Vgl. O. Kaiser, Jesaja II, 130 Anm. 6. Anders H. Wildberger, Jesaja II, 856.

[9] ותהי fehlt in G und wird mit O. Kaiser, Jesaja II, 130 Anm. 7, und H. Wildberger, Jesaja II, 856, gestrichen.

[10] V. 4a bereitet erhebliche Schwierigkeiten; vgl. O. Kaiser, Jesaja II, 130 Anm. 8. Die Übersetzung sieht in v. 4aβ einen glossenhaften Zusatz; so auch BHS. Anders G. B. Gray, Isaiah, 388; mit G streicht er das כי und liest statt אמר ים »spricht das Meer« אם (ע)רים »Mutter der Städte«. Freilich verträgt sich diese Lösung nicht sonderlich gut mit der folgenden Rede in der 1. Pers. Sing.

nicht zog ich Jünglinge groß,
nicht zog ich Jungfrauen auf.
5 (Kommt die Kunde nach Ägypten,
  beben sie entsprechend der Kunde von Tyros.)[11]
6 Fahrt hinüber nach Tarsis,
  heult, Küstenbewohner.
7 Ist dies für euch die Ausgelassene,
  deren Ursprung aus uralten Tagen?
  Deren Füße sie brachten,
  weithin zu verweilen.
8 Wer hat das beschlossen
  über Tyros[12], die Kronen Tragende[13],
  deren Kaufleute geehrt sind auf Erden?
9 Jahwe Zebaot hat es beschlossen,
  zu schänden den Hochmut aller Herrlichkeit,
  verächtlich zu machen alle, die geehrt sind auf Erden.[14]
10 ›Bebaue‹[15] dein Land ›   ‹[16], Tochter Tarsis,
  es gibt keine Werft[17] mehr.
11 Jahwe befahl über Kanaan,
  seine ›Burgen‹[18] zu schleifen.
  Er streckt seine Hand über das Meer
  und erschüttert Reiche.[19]
12 ›   ‹[20] Hinfort wirst du nicht mehr ausgelassen sein,
  mißhandelte Jungfrau Tochter Sidon.
  Zu den Kittäern mach dich auf, setz rüber;
  auch dort gibt es keine Ruhe für dich.

---

[11] Siehe S. 57.

[12] Die von B. Duhm, Jesaia, 168; K. Marti, Jesaja, 179, und O. Kaiser, Jesaja II, 130 Anm. 9, vorgeschlagene Lösung, צִידוֹן zu lesen, bleibt textkritisch problematisch. Vgl. H. Wildberger, Jesaja II, 856.

[13] Möglich ist auch: »die Kronen Vergebende«; vgl. HAL, 771, s. v. עטר. Der Text will aber doch wohl von dem Ruhm sprechen, den Tyros repräsentiert.

[14] Zu den zahlreichen Textänderungen und deren Überflüssigkeit vgl. H. Wildberger, Jesaja II, 857.

[15] Lies עבדי; vgl. BHS.

[16] כיאר fehlt in G, ist auch kaum verständlich. H. Wildberger, Jesaja II, 857, emendiert nach G: ארצך כי אניות תרשיש, d. h. er vermutet hinter der in M bezeugten Konsonantenabfolge כיאר בת eine tieferliegende Textverderbnis.

[17] So mit HAL, 535, s. v. I מֵזַח.

[18] Lies מעזיה; vgl. Qª.

[19] Zur Umstellung der beiden Vershälften siehe BHS und die Kommentare.

[20] ויאמר interpretiert das Folgende als Jahwewort. Vgl. O. Kaiser, Jesaja II, 131 Anm. 17; H. Wildberger, Jesaja II, 858.

13 (Siehe, das Land der Chaldäer[21],
das ist das Volk, das nicht mehr ist;
Assur hat es gegründet für die Wüstenbewohner.
Sie haben ›Belagerungstürme‹[22] errichtet,
haben seine Paläste zerstört, es zum Trümmerhaufen gemacht.[23])
14 Heult, Tarsisschiffe, denn verwüstet ist eure Zuflucht.

2. Zur Abgrenzung und Entstehungszeit von Jes 23,1–14

Mit Jes 23,1b beginnt ein Spruch, den die sekundär vorangestellte Überschrift v. 1a als Wort über Tyros einführt. Ob aber dieses Wort Tyros als Adressaten hat, ist in der Exegese seit B. Duhm, der in v. 8 statt צר wie in v. 2.4 צידון liest, umstritten.[24] Dieser Schritt läßt sich textkritisch nicht begründen und stellt einen schwerwiegenden Eingriff dar. Daher ist m. E. das Verständnis G. Fohrers vorzuziehen, der das Wort folgendermaßen unterteilt:

a) Klage über Sidon (v. 1b–4),
b) Klage über Tyros (v. 6–9).
c) Klage über Phönizien insgesamt (v. 10–14)

Dieses Verständnis findet eine Stütze in der von ihm vorgeschlagenen Datierung: er bezieht die Klage über Sidon auf die Zerstörung der Stadt durch Artaxerxes III. Ochus im Jahr 343 v. Chr., die über Tyros auf die Zerstörung der Stadt durch Alexander den Großen im Jahr 332 v. Chr. Die Annahme, daß ein Dichter zwei Ereignisse, die in verhältnismäßig kurzer Zeit und in derselben Region geschehen sind, rückblickend in einem Wort zusammenfassend beurteilt, ist nicht unwahrscheinlich und findet in der abschließenden Strophe, die das Schicksal Phöniziens insgesamt beklagt, eine gewisse Bestätigung.[25]

Einen komplizierteren Entstehungsvorgang vermutet J. Vermeylen.[26] Nach ihm läßt sich ein Entstehungsprozeß in drei Etappen rekonstruieren: am Anfang steht ein Gedicht, dessen Aussagetendenz (téneur) sich

---

[21] V. 13 gibt derartig viele Probleme auf, daß die Rekonstruktion einer sinnvollen Aussage kaum möglich ist. Die Übersetzung lehnt sich an diejenige von H. Wildberger an, der seinerseits im Wesentlichen M folgt. Weitergehende Texteingriffe nehmen O. Kaiser, Jesaja II, 131 Anm. 19, und BHS vor. – Von einigen Autoren wird vorgeschlagen, in v. 13 »Kittäer« statt »Chaldäer« zu lesen.

[22] Das Wort בחן kann nur ungenau erklärt werden; hier wird es mit HAL, 114, s. v. בחן, als »Belagerungsturm« verstanden.

[23] Siehe zur Begründung des Sekundärcharakters S. 57.

[24] B. Duhm, Jesaia, 168; K. Marti, Jesaja, 179; O. Kaiser, Jesaja II, 130 Anm. 9.

[25] Vgl. G. Fohrer, Jesaja I, 257f.

[26] J. Vermeylen, Isaïe I, 342–345.

nicht mehr genau erfassen läßt (v. 1 – 8.10.12.14). Für J. Vermeylen betraf die Klage im »état primitif« nur die Zerstörung von Sidon im Jahr 678 v. Chr. In v. 9.11 begegnen erste Nachträge, die ihr Vokabular der Umgebung entnehmen (vgl. v. 9 mit v. 8; v. 11 mit v. 8 f.; v. 11 mit v. 1.4.14). Eine letzte Hinzufügung begegnet in v. 13, wo Anleihen bei Jes 13,21 festzustellen sind.

Könnte der sekundäre Charakter von v. 11 ernsthaft diskutiert werden, so liegt der Sachverhalt in v. 9 keineswegs so eindeutig. Die in v. 8 gestellte Frage und die darauf erteilte Antwort in v. 9 gehören doch wohl zusammen. Zwar spricht für J. Vermeylens Deutung, daß die ansonsten profanen Aussagen der Dichtung in v. 9.11 eine theologische Perspektive erhalten, doch läßt sich seine literarkritische Anmutung kaum mit handfesten Argumenten sichern.

Dagegen ist der sekundäre Charakter von v. 5 und v. 13 eindeutiger zu bestimmen. V. 5 stellt überflüssigerweise eine Beziehung zu Ägypten her, v. 13 erwähnt die Chaldäer und Assur, ohne daß letztendlich deutlich würde, weshalb das hier geschieht; die Anlehnung an Jes 13,21 wurde bereits erwähnt.

In v. 14 kommt das Orakel deutlich zu einem Schluß; v. 15 beginnt mit der bei den späteren Redaktoren beliebten Wendung והיה ביום ההוא »und es geschieht an jenem Tag«, so daß dieser Vers einer anderen Hand zugewiesen werden muß.

Daß der Spruch Jes 23,1 – 14* nicht von Jesaja stammt, wird heute nahezu einhellig vertreten.[27] Umstritten bleibt allerdings die zeitliche Ansetzung des Stücks. Rechnet H. Wildberger mit einer noch vorexilischen Entstehung in der spätassyrischen Periode (Asarhaddon)[28], so gehen B. Duhm, K. Marti, G. Fohrer und O. Kaiser weit in die nachexilische Zeit herunter[29].

3. Die Analyse von Jes 23,1 – 14

a) Die Klage über Sidon (v. 1b – 4)

Das Wort beginnt mit einer Aufforderung an die Tarsisschiffe zur Klage. ילל, hif., »heulen« ist innerhalb Jes 1 – 39 ausschließlich in den

---

[27] Lediglich W. Rudolph, Jesaja 23,1 – 14, 166 – 174, vertritt die Einheit und Echtheit des Abschnitts. Andere haben einen jesajanischen Grundbestand herausgelöst: v. 1b f.4.6 – 12.14 (A. Dillmann/R. Kittel, Jesaja, 208) oder v. 1b – 4.12 – 14 (O. Procksch, Jesaia, 296). Unentschieden äußert sich J. Fichtner, Plan, 34. Vgl. zudem die Kritik an der Position O. Prockschs bei P. Auvray, Isaïe, 215.

[28] H. Wildberger, Jesaja II, 865.

[29] B. Duhm, Jesaia, 166; K. Marti, Jesaja, 180 f.; G. Fohrer, Jesaja I, 257 f.; O. Kaiser, Jesaja II, 131 ff.

Völkerorakeln belegt (Jes 13,6; 14,31; 15,2.3; 16,7; 23,1.6.14). Die besonders hochseetüchtigen Tarsisschiffe (vgl. 1 Kön 10,22; 22,49; Jes 2,16;
60,9; Ez 27,25; Ps 48,8) sollen darüber klagen, daß ihre Zuflucht (vgl.
v. 14) zerstört ist[30]. Daß mit der Zuflucht, anders als die Überschrift
v. 1a insinuiert, der Hafen von Sidon gemeint ist, geht aus vv. 2.4 deutlich
hervor. Die zahlreichen Handelsbeziehungen, die Sidon haben groß und
reich werden lassen, sind mit der Zerstörung der Stadt selber an ihr
Ende gekommen.

Mit einer Rede des Meeres, hier in mythisch-poetischer Denkweise
als Mutter der nunmehr zerstörten Stadt eingeführt, schließt die Klage
über das zerstörte Sidon: das Meer erkennt die Bewohner der Stadt
nicht mehr als seine Kinder an. G. Fohrer verweist auf die zahlreichen
Entlehnungen aus anderen Partien des Jesajabuches, die in v. 4 anzutreffen sind: »Die Rede des Meeres ist zunächst im Gegensatz zu 54,1;
66,7 ff., danach in Anlehnung an 1,2 gebildet worden.«[31]

Terminologisch fällt auf, daß das in v. 1–4 begegnende Vokabular
innerhalb von Jes 1–39 hauptsächlich in späten Partien begegnet: מעוז
»Schutz« (17,9 f.; 25,4; 27,5; 30,2 f.), I אי »Küste, Insel« (11,11; 20,6;
24,15), תבואה »Ertrag« (30,23).

V. 5, der indirekt Ägypten in das Geschehen einbezieht, gilt gemeinhin als Glosse; sie wurde wohl durch v. 3 angeregt.

b) Die Klage über Tyros (v. 6–9)

Wie die Klage über Sidon beginnt die Klage über Tyros ebenfalls
mit einer Aufforderung zum Wehklagen. Tyros, die ausgelassene Stadt,
die durch uralten Ursprung geadelt ist, wurde zerstört. Daß die Klage
einer die Stadt entehrenden Zerstörung gilt, wird letztlich erst in v. 9
einigermaßen deutlich, so daß die von J. Vermeylen getroffene Zäsur
zwischen v. 8 und v. 9 auch inhaltlich fragwürdig wird.

In dem Abschnitt, der den Untergang der Stadt Tyros beklagt, findet
sich die für die vorliegende Studie relevante Aussage, daß die Zerstörung
der Stadt durch Jahwe Zebaot beschlossen worden ist, um den Hochmut
der Stolzen zu strafen. Das Beschließen Jahwes wird mit Hilfe des
Verbums יעץ ausgedrückt. Die Frage, ob das Verbum hier mit »beschließen« oder besser mit »planen« wiederzugeben ist, muß wohl im erstgenannten Sinn entschieden werden. Zwar könnte ein gegen Tyros seit
Urzeiten verhängter Gerichtsbeschluß gemeint sein, da aber v. 9b eine
Begründung für Jahwes Vorgehen bietet, legt sich m. E. eher die Bedeutung »beschließen« nahe. Jahwe hat die Zerstörung beschlossen, um den
Hochmut zu entweihen. I חלל, pi., »entweihen«, begegnet mit Gott als

---

[30] שדד, pu., begegnet außer Jes 23,1.14 in Jes 1–39 nur noch 15,1 (2 ×).
[31] G. Fohrer, Jesaja I, 259 Anm. 62.

Handelndem noch Jes 43,28; 47,6; Ez 24,21; 28,16; Ps 89,35.40; Klgl 2,2; vgl. Ez 36,23 (hif.). In Ez 28,16 wendet sich das entweihende Handeln Jahwes gegen den König von Tyros.

Das Vokabular weist eher jüngere Bestände auf: קלל, hif., »verachten«, begegnet noch Jes 8,23; von נכבדים, »Geehrten«, sprechen noch Num 22,15; Nah 3,10; Ps 149,8; in Jes 1 – 39 findet sich כבד, nif., noch in Jes 3,5 und 26,15.

c) Die Klage über Phönizien insgesamt (v. 10 – 14)

Mit der Aufforderung, das Land zu betrauern, wendet sich der Dichter nochmals an ganz Phönizien. Weil es keine Werft mehr gibt, auf der Schiffe gebaut werden können, um die Handelsmacht Phöniziens wieder erstarken zu lassen, verbleibt für den Lebensunterhalt nur noch der Ackerbau.

Jahwe befahl (צוה, pi., vgl. Jes 5,6; 10,6; 13,3 u. ö.), die Burgen Kanaans zu schleifen. Er streckt seine Hand aus (נטה, vgl. Jes 5,25; 9,11.16.20; 10,4; 14,26 f. u. ö.) und erschüttert (רגז, hif.: Jes 13,13; Jer 50,34; Ijob 9,6).

Ob mit dem Hinweis auf die Erschütterung der Königreiche die Auswirkungen der Zerstörung Phöniziens auf die überseeischen Besitzungen angesprochen sind[32] oder nicht doch ein eschatologisches Motiv aufgegriffen wird, kann nicht sicher ausgemacht werden, ist aber m. E. eher im Sinn der zuletzt genannten Möglichkeit zu entscheiden, zumal auch der Gerichtsbeschluß v. 9 in seiner universalen Dimension eschatologisch zu verstehen ist.

Mit der Anrede Sidons als Jungfrau und Tochter begegnet wiederum ein frühestens in exilischer Zeit belegter Sprachgebrauch: 2 Kön 19,21 = Jes 37,22 (Zion); Jes 47,1 (Babel); Jer 14,17 (mein Volk); 46,11 (Ägypten); Klgl 1,15 (Juda); 2,13 (Zion).

Ähnlich wie v. 5 mit der Erwähnung Ägyptens die inhaltliche Anlage des Gedichtes sprengt, so verläßt die Nennung der Chaldäer in v. 13 ebenfalls das bisher Gesagte. Was die Glosse genau ausdrücken will, bleibt im Dunkel; sicher spielt sie auf den Untergang Babels an.

Die wenigen Verse, die religiöses Gedankengut aufweisen, lassen sich mit G. Fohrer folgendermaßen beurteilen: In ihnen »schlägt der Dichter bekannte Töne an: Gott ist der Herr aller Völker und des Meeres. Er sucht an Phönizien die Sünde heim, die es durch seine Überheblichkeit und Großmannssucht begangen hat.«[33]

---

[32] So G. Fohrer, Jesaja I, 260.
[33] G. Fohrer, Jesaja I, 260; ähnlich W. Rudolph, Jesaja 23,1 – 14, 174.

4. Zur Vorstellung vom Plan Jahwes in Jes 23,1 – 14

Die Klage in Jes 23,1 – 14* über den Untergang der Städte Tyros und Sidon, ja Phöniziens insgesamt, bekundet in v. 8 f. die geschichtstheologische Auffassung ihres Verfassers. Daß es um Phönizien so steht, findet eine Erklärung im Beschluß Jahwes, der sich in seinem Gerichtshandeln treu bleibt. So wie Israel seines Hochmuts wegen gestraft wurde, vgl. Jes 2,11 – 17; 3,16 f.; 5,15 – 17; 9,7 – 11 u. ö., so wird auch Phöniziens Stolz geahndet. Den Autor interessiert dabei nicht, daß die Bewohner Phöniziens nicht zu den Jahwe-Verehrern zählen. Für ihn ist Jahwe der weltmächtige Gott, dessen Beschlüsse die ganze Erde betreffen, vgl. 23,9. Weder die Ehre eines unvorstellbar hohen Alters, vgl. 23,7, noch eine bis in die Gegenwart des Verfassers erfahrbare Bedeutsamkeit, vgl. 23,2 f.8, können die Städte vor dem göttlichen Strafgericht bewahren. Dieses Strafgericht wird in der Geschichte vollzogen; der Verfasser führt die Katastrophe, die die Städte in der zweiten Hälfte des vierten vorchristlichen Jahrhunderts erreichte, auf den Beschluß seines Gottes Jahwe zurück. Gleichzeitig mißt er diesem Geschehen eschatologische Bedeutung bei, denn der Untergang von Tyros und Sidon will den Hochmut und Stolz aller Welt, vgl. 23,9, strafen. So gesehen hat die Ergänzerhand in v. 5 und v. 13 recht gehandelt, wenn sie dem Text eine Notiz über das Erschrecken Ägyptens, v. 5, und den Untergang Babels, v. 13, hinzufügte.

VI. Jesaja 28,23 – 29

1. Der Text

23 Horcht auf, hört auf meine Stimme!
   Merkt auf, hört auf mein Wort!
24 Pflügt denn der Pflüger immerzu (um zu säen)[1],
   bricht auf und pflügt[2] seinen Ackerboden?
25 Nicht wahr, wenn er seine Oberfläche geebnet hat,
   streut er Schwarzkümmel und sät Pfefferkümmel,
   legt er Weizen ›...‹[3] und Gerste ›...‹[4]
   und Emmer an seine Grenze.
26 Es unterwies ihn zum Rechten,
   belehrte ihn sein Gott.
27 Auch wird nicht mit dem Dreschschlitten
   Schwarzkümmel gedroschen,
   noch wird das Wagenrad[5] über den Pfefferkümmel gedreht,
   sondern mit dem Stock wird Schwarzkümmel ausgeklopft
   und Pfefferkümmel mit dem Stab.

---

[1] לזרע muß als Glosse, die auf v. 25 hinweisen will, gestrichen werden; vgl. dazu B. Duhm, Jesaia, 203; H. Schmidt, Propheten, 106; K. Marti, Jesaja, 210; O. Procksch, Jesaia, 364 f.; G. Fohrer, Jesaja II, 65; O. Kaiser, Jesaja II, 205; O. Mury/S. Amsler, Yahweh, 1 Anm. 1; H. Wildberger, Jesaja III, 1083; BHK und BHS. Anders P. Auvray, Isaïe, 254.

[2] Zur Diskussion, ob שדד, pi., »eggen«, »Grenzfurchen ziehen« bedeutet oder einen mit dem Vorpflügen zusammenhängenden Terminus für »pflügen« meint, siehe H. Guthe, Eggen, bes. 76 f., und G. Dalman, AuS II, 189 f.

[3] שורה wirkt überladen; vermutlich handelt es sich um eine Dittographie des folgenden שערה. Vgl. dazu B. Duhm, Jesaia, 203, im Anschluß an J. Wellhausen; H. Schmidt, Propheten, 106; K. Marti, Jesaja, 210 f.; O. Procksch, Jesaia, 366; G. Fohrer, Jesaja II, 66 Anm. 71. Vorsichtig entscheidet H. Wildberger, Jesaja III, 1084; anders O. Kaiser, Jesaja II, 205, der sich die fragende Vermutung von G. Fohrer und H. Wildberger zu eigen macht und שורה als »Hirse« versteht. K. Galling, Art. Ackerwirtschaft, 3, nimmt an, daß es sich um die mit der echten Hirse verwandte Mohrenhirse handelt.

[4] נסמן, nach HAL, 717, s. v. סמן, unerklärt. G-B, 547, s. v. סמן, unternimmt einen Erklärungsversuch von ass. simânu »(bestimmte) Zeit« her. Das Wort muß vermutlich mit zahlreichen Kommentatoren gestrichen werden. Anders P. Auvray, Isaïe, 254: »›au temps‹ ou ›au lieu requis‹«.

[5] So M. O. Kaiser, Jesaja II, 205 Anm. 3, streicht עגלה metri causa.

28 Auch wird Brotkorn zermahlen[6],
nicht fortwährend drischt[7] man es.
und hat man sein Wagen›rad‹ angetrieben
›und es ausgebreitet‹[8], so zermahlt man es nicht.
29 Auch dieses ging von Jahwe Zebaot aus.
er gibt wunderbar Rat,
macht groß den Erfolg.

2. Zur Abgrenzung und zur Form von Jes 28,23 – 29

Der Abschnitt des 28,23 – 29, der in v. 23 mit einer zum Hören auffordernden Eröffnungsformel anhebt[9] und in v. 29 in einem »summary appraisal«[10] ausklingt, findet seine Aussagespitze in den das Tun des Landmanns erklärenden Versen 26 und 29. Dem Inhalt nach ist Jes 28,23 – 29 als weisheitliches Lehrgedicht zu bestimmen. Da das Gedicht innerhalb seines Kontextes isoliert begegnet, muß zunächst der Versuch unternommen werden, den Text aus sich selbst heraus zu verstehen und zu erklären. Redaktionelle Erörterungen, die die Stellung innerhalb des Jesajabuches verdeutlichen können, bleiben einem zweiten Durchgang vorbehalten.

Der weisheitliche Charakter des Textes kann durch die verwendete Topik, das benutzte Vokabular und die theologische Aussage gesichert werden:

a) Einzelne sinnvolle Tätigkeiten des Bauern bei Aussaat und Ernte dienen als Paradigma einer umfassenderen Welt- und Lebensordnung. Gerade die Weisheit greift gern auf alltägliche Vorgänge zurück, um eine Lebenseinsicht, eine bestimmte Lehre zu verdeutlichen. So wird in Spr 25,4 f. der für einen Feinschmied alltägliche

---

[6] BHS stellt hier um.

[7] Statt אדוש lies mit BHS דוש.

[8] Lies mit B. Duhm, Jesaia, 204; H. Schmidt, Propheten, 106; K. Marti, Jesaja, 211; G. Fohrer, Jesaja II, 205, und BHS וּפְרָשׂוֹ וְלֹא. Anders O. Procksch, Jesaia, 367; H. Wildberger, Jesaja III, 1084; W. Dietrich, Jesaja, 125 Anm. 61; O. Mury/S. Amsler, Yahweh, 2.

[9] Nach H. W. Wolff, Dodekapropheton 1, 122 f., handelt es sich um eine »Lehreröffnungsformel«. Es soll und muß hier nicht noch einmal die Frage nach dem ursprünglichen Ort dieser Formel erörtert werden; daß in Jes 28,23 – 29 ein Lehrgedicht auf die einleitende Formel folgt, mag diese Bezeichnung für die Einleitung hinreichend rechtfertigen. H. W. Wolff, ebd., nennt weitere Belege: Gen 4,23; Dtn 32,1 – 3; Ri 5,3a; Jes 1,2; 1,10; 32,9; 51,4; Jer 13,15; Hos 5,1; Joel 1,2; Mi 1,2; Ijob 13,6; 33,1 – 3.31 – 33; 34,2; Spr 4,1; 7,24; Ps 49,2.

[10] Vgl. dazu vor allem B. S. Childs, Isaiah, 128 ff., und J. W. Whedbee, Isaiah, 54.

Vorgang der Läuterung des Silbers zum Beispiel für ein das Staatswohl förderndes Handeln:

»Scheidet man die Schlacken vom Silber,
gelingt dem Feinschmied das Gefäß.
Scheidet man den Frevler vom König,
erlangt dessen Thron Bestand durch Gerechtigkeit.«[11]

Spr 12,11 und 28,19 erblicken in der Bestellung des Ackers eine Tätigkeit, die den Menschen mit Brot sättigt, die somit der Ordnung entspricht, wogegen das Nachjagen hinter nichtigen Dingen als »ohne Verstand« gilt bzw. »satt von Armut« macht. In Sir 7,15 gilt die schwere Arbeit auf dem Acker als von Gott zugewiesen.

b) Weisheitliches Vokabular begegnet vor allem in den Versen 26 und 29: יסר »züchtigen, zurechtweisen«, ירה »unterweisen«, עצה »Rat, Plan«, תושיה »Erfolg«.[12]

c) Theologisch entfaltet das Lehrgedicht die Vorstellung einer von Gott gestifteten umfassenden Ordnung, die sich konkret am Handeln des Landmannes aufweisen läßt. O. Kaiser denkt in diesem Zusammenhang an vergleichbare Texte wie Ijob 39,13–17.[13]

In der exegetischen Literatur wird Jes 28,23–29 häufiger als Gleichnis oder als Parabel angesehen und dementsprechend interpretiert.[14] Diese Versuche werden allerdings dadurch erschwert, daß das Lehrgedicht im Kontext isoliert begegnet und zudem keinerlei Interpretationshinweis enthält. So muß auch W. Dietrich einräumen, »daß die Dichtung in sich keine klare Applikation enthält«.[15] Statt aber nun daraus die Konsequenzen zu ziehen und Jes 28,23–29 als ein aus sich heraus verständliches Lehrgedicht anzusehen, beschreitet W. Dietrich den waghalsigen Weg einer schon allegorisch zu nennenden Interpetation.[16] Mit

---

[11] Zur Kontroverse, ob es sich bei derartigen Sentenzen um eine an die Bauern- und Handwerkerweisheit angepaßte höfische Weisheit oder um genuine Volksweisheit handelt, siehe F. W. Golka, Weisheitsschule, bes. 269.

[12] Zum weisheitlichen Charakter der Termini vgl. R. D. Branson, Art. יסר, Sp. 688–697; S. Wagner, Art. ירה III, Sp. 920–930; L. Ruppert, Art. יעץ, Sp. 718–751. Bei תושיה zeigt ein Blick in die Konkordanz folgende Verteilung: 1 × Jes; 1 × Mi; 6 × Ijob; 4 × Spr.

[13] O. Kaiser, Jesaja II, 207.

[14] Zum Unterschied von Gleichnis und Parabel siehe O. Kaiser, Einleitung, 153. Wie der Text als Maschal bestimmt und als Gleichnis interpretiert werden kann, zeigt J. W. Whedbee, Isaiah, 53 f.58 ff.

[15] W. Dietrich, Jesaja, 126.

[16] Obzwar W. Dietrich, Jesaja, 127, »wohl darauf bedacht [ist], nicht aus einer Parabel eine Allegorie zu machen«, entrinnt er dem kaum. Er behandelt den Abschnitt als Allegorie, wenn auch der Einzelzug eine Deutung erfährt; vgl. O. Kaiser, Einleitung, 154.

יהוה צבאות sei in v. 29, wie auch sonst häufiger bei Jesaja, Jahwes Macht im weltpolitischen Bereich angesprochen. Die Wurzel יעץ, v. 29, soll, wie in Jes 14,24.27, als Ausdruck für Jahwes Entschluß, Assur zu demütigen, verstanden werden. In den Wörtern מטה »Stock« und שבט »Stab« sieht W. Dietrich eine starke Erinnerung an Jes 10,5: »Wehe Assur, dem Stab meines Zornes und dem Stock meines Grimms!« Aus all dem folgert W. Dietrich: »Nun wird, aufgrund der Wortwahl, der Hintersinn der Weisheitsrede erkennbar: Assur war die Aufgabe des ›Ausklopfens‹ anvertraut – es sollte keineswegs ›immerzu drauflos dreschen‹ (v. 27); wohl sollte es mitunter ›Dreschwagen und Pferde‹ einsetzen – aber es hatte damit nicht alles zu ›zermalmen‹ (v. 28)! Der einfache Bauer hat sich von Gott unterweisen lassen – der auf seine Klugheit und seine Erfolge so eingebildete Assyrer aber begreift nicht, was ›Jahwe der Heere‹ ihm auftrug (v. 29a). Darum ist es nun Jahwes ›Plan‹, Assur zu zerbrechen (vgl. 14,25a.27); dieser Plan ist ›wunderbar‹, dh. überraschend und überzeugend zugleich (v. 29b).«[17]

Diese Deutung basiert aber nun auf einer nicht unumstrittenen Vorstellung von der Wirksamkeit des Propheten Jesaja. Sie setzt voraus, Jesaja habe während seiner langen Tätigkeit seine Einstellung gegenüber Assur geändert. W. Dietrich steht mit dieser Auffassung nicht allein; so vermuten F. Wilke, G. Fohrer, W. Zimmerli und F. Huber, Jesaja habe in seiner Spätzeit der Weltmacht Assur wegen deren Hybris das Gericht angekündigt.[18] O. Procksch kehrt seinerseits diese Reihenfolge um, ordnet also die Anti-Assur-Worte einer früheren Verkündigungsepoche zu.[19] Diesen beiden Versuchen gesellt W. Dietrich eine dritte Variante bei: »Grundsätzlich ist der Theorie vom Umschwung in der Botschaft Jesajas zuzustimmen. Freilich hat der Prophet nicht, wie von den Verfechtern dieser These durchweg angenommen, zuerst Judas Züchtigung durch Assur angekündigt, um dann, auf dem Höhepunkt der Gefahr, die Vernichtung der Assyrer und Jerusalems Rettung zu verheißen, sondern umgekehrt: er stellte seinen Landsleuten zuerst das Eingreifen Jahwes gegen das hybride Assur in Aussicht und kündete dann, als die Judäer darauf nicht vertrauen, sondern lieber zur politischen und militärischen Selbsthilfe greifen wollten, in Jahwes Namen vom Sieg der Assyrer über Juda und seine Alliierten. Dieser Wandel von der Heils- zur Unheilsprophetie hat sich zweimal, um 713 und um 705 ereignet.«[20]

---

[17] W. Dietrich, Jesaja, 127 f.

[18] Vgl. F. Wilke, Jesaja, 96 – 120; G. Fohrer, Wandlungen, 19; W. Zimmerli, Jesaja und Hiskia, 202; F. Huber, Jahwe, 59. Eine Zusammenfassung der Diskussion bietet R. Kilian, Jesaja 1 – 39, 98 – 106.

[19] O. Procksch, Jesaia, 135. Er nennt Jes 8,9 f.; 10,5 – 15; 14,24 – 27; 17,12 – 14.

[20] W. Dietrich, Jesaja, 113 f.

Daß die von W. Dietrich für seine Hypothese herangezogene Textbasis als fragwürdig gelten muß, hat R. Kilian bei der Erörterung der Assur-Problematik im Jesajabuch gezeigt.[21] Nach R. Kilian wird man aufgrund der Textbefunde »künftig darauf verzichten müssen, eine antiassyrische Prophetie Jesajas zu postulieren und theologisch auszuwerten.«[22] Wenn aber die Einstellung Jesajas gegenüber Assur keinem Wandel unterlegen war, dann wird auch W. Dietrichs Interpretation von Jes 28,23–29 fraglich.

Die Interpretationen, die in Jes 28,23–29 ein Gleichnis oder eine Parabel erblicken wollen[23], lassen sich zum Teil nur aus einem gewissen Traditionsdruck der bisherigen Auslegung des Abschnitts erklären und scheitern vor allem am »summary appraisal« in v. 29.[24] Dieses »summary appraisal« will Vorangehendes zusammenfassend und abschließend beurteilen. In diesem Sinn führt B. S. Childs zu Jes 14,26 f. aus: »v. 26 almost serves as a commentary which summarizes and extends the implications of what has preceded. The two rhetorical questions of v. 27 serve in affect as motivation clauses for the appraisal to provide its authorization.«[25] Somit aber bietet v. 29 zusammen mit v. 26, auf den er zurückblickt (וגם זאת »und auch dieses«), das Fazit des gesamten Lehrgedichts: im sinnvollen und plangemäßen Handeln des Bauern manifestiert sich Gottes Erziehung und wunderbarer Rat. Das berufliche Handeln des Landmanns erfolgt nach einer Ordnung, die sich letztlich Gott verdankt (יסר »unterweisen«, ירה »belehren«), und die ihrerseits, so der Verfasser, nicht als geheimnisvoll und dunkel, sondern als völlig einsichtig, eingängig und durchschaubar gelten muß. In zwei Durchgängen wird das an den Arbeitsschritten bei der Aussaat und bei der Ernte demonstriert. Vor allem die Fragen, die die Absurdität eines bestimmten Tuns bloßlegen (v. 24.27 f.), wollen den Leser zur Erkenntnis einer alles durchwaltenden

---

[21] R. Kilian, Jesaja 1–39, 103–106.

[22] R. Kilian, Jesaja 1–39, 106.

[23] So die meisten Kommentare. F. Delitzsch, Jesaia, 319, sieht in Jes 28,23–29 einen in längere parabolische Rede eingekleideten Text. Der Gleichnischarakter wird ferner herausgestellt von H. Schmidt, Propheten, 106; O. Procksch, Jesaia, 364. W. Eichrodt, Jesaja II, 139, spricht von zwei Gleichnissen; so auch J. Vermeylen, Isaïe I, 400 f. Vgl. in diesem Punkt die deutliche Zurückhaltung bei O. Kaiser, Jesaja II, 208 f. Allgemeiner von einer Weisheitsdichtung sprechen B. Duhm, Jesaia, 203 f., und G. Fohrer, Jesaja II, 66 f. Der entschiedene Einspruch von G. Boström, Proverbiastudien, 69, der sich gegen eine Deutung als Gleichnis wendet, ist in der Auslegungsgeschichte kaum wirksam geworden; lediglich P. Auvray, Isaïe, 255; R. H. Pfeiffer, Introduction, 420; J. Scharbert, Propheten, 249, vertreten eine vergleichbare Position.

[24] Zum Begriff siehe vor allem B. S. Childs, Isaiah, 128–136. Er findet diese Form auch in Jes 14,26 f., und 17,14. Im Anschluß an F. Delitzsch nennt H. Wildberger, Jesaja II, 666, derartige abschließende Zusammenfassungen Epiphoneme.

[25] B. S. Childs, Isaiah, 128 f.

göttlichen Ordnung führen. Dieses weisheitlich didaktische Fragen ist auch aus anderen Prophetenbüchern vertraut. Die Fragen wollen zu einer ganz bestimmten Erkenntnis führen:

>Rennen Rosse über Felsen?
oder pflügt man mit >dem Rind das Meer<?
Doch ihr verwandelt Recht in Gift
und die Frucht der Gerechtigkeit in Wermut.« (Am 6,12)

Das Wort ist aus zwei didaktischen Fragen und deren lebensalltäglichen Anwendung aufgebaut. Was in der Naturordnung undenkbar ist, das geschieht in Israel, wenn die Rechtsordnungen mißachtet werden.[26] In Jes 28,23 – 29 dienen die absurden Fragen nicht dazu, um irgendein Fehlverhalten anzuprangern, sondern sie bereiten die Lösung vor, die das Lehrgedicht anstreben will: die Ordnung im Berufshandeln des Bauern geht auf Gott zurück. Die mit dem Absurden einer Tätigkeit spielenden Fragen wollen den Leser/Hörer zu der Antwort »Das tut keiner!« provozieren. Das Lehrgedicht zeigt also weder implizit noch explizit die Intention, das gottbelehrte Handeln des Bauern einem anderen unvernünftigen Handeln gegenüberzustellen. So ist dem Gedicht auch nirgendwo zu entnehmen, daß das kluge Vorgehen des Bauern dem unvernünftigen Verhalten des Assyrers gegenübertritt. Wenn W. Dietrich derartiges herausliest und in seine Exegese einbaut, dann überstrapaziert er den Text.[27]

Wenn Jes 28,29 (»summary appraisal«) die didaktische Auflösung des Lehrgedichtes bietet, dann muß ein Verständnis als Gleichnis oder Parabel weder als zwingend noch als angeraten erscheinen. Das sinnvolle Handeln des Menschen, konkretisiert am planvollen Vorgehen des Bauern bei der Aussaat und bei der Behandlung der in der Ernte eingebrachten Frucht, verdankt sich einem göttlichen Unterweisen und Planen. Das ist eine gewichtige und eigenständige theologische Aussage, und es bedarf nicht erst eines gleichnishaften Verständnisses, um dem Text einen Sinn abzupressen. Der Eindruck drängt sich auf, daß ein Interpretationsbemühen, das im Text ein Gleichnis erblickt, eng mit der Authentizitätsfrage verbunden ist. W. Dietrich bestätigt indirekt diesen Zusammenhang: »Wo man die Rede dagegen für jesajanisch hält und sie entsprechend als Gleichnis bzw. Parabel auffaßt, da sieht man in ihr meist einen bildhaften Ausdruck für den Gedanken, daß der göttliche Lenker der Geschichte durch alle scheinbaren Widersprüche und Unbegreiflichkeiten hindurch

---

[26] Zum in Am 6,12b schwierigen Text und zur Interpretation vgl. H. W. Wolff, Dodeka-propheton 2, 330 f., und W. Rudolph, Dodekapropheton 2, 226 f. Zu Recht versieht H. W. Wolff seine Auslegung mit der Überschrift »Zerstörte Weltordnung«.

[27] W. Dietrich, Jesaja, 128.

zielstrebig einen wohlüberlegten Plan verfolge.«[28] Wenn sich Jesaja schon einer weisheitlichen Redeform bedient, dann muß sie zumindest als Parabel oder als Gleichnis für Jahwes Geschichtshandeln verstanden werden. Andererseits wird die Authentizität in der Tat zumeist mit dem Argument, hier liege weisheitliche Rede vor, angezweifelt.[29]

Die Versuche, Jes 28,23 – 29 als Gleichnis zu interpretieren, haben zahlreiche, sich freilich im Detail unterscheidende Deutungen gezeigt – eine Tatsache, die gegenüber dieser Vorentscheidung nochmals Bedenken aufkommen läßt.

Nach A. Dillmann/R. Kittel will der Abschnitt besagen, daß vermöge seiner wunderbaren Weisheit Gott immer am rechten Ort auch die rechten Mittel anwende.[30] Für F. Delitzsch muß das Verhalten des Landmannes als Abbild des weisen Verfahrens des göttlichen Lehrers gelten.[31] B. Duhm sieht in Jes 28,23 – 29 einen Beleg für die Aussage, daß Jahwe sein Strafgericht nicht ununterbrochen fortsetzt, daß er es aber ganz gewiß herbeiführen wird, »nur aber nach Maßgabe der Umstände und der Leute«[32]. Nach H. Schmidt besagt der Text, daß Jahwe durch die Widersprüche des Lebens und der Geschichte hindurch seinen Plan zielstrebig verfolgt.[33] »Wenn die Ereignisse seinen [Jahwes] Propheten ins Unrecht zu setzen scheinen, oder wenn er ihm heute ein anderes Bild von der Zukunft gibt als gestern, so wird er wissen, warum er es tut.«[34] Daran schließt G. Fohrer seine Deutung an: In Jes 28,23 – 29 handle es sich um eine Verteidigungsrede Jesajas, in der der Prophet seine geänderte Ansicht über den Assyrer begründet.[35] Mit einem Umschwung in der Beurteilung des über Israel hereingebrochenen Unglücks verbindet W. Eichrodt die Aussagen des Textes, der für ihn aus zwei Gleichnissen besteht.[36] Für O. Procksch steht hinter dem als Gleichnis verstandenen Text die Vorstellung von der Läuterung des Gottesvolkes samt den damit verbundenen Leiden.[37] Auch J. Fichtner sieht in Jes 28,23 – 29 einen beispielhaften Text, der die Vorliebe des Propheten für Gleichnisreden zeigt und

---

[28] W. Dietrich, Jesaja, 127 f.

[29] G. Boström, Proverbiastudien, 69: »Der Abschnitt ist ein Maschalgedicht, das man früher für echt jesajanisch gehalten hat, hauptsächlich, weil man es nur als Gleichnis zu deuten vermochte …« R. H. Pfeiffer, Introduction, 420, begnügt sich mit dem Hinweis, in Jes 28,23 – 29 liege eine »comforting gloss« vor. J. Scharbert, Propheten, 249, spricht ohne nähere Begründung von einem Weisheitsspruch unbekannter Herkunft. P. Auvray, Isaïe, 255, sieht im Weisheitscharakter und in der Unmöglichkeit, den Text als Parabel zu verstehen, Indizien gegen eine jesajanische Verfasserschaft. H. Barth, Jesaja-Worte, 211, äußert zu Jes 28,23 – 29: »In der Tat läßt sich die Aussageintention dieser durch und durch weisheitlichen Rede mit Jesajas Verkündigung sonst nicht vereinbaren …«

[30] A. Dillmann/R. Kittel, Jesaja, 259.

[31] F. Delitzsch, Jesaia, 321 f.

[32] B. Duhm, Jesaia, 203.

[33] H. Schmidt, Propheten, 106 f.

[34] H. Schmidt, Propheten, 107.

[35] G. Fohrer, Jesaja II, 69 f.; ähnlich O. Eißfeldt, Einleitung, 424, und J. Fichtner, Plan, 37.

[36] W. Eichrodt, Jesaja II, 139.141.

[37] O. Procksch, Jesaia, 368 f.

beweist, daß Jesaja dem Stand der Weisheitslehrer angehörte.[38] Zwei Deutungen bietet G. von Rad an: In seiner Theologie des Alten Testaments bestimmt er den Abschnitt als eine grundsätzliche Erörterung von Jahwes Geschichtshandeln, in seiner Monographie zur israelitischen Weisheit sieht er in Jes 28,23 – 29 eine Illustration des Satzes, daß ein jedes Ding seine Zeit hat.[39] H. Wildberger bemüht sich um eine Harmonisierung von unterschiedlichen Gesichtspunkten: »Grundsätzlich hat Duhm recht: Das Wort muß einer geschichtlichen Stunde entstammen, da Jesaja nicht Gericht anzukünden hatte. Man muß aber noch einen Schritt weitergehen: Es gehört einer Zeit an, in welcher Jesaja von Schonung Juda/Jerusalems durch Jahwe sprach. Es muß sich in seiner Verkündigung e i n e Wendung vollzogen haben, welche selbst den Freunden Jesajas überraschend kam. Eine solche hat sich offensichtlich ereignet im Lauf der Krise, welche die Rebellion Hiskias gegen Assur heraufbeschworen hatte.«[40] Gleichzeitig bringt H. Wildberger die Thesen H. Schmidts und G. Fohrers enger zusammen, so daß in seiner Interpretation der Prophet sowohl die fehlende Geradlinigkeit in seiner Verkündigung als auch seinen Gott als Urheber dieses Sinneswandels verteidigt. Es liegt, so H. Wildberger, ein Analogieschluß vom Tun des von Gott unterwiesenen Bauern auf das Tun Gottes selbst vor.[41]

Dieses breite Spektrum der Auslegungen, die in Jes 28,23 – 29 ein Gleichnis oder eine Parabel erblicken wollen, kann nicht mehr überraschen.

Die Deutung von G. Boström, die in dem Maschal eine »Verherrlichung des Ackerbaues als den von Gott verordneten ›weisen‹ Beruf, der seinerseits Gottes unergründliche Weisheit offenbart«[42], bestimmt die Ebene, auf der die Aussagen von Jes 28,23 – 29 anzusiedeln sind, richtig. Zu bezweifeln sind jedoch die von ihm gesetzten Akzente: Es geht, wenn man den Stellenwert der vv. 26.29 berücksichtigt, nicht um eine Verherrlichung des Ackerbaus, sondern um eine theologische Aussage über Gottes weises Lehren und Planen. Die planmäßige Abfolge der beruflichen Tätigkeiten des Bauern dient dazu, den Erweis einer allumfassenden göttlichen Ordnung zu erbringen, die sich im klugen Handeln des Menschen manifestiert.[43]

Daß der für die Stellung im Jesajabuch verantwortliche Redaktor den Text darüber hinaus als Gleichnis für Israels Geschichte mit Jahwe verstanden hat, soll weder bezweifelt noch bestritten werden. Der Text des Lehrgedichtes selber drängt diese Sicht freilich nicht auf.

---

[38] J. Fichtner, Jesaja, 22.24 Anm. 18.

[39] G. von Rad, Theologie II, 170 Anm. 19; ders., Weisheit, 184 f.

[40] H. Wildberger, Jesaja III, 1090.

[41] Vgl. H. Wildberger, Jesaja III, 1089. Auch B. S. Childs, Isaiah, 129 f., interpretiert mit Hilfe des Analogieschlusses: Wenn der Bauer von Gott sein Berufswissen erhält, um wieviel größer ist dann Gottes Weisheit.

[42] G. Boström, Proverbiastudien, 70.

[43] So auch P. Auvray, Isaïe, 255: Es gehe um die Bewunderung des Autors »pour la Providence divine qui a si bien enseigné à l'homme à travailler la terre et à en recolter les fruits«.

3. Die Einzelanalyse von Jes 28,23 – 29

a) Die Lehreröffnungsformel (v. 23)

Das Lehrgedicht setzt ein mit einem Anruf, der zum Hören auffordert. Der Aufruf begegnet, wie die überwiegende Zahl der Belege, zweigliedrig gestaltet[44], wobei in v. 23 jedes Einzelglied aus zwei Imperativen zusammengesetzt ist[45]. Wiewohl umstritten ist, ob dieser Ausruf ursprünglich im Rechtsleben oder aber im weisheitlichen Bereich beheimatet ist, kann für den vorliegenden Text die von H. W. Wolff eingeführte Gattungsbezeichnung »Lehreröffnungsformel« ohne Einwände übernommen werden, da der dem Aufruf folgende Text ja eine Lehre vermitteln will.[46]

Nur in wenigen Belegen wird, wie in Jes 28,23, kein Adressat des folgenden Wortes genannt: Jer 13,15; Ijob 13,6. Die Tatsache, daß sich Jes 28,23 nicht an eine bestimmte Personengruppe richtet, hat O. Kaiser als Indiz für einen ursprünglichen literarischen Sitz im Leben gewertet.[47] Trotz des Einspruchs von H. Wildberger[48] wird man angesichts des Vergleichsmaterials diese Beobachtung nicht unterbewerten dürfen. Die Argumentation H. Wildbergers, Jesaja sei nun eben mit weisheitlichen Rede- und Denkgewohnheiten vertraut, sticht nicht, weil ja auch die ausgesprochen weisheitlichen Texte gerade eine derartige Anrede kennen, vgl. Spr 4,1; 7,24. Die beiden Belege, die wie Jes 28,23 ohne Benennung der Angeredeten auskommen, sind nachweislich literarischen Ursprungs. So begegnet in Ijob 13,6 die Aufforderung mitten im Redegang Ijob 12,1 – 14,22. Hier wird weder eine Rede eingeleitet noch abgeschlossen.[49] Auch für Jer 13,15 kann der redaktionelle Charakter kaum von der Hand gewiesen werden. Folgt man der Analyse von W. Thiel, dann hat eine deuteronomistische Redaktion an den prosaisch stilisierten Zusammenhang Jer 13,1 – 11.12 – 14 einen Komplex von kleineren metrisch gehaltenen Sprüchen angereiht.[50] Obwohl sich W. Thiel zu Jer

---

[44] Ausnahmen sind lediglich Hos 5,1 und die kunstvoll ausgestalteten Aufforderungen in Dtn 32,1 – 3; Ijob 33,1 – 3.31 – 33. Der Text von Ri 5,3 muß als unsicher gelten, vgl. BHS.

[45] Ähnlich nur noch in Jer 13,15.

[46] Vgl. dazu H. W. Wolff, Dodekapropheton 1, 122 f. H. W. Wolff sucht den Ursprung der Formel im weisheitlichen Bereich (vgl. Ri 5,3; Gen 4,23; Spr 7,24 u. ö.). »Die Form wurde von daher speziell zur Eröffnung der Rechtsbelehrung verwandt ... und ist so auch Auftakt prophetischer Worte geworden.«

[47] O. Kaiser, Jesaja II, 206 Anm. 17.

[48] H. Wildberger, Jesaja III, 1086.

[49] Vgl. Ijob 33,31 – 33 im jetzigen Kontext. G. Fohrer, Hiob, 474, stellt Ijob 33,31 – 33 hinter 35,1 an den Anfang der dritten Elihu-Rede.

[50] W. Thiel, Jeremia 1 – 25, 177.

13,15 nicht näher äußert, erweckt dieser Vers den Eindruck, eine redaktionelle Einleitung zum folgenden Spruchkomplex zu sein; so beginnt, obgleich der Vers ein Jahwewort ankündigt, in v. 16 ein prophetischer Mahnspruch[51]. Das begründende כי יהוה דבר »denn Jahwe hat gesprochen«, das im Jeremiabuch nur hier begegnet, findet sich sonst durchweg in sekundären oder späten Partien: Jes 1,2; 22,25; 25,8; Joel 4,8; Obd 18; 1 Kön 14,11.[52] Das alles sind Argumente, die die Vermutung O. Kaisers, der Text habe seinen ursprünglichen Sitz im Leben in der literarischen Arbeit, stützen können.[53] Ob er freilich gleich für das Jesajabuch und für seinen jetzigen Ort geschaffen wurde, kann erst eine Erörterung des gesamten Textes klären.

Parallel zum Ausdruck קול »Stimme« steht in v. 23 der Terminus אמרה »Ausspruch, Rede«. Ein Blick in die Konkordanz lenkt die Aufmerksamkeit auf die Tatsache, daß im Prophetenkorpus nur das Jesajabuch dieses Wort kennt: Jes 5,24; 28,23; 29,4 (2mal); 32,9. Auffallend ist ferner, daß innerhalb des Jesajabuches nur Jes 5,24 unter אמרה eine Kundgebung Jahwes versteht. Die anderen Belege kennen nur menschliche Urheber: den prophetischen Sprecher (Jes 28,23; 32,9), Jerusalem (29,4). Dem steht der zu beobachtende Sachverhalt gegenüber, daß אמרה mit Ausnahme von Gen 4,23; Dtn 32,2 und Ps 17,6 sonst stets Gott als Sprecher nennt[54].

b) Die Tätigkeit des Landmanns bei der Aussaat (v. 24 ff.)

Der erste Teil des Lehrgedichts beginnt mit zwei durch die Fragepartikel ה eingeleitete Fragen, deren erste ein absurdes Verhalten aufwirft: Pflügt denn der Pflüger immerzu? Das כל היום korrespondiert sachlich mit dem לא לנצח »nicht fortwährend« in v. 28, meint daher nicht »den ganzen Tag«, sondern »tagtäglich« im Sinn von »immerzu«.[55] Die Frage provoziert somit das entschiedene Nein des Lesers/Hörers. Häufiger werden in didaktischen Fragen derartige abstruse Sachverhalte aufgewor-

---

[51] Zum Mahn- bzw. Warncharakter vgl. P. Volz, Jeremia, 153, und W. Rudolph, Jeremia, 96.

[52] Zum nachjesajanischen Charakter von Jes 1,2 siehe die Diskussion bei W. Werner, Eschatologische Texte, 128 – 133. Zu Jes 22,25 siehe B. Duhm, Jesaia, 165; O. Procksch, Jesaia, 292; G. Fohrer, Jesaja I, 255. Vergleichbar mit Jer 13,15 ist streng genommen nur Jes 1,2, da nur dort die Formulierung ebenfalls innerhalb eines Redeauftaktes begegnet. Die restlichen Belege bezeugen sie dagegen als eine Wendung, die eine Redeeinheit abschließt.

[53] Natürlich darf der entgegengesetzte Fall, die Nennung des Angeredeten, nicht zu dem Schluß verleiten, es handle sich um ursprünglich mündliche Rede, vgl. Jes 1,10.

[54] Ps 12,7 (2×); 18,31; 105,19; 119 (19×); 138,2; 147,15; Klgl 2,17; Spr 30,5.

[55] Vgl. in diesem Sinn Gen 6,5; Dtn 33,12; Jes 65,2.5; Jer 20,7; Hos 12,2; Ps 25,5 u. ö.

fen, um dann die eigentliche Lehre daran anzuknüpfen. Verwiesen werden
kann auf Am 6,12 und Jer 13,23.

Nachdem der Verfasser mit seiner Frage die Aufmerksamkeit des
Lesers/Hörers für das Folgende geweckt hat, schildert er, wiederum mit
einer Frage beginnend, den sinnvollen Ablauf der Aussaat[56]. Mit drei
Verben bezeichnet er den Vorgang des Pflügens: I חרש[57], פתח, שדד[58].
Der Landmann pflügt nicht immerzu, sondern er ebnet nach dem Pflügen
die Oberfläche (I שוה)[59] und bereitet so den Boden für die Aussaat.
Auch das Säen folgt einer schlüssigen Ordnung. Der Bauer streut Samen
(פוץ, שרק, שום): Schwarzkümmel (קצח)[60], Pfefferkümmel (כמן)[61], Weizen (חטה)[62], Gerste (שערה)[63] und Emmer (כסמת)[64]. Als das minderwerti-
gere Getreide steht Emmer am Rand des Feldes, um zum einen den
kostbaren Weizen zu schützen und um zum andern auch den Feldrand
zu nutzen[65]. Diese Ordnung, die der Bauer bei seiner Arbeit einhält,
beruht, so v. 26, auf unmittelbarer göttlicher Belehrung.

Das göttliche Belehren wird mit Hilfe der Verben I יסר, pi., »anleiten« und III ירה, hif., »unterweisen« ausgedrückt. Nur hier begegnen die
beiden Verben nebeneinander. Die Wendung יסר למשפט »es unterwies
zum Rechten« findet sich noch in Jer 30,11 und 46,28, (10,24). An diesen
Stellen meint der Ausdruck ebenfalls eine erzieherische, unterweisende
Tätigkeit Jahwes, stellt aber vor allem den Aspekt der Züchtigung
heraus; daher wird er auch zumeist an diesen Stellen mit »Züchtigung
in Maßen, nach Billigkeit« wiedergegeben. Derartiges kann für Jes 28,26
nur eingeschränkt gelten, da der parallele Terminus ירה »belehren« für
יסר »unterweisen« die Bedeutungsnuance »unterweisen, anleiten« sichert,

---

[56] Zu den einzelnen Arbeitsgängen siehe G. Dalman, AuS II, 188 – 203.

[57] Vgl. Dtn 22,10; Ri 14,18; 1 Sam 8,12; 1 Kön 19,19; Jer 26,18; Hos 10,11.13; Am 6,12;
9,13; Mi 3,12; Ps 129,3; Ijob 1,14; Spr 20,4.

[58] Hos 10,11, Ijob 39,10.

[59] In dieser Bedeutung nur hier belegt.

[60] Das Wort das vermutlich Nigella sativa bezeichnet, begegnet nur Jes 28,25.27. Vgl. L.
Rost, Art. Kümmel, Sp. 1027. Andere übersetzen mit »Dill«.

[61] Auch dieses Gewürz, vermutlich Cuminum cyminum, ist nur Jes 28,25.27 belegt. Vgl.
L. Rost, Art. Kümmel, 1027.

[62] Vgl. Dtn 8,8; Joel 1,11; Ijob 31,40 u. ö. Es handelt sich um Triticum sativum, bzw.
Tritivum aestivum und Triticum durum. Siehe dazu A. S. Kapelrud, Art. Weizen, Sp.
2159.

[63] Bei Ausgrabungen in Geser wurde Hordeum sativum (vulgare) gefunden. Vgl. J. Feliks,
Art. Gerste, Sp. 553 f.

[64] Noch Ex 9,32; Ez 4,9. Siehe J. Feliks, Art. Spelt, Sp. 1830. Es handelt sich vermutlich
um Triticum dicoccum.

[65] H. Wildberger, Jesaja III, 1093, vermutet Ähnliches.

vgl. Dtn 4,36; 8,5; Spr 31,1; Hos 7,15; Ijob 4,3(?)[66], wiewohl diese
Unterweisung durchaus mit Mitteln der Züchtigung verbunden sein
kann. So versteht Dtn 8,5 den Hunger auf dem Wüstenzug Israels als
göttliche Erziehungsmaßnahme, die ihr Analogon in der väterlichen
Erziehung findet. Die Ansicht, daß züchtigendes Strafen (יסר) zur väterli-
chen/göttlichen Erziehung hinzugehört, wird ferner in Jer 31,18 belegt.
Efraim sagt dort: »Du hast mich erzogen (יסר), und ich ließ mich erziehen
wie ein ungezogener Sohn.« Die übrigen Belege, die das Verbum יסר
»unterweisen« mit dem Subjekt Jahwe verbinden, stellen eindeutig den
Aspekt der strafenden Züchtigung heraus: Hos 10,10; Ps 94,10 (q.); Lev
26,28; Jer 10,24; 30,11; 46,28; Ps 6,2; 38,2; 39,12.[67]

Drückt die Wurzel יסר »anleiten« vor allem ein erzieherisches Moment aus, so stellt ירה »belehren« stärker das Weisende heraus; deutlich
begegnet das in den jahwistischen Stellen Ex 4,12.15: Jahwe wird Mose
(und Aaron) weisen, was sie den Israeliten sagen sollen, vgl. auch Ex
24,12. Ex 15,25 gibt eine Anweisung zu praktischem Handeln mit ירה
wieder: Jahwe zeigt Mose ein Holz, das das Bitterwasser wieder süß
machen kann. Eine geprägte Sprechweise lassen die Stellen erkennen, an
denen Jahwe dem Volk (1 Kön 8,36; 2 Chron 6,27), den Völkern (Jes
2,3; Mi 4,2), Sündern (Ps 25,12); dem Beter (Ps 27,11; 86,11; 119,33; vgl.
auch 119,102) den Weg weist.[68]

Der Überblick über die Belege, in denen Gott als Subjekt der Verben
יסר »anleiten« und ירה »belehren« begegnet, zeigt, daß Jes 28,26 singuläre
Züge aufweist: Im Gebrauch von יסר »anleiten« ist das Moment der
Züchtigung zurückgedrängt. Mit ירה »belehren« wird weder eine (prophetische) Beauftragung verbunden noch eine umfassende Lebenswei-
sung erteilt; vielmehr geht es um ein konkretes Handlungswissen, das
den Bauern zur rechten Zeit den rechten Handgriff tun läßt. Am ehesten
kann noch die Stelle Ex 15,25, wo Jahwe auf ein Holzstück weist, das

---

[66] Wenn R. D. Branson, Art. יסר, Sp. 690, auch in Jes 28,26 einen Beleg für »eine
kontrollierte Bestrafung ›nach Billigkeit‹, die nicht zerstört, sondern konstruktiv und
hilfreich ist«, erblickt, verkennt er die durch III ירה mitgegebene Bedeutungsnuancie-
rung von יסר. Zudem darf gefragt werden, wie der Gedanke der »kontrollierten
Bestrafung« den übrigen Aussagen zugeordnet werden kann.

[67] In Jes 8,11 bedeutet יסר »warnen«. Vgl. dazu O. Kaiser, Jesaja I, 184 Anm. 2. יסרתי in
Hos 7,15 muß als Glosse angesehen werden, vgl. G. Ebenfalls unklar und umstritten
ist Hos 7,12.

[68] Ijob 34,32 vervollständigt die Zahl der Belege, die III ירה mit Jahwe als Subjekt
verbinden. Der Vers ist zu Beginn unklar. Vermutlich muß mit BHK חטָאתִי gelesen
werden, vgl. V. Die letzten drei Konsonanten von בלעדי sind mit BHK als עוד an den
Schluß von v. 31 zu stellen. Die ersten beiden Konsonanten בל sind Dittographie von
אחבל, v. 31. Zum Ganzen vgl. G. Fohrer, Hiob, 465. BHS verzichtet auf Änderungen.

das Bitterwasser süßen kann, in ihrer Konkretheit mit Jes 28,26 verglichen werden, denn der Verfasser versteht doch wohl das göttliche Belehren und Unterweisen als Vermittlung bestimmter beruflicher Handgriffe.
Dieses konkrete berufliche Wissen hat, da es in sinnvolles Handeln
umgesetzt wird, Anteil an der alles umgreifenden göttlichen Ordnung.[69]
Dem Menschen wird durch göttliches Lehren und Unterweisen diese
Ordnung erhellt, so daß er in seinem Leben ihr entsprechen kann.

Der Text läßt offen, zu welchem Zeitpunkt der Landmann diese
göttliche Lehre empfangen hat. In der geläufigen Exegese hat die Frage
zwei unterschiedliche Antworten gefunden: Nach O. Kaiser geht v. 26
»von einem weisheitlichen Ordnungsdenken aus, wenn er die Richtigkeit
der Handlungsabläufe auf eine unmittelbare göttliche Belehrung zurückführt, vgl. Hi. 39,13 – 17.«[70] Demnach würde es sich um ein weisheitliches
Theologumenon handeln, das nach O. Kaiser kaum einen Urzeitmythos
aufgreifen will.

Nun läßt sich aber auch nicht leugnen, daß die Vorstellung von
Gott als dem Urheber aller kulturellen Errungenschaften für den Alten
Orient eine allgemeine Überzeugung darstellt.[71] G. Fohrer verfolgt in
seiner Auslegung von Jes 28,26 konsequent diesen Gedanken: »Alles das
[die Methoden von Aussaat und Ernte] weiß und tut der Bauer, weil
Gott ihn darüber belehrt hat. Er betreibt den Ackerbau mit Erfolg,
indem er klug und geschickt vorgeht. Zwar lernt der Sohn es jeweils
vom Vater, indem er dem Brauch und Herkommen folgt und sich
in Übereinstimmung mit den althergebrachten Regeln befindet. Aber
irgendwann muß das Wissen und Können entstanden sein und irgendwo
seinen Ursprung haben. Und der antike Mensch ist davon überzeugt,
daß die Gottheit es gewesen ist, die wunderbaren Rat weit über
menschliches Vermögen hinaus gewußt und die Menschheit über die
Anfänge der Landwirtschaft unterrichtet hat.«[72] Diese von G. Fohrer
vorgetragene Auslegung scheint die dem Text angemessenere zu sein und
verdient m. E. gegenüber dem von O. Kaiser vorgetragenen Interpreta-
tionsversuch den Vorzug, da sie den in v. 26.29 angesprochenen Vorstellungen einer Belehrung durch Gott eher entspricht.

---

[69] Vgl. die zahlreichen Motive in Ijob 38,1 – 40,2; 40,6 – 41,26, die von einer das alltägliche
Leben der Natur bestimmenden göttlichen Weltordnung ausgehen; ferner Ps 104,21 f.;
147,8 f.; Klgl 4,3; Jer 8,7. Dieses weisheitliche Ordnungsdenken ist im gesamten
Vorderen Orient anzutreffen; siehe dazu J. W. Whedbee, Isaiah, 54 f.; H. Cazelles,
Début, 32; ferner die Hinweise bei H. Wildberger, Jesaja III, 1091 f.

[70] O. Kaiser, Jesaja II, 207.

[71] Vgl. dazu S. Wagner, Art ירה III, Sp. 928; H. Wildberger, Jesaja III, 1091 f.; G. Fohrer,
Jesaja II, 68; J. W. Whedbee, Isaiah, 54 f.

[72] G. Fohrer, Jesaja II, 68.

Fragt man nach dem diesen Abschnitt bestimmenden Gottesbild,
dann muß man religionsphänomenologisch auf den Typos der Urheber-
Gottheit verweisen. Diese Gottesvorstellung findet sich im alttestamentlichen Schrifttum vor allem in der Weisheitsliteratur.[73]

c) Die rechte Behandlung der Frucht (v. 27 ff.)

Auch im zweiten Teil, v. 27 f., geht es um berufsspezifische Kenntnisse; es werden die Methoden für eine ordnungsgemäße Behandlung
des Getreides angesprochen. Wiederum beginnt der Verfasser mit der
Nennung von Handlungen, die der rechten Ordnung widersprechen:
Schwarzkümmel wird nicht mit dem Dreschschlitten (III חרוץ, vgl. Am
1,3; Ijob 41,22) gedroschen (דוש, vgl. Dtn 25,4; Hos 10,11; 1 Chron
21,20)[74], und Pfefferkümmel nicht mit dem Wagenrad. Vielmehr gebraucht man für diese Frucht einen Stock (מטה) oder einen Stab (שבט)[75].
Brotkorn (לחם, vgl. z. B. Jes 36,17)[76] wird nicht ständig gedroschen —
die beabsichtigte Nähe zu v. 24 wird deutlich —, sondern nach dem
Dreschen zermahlen (דקק)[77]. Und umgekehrt gilt: Wenn man mit dem
Wagenrad das ausgebreitete Getreide dreschen will, dann zermahlt man
es nicht. »Also wird man den vom Ochsen gezogenen Dreschwagen auf
der Tenne nicht länger über das ausgelegte Getreide gehen lassen, als bis
die Ähren zerkleinert sind, und die Körner keinesfalls schon auf der
Tenne beim Dreschen zermalmen und damit vernichten.«[78]

V. 29 blickt zurück auf den in v. 26 geäußerten Gedanken (גם זאת),
greift ihn auf und vertieft ihn:

»Auch dieses ging von Jahwe Zebaot aus.
Er gibt wunderbar Rat, macht groß den Erfolg.«

Mit תושיה, in der Übersetzung durch »Erfolg« wiedergegeben, begegnet eindeutig ein sapientialer Terminus.[79] Die etymologische Klärung

---

[73] Vgl. dazu H.-D. Preuß, Gottesbild, 128–131; H.-P. Müller, Neige, 238–264; ders.,
Qohälät, 507–521. Zum Begriff »Urheber« siehe N. Söderblom, Werden, 93–156; G.
van der Leeuw, Phänomenologie, 181; H. H. Schmid, Wesen, 24–27.

[74] Zum Arbeitsvorgang siehe H. Weippert, Art. Dreschen und Worfeln, 63 f.

[75] In diesen Funktionen begegnen beide Gegenstände nur hier. O. Kaiser, Jesaja II, 205
Anm. 4, sieht aus metrischen Erwägungen in v. 27b ein sekundäres Interpretament.

[76] Siehe HAL, 500, s. v. לֶחֶם.

[77] Als landwirtschaftlicher Terminus technicus begegnet דקק nur hier.

[78] O. Kaiser, Jesaja II, 208.

[79] Vgl. dazu G. Hölscher, Hiob, 20. H. J. Stoebe, pl', 17, führt zur Stelle aus: »Die in
28,29 vorausgesetzte bäuerliche Tätigkeit hat gewiß nichts Wunderbares an sich und
scheint damit der Sphäre göttlichen Wirkens entzogen. Aber Jahwe hat seinen Plan
allumfassend, allwirksam gemacht. Das tušijjah ist nicht die ›vernünftige Denkweise‹,
sondern das ›objektiv Wesenhafte‹ und schließt das Moment des Gelingens, der Lebens-
förderung ein.«

dieses Begriffs muß als unsicher gelten. Einige Exegeten leiten ihn von einer Wurzel ישׁי/ושׁי her und verstehen ihn als das, »was vorhanden ist«. Von daher leitet sich die Bedeutung »Kraft, Fähigkeit« ab[80]. Möglich ist auch, תושׁיה als ein vom hif. abgeleitetes nomen actionis zu verstehen; dann meint es »Bewirkung von etwas Wesenhaftem, Realem, vermutlich in bewußtem Gegensatz zur Torheit, die nur הבל (Nichtigkeit, Wesenloses) hervorbringt«[81]. Das Wörterbuch von W. Gesenius/F. Buhl gibt als Bedeutung an: »Hilfe, Rettung, das sich zu helfen Wissen, Umsicht, Klugheit«[82]. Da der Terminus vielfältige Bedeutung besitzt, gibt er in unserem Zusammenhang für die Präzisierung dessen, was mit עצה gemeint ist, nicht viel her. Immerhin können die sonst auftretenden Belege zeigen, daß תושׁיה nirgendwo als ein das Wirken Jahwes in der Geschichte kennzeichnender Begriff begegnet. Darin liegt m. E. ein wichtiges Argument dafür, daß das Lehrgedicht sich von Haus aus zur göttlichen Weltgrundordnung und nicht zu Jahwes Handeln in der Geschichte äußern will. Somit kann es auch aus dieser Erwägung heraus nicht als Gleichnis bzw. Parabel von Jahwes Geschichtshandeln verstanden werden.

Im Prophetenkorpus begegnet das Wort תושׁיה nur noch in Mi 6,9, und zwar in einem Nachtrag. Mi 6,9–16 scheint textlich nicht ganz in Ordnung zu sein[83]. Der fragliche Vers muß in seiner masoretischen Gestalt folgendermaßen übersetzt werden:

»Die Stimme Jahwes ruft der Stadt
   – und תושׁיה sieht deinen Namen –:
Hört Stamm, und wer es bestimmt hat...«

G hat den oben in Parenthese gesetzten Teil des Verses in jedem Wort anders verstanden: »und Rettung denen, die seinen Namen fürchten«. Da sowohl M als auch G keinen rechten Sinn geben[84], ist mit H. W. Wolff, W. Rudolph und den alten Übersetzungen statt יִרְאֶה der Infinitiv יִרְאָה (von ירא) zu lesen.[85] Aber auch der dann vorgegebene Satz »Umsicht, deinen Namen zu fürchten« sprengt den Kontext. Die Glosse wirft für eine Verdeutlichung des Terminus nicht viel ab. Immerhin wird תושׁיה, berücksichtigt man den

---

[80] H. Bauer, Eigennamen, 77. So auch F. Horst, Hiob I, 84. Dagegen wenden sich z. B.
   G. Hölscher, Hiob, 20; G. Fohrer, Hiob, 133. Daß die Etymologie des Wortes ungewiß
   sei, sagt auch H. Wildberger, Jesaja III, 1085. J. Pedersen, Israel I–II, 517, bestimmt
   תושׁיה als »a term for ›the life-power‹«.

[81] G. Kuhn, Beiträge, 4. Vgl. auch F. Horst, Hiob I, 84.

[82] G.-B., 874 f., s. v. תושׁיה. Für G. Hölscher, Hiob, 20, scheidet dagegen nach einem Blick
   auf die alten Übersetzungen die Bedeutung »Hilfe« völlig aus. Dem stimmt G. Fohrer,
   Hiob, 133, zu.

[83] Vgl. BHS.

[84] Der Text ist völlig verkorkst.

[85] H. W. Wolff, Dodekapropheton 4, 159 f.; W. Rudolph, Dodekapropheton 3, 114 f.

oben angeführten Änderungsvorschlag, als Tugend und Fähigkeit des Menschen zu einem rechten Gottesverhältnis verstanden. Was der Versteil von der Furcht des Jahwenamens sagt, erinnert an Aussagen wie Mal 3,20 und Ps 61,6.

Auch Spr 3,21; 18,1; Ijob 5,12 und 26,3 verstehen תושיה als einen Aspekt am menschlichen Verhalten. In Spr 3,21 f. fordert der Weisheitslehrer:

»Mein Sohn, mögen sie nicht aus deinen Augen weichen!
Bewahre תושיה und Besonnenheit (מזמה),
und sie werden Leben sein für deine Seele,
und Anmut für deinen Hals.«

Die erste Hälfte des Verses bereitet Schwierigkeiten, denen BHK und BHS durch Umstellung begegnen wollen (Mein Sohn, bewahre ... Mögen sie ...). Sollte aber, wie O. Plöger annimmt, v. 21a auf Spr 3,1 zurückweisen, dann würde der Begriff תושיה in ein umfassenderes sapientiales Wortfeld gestellt: neben מזמה noch תורה und מצוה.[86] In diesem Wortfeld trifft die Wiedergabe von תושיה mit »Umsicht«[87] wohl das Richtige.

In Spr 18,1 hat das Wort תושיה einen negativen Beiklang:

»Dem Eigenwilligen folgt der Abgesonderte,
mit ganzer תושיה bricht er los.«[88]

תושיה, hier zumeist mit »Kraft« wiedergegeben, muß wohl vom Kontext her als das zum Streit strebende Trachten gefaßt werden. Eine andere Übersetzung vertritt O. Plöger. Das »in der Weisheitssprache beliebte und mehrdeutige Wort bedeutet nach ihm hier »Gelegenheit«.[89]

In Ijob 5,12 meint תושיה das, was listiges Sinnen hervorbringt; Elifas sagt von Gott:

»Er zerbricht das Sinnen des Listigen,
und ihre Hände vollbringen keine תושיה.

Als Parallelwort zu יעץ begegnet תושיה in Ijob 26,3:

»Wie gibst du Rat dem, der ohne Weisheit,
und lehrst תושיה in Fülle.«[90]

Wer תושיה gelehrt bekommt und annimmt, der ist weise; an dieser Stelle wird der Ausdruck zu einem Synonym von »Rat«.

---

[86] O. Plöger, Sprüche, 39. Ähnliches versuchte schon W. Frankenberg, Sprüche, 33, der »an חכמה und תבונה, oder auch an Ratschläge des Lebens« denkt.

[87] So B. Gemser, Sprüche, 28; O. Plöger, Sprüche, 39. W. Frankenberg, Sprüche, 33, übersetzt mit »Heil«.

[88] Die Übersetzung folgt in der ersten Vershälfte O. Plöger, Sprüche, 208 f. Anders BHK, BHS und die Kommentare unter Hinweis auf Ri 14,4.

[89] O. Plöger, Sprüche, 209: »Dem Eigenwillen folgt der Abgesonderte;/bei jeder Gelegenheit wird er Streit anfangen.«

[90] Unklar und umstritten ist die Ordnung in Ijob 25–27. G. Hölscher, Hiob, 62–66, ordnet Ijob 26,2–4 der dritten Rede Bildads zu. G. Fohrer, Hiob, 377 f., läßt mit 26,1–4 die neunte Rede Ijobs beginnen.

Daß der menschlichen תושיה die bei Gott aufgehobenen Geheimnisse der Weisheit nur durch göttliches Reden erschlossen werden können, stellt Ijob 11,5 f. heraus; Zofar, einer der Freunde, wünscht dem Ijob:

»Wollt aber, würd es gegeben, Gott sprechen,
und er dir gegenüber seine Lippen öffnen,
und dir künden die Geheimnisse der Weisheit,
denn wie Wunder sind sie der תושיה,
erkennen würdest du, daß Gott dich vergessen läßt von deiner Schuld.«[91]

תושיה meint hier soviel wie »Einsicht, Sinnen, Denken, Klugheit«.

Die noch verbleibenden Stellen sehen den Begriff explizit als theologischen Begriff an: Spr 2,7; Ijob 12,16.[92]

Spr 2,6 f. sagt von Jahwe:

»Denn Jahwe gibt Weisheit,
›von ihm‹ (gehen aus) Wissen und Einsicht.
Er spart auf den Aufrechten תושיה,
(ist) Schild den rechtschaffen Wandelnden.«[93]

Hier muß תושיה wohl als »Gelingen« verstanden werden[94], wobei die korrelierenden Begriffe חכמה »Weisheit«, דעת »Wissen« und תבונה »Einsicht« die Bedeutung des Terminus mitprägen.[95] Die praktische Ausrichtung[96] der Weisheit bedingt es mit, daß תושיה sowohl mit »Umsicht, Plan« übersetzt werden kann, wenn ein Werk, ein gefordertes Verhalten

---

[91] Der Text bereitet einige Schwierigkeiten. In v. 5 ist mit BHK, BHS und zahlreichen Kommentaren יְדַבֵּר zu lesen. In v. 6 muß statt כפלים »das Doppelte« כפלאים »wie Wunder« gelesen werden. Für Ijob 11,6 schlägt HAL, 688, s. v. I נשא, vor: »jmdn vergessen lassen v. etw.« Dem folgt die Übersetzung. G. Hölscher, Hiob, 32, will diesen Schluß von v. 6 streichen. Anders G. Fohrer, Hiob, 220, und F. Horst, Hiob I, 163.

[92] In Ijob 6,13 muß wohl mit BHK und G. Hölscher, Hiob, 22, nach G und S וּתְשׁוּעָה statt וְתֻשִׁיָּה gelesen werden. Der Parallelbegriff עזרה legt das nahe. Anders G. Fohrer, Hiob, 158, und BHS. Ijob 30,22 ist das Ketib תְּשֻׁאָה = »Krachen« zu übernehmen. Vgl. G. Hölscher, Hiob, 74 f. (»Sturmesbraus«); G. Fohrer, Hiob, 414.

[93] Die in BHS vorgeschlagene Änderung von מפיו zu ומפניו oder ומלפניו bleibt trotz der Anlehnung an G überflüssig. Statt וְצָפֻן muß das Qere יִצְפֹּן gelesen werden; so die Kommentare. BHK und BHS erwägen, וְצָנִיף »Kopfbund« zu lesen (vgl. Ijob 29,14), was in etwa mit dem folgenden מגן korrespondieren würde.

[94] So O. Plöger, Sprüche, 22.

[95] Vgl. dazu auch G. von Rad, Weisheit, 109 Anm. 8. Dort wird auf einen zweifachen Aspekt des Begriffes תושיה aufmerksam gemacht: in Spr 3,21 bezeichne das Wort eine subjektive Eigenschaft. »Dann aber wiederum bezeichnet es ›Erfolg‹, ›Gelingen‹ Prov 2,7; 8,14; 18,1 u. ä.« Zur weisheitlichen Arbeitsweise, durch die Häufung von Begriffen eine gewünschte Ausdehnung des Begriffsraumes zu erhalten (»stereometrische Sehweise«) siehe G. von Rad, ebd., 26.42 f.

[96] W. McKane, Prophets, 80 f., erblickt im Begriff תושיה ein Zeugnis für die praktische Ausrichtung der Weisheit, da er in ihm die »idea of effective and successful action« ausgedrückt findet.

noch aussteht, als auch mit »Gelingen«, wenn der Aspekt des Handlungsabschlusses in den Vordergrund tritt.[97]

In der vierten Rede Ijobs steht in einer später eingefügten Belehrung über Gott als den Schöpfer und Herrn des Lebendigen[98] folgende Aussage über Gott:

»Bei ihm sind Macht und תושיה,
ihm gehören Verführter und Verführer.«   (Ijob 12,16)

Bei Jahwe sind Macht und das, was Macht erreicht: der Erfolg.

In Spr 8,14 meldet sich die Weisheit zu Wort:

»Bei mir sind Rat (עצה) und תושיה;
ich bin Einsicht[99], bei mir ist Stärke.«

Versammelt mit עצה »Rat, Plan«, בינה »Einsicht« und גבורה »Stärke« meint hier תושיה soviel wie »Gelingen«; der weitere Kontext erblickt in diesen Fähigkeiten Herrschertugenden.

Ein Durchblick der in Frage kommenden Stellen zeigt, daß das nicht deutlich konturierte Wort תושיה, wenn es als Gabe Gottes verstanden wird, sinnvollerweise mit »Gelingen« (Spr 2,6 f.) wiedergegeben wird. Wie Wissen und Einsicht läßt תושיה den damit Begabten sich in der Welt zurechtfinden.

Es dürfte somit deutlich geworden sein, daß der Terminus תושיה nirgendwo als geschichtstheologischer Begriff belegt ist. Unwahrscheinlich ist es daher, daß er gerade in Jes 28,29 als ein Jahwes Geschichtshandeln erklärendes Wort begegnen soll, zumal Jes 28,23 – 29 eine derartige Deutung keineswegs zwingend nahelegt.

4. Die Authentizitätsfrage

Die Frage, ob in Jes 28,23 – 29 ein Wort Jesajas vorliegt, wird in der gegenwärtigen Exegese, und nur auf diese soll näher eingegangen werden, unterschiedlich beantwortet. Während sich H. Wildberger, W. Dietrich und G. Fohrer für die jesajanische Herkunft des Wortes aussprechen, vertreten O. Kaiser, P. Auvray, H. Barth und J. Vermeylen eine andere Sicht.

Hauptsächlich auf zwei Beobachtungen gründet H. Wildberger seine Ansicht. So sei vor allem in Jes 28,29b Jesajanisches festzustellen: »vom seltenen תושיה abgesehen, ist diese Aussage nicht nur im Gedankengehalt, sondern auch im Wortlaut jesajanisch, wobei die Verbindung von

---

[97] J. Pedersen, Israel, 518: »From these examples it appears that t. [tushiya] ... at the same time indicates the productive power of the action and the action itself.«

[98] Zu den literarkritischen Gegebenheiten vgl. G. Fohrer, Hiob, 244 ff.

[99] BHK und BHS schlagen, G, S und V folgend, anstelle des אני ein weiteres לי vor. Daß das unnötig ist, begründet B. Gemser, Sprüche, 44.

פלא und עצה ins Gewicht fällt. Es kommt hinzu, daß zwar im übernommenen Teil von Gott als אלהים gesprochen wird (V. 26) – was durchaus der weisheitlichen Herkunft konform ist –, V. 29 aber יהוה צבאות sagt, wie das eben Jesaja tut.«[100] Ferner bemerkt H. Wildberger, daß nur Jesaja das Wort אמרה verwende: Jes 5,24; 29,4 (2mal); 32,9.[101] Es scheint aber so, als würde H. Wildberger die von ihm vorgetragene Argumentation selbst nicht so ganz ernstnehmen: »Gewiß ist das eine schmale Basis für den Beweis der Herkunft des Stückes von Jesaja...«[102]

Die Basis löst sich vollständig auf, wenn man die Argumente H. Wildbergers genauer anschaut. Zunächst einmal kann das im wesentlichen auf die Weisheitsliteratur begrenzte Vorkommen des Wortes תושיה nicht als belanglos angesehen werden. Schon T. K. Cheyne und K. Marti bewerteten diesen Konkordanzbefund als ein Indiz für die nachexilische Entstehung des Abschnitts[103]. Wenn die Verbindung von פלא und עצה nach H. Wildberger in besonderer Weise für die Jesajanität zu Buche schlägt, wobei er vermutlich an Jes 9,5 denkt, dann wird damit wiederum ein Text herbemüht, der auf keinen Fall aus dem 8. Jahrhundert stammt.[104] Es ist zudem nicht einzusehen, weshalb Jes 28,23 – 28 als übernommener Abschnitt gelten soll, wogegen v. 29 »jesajanischer« sei. V. 29 selber bezieht sich, wie bereits oben ausgeführt wurde, klipp und klar auf v. 26. Der Erweis für die These, in v. 29 liege prophetische Eigenbildung vor, wogegen v. 26 der traditionellen Vorlage entstamme, wird sich kaum erbringen lassen; sie muß vielmehr, da die literarischen Gegebenheiten dagegen sprechen, eher als unwahrscheinlich gelten. Da sich zudem die Gottesbezeichnung יהוה צבאות nicht exklusiv mit der jesajanischen Prophetie verknüpfen läßt, fällt der Wechsel kaum ins Gewicht. Die Überlegungen, die H. Wildberger mit dem Wort אמרה verbindet, können nicht als stichhaltig angesehen werden, da Jes 29,4 mit Sicherheit späteren Datums ist, und auch die verbleibenden Stellen Jes 5,24 und 32,9 die Authentizität nicht sichern können.[105]

---

[100] H. Wildberger, Jesaja III, 1086 f.
[101] H. Wildberger, Jesaja III, 1090.
[102] H. Wildberger, Jesaja III, 1087.
[103] T. K. Cheyne, Einleitung, 189; K. Marti, Jesaja, 212. Bedauerlich ist, das die von beiden Autoren vorgetragenen terminologischen Argumente kaum Beachtung gefunden haben.
[104] Zur Datierung von Jes 9,1 – 6 siehe W. Werner, Eschatologische Texte, 41 – 46.
[105] Zu Jes 29,4 siehe W. Werner, Eschatologische Texte, 178 – 183; zum redaktionellen Charakter von Jes 5,24b siehe J. Vermeylen, Isaïe I, 174 f., und O. Kaiser, Jesaja I, 105. Die nachjesajanische Entstehung von Jes 32,9 – 14 begründete schon T. K. Cheyne, Einleitung, 179 f., recht sorgfältig. Siehe auch K. Marti, Jesaja, 237, und O. Kaiser, Jesaja II, 258 – 263.

Da bei G. Fohrer und W. Dietrich die Jesajanität des Abschnitts nicht näher begründete wird, muß auf sie auch nicht näher eingegangen werden.

Wenn nun aber die Argumente H. Wildbergers die jesajanische Verfasserschaft kaum begründen können, dann stellt sich die Frage einer Situierung des Textes neu.

Für H. Barth kann das Lehrgedicht aus inhaltlichen Erwägungen heraus ebenfalls nicht der Verkündigung Jesajas zugeschlagen werden. »In der Tat läßt sich die Aussageintention dieser durch und durch weisheitlichen Rede mit Jesajas Verkündigung sonst nicht vereinbaren; denn im Rückschluß von der Tätigkeit des durch Jahwe unterwiesenen Bauern auf das Handeln Jahwes selbst wird dieses folgendermaßen charakterisiert: Es führt nach einem wunderbar-wohlgeordneten Plan auf ein positives Ziel zu; alle einzelnen Handlungen, die je für sich betrachtet merkwürdig, undurchsichtig, ja dem Ziel entgegengesetzt erscheinen mögen, folgen vom Ganzen her gesehen doch einer weise eingerichteten Ordnung; denn alles geschieht zu seiner Zeit (V. 24 f.) und in seinem zuträglichen Maß (V. 27 f.). Eine solche unkonditionierte, didaktisch-generalisierende Beschreibung des Heilsplanes Jahwes kann nicht« von Jesaja stammen.[106] Kann auch der Grundtendenz der von H. Barth vorgelegten Interpretation zugestimmt werden, so muß seine geschichtstheologische Interpretation des Textes befremden. Es ist in der Tat schwer, darin hat H. Barth recht, die Aussageintention des Lehrgedichts mit der Gerichts- und Verstockungspredigt Jesajas zur Deckung zu bringen. Doch gelingt ihm der Nachweis, es handle sich um einen vorexilischen Text der von ihm herausgearbeiteten »Assur-Redaktion«, nicht überzeugend. Zum einen stimmen die von ihm herangezogenen formgeschichtlichen Parallelen in keiner Weise, zum andern muß seine Hypothese einer vorexilischen Assur-Redaktion als zweifelhaft gelten. In Jes 14,24 – 27 handelt es sich eben nicht um ein Lehrgedicht, sondern um einen mit einem Kommentar (v. 26 f.) versehenen Jahweschwur (v. 24 f.*). Zudem müssen die herangezogenen Paralleltexte der nachexilischen Zeit zugeordnet werden, so daß die von H. Barth postulierte Assur-Redaktion zumindest nicht in diesen Texten greifbar wird.[107] Um seine Interpretation als geschichtstheologisches Lehrgedicht zu sichern, trägt er in seine Deutung ein Detail ein, das letztlich durch den Text nicht abgedeckt wird: »... alle einzelnen Handlungen, die je für sich betrachtet merkwürdig, undurchsichtig, ja dem Ziel entgegengesetzt erscheinen mögen, folgen vom Ganzen her gesehen doch einer weise

---

[106] H. Barth, Jesaja-Worte, 211.

[107] Zum nachexilischen Charakter von Jes 14,24 – 27 und 17,12 – 14 siehe W. Werner, Eschatologische Texte, 190 – 193.171 – 178.

eingerichteten Ordnung.« In der Interpretation kehrt dieser Aspekt wieder: »... nun wird der Geschichtsverlauf der zurückliegenden über 100 Jahre durchsichtig auf den darin verborgen waltenden, wunderbaren, heilvollen Plan Jahwes; er war nur scheinbar ›befremdlich‹ (28,21!).«[108] Zweifelsohne spricht der Text von sinnwidrigen Tätigkeiten des Bauern. Doch werden diese in rhetorische Fragen gekleidet, die den Leser/Hörer von Anfang an zu der Feststellung treiben: Kein vernünftiger Bauer vollbringt einen derartigen Unsinn! Das im Lehrgedicht geschilderte Handeln des Landmannes ist konsequent und offenbart in seiner Folgerichtigkeit (!) die vorgängige Belehrung durch Gott. Im rechten (!) Vorgehen des Landmanns, in den einzelnen, aufeinander abgestimmten Handlungen manifestiert sich Gottes wunderbarer Plan, nicht in einem auf ein scheinbar widersinniges Handeln hin sich einstellenden Erfolg. Die Interpretation von H. Barth kann kaum von dem Verdacht freigesprochen werden, hier solle um jeden Preis der Standort der von ihm postulierten Assur-Redaktion eingetragen werden.

In der Deutungsfunktion, die Jes 28,23 – 29 für den Kontext übernimmt, erblickt O. Kaiser ein Indiz für die nachjesajanische Entstehung des Lehrgedichts. Die Frage, ob es für diesen Kontext geschaffen oder als Traditionstück übernommen und an seinen jetzigen Ort plaziert worden ist, wird von ihm eher im zuletzt genannten Sinn entschieden. »Im ersten Fall sollte es sich reibungslos deuten lassen, im zweiten könnte es gewisse Schwierigkeiten geben. Daß die Aufgabe schwieriger zu lösen ist, als man nach dem einfachen Sinn der Dichtung annehmen sollte, wird sich schnell zeigen.«[109]

Weil P. Auvray eine Deutung des Textes als Gleichnis heftig ablehnt, kommt er von der in Jes 28,23 – 29 bezeugten Theologie zur Verneinung der jesajanischen Herkunft. »Pour l'auteur, les merveilles de la nature sont l'œuvre de Dieu, et Dieu seul a enseigné à l'homme à les maîtriser et à les utiliser.« P. Auvray fährt fort: »On peut se demander si une telle théologie est bien celle d'Isaïe. ... Pourtant, le ton de la méditation sur l'activité humaine et sur la sagesse divine communiquée a l'homme fait plustôt songer aux réflexions d'un sage qu'à la proclamation d'un prophète.«[110] Diese inhaltlichen Bedenken wiegen schwer, da sie über den üblichen Einwand hinausgehen, Jesaja könne sich keiner weisheitlichen Redegattung bedienen, und weil sie von den Gegebenheiten des Textes her argumentieren.

Für J. Vermeylen spricht sich in Jes 28,23 – 29 der Konflikt zwischen den Gerechten und Frommen der nachexilischen Gemeinde und der

---

[108] Beide Zitate bei H. Barth, Jesaja-Worte, 211.
[109] O. Kaiser, Jesaja II, 208. Zum Authentizitätsproblem siehe ebd., 206 f.
[110] P. Auvray, Isaïe, 255.

Masse der Sünder aus. Die terminologischen Bezüge, die der Text zu Jer 10,24; 30,11 und 46,28 aufweist, lassen ihn an eine nachexilische Situation denken. »Les affinités du discours avec la littérature sapientielle favorisent son attribution à la communauté des ›justes‹...«[111] Ähnliche Tendenzen hat er bereits in Jes 3,10 f.; 10,15; 11,6 – 9 ausgemacht.

Läßt sich auch gegen diese zeitliche Ansetzung nicht viel einwenden, so können doch die Argumente, die dahin führen, nicht so recht überzeugen. Die Einzelanalyse hat bereits aufgezeigt, daß die Stellen aus dem Jeremiabuch nicht ohne weiteres mit Jes 28,26 verglichen werden können, da die Wendung יסר למשפט »es unterwies im Rechten« in unterschiedlicher Nuancierung begegnet. Die Deutung als »versteckte« Situationsbeschreibung der nachexilischen Zeit mit ihren Konflikten zwischen »Frommen« und »Sündern« kann ebenfalls nicht überzeugen, da der Text eben nicht in verchiffrierter Weise über derartiges spricht. Ob das Vorkommen von מעם יהוה »von Jahwe« in Jes 28,29 und 29,6 zu dem weitreichenden Schluß führen kann, die Wendung גם זאת מעם יהוה צבאות יצאה »auch dieses geht von Jahwe her aus« sei eine Kopie (calquer) von מעם יהוה צבאות תפקד »von Jahwe Zebaot her wirst du heimgesucht«, muß angezweifelt werden, da diese Arbeitsweise in Jes 28,23 – 29 sonst nicht belegt ist. M. E. liegt darin eher ein Hinweis, der das Vorgehen der Redaktion erhellen kann.

Nach Würdigung dieser Argumentationen sprechen vor allem folgende Sachverhalte für eine Spätdatierung:

a) Mit תושיה »Erfolg« begegnet ein sapientialer Terminus, der sonst im Jesajabuch nicht anzutreffen ist und im Prophetenschrifttum nur in einem Nachtrag vorkommt (Mi 6,9), in der späteren Weisheitsliteratur aber breit belegt ist (Ijob 5,12; 6,13; 11,6; 12,16; 26,3; 30,22; Spr 2,7; 3,21; 8,14; 18,1). יסר, pi., »unterweisen« begegnet im Jesajabuch sonst überhaupt nicht, im q. begegnet es Jes 8,11 in redaktionellem Zusammenhang.[112] Die Wendung מעם יהוה צבאות steht sonst ebenfalls nur in sekundären oder redaktionellen Partien (Jes 8,18; 29,6). Innerhalb des Jesajabuches gilt das auch für das Verbum פלא »außerordentlich, ungewöhnlich sein« (Jes 29,14).

b) Reflexionen über das den wunderbaren Plan Jahwes offenbarende Berufswissen des Landmanns müssen in der Botschaft Jesajas befremdlich wirken, weisen aber eine gewisse Nähe zu Spr 6,6 – 8; 27,23 – 27 und Sir 7,15 auf.

c) Läßt man sich einmal ad experimentum auf die Suche nach einem »Hintersinn« ein, dann sind auch die so gewonnenen Aussagen mit der jesajanischen Botschaft nicht zu vereinen; die angenommene

---

[111] J. Vermeylen, Isaïe I, 401.
[112] Vgl. dazu W. Werner, Prophetenwort, 7 f.

Authentizität beruht entweder auf der fragwürdigen Rekonstruktion einer in der Beurteilung Assurs wechselnden Predigt des Propheten, oder sie steht mit der Erwartung eines heilvollen Geschichtssinns in einer unauflösbaren Spannung zur Verstockungs- und Gerichtspredigt.

Ist der sekundäre Charakter des Abschnitts Jes 28,23 – 29 erkannt, dann stellt sich die Frage nach den redaktionellen Absichten. Hier nun kann kein Zweifel bestehen, daß das Gedicht ein Stück Geschichtstheologie darbieten soll. T. K. Cheyne hat das in aller Klarheit aufgezeigt, nur sollte das nicht dem »Sänger« des Lehrgedichts zugeschrieben werden, sondern der Redaktion, die das Gedicht vorgefunden und an diesen Platz gestellt hat. T. K. Cheyne stellt zunächst die Aussagen über die göttliche Weisheit heraus und fährt dann fort: »Nicht weniger einfach ist die Wahrheit, welche der Sänger nahelegen möchte. ›Pflüger pflügten auf meinem Rücken‹, sagt ein anderer Dichter, ›und zogen ihre Furchen lang‹, aber ›sie übermochten micht nicht‹ (Ps. 129,3.2). ›Die Pflüger‹ sind im Sinnspruch wie im Psalm die Bedrücker der Israeliten, welche ihr Zerstörungswerk nur so lange und insoweit fortsetzen durften, als der allweise Gott es erlaubt. Und die Drescher bedeuten auch nur dasselbe. ›O mein zerdroschenes Volk, mein Tennenkind‹, sagt ein Prophet 21,10, der sich an die Juden im Exil wendet. Assur oder Babel kann das Volk Jahwes dreschen, aber nicht in dem Mass, dass seine besondere Art dadurch gefährdet wird. Tod und Zerstörung mögen das Los anderer Völker sein. Denn das Dreschinstrument, das damals im Gebrauch war, hatte viele eiserne Spitzen (s. Jes. 51,15). Aber für Israel giebt es ›eine Zukunft und eine Hoffnung‹ (Jer. 29,11).«[113]

Läßt man die Grundtendenz dieser Interpretation gelten, dann darf angenommen werden, daß die Redaktion mit der im Exil entstandenen Eschatologie vertraut ist, denn in seiner jetzigen Position ist Jes 28,23 – 29 ein Abschnitt, »der alle vergangenen Gerichte als die Vorbereitung der besseren Zukunft auffaßt.«[114]

In seinem jetzigen Zusammenhang will Jes 28,23 – 29 erklären, wieso Jahwe einmal Gericht und Zerstörung (Jes 28,14 – 22*) und ein anderes Mal Errettung aus der Bedrängnis (Jes 29,1 – 8) ankündigt. Die Redaktion versteht das Lehrgedicht von dem im Tun des Landmanns sich manifestierenden göttlichen Plan und Erfolg als Gleichnis für Gottes Geschichtswalten. Wie die verschiedenen Arbeitsgänge des Bauern von ihrem Ziel, von der Aussaat, dem Einbringen und dem Verarbeiten der Frucht, bestimmt sind, so sind die unterschiedlichen Geschichtsvorgänge

---

[113] T. K. Cheyne, Einleitung, 187.
[114] K. Marti, Jesaja 210. K. Marti sieht diese Aussagen im Lehrgedicht selbst gegeben, nicht in der von der Redaktion gewählten Position.

ebenfalls von einem Ziel bestimmt. Daß dieses Ziel für die Redaktion ein für Israel günstiges sein muß, gewährleistet ihr das »summary appraisal« des Lehrgedichts. Hinter den zahlreichen Einzelereignissen der Geschichte manifestiert sich ein zielstrebiger Wille: Gottes Plan und Erfolg.

5. Die Vorstellung vom Plan Jahwes in Jes 28,23 – 29

Wie die Einzelanalyse und die Erörterungen zur Herkunft des Gedichtes bereits gezeigt haben, ist die vom Text gebotene Vorstellung vom göttlichen Plan zu unterscheiden von der redaktionellen Absicht, die das Gedicht einem größeren Kontext des Jesajabuches interpretierend eingefügt hat.

Das Lehrgedicht selbst versteht unter dem göttlichen Plan die Lebensordnung, die den Landmann planmäßig und sinnvoll seinen Akkerbau treiben läßt. Die sinnvolle Abfolge der einzelnen Arbeitsschritte des Bauern erweisen eine allumfassende göttliche Ordnung, die sich im klugen und dem Ziel der Arbeit angemessenen Handeln des Menschen manifestiert. Die sinnvollen und zielgerichteten Einzelhandlungen verweisen auf eine umfassende und vorgegebene göttliche Ordnung.

Die für die Übernahme ins Jesajabuch verantwortliche Redaktion will dagegen mit Hilfe des Lehrgedichtes einen größeren Textkomplex des Buches deuten. Mit Blick auf Jes 28,14 – 22* und 29,1 – 8 soll eine Antwort auf die Frage gegeben werden, warum in Jahwes Namen einmal Gericht und Zerstörung und ein anderes Mal Errettung aus der Bedrängnis angekündigt werden. Die Antwort lautet: Die isolierte Betrachtung der einzelnen widersprüchlichen Ankündigungen und Geschichtsereignisse kann den Sinn von Jahwes Handeln nicht erklären. Erst die Gesamtheit der einzelnen Ereignisse läßt den verborgenen göttlichen Plan offenbar werden. Was jetzt noch als unverständliche Abfolge von Heil und Gericht erscheinen muß, erhält von dem bei Jahwe grundgelegten Konzept der Geschichte einen schlüssigen Sinn.

VII. Jesaja 30,1–5

1. Der Text

1 Wehe, widerspenstige Söhne,
Spruch Jahwes,
die Pläne machen, doch nicht von mir,
die eine Trankspende ausgießen[1],
doch nicht in meinem Sinn,
um Sünde auf Sünde zu häufen[2],
2 die sich aufmachen, um nach Ägypten zu gehen,
doch meinen Mund fragen sie nicht,
um Zuflucht zu nehmen[3] beim Schutz Pharaos,
sich zu bergen im Schatten Ägyptens.
3 (Doch wird euch der Schutz Pharaos zur Schande sein,
und das Sich-Bergen im Schatten Ägyptens zum Schimpf.)[4]
4 Denn, sind auch in Zoan seine Fürsten,
und erreichen seine Boten Chanes –
5 ein jeder steht beschämt da
bei einem Volk, das nichts nützt;
für ihn gibt's keine Hilfe, (nichts, was nützt,)[5]
sondern Schande und Schimpf.

2. Zur Abgrenzung und zur Form von Jes 30,1–5

Der Abschnitt Jes 30,1–5, ein längerer Weheruf über die Judäer,
hebt sich deutlich vom vorhergehenden Heilswort Jes 29,17–24 und

---

[1] Häufiger wird die Wendung נסך מסכה mit »einen Vertrag schließen« wiedergegeben. H. Wildberger, Jesaja III, 1148, erinnert an die griechische Formulierung σπόνδας σπένδεσθαι. In Jes 30,1 läßt sich diese Bedeutung, da sie andersweitig nicht belegt ist, nur dem Kontext entnehmen. Sie wird hinfällig, wenn z. B. in v. 2–5 von einer Flucht nach Ägypten die Rede sein sollte, vgl. 30,6.

[2] M bietet ספות, den Infinitiv von ספה »wegraffen, zu Grunde gehen«; BHS schlägt, da diese Bedeutung nicht passen will, ספת vor. Weil aber ספות in Num 32,14 belegt ist, wird man auf eine Korrektur verzichten; so H. Wildberger, Jesaja III, 1148.

[3] Zur ungewöhnlichen Vokalisierung לָעֹז siehe Joüon, § 80k, und H. Wildberger, Jesaja III, 1148.

[4] Zum Sekundärcharakter von v. 3 siehe Anm. 7.

[5] So BHK und H. Wildberger, Jesaja III, 1149; anders O. Kaiser, Jesaja II, 224.

vom folgenden Drohwort Jes 30,6 f. ab.[6] Innerhalb von Jes 30,1 – 5 müssen vv. 3.5b (ולא להועיל »nichts, was nützt«) nochmals als spätere Einfügung angesehen werden: v. 3 übernimmt die Terminologie aus v. 2 und formuliert zudem noch in der 2. Pers. Pl. ולא להועיל »nichts, was nützt« stellt eine auf v. 5aβ zurückblickende und v. 6 bereits anvisierende Glosse dar.[7]

3. Die historische Situation – das Problem der Authentizität

Die historische Situation stellt sich nur für den als eindeutig dar, der in Jes 30,1 – 5 die Stimme Jesajas vernimmt. Zu denken wäre dann etwa an die Zeit des von Hiskia angeführten antiassyrischen Aufstandes (703 – 701 v. Chr.).[8] Behält man aber die Tücken derartiger Datierungsversuche im Auge, dann wird man zumindest theoretisch auch mit anderen Möglichkeiten spielen dürfen. So erinnert O. Kaiser an den Abfall Jojakims (601/600 – 597 v. Chr.) und an den Abfall Zedekias von Nebukadnezar (589 – 587 v. Chr.). Ferner könnten auch die Hoffnungen, die den Ptolemäern nach dem Tod des Seleukiden Antiochus' III. im Jahr 187 v. Chr. entgegengebracht worden sind, zur Abfassung des Textes geführt haben. Nach O. Kaiser lautet das Ergebnis der Datierungsüberlegungen: »Dabei wird man kaum dazu neigen, dieser letztmöglichen Epoche noch die Einführung des Themas, sondern bestenfalls die Einfügung von Zusätzen zuzuschreiben. Stichhaltige Argumente für die Entscheidung zwischen der einen oder anderen dann verbleibenden Möglichkeit zu finden, dürfte ziemlich schwierig sein. Aber da die legendäre Jesajaüberlieferung die Tätigkeit Jesajas während der Belagerung Jerusalems 701 voraussetzt und ihrerseits auch noch von der proägyptischen Politik Hiskias zu wissen scheint, vgl. 36,6 ff., besteht eigentlich kein Anlaß, dem Propheten den Weheruf abzusprechen, dessen Weitertradie-

---

[6] Anders P. Auvray, Isaïe, 263.

[7] Vgl. in diesem Sinn H. Donner, Israel, 132 f.; O. Kaiser, Jesaja II, 228. J. Vermeylen, Isaïe I, 410, sieht in v. 3.5b (ולא להועיל) eine kultische Relecture. Dagegen rechnet H. Wildberger, Jesaja III, 1154, v. 3 zum ursprünglichen Text: »Daß V. 3 Begriffe aus 2 wiederholt, ergibt sich aus der axiomatischen Voraussetzung, daß die Strafe dem Vergehen genau entspricht; V. 3 darf also nicht ausgeschieden werden.« Schwierigkeiten mit dem Vers hatten schon B. Duhm und O. Procksch. B. Duhm, Jesaia, 216, streicht פרעה »Pharao« und צל־מצרים »Schatten Ägyptens« aus ästhetischen und metrischen Gründen. O. Procksch, Jesaia, 385, streicht לכם »euch« metri causa, lehnt dabei aber gleichzeitig die Entscheidung B. Duhms ab.

[8] So B. Duhm, Jesaia, 215; O. Procksch, Jesaia, 384; K. Marti, Jesaja, 220; G. Fohrer, Jesaja II, 90; ders., Jesaja I, 10; H. Wildberger, Jesaja III, 1150; J. Vermeylen, Isaïe, 408 ff.; W. Eichrodt, Jesaja II, 162 ff.; A. S. Herbert, Isaiah, 172; O. Kaiser, Jesaja II, 225. H. Schmidt, Propheten, 89, denkt an die Jahre zwischen 714 und 711 v. Chr.

rung sich gerade aus der anhaltenden Aktualität des in ihm angeschlagenen Themas erklärt.«[9] Inzwischen dürfte das Urteil O. Kaisers anders aussehen – zu Recht, wie die folgende Textdiskussion zeigen wird.

Denkbar wäre auch, daß Jes 30,1 – 5 überhaupt nicht auf eine konkrete historische Situation hin verfaßt worden ist, sondern es sich vielmehr um eine theologische Geschichtsreflexion handelt, die sich der Form des prophetischen Weherufs bedient, um einen in der Geschichte Judas bezeugten politischen Vorgang als Versagen der Verantwortlichen herauszustellen. Die folgende Auslegung ist der Auffassung, daß die Verarbeitung von vor allem im Psalter begegnenden Ausdrücken und Motiven ein derartiges Verständnis gut stützen kann.

4. Die Einzelanalyse von Jes 30,1 – 5

Der Abschnitt setzt ein mit einem »Wehe« über die בנים סררים, die »widerspenstigen Söhne«. Das »Wehe« selbst enthält bereits die Anordnung der Strafe, die zudem in der Anrede »widerspenstige Söhne« ihre implizite Begründung findet; nach Dtn 21,18 – 21 hatte der Vater das Recht, einen widerspenstigen Sohn, der die väterliche Autorität nicht achtete, dem Tod zu übergeben. »Die Söhne beachten nicht ihren eigentlichen Ratgeber, der der Vater d. h. Erzieher ist.«[10]

Innerhalb des Jesajabuches begegnet die Sohnesanrede für die Israeliten noch Jes 1,2.4; 30,9; 43,6; 63,8; vgl. 45,10 ff. Dabei handelt es sich bei Jes 1,2.4, wie bereits an anderer Stelle aufgewiesen wurde, um redaktionelle Verse.[11] In einem späteren, nachpriesterschriftlichen Zusatz zum jahwistischen Werk wird Israel in seiner Gesamtheit von Jahwe »mein Sohn« genannt (Ex 4,23).[12] Im prophetischen Kontext begegnet diese Redeweise in Hos 11,1. Die Stellen, die von den Israeliten als den Söhnen Jahwes sprechen, müssen unterschieden werden von den Belegen, in denen Israel insgesamt Sohn Jahwes genannt wird.[13] Der an die

---

[9] Vgl. dazu O. Kaiser, Jesaja II, 225, und die dort in Anm. 5 und 6 angegebene Literatur. Die Datierung in das 2. Jahrhundert wird von O. Kaiser, ebd., gleich als unwahrscheinlich angesehen. Die mokanten Äußerungen H. Wildbergers, Jesaja III, 1150, zu O. Kaisers sachgerechten Überlegungen bleiben überflüssig, zumal ein Blick in die Konkordanz den Text terminologisch keineswegs so eindeutig authentisch sein läßt, wie es H. Wildberger gern hätte.

[10] W. Schlißke, Gottessöhne, 179.

[11] Siehe W. Werner, Eschatologische Texte, 128.

[12] Vgl. auch Ex 4,22. Zum nach-priesterschriftlichen Charakter von Ex 4,21 – 23 siehe W. H. Schmidt, Exodus, 211 f.

[13] Dtn 32,5.19; Jes 43,6; 45,11; 63,8. Belege nach H. Haag, Art. בן, Sp. 677 f.

Israeliten bzw. Israel gerichteten Sohnesanrede entspricht andererseits das Vaterepitheton für Jahwe.[14]

Der Vorwurf der Widerspenstigkeit (סרר) wird im Jesajabuch noch 1,23 und 65,2 erhoben, wobei vor allem die zuletzt genannte Stelle mit ihrer Formulierung an 30,1 erinnert:

> »Den ganzen Tag habe ich meine Hände ausgestreckt
> nach einem widerspenstigen Volk,
> das einen Weg geht, der nicht gut ist,
> nach ihren eigenen Gedanken.«

Innerhalb der prophetischen Literatur kommt diese Anklage noch Jer 5,23; 6,28 und Sach 7,11 vor.[15] Im Geschichtspsalm Ps 78 ist die Rede vom »widerspenstigen Geschlecht« (v. 8). Ps 66,7 und 68,7 bezeichnen mit der Wurzel סרר die Jahwefeindlichen.[16] Außer in der Gesetzesbestimmung Dtn 21,18 – 21 und in Spr 7,11, wo mit סרר die Leidenschaft der Dirne ausgedrückt ist, meint das Wort an allen sonst noch verbleibenden Stellen ein sündhaftes Verhalten des Menschen gegenüber Jahwe.

Mit der Wendung נאם יהוה »Spruch Jahwes« wird der gesamte Abschnitt als Jahwewort qualifiziert. Die Formel ist innerhalb von Jes 1 – 39 sonst nur noch in den nachjesajanischen Versen Jes 14,22(2mal).23; 17,3.6; 22,25; 31,9 und 37,34 zu finden.[17] Ansonsten begegnet die Stat.-Constr.-Verbindung im Jesajabuch noch 41,14; 43,10.12; 49,18; 52,5(2mal); 54,17; 55,8; 59,20; 66,2.17.22.[18]

Jes 30,1aβ benennt die Widerspenstigkeit der Söhne genauer: sie machen einen Plan, der nicht von Jahwe stammt, und sie gießen eine Trankspende, die nicht im Sinne Jahwes erfolgt. Diese Tätigkeiten werden als Infinitive mit der Partikel ל eingeführt. Die Verbindung von עשה »tun, machen« und עצה »Rat, Plan« begegnet nur noch Jes 25,1; dort steht der Plural עצות »Pläne«.

Die Wendung נסך מסכה »eine Trankspende gießen« ist nur in Jes 30,1 belegt. Das Qal des Verbums kann einmal allgemein »ausgießen« bedeuten (Hos 9,4; Jes 29,10; Ex 30,9); in Jes 40,19; 44,10 meint es die Arbeit des Handwerkers beim Metallguß. Diese spezielle Bedeutung hat M. Dahood dazu veranlaßt, den gesamten Vers anders als üblich zu

---

[14] Vgl. Dtn 32,6.18; Jer 3,4; und dazu H. Haag, Art. בן Sp. 678; H. Ringgren, Art. אב, Sp. 17 – 19; E. Jenni, Art. אב, Sp. 15 – 17; J. Kühlewein, Art. בן, Sp. 323 f.

[15] Vgl. auch Hos 4,16; 9,15. In Hos 4,16 wird Israel mit einer »tollen Kuh« (M. Luther) verglichen; Hos 9,15 bezichtigt, darin Jes 1,23 ähnlich, die Fürsten Israels des Abfalls. Mit Sach 7,11 kann Neh 9,29 verglichen werden.

[16] Ps 68,19 bleibt unklar. Vgl. H.-J. Kraus, Psalmen II, 628.

[17] Zu nennen wäre zudem Jes 1,24; 19,4, wo האדון, und Jes 3,15, wo אדני hinzugefügt ist.

[18] Zur Formel vgl. F. Baumgärtel, Die Formel nᵉʾ um jahwe, 277 – 290.

verstehen. Er sieht in עצה den Akkusativ von עץ und übersetzt עשה עצה mit »to make wooden idols.« נסך מסכה meint dann folgerichtig »to cast molten images«[19]. Sieht man einmal davon ab, daß die Belege für die von M. Dahood angenommene Bedeutung fragwürdig bleiben, so bietet auch der Kontext keinen rechten Anhaltspunkt für seine Interpretation. Was hat das Erstellen von Kultbildern mit der Bewegung nach Ägypten zu tun? So hat die traditionelle Ansicht, die die Trankspende als einen bei einem Vertragsabschluß üblichen kultischen Akt versteht, zumindest den Vorteil, daß sie den Spruch einer bestimmten historischen Konstellation zuordnen kann: »Die von Hiskia nach Ägypten geschickte Delegation scheint die Absicht besessen zu haben, ein formelles Schutz- und Trutzbündnis mit Schabako abzuschließen. Darauf könnte die Wendung ›einen Guß gießen‹ hinweisen, die man auf ein beim Vertragsabschluß darzubringendes Trankopfer bezieht.«[20] Aber gerade diese von O. Kaiser angenommene historische Situation bleibt in hohem Maße hypothetisch. Die generellen Aussagen von Jes 30,1a lassen eher vermuten, daß der Verfasser eine Haltung anprangert, die die Pläne der Menschen, obwohl sie nicht von Jahwe stammen, auch noch vor Jahwe im Kult sanktioniert wissen will. Zwar mag die ab Jes 30,2 einsetzende Konkretisierung des allgemeinen Satzes von v. 1 derartige kultische Praktiken bei einem Vertragsabschluß ins Auge gefaßt haben, doch will Jes 30,1 in seiner Allgemeinheit sicher stellen, daß dem Vorwurf der Widerspenstigkeit eine bleibende Aktualität zukommt. Somit könnte der Ausdruck auch einfachhin die Eigensinnigkeit und Verlogenheit des Volkes im kultischen Bereich meinen.

　　Als ungewöhnlich muß in Jes 1–39 die Formulierung ולא רוחי »nicht in meinem Sinn« in einer Jahwerede gelten. Alle Belege, die רוח in der Stat.-Constr.-Verbindung (Jes 11,2) oder mit einem Suffix auf Jahwe beziehen (11,15; 27,8; 34,16), sind jüngeren Datums.

　　V. 2 greift mit dem Partizip ההלכים »die gehen« eine für den Weheruf bezeichnende Form auf.[21] Das, was in v. 1 in allgemein theologisierender Weise zum Vorwurf gemacht wird, bekommt in v. 2 einen konkreten Inhalt: Die Widerspenstigkeit, der Eigensinn und die Sünde bestehen in dem Versuch, sich in Ägypten Rückhalt zu verschaffen. Der Ausdruck ופי לא שאלו »und meinen Mund fragen sie nicht« brandmarkt nochmals die Unbotmäßigkeit der Judäer.[22] Der den Redefluß von v. 2 unterbrechende, an v. 1 anknüpfende Satz v. 2aβ führt zu der berechtigten Frage, ob diese Verschränkung von Weheruf und theologischer Reflexion nicht doch den rein literarischen Charakter des Abschnitts erweist.

---

[19] M. Dahood, »Wood«, 57 f.
[20] O. Kaiser, Jesaja II, 227.
[21] Informativ ist die Aufstellung von H. W. Wolff, Dodekapropheton 2, 285.
[22] Zur Wendung שאל את פי יהוה vgl. noch Jos 9,14.

Das Zufluchtnehmen wird mit den Verben עוז »Zuflucht nehmen«
und חסה »sich bergen« wiedergegeben. H. Wildberger verweist in diesem
Zusammenhang auf den Konkordanzbefund, daß die Verben עוז »Zuflucht nehmen« und חסה »sich bergen« sowie die Substantive מעוז
»Schutz« und צל »Schatten« der Psalmensprache angehören und dort
»zur Beschreibung des Schutzes, den man bei Jahwe auf dem Zion
findet«, dienen.[23] Er zieht den Schluß: »Jesaja verwendet die Sprache des
Kultes, um bewußt zu machen, daß, was von Ägypten erwartet wird,
durchaus in Jerusalem zu finden wäre.«[24] Gegen die wortstatistischen
Befunde lassen sich kaum Einwände erheben. So begegnet עוז, q., nur
noch Ps 52,9; dort lachen die Gerechten über den Gewalttätigen:

> »Siehe, der Mann, der nicht
> in Gott seine Zufluchtstätte (מעוזו) setzte;
> er vertraute auf die Menge seines Reichtums,
> suchte Zuflucht (יעז) bei seinem Besitz[25].«

Mit der Vorstellung von Jes 30,2b läßt sich auch die Aussage der
Jotamfabel Ri 9,7b – 15 vergleichen. Diese Fabel wurde nach T. Veijola
vom am Gesetz orientierten Deuteronomisten (DtrN) in das dtr Werk
aufgenommen[26]:

> »Der Dornstrauch sagte zu den Bäumen:
> Wenn ihr wirklich mich salben wollt
> zum König über euch,
> so kommt, bergt euch (חסו) in meinem Schatten (בצלי).«

Daneben ist ein nichtreligiöser Gebrauch von חסה nur noch in Spr
14,32b zu finden:

> »Durch seine Bosheit wird der Frevler umgestoßen,
> doch birgt sich der Gerechte ›in seiner Unschuld‹[27].«

Die übrigen Belege bezeugen eindeutig einen religiösen Sprachgebrauch: Dtn 32,37; 2 Sam 22,3.31; Jes 14,32 (Zuflucht auf dem Zion);
57,13; Nah 1,7; Zef 3,12; Spr 30,5; Rut 2,12 und 25 Stellen im Psalter.
Vom schützenden Schatten einer Stadt/eines Landes spricht noch Jer
48,45 (Heschbon).

Wenn nun die Beobachtungen von H. Wildberger und G. Fohrer zutreffen, dann stellt sich von diesem Vokabular her die Frage nach der Au-

---

[23] H. Wildberger, Jesaja III, 1153.

[24] H. Wildberger, Jesaja III, 1153 f. Siehe auch die Stellenverweise bei G. Fohrer, Jesaja
II, 90 f. Anm. 101.

[25] Lies בהונו.

[26] Vgl. T. Veijola, Königtum, 108; O. Kaiser, Einleitung, 139. Daß die Fabel Ri 9,7b – 15
DtrN vorgegeben war, vermutet T. Veijola, ebd., 104.

[27] Lies בתמו.

thentizität des Abschnitts von neuem. Wie die oben angeführten Belege zu חסה zeigen, begegnet die Vertrauensterminologie auch in »profanem« Kontext, doch legt die Häufung der Begriffe in Jes 30,1 – 5 es nahe, darin eine Dichtung zu sehen, die bewußt Termini der religiösen Vertrauenssprache aufgreift, um die Unsinnigkeit und Vergeblichkeit der politischen Bemühungen auszusagen. Was nur bei Jahwe zu finden ist, kann in Ägypten nicht erreicht werden. Wenn H. Wildberger in Jes 30,1 – 5 eine letztlich in der Zionstheologie verwurzelte Sprache sieht, dann vermerkt er richtig, daß hier bewußt Vertrauenstermini der Psalmensprache aufgenommen worden sind. Doch überfordert er in zweifacher Hinsicht den Text, wenn er darin eine Bestätigung der Authentizität erblickt. Die Verwendung einer vor allem im Psalter bezeugten Sprache läßt noch lange nicht den Schluß zu, hier sei Zionstheologie implizit ausgesprochen, zumal die Zionsbezüge nur in den Abschnitt hineingelesen werden können. Aber selbst dann, wenn man einmal versuchsweise die Argumente H. Wildbergers gelten läßt, bleibt das Problem einer jesajanischen Zionstheologie mit ihrer sehr kontrovers diskutierten Textbasis, so daß die Einordnung von Jes 30,1 – 5 in den Umkreis einer als jesajanisch beurteilten Zionstheologie nicht zu rechtfertigen ist, da – es sei nochmals gesagt – jedwede explizite Bezugnahme auf den Zion in Jes 30,1 – 5 fehlt.[28]

V. 3 redet die Zuhörer in der 2. Pers. Pl. an. Zudem werden mit מעוז פרעה »Schutz Pharaos« und mit החסות בצל מצרים »Sich-Bergen im Schatten Ägyptens« Anleihen bei v. 2 gemacht, mit בשת »Schande« wird ein Wort aus v. 5 aufgenommen. Daher legt es sich nahe, den Vers als verdeutlichende Nachinterpretation zu sehen. Daß mit בשת ein sonst in Jes 1 – 39 nicht belegter Begriff begegnet, sei ausdrücklich angemerkt; gleichermaßen gilt das für die Wörter חסות und כלמה. Als Parallelbegriffe begegnen בשת und כלמה noch Jes 61,7; Jer 3,25; Ps 35,26; 44,16; 69,20; 109,29.[29] J. Vermeylen hat darauf hingewiesen, daß das Wort כלמה »n'est pas attesté dans les écrits prophétiques du VIIIᵉ siècle; l'emploi le plus proche de notre passage est situé en Jer., III,25, textes qui présente des affinités avec la littérature deutéronomienne...«[30]

V. 4 wirft eine Reihe von Verständnisschwierigkeiten auf. Abgesehen von den historisch-geographischen Problemen[31] stellt sich die Frage, wessen Fürsten und wessen Boten in v. 4 gemeint sind. H. Wildberger und vorher schon J. Scharbert denken an Boten Hiskias. Um diese

---

[28] Zur Problematik einer jesajanischen Zionstheologie vgl. R. Kilian, Jesaja 1 – 39, 40 – 97.

[29] Belege nach F. Stolz, Art בוש, Sp. 271.

[30] J. Vermeylen, Isaïe I, 410.

[31] Die Stadt Chanes ist nur hier erwähnt, von Zoan ist noch Num 13,22; Jes 19,11.13; Ez 30,14; Ps 78,12.43 die Rede. Zu den Lokalisierungsbemühungen vgl. H. Wildberger, Jesaja III, 1154 f.; J. Janssen/H. Brunner, Art. Soan, Sp. 1608 f.; M. Krause, Art. Zoan, Sp. 2244 f.

Interpretation zu ermöglichen, muß aber H. Wildberger die Suffixe streichen, und J. Scharbert sie auf den vorher nicht erwähnten Hiskia beziehen, so daß sich doch der masoretische Text empfiehlt, der eher an Fürsten und Boten Pharaos denkt.[32] Der Vers will dann die Größe Ägyptens verdeutlichen: »Gewiß, Ägypten ist ein großes Land. Zur Kennzeichnung dessen nennt Jesaja zwei Städte, die die nord-südliche Ausdehnung veranschaulichen: Zoan im Nildelta und Chanes an der Grenze zwischen Ober- und Unterägypten. Er nennt ferner zwei Arten von Untergebenen des Pharao, um dessen Macht zu schildern: die Fürsten, die einheimischen Vasallen, durch die er die reichsmittelbaren Gebiete, und die Königsboten, durch die er die reichsunmittelbaren Gebiete regiert.«[33] Man mag mit H. Donner einwenden, eine derartige genaue Kenntnis der ägyptischen Administrationspraxis sei dem Propheten nicht zuzutrauen[34], doch genügen, um einen derartigen Satz formulieren zu können, Kenntnisse davon, daß es in Ägypten unter Pharao Fürsten und Königsboten gibt, ohne daß deren Kompetenzen nun in Einzelheiten bekannt sein müßten.

V. 5 zeigt auf, daß eine Hinwendung zu Ägypten nichts einbringt. Die Wendung על עם לא יועילו »zu einem Volk, das nichts nützt« begegnet noch einmal in v. 6. Das Substantiv עזר »Hilfe« findet sich im Jesajabuch nur hier. Als Parallelbegriffe tauchen חרפה »Schimpf« und בשת »Schande« noch Jes 54,4 und Ps 69,20 auf.[35] Mit יעל »nützen« (1 Sam 12,21; Jes 44,9 f.; Jer 2,8.11; 16,19; Hab 2,18), חרפה »Schimpf« (Jer 44,8; Ez 22,4) und בשת »Schande« (Jer 3,24; 11,13; Hos 9,10; ferner: 2 Sam 2,8; 11,21; 21,8) begegnen Begriffe, die in der polemischen Auseinandersetzung mit den Fremdgöttern von Bedeutung sein können. Diese Terminologie will somit wohl die an der Psalmensprache orientierte Anklage, Israel suche in Ägypten Schutz und Geborgenheit, näherhin als Abfall von Jahwe präzisieren. Gleichzeitig wird das Unterfangen, in Ägypten zu suchen, was allein Jahwe geben kann, als nutzlos eingestuft.

5. Zur Datierung von Jes 30,1–5

Die Exegese geht durchweg, sieht man einmal von dem in paränetischer Absicht formulierten v. 3 und dem Zusatz »nichts, was nützt« in v. 5b ab, von der Einheit des Abschnitts Jes 30,1–5 aus. Dagegen kann kaum etwas eingewendet werden, doch stellt sich aufgrund der oben vorgelegten Beobachtungen erneut die Frage nach der zeitlichen Situie-

---

[32] So H. Donner, Israel, 134. Vgl. J. Scharbert, Propheten, 272, und H. Wildberger, Jesaja III, 1154.

[33] G. Fohrer, Jesaja II, 91. So argumentierte schon A. Kuschke, Jesaja 30,1–5, 194 f.

[34] H. Donner, Israel, 134 Anm. 1.

[35] Vgl. F. Stolz, Art. בוש, Sp. 271.

rung des Wortes, da es kaum der Verkündigung Jesajas zugesprochen werden kann:

a) Auf die Partikel הוֹי »Wehe« folgt ein Substantiv. Eine derartige Verbindung begegnet nicht gerade häufig und stellt sehr wahrscheinlich ein Charakteristikum späterer Zeiten dar (vgl. Jes 1,4; 18,1; 28,1; Nah 3,1).[36]

b) Der Weheruf verbindet die konkrete Anklage mit einer theologischen Deutung. Das spricht für eine spätere, vermutlich rein literarische Entstehung des Textes. Die Deutefunktion, die Jes 30,1 – 5 für das rätselhafte Wort Jes 30,6 f. übernimmt, spricht eher dafür, daß der Weheruf keinen anderen Sitz im Leben hatte als den »Sitz im Buch«.

c) Für den späteren Charakter des Abschnitts sprechen zudem die Anrede der Judäer als »Söhne« (vgl. Jes 1,2.4), der innerhalb von Jes 1 – 39 nur 1,23 begegnende Vorwurf der Widerspenstigkeit (סרר), die durch נאם יהוה »Spruch Jahwes« erfolgende Kennzeichnung des Abschnitts als Jahwewort, das רוחי im Munde Jahwes und die am Psalter orientierte Vertrauenssprache.

All das deutet eher auf eine spätere Entstehung des Abschnitts hin. In einer in die Form eines prophetischen Weherufs gekleideten theologischen Wertung wird, vor allem im Blick auf 30,6 f., das Fazit aus einer auf Ägypten konzentrierten Außenpolitik gezogen: es hat nichts gebracht. Die in den Weheruf hineingenommenen Vorwürfe der Mißachtung des göttlichen Willens und des im kultischen Bereich anzutreffenden Eigensinns sorgen für eine anhaltende Aktualität des Wortes.

6. Die in Jes 30,1 – 5 begegnende Vorstellung von einem göttlichen Planen

Der als Jahwewort stilisierte Spruch klagt Juda an, im politischen Bereich gegen den göttlichen Willen verstoßen zu haben. Der Verfasser schaut dabei, wie ein Vergleich von v. 5aβ mit v. 6 zeigt, auf das rätselhafte Wort 30,6 f. Das dort angeschlagene Thema von der Flucht nach Ägypten greift er auf und vertieft es theologisch:

a) Die Israeliten stehen zu Jahwe in einem Sohnesverhältnis. Doch haben sie die daraus resultierenden Verpflichtungen nicht übernom

---

[36] Die Belege entstammen der tabellarischen Übersicht bei H. W. Wolff, Dodekapropheton 2, 285 Anm. 1. Über die späte Entstehung von Jes 1,4 und 18,1 sollte kein Streit entstehen. Bei Jes 28,1 – 4 tritt zur Zeit wohl nur O. Kaiser, Jesaja II, 189 f. für eine späte Ansetzung ein. Dagegen argumentiert, wenn auch letztlich nicht überzeugend, J. Vermeylen, Isaïe I, 385 f.

men. Mit ihrem Eigensinn, vgl. v. 1, stellen sie sich gegen den dieser
Beziehung angemessenen Gehorsam. Sie verfehlen sich in ihrem
politischen und kultischen Leben. Anstatt bei Jahwe Rat zu suchen,
vgl. v. 2aβ, gehen sie ihren eigenen Wegen nach. Damit aber versün-
digen sie sich gegen Jahwe. Auffällig an der Arbeitsweise des Autors
von Jes 30,1 – 5 ist die Verschränkung der Anklage mit theologischen
Wertungen. So beginnt v. 1 zunächst mit einem theologisch gefüllten
»Wehe«, v. 2aα nennt das Vergehen: die Absetzbewegung nach Ägypten. Dieser Vorwurf, der sich konsequent in v. 2b fortsetzt, wird
unterbrochen durch v. 2aβ.

b) Die theologische Bewertung beschränkt sich jedoch nicht allein
auf die Benennung der Israeliten als widerspenstige Söhne. Ihre auf
Ägypten sich richtende Suche nach Schutz und Geborgenheit wird
vom Verfasser in der Vertrauenssprache des Psalters ausgesprochen.
Die daneben begegnenden Ausdrücke, die an anderen Stellen im
Zusammenhang der alttestamentlichen Auseinandersetzung mit den
Fremdgöttern begegnen können, bestätigt die Ironie des Sprachge-
brauchs. In Ägypten kann nicht gefunden werden, was Jahwe allein
zu geben vermag.

Der Verfasser des theologisch ausgestalteten Wehespruchs blickt
zurück auf eine Begebenheit in der Geschichte seines Volkes und hebt
mit seiner Deutung das damals Geschehene auf die Ebene der stets
aktuellen Bedeutsamkeit. Im Verhalten Israels sieht er Eigensinn und
Ungehorsam am Werk, ein sündhaftes Verhalten, dem die Strafe gleich
folgt: weil Israel sich nicht seinem Gott gemäß verhält, darum bringt es
nichts zuwege. Wenn der Vorwurf lautet, daß die widerspenstigen Söhne
Pläne schmieden, die nicht von Jahwe sind, dann besagt das zweierlei:
Auch Jahwe hat seine Pläne mit Israel. Diese seine Absichten vollziehen
sich aber nicht an den Menschen vorbei, vielmehr besteht die Möglichkeit, daß Menschen in ihrem Eigensinn Jahwes Pläne mißachten. Der
Autor ist der Auffassung verpflichtet, daß Israel, das Sicherheit, Hilfe
und Geborgenheit begehrt, das Erhoffte nicht erreicht, weil es all das
auf seinen eigenen Wegen gesucht hat. In der Entscheidung, nach Ägypten
zu gehen, hat sich Israel, so der Autor, gegen Jahwe gestellt; somit
handelt es sich um einen Vorgang, der sich letztlich gegen den (berechtigten) Wunsch nach Schutz und Sicherheit selbst richtet. Für eine Theologie
des göttlichen Weltplans läßt sich der Text Jes 30,1 – 5 nicht in Anspruch
nehmen. Immerhin aber bietet er in v. 1 f. eine beachtenswerte Terminologie und bezeugt darüber hinaus den Glauben seines Verfassers an den in
der Geschichte mächtigen Gott, der sein Volk anklagt, nicht das zu
suchen, was ihm zum Besten dient.

VIII. Zusammenfassung

Der Ausgangspunkt der Untersuchung war die in der geläufigen Exegese anzutreffende Auffassung, Jesaja habe in seiner prophetischen Tätigkeit von einem Plan Jahwes gesprochen, der in der Geschichte zum Durchbruch kommt und sich in ihr realisiert. Nun hat eine Durchsicht der innerhalb von Jes 1–39 in Frage kommenden Stellen mit einiger Deutlichkeit erkennen lassen, daß dieses historische Urteil nicht zu halten ist. Jesaja hat nicht von einem göttlichen Plan gesprochen. Er hat nicht die Auffassung vertreten, die Geschichte Israels und die der Völker laufe nach einem bei Jahwe konzipierten Plan ab, so daß die Menschen in ihrer Geschichte sogar gegebenenfalls gegen ihre ureigenen Intentionen von diesem Plan bestimmt werden.

Stattdessen hat die Analyse der in Jes 1–39 in Frage kommenden Partien ergeben, daß es sich bei den Texten, die von einem göttlichen Plan (עצה) bzw. vom göttlichen Planen (יעץ) sprechen, um durchweg nachexilische Dichtungen handelt, die bei der redaktionellen Arbeit an den einzelnen Teilen des Buches Jes 1–39 gestaltet bzw. übernommen worden sind:

1. Eine erste Textgruppe, die von einem Plan Jahwes spricht, begegnet in den Fremdvölkersprüchen Jes 14,24–27; 19,1–15.16 f.; 23,1–14. In diesen Sprüchen begegnet der Glaube, daß Jahwe, der Gott Israels, auch über die fremden und feindlichen Völker verfügen kann. Seine Macht ist unbegrenzt. Daß freilich die Termini עצה »Plan« und יעץ »planen« für die Vorstellung stehen sollen, es werde von Jahwe ein Plan vollstreckt, den er ohne nähere Begründung gegen ein Volk oder die Völker gefaßt hat, kann nur bedingt akzeptiert werden.

Dieser Vorstellung am nächsten steht Jes 14,24–27. In einem feierlichen Jahweschwur wird der Plan Jahwes für Assur proklamiert. Dabei wird nicht begründet, warum Jahwe Assur zu zerstören gedenkt, und es wird in zwei rhetorischen Fragen ausdrücklich festgehalten, daß niemand diesen göttlichen Beschluß vereiteln kann. Im Klartext bedeutet das: Kein Mensch kann gegen den Plan Jahwes angehen, denn er wurde von Jahwe beschlossen und erschafft sich somit die in ihm intendierte Wirklichkeit: Assur wird in Palästina vernichtet. Der Verfasser, der an ein noch ausstehendes Handeln Jahwes denkt, will seinen Zuhörern Mut zusprechen: Einmal wird der Tag kommen, da erleidet die herrschende Fremdmacht in Jahwes eigenem Land, in dem sie sich dem Spruch zufolge zu Unrecht niedergelassen hat, ihre entscheidende Niederlage. Weil der Plan dazu bereits von Jahwe feierlich gefaßt und beschworen ist, er somit in wirkmächtiger Geltung steht, wird schon die Gegenwart des Sprechenden von dem im göttlichen Plan angestrebten Ziel bestimmt.

Das in Jes 19,1 – 15 vorliegende Ägyptengedicht bezieht das Unheil, das im Jesajabuch Israel angekündigt worden ist, auf Ägypten. Ob das Gedicht überhaupt auf bestimmte zeitgeschichtliche Zustände in Ägypten anspielen will, kann zwar nicht ausgeschlossen werden, doch sind die Aussagen in ihrer Allgemeinheit nur schwer auf eine konkrete historische Situation zu beziehen, so daß der Eindruck nicht unberechtigt ist, hier habe ein später Verfasser das Jesajabuch, wie es ihm vorgelegen hat, dazu benutzt, um Ägyptens künftiges Schicksal auszumalen. Wie in Jes 14,24 – 27 wird in 19,1 – 15 ebenfalls nicht gesagt, warum Jahwe (an Ägypten) so handelt. Jes 19,2 läßt aber den Triumph des Verfassers über die Unfähigkeit der Weisen Ägyptens, das von Jahwe Beschlossene erkunden und mitteilen zu können, erkennen. Zwar sind das politische Chaos und der Zerfall der Naturordnung jedem sichtbar, und unser Verfasser weiß sehr wohl, von wem das alles gegen Ägypten herbeigeführt worden ist; doch die ägyptischen Weisen können die Phänomene nicht richtig deuten, weil sie nicht auf Jahwe als den Urheber des in Staat und Natur erfahrenen Chaos schließen. Somit erweist sich der von Jahwe gegen Ägypten gefaßte Beschluß als universal mächtig.

Jes 23,1 – 14 nimmt dagegen eindeutig einen Standort der Retrospektive ein. Der Verfasser schaut auf die zerstörten Städte Sidon und Tyros und fragt, auf wen letztlich diese geschichtlichen Katastrophen zurückgehen. Im Rückblick erkennt der Dichter, daß Jahwe der Urheber des Unglücks ist und daß die Zerstörung der Hafen- und Kaufmannsstädte als göttliches Gericht am Hochmut der Menschen gelten muß, vgl. Jes 23,8 f. Ex eventu erschließt sich der göttliche Gerichtsbeschluß, der als Reaktion auf ein menschliches Fehlverhalten aufgefaßt wird.

2. In den redaktionellen Abschnitten der Wehesprüche Jes 5,11 – 17 und 5,18 f. begegnet die Ansicht, daß der Plan Jahwes eine das Leben Israels bestimmende Größe darstellt. Den Plan Jahwes und das damit in Parallele gesetzte Werk Jahwes gilt es, so der Redaktor, zu erkennen. Doch die Verantwortlichen in Israel verweigern sich. Offensichtlich sind in diesen Abschnitten der Plan und das Werk Jahwes nicht nur ausschließlich als geschichtstheologische Kategorien zu fassen, sondern beide Termini meinen umfassender die die

menschliche Lebenswelt *und* die Geschichtswelt bestimmende und lenkende Ordnung. Daß freilich auch hier die Geschichte als der bevorzugte Ort des sich verwirklichenden Planes Jahwes verstanden wird, zeigt in Jes 5,12b der Hinweis auf das *aktuelle* Tun Jahwes und in 5,19 der Spott über den noch *ausbleibenden* Plan Jahwes. In den redaktionellen Passagen der beiden Wehesprüche findet sich eine Auseinandersetzung mit einer vor allem seit dem 4. vorchristlichen Jahrhundert belegten Haltung, die gegenüber Jahwes Wirkmächtigkeit Zweifel anmeldet.

Jes 30,1 – 5 sieht in der Bündnispolitik Judas den Eigensinn »widerspenstiger Söhne« am Werk, die ihre eigenen Pläne verfolgen. In der Geschichtsreflexion erhält eine einmalige Begebenheit eine fortwährende aktuelle Bedeutung.

3. Das Lehrgedicht in Jes 28,23 – 29 bietet ein gutes Beispiel dafür, wie ein Text unter Mißachtung von Form und Inhalt anders ausgerichteten redaktionellen Intentionen dienstbar gemacht werden kann. Als weisheitliches Lehrgedicht wollte Jes 28,23 – 29 ursprünglich verdeutlichen, daß die einzelnen Handlungen in der Arbeit des Landmanns sich einer von Gott konzipierten planvollen Ordnung verdanken, in die der Mensch von seinem Gott eingeführt und unterwiesen worden ist. Für die Redaktion, die das Lehrgedicht an seinen jetzigen Ort plaziert hat, wird der Text zu einem Gleichnis für Israels Geschichtsverlauf. Wie die konkreten Handlungen des Bauern erst am Ende deutlich werden lassen, daß sie als einzelne aufeinander und insgesamt einem sinnvollen Ziel zugeordnet sind, so wird der Sinn des Wechsels von Heils- und Gerichtssituationen in Israels Geschichte erst am Ende sichtbar. Vom Ende her wird dann auch deutlich, daß hinter dem wechselvollen Ablauf der Geschichte der wunderbare Plan Jahwes für Israels Heil steht.

2. Kapitel
Der Plan Jahwes im Buch des Deuterojesaja (Jes 40 – 55)

I. Die Fragestellung

Die Analyse der für die Erhebung einer Jahweplan-Theologie relevanten Texte in Jes 1—39 hat deutlich ergeben, daß der Prophet des 8. Jahrhunderts nicht als der Urheber einer derartigen theologischen Vorstellung gelten kann. Die entsprechenden Passagen sind vielmehr den redaktionellen Schichten des Buches zuzuordnen. Es stellt sich daher zwangsläufig die Frage nach dem Befund im Deutero- und Tritojesajabuch. Gibt es in diesen beiden Buchteilen eine sich auch in terminologischer Hinsicht deutlich zeigende Jahweplan-Theologie, die gegebenenfalls die Veranlassung für ein dieser Thematik verpflichtetes redaktionelles Arbeiten in Jes 1—39 abgegeben hat?

Begibt man sich auf die Suche nach Belegen für das in theologischer Absicht verwendete Leitwort עצה »Plan«, dann kann als erstes Ergebnis festgehalten werden, daß der tritojesajanische Abschnitt des Buches (Jes 56—66) für unsere Fragestellung durchweg ausfällt.

Demgegenüber begegnen im Deuterojesajabuch drei Texte, die im Zusammenhang der aufgegebenen Themenstellung wichtig sind: Jes 40,12—17; 44,24—28 und 46,8—11.

Auch für die deuterojesajanischen Texte stellt sich die Frage, ob sie in der Grundschicht des Buches begegnen und somit auf den anonymen Exilspropheten zurückzuführen sind, oder ob es sich um redaktionelle Bildungen bzw. redaktionell übernommene Texte handelt. Damit wird deutlich, daß das vor allem von R. P. Merendino[1] aufgenommene analytische Programm am Deuterojesajabuch hier positiv aufgegriffen wird, zumal weitere Arbeiten und Aufsätze von K. Kiesow[2], H.-C. Schmitt[3] und R. Kilian[4] die Berechtigung der redaktionskritischen Fragestellung für das Deuterojesajabuch nachhaltig bestätigt haben.

---

[1] R. P. Merendino, Der Erste. Vgl. auch die hilfreiche Diskussion des Problems bei O. Kaiser, Einleitung, 272—275. Die gängige Auffassung von den literarkritischen Gegebenheiten in Jes 40—55 mag ein Zitat aus J. L. McKenzie, Second Isaiah, XX, illustrieren: »...we treat the section [of Second Isaiah] as a unity with the exception of a few verses, most of which deal with anti-idolatrous polemic...«

[2] K. Kiesow, Exodustexte.

[3] H.-C. Schmitt, Prophetie.

[4] R. Kilian, Straße.

Somit stellt sich für die Untersuchung der zu behandelnden Texte die Frage nach dem geschichtlichen und theologischen Ort, denn trotz gegenteiliger Ausführungen[5] kann nicht mehr eo ipso davon ausgegangen werden, daß die weitaus überwiegende Zahl der Texte in Jes 40 – 55 dem Exilspropheten zuzuschreiben sind.

---

[5] Vgl. z. B. die Vorbehalte bei R. N. Whybray, Second Isaiah, 6 f., der abschließend feststellt: »Neither of these works, however, deals adequately with the contrary opinion.« Ob R. N. Whybray mit dieser Feststellung nur die Arbeiten von J. M. Vincent, Studien, und J. H. Eaton, Festal Drama, treffen will, oder ob er auch die Monographie von R. P. Merendino und den Aufsatz von H.-C. Schmitt einbezieht, wird nicht völlig deutlich. Für R. P. Merendinos Ausführungen dürfte die nicht völlig urteilslose Feststellung kaum zutreffen. Für H.-C. Schmitt, Prophetie, ist zumindest festzuhalten, daß gerade Schwierigkeiten, die das traditionelle Verständnis nicht ausräumen konnte, zu einem redaktionskritischen Lösungsmodell geführt haben. Insbesondere muß daran erinnert werden, daß die von D. Baltzer, Ezechiel, aufgezeigten Berührungspunkte zwischen dem Deuterojesaja-Buch und dem Ezechielbuch den Anlaß zur weitergehenden redaktionskritischen Fragestellung geliefert haben, da die von D. Baltzer vermutete Abhängigkeit zwischen Deuterojesaja und dem Ezechielbuch sich ihrerseits wiederum als problematisch erweist. So hat die von W. Zimmerli vorgelegte Analyse des Ezechielbuches gezeigt, daß ein Teil der hier in Frage kommenden Ez-Texte als nachexilisch anzusprechen ist. Vgl. zum Ganzen H.-C. Schmitt, Prophetie, 45 – 48.

II. Jesaja 40,12 – 17

1. Der Text

12 Wer hat gemessen mit ›hohlen Händen das Meer‹[1],
und den Himmel mit der Elle bestimmt,
und erfaßt mit dem Drittelmaß ›die Erde‹[2],
und gewogen mit der Waage die Berge
und die Höhen mit Waagschalen?
13 Wer hat bestimmt den Geist Jahwes,
und ›wer‹[3] ist der Mann seines Planes, daß der ihn unterwiese?
14 Mit wem hat er sich beraten, so daß der ihn einsichtig gemacht
hätte,
daß der ihn belehrt über des Rechtes Weg,
(und hat ihn Erkenntnis gelehrt)[4]
und über der Einsicht Weg ihn unterwiesen?
15 Siehe, die Völker sind wie ein Tropfen am Eimer,
und wie der Staub an den Waagschalen gelten sie.
Siehe, die Inseln ›wiegen‹[5] wie Staub,
16 und der Libanon reicht nicht aus zum Brand,
und seine Tiere nicht zum Brandopfer.
17 Alle Völker sind vor ihm wie nichts,
›als‹[6] nichts und leer gelten sie ihm.

---

[1] Zu den textlichen Veränderungen siehe K. Elliger, Deuterojesaja, 40 f. BHS schlägt ימים
»Meere« vor. P.-E. Bonnard, Le second Isaïe, 95, liest mit Qᵃ מי ים »les eaux de la
mer«.

[2] G bezeugt עפר »Staub« nicht. Vgl. BHS und K. Elliger, Deuterojesaja, 41; anders
entscheidet sich R. P. Merendino, Der Erste, 74 f., denn er sieht im Anschluß an B.
Couroyer in שלש »Drittelmaß« eine Entsprechung zu äg. ipt = Hausmaß (das Drittel
eines bestimmten Hohlmaßes). Mit K. Elliger, Deuterojesaja, 41, wird auch der Artikel
in הארץ gestrichen, vgl. den Kontext.

[3] Mit G, S und V wird ein ומי »und wer« eingefügt, vgl. BHS.

[4] Mit BHS wird v. 14bα als Zusatz angesehen, vgl. G. Anders R. P. Merendino, Der
Erste, 78 f.

[5] Gelesen wird der Plural, vgl. BHS. Anders R. P. Merendino, Der Erste, 74: »Inseln da:
wie Flocken wiegt er sie!«

[6] Mit BHS wird כאפס »als nichts« gelesen; anders R. P. Merendino, 74: »Als vom Unding
und Irrsal gelten sie Ihm.«

2. Zur Abgrenzung und Form von Jes 40,12 – 17

Mit Jes 40,12 beginnt ein Abschnitt, der sich deutlich von dem Prophetenwort an Jerusalem/Zion in v. 9 ff. abhebt. Die Fragen, die in v. 12 ff. die Thematik von der für den Menschen unübersehbaren Welt und ihrer Lenkung aufwerfen, kommen mit v. 15 ff. in dem durch die Partikel הן »siehe« eingeleiteten Hinweis auf die Größe der Welt und der im Vergleich dazu winzigen Völkerwelt zu einem Abschluß.[7]

Demgegenüber betont C. Westermann[8] die Einheitlichkeit von Jes 40,12 – 31. Die drei Teile von Jes 40,12 – 31 (12 – 17.18 – 24.25 f.) gehören für ihn gattungsmäßig zu den Disputationsreden. »Daß das Stück wirklich eine Einheit ist, ergibt sich vor allem aus dem Verhältnis der Teile zueinander.«[9] Die rhetorischen Fragen in v. 12.13 f.18.25 führen, so C. Westermann, zur eigentlichen Bestreitung in v. 27 – 31; dort würden die vorangehenden Fragen ihrem Ziel zugeführt.

Dieser von C. Westermann erarbeiteten Position sind die Erwägungen K. Elligers zur Sache und die Analyse R. P. Merendinos entgegenzuhalten. Für K. Elliger ergibt das Wort Jes 40,12 – 17 sehr wohl einen Sinn, wenn man nicht den merkwürdig starren, viel zu engen Begriff der Gattung Disputationswort zugrunde legt[10]; denn es existiert neben dem in Jes 40,27 – 31 belegten Typ des Disputationswortes »ein anderer Typ, der gar nicht direkt jemandem etwas ›bestreitet‹, wohl aber die eigene Position, an der Zweifel laut geworden sind, im Wege jenes Schlußverfahrens zu verteidigen und zu erhärten und den, den es angeht, zu überzeugen sucht ... die Pointe kommt in 17 deutlich genug heraus...«[11]

Noch deutlicher wird die Eigenständigkeit von Jes 40,12 – 17, wenn man die ausführliche Analyse und Gattungszuweisung von R. P. Meren-

---

[7] Diese Abgrenzung wird vertreten von L. Köhler, Deuterojesaja, 4 – 10; K. Elliger, Deuterojesaja-Tritojesaja, 225 – 227; ders., Deuterojesaja, 45 ff.; J. Begrich, Studien, 48 – 50, bes. Anm. 168; G. Fohrer, Jesaja III, 23 – 26; R. N. Whybray, Isaiah 40 – 66, 53 f.; A. S. Herbert, Isaiah II, 23 ff.; R. P. Merendino, Der Erste, 74 f.; anders K. Marti, Jesaja, 273; C. Westermann, Jesaja, 43 ff.; P.-E. Bonnard, Second Isaïe, 96 ff. B. Duhm, Jesaia, 295, zieht Jes 40,17 zu v. 18 – 20; ähnlich L. G. Rignell, Study, 17. Für Jes 40, 18 – 20 gilt allerdings das Urteil von K. Elliger, Deuterojesaja-Tritojesaja, 225: »V. 18 – 20 freilich sind für Dtjes. nicht zu retten.«

[8] C. Westermann, Jesaja, 43 ff. Vgl. Anm. 7. Die Abgrenzung wird offenbar von J. L. McKenzie, Second Isaiah, 20 ff.; A. Schoors, Saviour, 271.287; H. D. Preuß, Deuterojesaja, 50 – 58, und J. T. Willis, Isaiah, 354 – 357, übernommen. C. R. North, Second Isaiah, 81, sieht Jes 40, 12 – 26 als Einheit an. So auch schon P. Volz, Jesaja II, 6 – 12.

[9] C. Westermann, Jesaja, 42.

[10] So K. Elliger, Deuterojesaja, 46. Zur Kritik an C. Westermanns Abgrenzung vgl. R. F. Melugin, Formation, 81 f.

[11] K. Elliger, Deuterojesaja, 46.

dino akzeptiert. Demnach können in Jes 40 nur die vv. 21 – 31 mit Sicherheit auf Deuterojesaja zurückgeführt werden. Beim Abschnitt v. 12 – 16 handelt es sich nach R. P. Merendino um ein Weisheitsgedicht, das der Prophet möglicherweise selbst vorgefunden hat, oder das später redaktionell eingefügt worden ist. Für den weisheitlichen Charakter der Verse sprechen mit R. P. Merendino »der Inhalt und die sich darin ausdrückende geistige Haltung: der Mensch vermag nicht die Dinge und den Geist Gottes zu umgreifen; die Völker mit ihrer Macht sind eine winzige Sache, der Libanon mit seiner Pracht und seinem Reichtum an Holz und Wild reicht nicht aus, das Gebührende für Gottes Ehre zu geben. Der Redende weiß um die eigene Ohnmacht gegenüber der gesamten Wirklichkeit, weiß um die unüberbrückbare Kluft zwischen dem Geschöpf und Gott. Dieser Gedanke gehört zu den charakteristischen Motiven weisheitlichen Denkens, wie es im Buche Hiob, beim Prediger und in manchen Psalmen begegnet.«[12]

Umstritten bleibt ferner die literarkritische Beurteilung des Schlusses in v. 16 f. Entscheiden sich G. Fohrer und K. Elliger für den Sekundärcharakter von v. 16, weil hier ein weiteres, den Kontext sprengendes Beispiel für die Größe Gottes angeführt wird[13], so betonen C. Westermann, P. Bonnard und R. P. Merendino die Ursprünglichkeit des Verses[14]. Darüber hinaus gibt R. P. Merendino zu bedenken, ob nicht etwa v. 17 »wegen seiner abstrakten, nicht mehr bildhaften Sprache aus einer nachträglichen Reflexion über vv. 12 – 16 stammt.«[15]

Die beachtenswerte Argumentation R. P. Merendinos überzeugt sowohl hinsichtlich der literarkritischen Sicherung des Textumfangs als auch im Hinblick auf die Situierung des Textes in den Umkreis der deuterojesajanischen Prophetie, sei es, daß Jes 40,12 – 16 dem Propheten bereits vorlag und von ihm unter Hinzufügung von v. 17 eingearbeitet wurde, oder sei es, daß er von einem Redaktor aufgenommen wurde.[16]

---

[12] Vgl. R. P. Merendino, Der Erste, 84; zum ganzen Abschnitt vgl. ebd., 74 – 122; eine zusammenfassende Übersicht findet sich auf S. 121 f. Den weisheitlichen Charakter des Abschnitts stellt auch R. F. Melugin, Formation, 31 – 33, heraus.

[13] G. Fohrer, Jesaja III, 25 Anm. 12; K. Elliger, Deuterojesaja, 56 f. So auch schon P. Volz, Jesaia II, 8, und C. R. North, Second Isaiah, 84.

[14] C. Westermann, Jesaja, 45, entscheidet sich nicht eindeutig, tendiert aber eher zur Ursprünglichkeit des Verses, da die überschwengliche Metapher gut zum Stil Deuterojesajas passe. Vgl. zudem P.-E. Bonnard, Le second Isaïe, 99 Anm. 1, und R. N. Whybray, Isaiah 40 – 66, 54. Schon B. Duhm, Jesaia, 295, beließ Jes 40,17 dem ursprünglichen Gedicht, das er in v. 12 – 16 vorliegen sah.

[15] R. P. Merendino, Der Erste, 80. Schon B. Duhm, Jesaia, 296, hat Jes 40,17 f. mit dem Kommentar versehen: »Eine rationale Beweisführung.«

[16] Vgl. R. P. Merendino, Der Erste, 121 f.

3. Zur Analyse und Auslegung von Jes 40,12 – 17

Der Abschnitt wird mit der Fragepartikel מי »wer« eingeleitet und wirft eine Anzahl von Fragen auf, die jeweils die Antwort »Niemand!« provozieren: Kein Mensch kann mit seinen begrenzten Körpermaßen und mit den ihm zur Verfügung stehenden Meßwerkzeugen die große Welt durchmessen und erfassen; erst recht vermag niemand über die Welt zu verfügen.[17] Die im wörtlichen Sinn unermeßliche Größe der Welt bleibt dem menschlichen Zugriff entzogen.

So wie kein Mensch die Welt in seiner Verfügungsgewalt hat, so gibt es auch niemanden, der den Geist Jahwes (messend) bestimmen kann. Mehrfach hat die Auslegung darauf verwiesen, daß v. 13a mit dem Verbum כון, pi., »bestimmen« dasselbe Wort aufgreift, das in v. 12aβ das messende Bestimmen des Himmels ausdrückt; »es vermittelt damit ein Bild dieses Geistes als eine Größe, die sich in Länge, Tiefe und Breite ausdehnt.«[18]

Die für die vorliegende Untersuchung entscheidenden Aussagen liegen in v. 13 f. vor:

»Wer hat bestimmt den Geist Jahwes,
und ›wer‹ ist der Mann seines Planes, daß der ihn unterwiese?
Mit wem hat er sich beraten, so daß der ihn einsichtig gemacht
hätte,
daß der ihn belehrt über des Rechtes Weg,
(und hat ihn Erkenntnis gelehrt)
und über der Einsicht Weg ihn unterwiesen?«

Die Stat.-constr.-Verbindung איש עצתו »Mann seines Rates/Planes« wirft in diesem Abschnitt eine erste Schwierigkeit auf. Ist hier von einem Mann die Rede, der seinen (eigenen) Plan/Rat Jahwe vorträgt, oder bezieht sich das Suffix 3. Pers. Sing. auf Jahwe, so daß die Stelle von einem Mann redet, der »seinen«, d. h. Jahwes Rat/Plan (von Jahwe) erfährt? Wenn das Pronominalsuffix auf Jahwe zu beziehen ist, dann

---

[17] Nach vielen Exegeten wollen die Fragen die Antwort »Jahwe!« hervorrufen, vgl. z. B. B. Duhm, Jesaia, 293 f., und offenbar auch J. T. Willis, Isaiah, 354. Dazu ist der berechtigte Hinweis von K. Elliger, Deuterojesaja, 49, auf v. 13 f. zu berücksichtigen, denn dort ist diese Antwort unmöglich. Eine vermittelnde Position nehmen G. Fohrer, Jesaja III, 24; H. D. Preuß, Deuterojesaja, 53, und R. N. Whybray, Isaiah 40 – 66, 53, ein. Zur Bedeutung der in v. 12 verwendeten Termini technici des Messens und Wiegens siehe R. P. Merendino, Der Erste, 77 f., und G. Schmitt, Art. Maße, 204 ff.

[18] So R. P. Merendino, Der Erste, 76; ähnlich K. Elliger, Deuterojesaja, 52. Für R. N. Whybray, Counsellor, 9, führen die ab Jes 40,13 f. gestellten Fragen nicht zu der Antwort »Niemand!«: »The questions are parallel, not identical and not consecutive.« Damit ist allerdings nicht die Ansicht widerlegt, daß die Fragen rhetorisch dieselbe Antwort hervorrufen wollen.

bestünde zudem die Möglichkeit, עצה als »Ratsversammlung« (vgl. Ps
1,1) zu verstehen, so daß der איש עצתו soviel wie »ein Mann seiner
(Jahwes) Ratsversammlung, Ratsmann« bedeuten würde. In diesem Sinn
versteht B. Duhm die Stelle: »Wer bestimmt den Geist Jahwes? Und ist
sein Ratsmann, der ihn unterweist?«[19] Gegen ein Verständnis, das in
dem איש עצתו denjenigen erblickt, der Jahwe einen Rat gibt, hat K.
Elliger den altorientalischen Kontext der Vorstellung vom Ratgeber
geltend gemacht; demnach erfährt der Ratsmann von Jahwe das Wissen
und nicht umgekehrt: »Wer hat bestimmt den Geist Jahwes und ›wer‹
ist sein Ratsmann, den er unterwiese...«[20] Zu fragen wäre hier, ob K.
Elliger mit seinen Überlegungen nicht unter der Hand das gängigere
Verständnis des Verses stützt. Natürlich ist es undenkbar, daß Jahwe
von irgendeinem Menschen, selbst wenn dieser als איש עצתו »Mann
seines Rates« gelten dürfte, Rat empfängt. Wie in v. 12 arbeitet der
Verfasser auch in v. 13 f. mit dem Undenkbaren. Kein Mensch, auch
wenn er איש עצתו wäre, könnte Jahwe beraten. Das könnte gesagt sein,
wenn איש עצתו den Ratsherrn meint.

　　　R. P. Merendino lehnt seinerseits die Wiedergabe von איש עצתו mit
»Ratsherr« u. ä. ab, denn das setze voraus, daß Jahwe Ratgeber hätte,
wogegen v. 14 ausdrücklich nahelege, daß es bei Jahwe eben keinen
Ratgeber gäbe; ferner betone der gesamte Text die Souveränität Jahwes.[21]
Daher legt sich nach R. P. Merendino folgende Übersetzung nahe: »Wer

---

[19] B. Duhm, Jesaia, 294. Zum Ganzen vgl. R. N. Whybray, Counsellor.

[20] K. Elliger, Deuterojesaja, 51 f. Die Übersetzung findet sich S. 40.

[21] R. P. Merendino, Der Erste, 74. Hier muß in gebotener Kürze die von R. N. Whybray,
Counsellor, entwickelte Auffassung vom Ratsherrn in Jes 40,13 f. referiert werden: (1.)
R. N. Whybray geht davon aus, daß das in Jes 40,14 verwendete Vokabular auf die
Institution der königlichen Ratsversammlung verweist. »This suggests that Deutero-
Isaiah was concerned here to raise the question of the nature of the divine realm in
which ultimate decisions are made.« (78) − (2.) Wenn also in Jes 40,13 f. eine deutliche
Anspielung auf Jahwe als den Leiter einer Ratsversammlung vorliegt, dann ist es
äußerst wahrscheinlich, daß es sich um eine Versammlung göttlicher Wesen handelt.
(ebd.) − (3.) Von den zwei möglichen Quellen dieser Vorstellung, der israelitischen
vom himmlischen Rat und der babylonischen vom Pantheon, bietet die babylonische
Pantheon-Vorstellung deutlichere Parallelen zu Jes 40,13 f. (79 f.) − (4.) Die Prophetie
Deuterojesajas richtet sich in diesem Punkt nicht gegen die, die ihren Glauben an
Jahwe verloren haben, sondern gegen die, die von der einleuchtenden Vorstellung
eingenommen waren »that as in human affairs, so in divine, two hearts (or more)
were better than one when it came to making important decisions, and that the world
was both created and ruled by committee rather than by the fiat of a single supreme
deity.« (81) − (5.) Deuterojesaja ruft in Jes 40,13 f. ältere israelitische Traditionen
gegen die babylonische Vorstellung in Erinnerung: Für Jahweverehrer ist die Annahme
einer beratenden Gottheit unvorstellbar. »Yahweh is God in an absolute sense unknown
to the Babylonians.« (81 f.)

kann den Geist Jahwes umgreifen, ja (wer ist) der Mann, dem er seinen Ratschluß kundgäbe?«[22] Ähnlich hatte schon L. Köhler den Satz verstanden: »und wer ist der, der seinen Plan erfährt?«[23]

Freilich muß angefragt werden, ob an diesem Punkt die Überlegungen R. P. Merendinos nicht einen Gegensatz erblicken, der letztlich einer genaueren Betrachtung des Wortlauts kaum standhält. V. 13b fragt mit der Fragepartikel מי »wer« nach dem איש עצתו »Mann seines Rates«. R. P. Merendinos Vorschlag wäre nur dann im Recht, wenn עצתו »seines Rates« hier eindeutig die Ratsversammlung Jahwes meinen würde, denn dann würde sich in der Tat die Frage »Wer aus seiner Ratsversammlung…?« aufdrängen. Nur dann bestünde auch eine gewisse Diskrepanz zu v. 14 und der sonst im Text ausgesprochenen Souveränität Jahwes. Daß man איש עצתו »Mann seines Rates« so verstehen kann, lehrt ein Blick auf Ps 119,24; dort werden vom Beter die עדות »Gebote« Jahwes im übertragenen Sinn אנשי עצתי »Männer meines Rates, Ratgeber« genannt. Faßt man aber איש עצתו so, wie es Jes 46,11 nahelegt[24], dann erübrigt sich das Argument R. P. Merendinos, denn der איש עצתו[25] kann dort nicht als Ratsmann aus Jahwes Ratsversammlung verstanden werden; vielmehr handelt es sich beim Perserkönig Kyros, von dem ja wohl Jes 46,11 in geheimnisvoll-verhüllender Weise spricht, um die geschichtliche Figur, die in ihrem Handeln Jahwes Plan umsetzt, ohne selbst darum zu wissen.[26] Weil Kyros dazu bestimmt ist, dem Plan Jahwes gemäß zu handeln, deshalb ist er der »Mann seines Planes«, und nicht etwa weil er ein explizites Wissen von diesem Plan hätte. Von daher wird auch Jes 40,13b verständlich: Niemand, auch der nicht, der dazu ausersehen ist, dem göttlichen Plan in der Welt Raum zu verschaffen, kann Jahwe unterweisen, denn auch er kennt diesen Plan nicht. V. 13a setzt einen Akzent, der auch in v. 13b den Ton angibt: Niemand bestimmt den Geist Jahwes, und niemand ist der Mann seines Planes, der Jahwe unterwiese. Für den Menschen ist die große Welt und erst recht der noch größere Gott unfaßbar.

Es sei nicht unerwähnt, daß eine Interpretation, die איש »Mann« nicht als nomen rectum mit עצה »Rat/Plan«, sondern als inneres Objekt mit יודיענו »daß er ihn unterweise« zusammenzieht, von der masoreti-

---

[22] R. P. Merendino, Der Erste, 74.

[23] L. Köhler, Deuterojesaja, 7; ähnlich auch früher K. Elliger, »Geschichte«, 205.

[24] Auch L. G. Rignell, Study, 15 f., sieht eine Beziehung zwischen Jes 40,13 und 46,10 f., doch erblickt er in dem »Mann seines Planes« von 40,13 bereits den Perserkönig Kyros. Das läßt sich dem Text kaum entnehmen.

[25] So ist mit dem Q zu lesen, vgl. BHS.

[26] So z. B. B. Duhm, Jesaia, 354; P. Volz, Jesaia II, 79; C. R. North, Second Isaiah, 166; P.-E. Bonnard, Second Isaïe, 186; R. N. Whybray, Isaiah 40–66, 117, u. v. a.

schen Akzentsetzung nicht gestützt wird.[27] Aber auch dann, wenn man
die grammatische Ansicht der Masoreten nicht teilt, gilt: »Es besteht
dann erst recht kein Grund, an einen ›Rat‹ zu denken, den ein anderer
Jahwe gibt, sondern 13b rückt dann direkt auf die gleiche Ebene mit
44,26; 46,10 und עצה ist hier wie dort Jahwes ›Plan‹.«[28]

Für das Verständnis dessen, was עצה »Rat/Plan« in Jes 40,12 – 17
besagen soll, müssen das Vokabular und die Vorstellungen des Kontextes
ausführlicher befragt werden. Nachdem die Fragen in v. 12 das Unvermö-
gen des Menschen, die Welt in ihrer Größe zu erfassen, herausgestellt
haben, tangieren die Fragen in v. 13 f. unmittelbar den göttlichen Bereich
und rufen wie in v. 12 die eindeutige Antwort hervor: Kein Mensch
ermißt den Geist Jahwes, keiner ist der Mann seines Plans, der als solcher
Gott Unterweisung geben könnte, keiner ist von Jahwe ins Vertrauen
gezogen worden. Die in den Fragen aufgeworfene und gleich wieder
verworfene Vorstellung, daß es ja so sein könnte, muß einfach als
absurd gelten. Kein Mensch kann auf die göttliche Entscheidungsmitte
einwirken. Es empfiehlt sich, die Begrifflichkeit, die das göttliche Wollen
anspricht, in einem Beziehungsgefüge zu sehen, wie es ja auch die
parallele Anordnung der Fragen nahelegt: Niemand mißt die רוח יהוה
»den Geist Jahwes« aus. In theologischem Kontext begegnet רוח »Geist«
innerhalb von Jes 40 – 48 noch in 42,1b; 44,3b[29]; beide Male wird sie
als Gabe Jahwes verstanden. Demgegenüber meint רוח יהוה hier das,
»was eben die Persönlichkeit ausmacht nach ihrem Planen und Handeln«[30]. Diese Mitte Jahwes bleibt für den Menschen unauslotbar. Ebenfalls undenkbar ist es, daß es einen Mann gibt, der, obwohl er nach
Jahwes Plan handelt, damit so vertraut wäre, daß er ihn unterweisen
könnte.[31] Der Gedanke wird in v. 14 nochmals durchgespielt, wobei das
denkbare Ergebnis dieses Sich-Beratens, ארח משפט »Pfad des Rechts«
und דרך תבונות »Weg der Einsicht«, nochmals diese Unmöglichkeit unterstreicht. ארח משפט und דרך תבונות kommen nicht durch menschliches
Mitwissen und Mitwirken zustande, sondern es sind die ausschließlich
göttlichen Handlungsweisen, den göttlichen Willen ans Ziel kommen zu
lassen.[32] Mit משפט »Recht« und תבונות »Einsicht« nennt der Text die
entscheidenden Momente des göttlichen Wollens und Handelns in der
Welt.

---

[27] Vgl. dazu die ausführliche Anmerkung von K. Elliger, Deuterojesaja, 52 f. Anm. 1.
[28] K. Elliger, Deuterojesaja, 52 f. Anm. 1.
[29] Belege nach R. P. Merendino, Der Erste, 78.
[30] K. Elliger, Deuterojesaja, 50; ähnlich auch A. S. Herbert, Isaiah II, 23.
[31] Zum Vorkommen von עצה vgl. R. P. Merendino, Der Erste, 78.
[32] Vgl. in diesem Sinn auch K. Elliger, »Geschichte«, 208 f.; ders., Deuterojesaja, 54; R.
P. Merendino, Der Erste, 79.

Der Ausdruck ארח משפט »Pfad des Gerichts, Rechts« findet sich noch Jes 26,8 (ארח משפטיך »Pfad deiner Gerichte, Rechtssetzungen«); Spr 2,8 und 17,23 (ארחות משפט »Pfade des Gerichts, der Rechtssetzungen«). In allen drei Belegen scheint »herrschaftliches Setzen von Ordnung« als Grundbedeutung von שפט »richten« durch.

Im profanen Bereich kennt Spr 17,23 die Beugung des Rechts durch Bestechung:

> »Bestechungsgeld aus dem Gewandbausch nimmt der Frevler,
> um die Pfade des Rechts zu beugen.«

Der Spruch denkt an Bestechungsgelder, die einen Verwaltungsakt oder einen Gerichtsspruch – jedesmal geschieht שפט »richten« – zu beeinflussen suchen.[33] Wenn der Akt des שפט eine gestörte Ordnung der Gemeinschaft wiederherstellen will, dann müssen Versuche, ihn zugunsten einseitiger Sonderinteressen zu beeinflussen, als besonders verabscheuungswürdig gelten, wird ja so eine neue Ordnung auf dem Fundament von Unrecht, d. h. von Unordnung, aufgebaut. Wenn der רשע »Frevler« sich in seinem Spruch bestechen läßt, dann handelt er nicht allein gemeinschaftswidrig, sondern auch gottwidrig.[34] Es liegt somit auf derselben Vorstellungsebene, wenn Spr 2,6–8 einen göttlichen Schutz der ארחות משפט »Pfade des Rechts« kennt:

> »Denn Jahwe gibt Weisheit,
> ›von ihm‹ (gehen aus) Wissen und Einsicht,
> und er hebt auf für die Aufrechten Gelingen,
> ein Schild für die untadelig Wandelnden,
> zu bewahren die Pfade des Rechts[35];
> und den Weg ›seiner Frommen‹ behütet er.«

Beugt Bestechungsgeld den Urteilsspruch des רשע »Gottlosen«, und wird dadurch die Lebensordnung gestört, so wird im Gegensatz dazu in der Welt der Weisen und Aufrechten die gemeinschaftliche Ordnung gewahrt, denn Weisheit, Wissen und Einsicht kommen von Jahwe und schaffen eine Gemeinschaft, die kraft dieser Gaben die Pfade des Rechts einhält.

Mit ארחות משפט »Pfade des Rechts« ist sowohl in Spr 17,23 als auch in 2,8 eine entscheidende Grundordnung des gemeinschaftlichen Lebens angesprochen. Nur wenn und insofern die Menschen auf den ארחות משפט gehen, kann ihnen ein Zusammenleben möglich sein.

Demgegenüber weist die Wendung ארח משפטים »Pfad der Gerichte« in Jes 26,8 in eine völlig andere Dimension. Hier wird darunter nicht

---

[33] Vgl. dazu G. Liedke, Art. שפט, Sp. 1001.
[34] Vgl. C. van Leeuwen, Art. רשע, Sp. 817.
[35] So M. BHS schlägt לנצר vor: »für den, der die Pfade des Rechts bewahrt«.

der Weg verstanden, den die Menschen in ihrer Lebenswelt zu ihrem
Wohl beschreiten sollen, sondern es sind die Wege die Jahwes Gerichte
nehmen:

»Fürwahr, ›den Pfad deiner Gerichte‹[36], Jahwe, erhoffen wir!
Nach deinem Namen und nach deinem Gedenken – der Seele
Verlangen.«

Der Vers befindet sich in einem Vertrauensgebet[37], das vor allem
eschatologische und weisheitliche Aussagen in z. T. paränetischer Absicht
verarbeitet, und will die Gemeinde in den von ihr erfahrenen Geschichts-
wirren, die sie als endzeitliche Ereignisse begreift, im Vertrauen auf
Jahwe stärken. In der Not richtet sich ihr Sprecher an Jahwe, dessen
Ferne erfahren und dessen Nähe ersehnt wird. Die Kettenstruktur der
Dichtung[38] erschwert häufiger eine genauere Bestimmung des Charakters
der Einzelaussagen. So hebt v. 7 mit einer weisheitlichen Sentenz an, an
die v. 8, verbunden durch das Stichwort ארח »Pfad« anschließt. Freilich
läßt sich der eschatologische Charakter von v. 8 durch den Hinweis auf
die eschatologische Gerichtsvorstellung in v. 9b.21 sichern. Auf dem Pfad
der Gerichte, so der Verfasser der Dichtung, soll und wird Jahwe eine
die gegenwärtige Not wendende Tat herbeiführen. Der Vers ist von dem
Vertrauen getragen, »daß der verworrene, von dem Menschen nicht zu
durchschauende Lauf der Geschichte dennoch Jahwes gerechter Leitung
untersteht.«[39]

Der Ausdruck ארח משפטיך »Weg deiner Gerichte« ist hier nicht in
moralischem Sinn zu verstehen[40], sondern er wird hier zu einem Terminus
der eschatologischen Theologie, der das noch ausstehende ordnungsstiftende Handeln Jahwes in der Geschichte ausdrücken will. Die enge
Verbindung mit v. 7 zeigt zudem, daß der Terminus durchaus mit weisheitlichem Denken verbunden sein will. Was für die Spur des Gerechten
gilt, die von Jahwe gerade gebahnt wird (v. 7b), das wird für den

---

[36] So der Vorschlag von BHS im Anschluß an den Text von Qᵃ, G, S und T. Zumeist
   wird ארח משפטיך »der Pfad deiner Gerichte« als Adverbialakkusativ verstanden und
   das Pronominalsuffix des Verbums als direktes Objekt (»auf dem Weg deiner Gerichte
   warten wir auf dich«), vgl. H. Wildberger, Jesaja II, 983.

[37] Will man es unternehmen, Jes 26,7 – 21 gattungsmäßig zu bestimmen, dann legt sich
   m. E. die Charakterisierung als Vertrauensgebet nahe. Allzuviel trennt die Dichtung
   vom klassischen Klagelied, wie O. Kaiser, Jesaja II, 169, aufgezeigt hat: das Vordringen
   des Vertrauensmotivs, das Eindringen lehrhafter Töne, der besonders in v. 20b begegnende paränetische Charakter, das Fehlen des Klagemetrums.

[38] So zu Recht O. Kaiser, Jesaja II, 169,166 Anm. 5, im Anschluß an J. Skinner bei G.
   B. Gray, Isaiah, 437 (»concatenated structure«).

[39] O. Kaiser, Jesaja II, 169.

[40] Anders R. P. Merendino, Der Erste, 79.

Geschichtsverlauf von Jahwe her erhofft: eine in ihren Abläufen geordnete Geschichtswelt.

Schließt man sich dem in M bezeugten Text an, dann bleibt es
grundsätzlich beim geschichtlichen Verständnis: »Fürwahr, auf dem Pfad
deiner Gerichte, Jahwe, warten wir auf dich!« So wie Jahwe in der
Geschichte gerichtet und seine Ordnung durchgesetzt hat, so wird er
fortfahren zu tun.

Blicken wir von den hier gewonnenen Erkenntnissen auf Jes 40,14:
Der Ausdruck ארח משפט »Pfad des Rechts« kennzeichnet hier in Jes
40,14 nicht den Weg, den die Menschen beschreiten sollen, um ihr Leben
in der Gemeinschaft zu ordnen, denn niemand kann sich gegenüber
Jahwe beratend dazu äußern. Er nennt vielmehr die Art und Weise, in
der Jahwe in der Schöpfung und in der Völkerwelt ordnungssetzend
handelt. Dabei ist es nicht angängig, von vornherein den Bereich der
Schöpfung und den der Geschichte voneinander zu trennen. Es ist derselbe Jahwe, der beides ordnet und lenkt. Wenn die Fragen von Jes
40,12 indirekt auf Jahwes vermessendes Ordnungshandeln in der Natur
abzielen, dann wird er zunächst einmal als Erhalter seiner Schöpfung
gesehen. Daß »Gott die Welt, das Meer, den Himmel und die Erde mit
ihren Gebirgen geschaffen hat, bezweifelt doch niemand; aber wer kann
dem Geheimnis dieser unermeßlichen Schöpfung auf den Grund kommen? Dann zieht er die Parallele (V. 13 f): ist's mit der Weltgeschichte
anders? Daß Gott sie lenkt, ist doch klar; aber wer wollte sich anmaßen,
sein Tun zu begreifen? Jedenfalls, daß der gewöhnliche Sterbliche das
Letztere nicht kann, ist kein Grund, das Erstere zu bezweifeln.«[41]

Neben ארח משפט »Pfad des Rechts« wird דרך תבונות »Weg der
Einsicht« genannt.

Wenn von Jahwes תבונה »Einsicht« die Rede ist, wird zunächst
einmal auf die Weltenschöpfung verwiesen (Jer 10,12 = 51,15; Ps 136,5;
Spr 3,19). Andere Stellen betonen die Erhaltung der Schöpfung (Jes
40,28), die Herrschaft über die Welt (Ps 147,5; Ijob 26,12); einmal wird
im Zusammenhang mit der göttlichen תבונה Israels Führung durch Jahwe
angesprochen (Ps 78,72). Die göttliche Weltüberlegenheit ist sicherlich
in Jes 40,14 mit dem Begriff תבונה gemeint[42]. Daß sich diese Weltüberlegenheit nicht nur auf die Schöpfung bezieht sondern als Geschichtsmäch

---

[41] K. Elliger, »Geschichte«, 207.

[42] Anders R. P. Merendino; Der Erste, 79, der in דרך תבונות »Weg der Einsicht« die
Überlegenheit Jahwes bei seinem Schöpfungswerk ausgedrückt findet. Das wäre aber
nur einer der möglichen Aspekte, der zudem vom Kontext her nicht bestätigt wird, es
sei denn, man sähe in Jes 40,12 mit K. Marti, Jesaja, 273; C. R. North, Second
Isaiah, 83, u. a., das Schöpfungstun Jahwes angesprochen. Dazu vgl. aber K. Elliger,
Deuterojesaja, 49. Es geht in Jes 40,12 um den Schöpfungsglauben, nicht um den
Schöpfungsakt.

tigkeit darüber hinaus Jahwes Handeln in der Völkerwelt kennzeichnen will, legt, wie K. Elliger herausstellt, v. 15 nahe.[43]

Zusammenfassend läßt Jes 40,12–17 folgende Konzeption vom Plan Jahwes erkennen: Der Plan Jahwes entspringt der göttlichen Souveränität und bleibt daher dem Menschen grundsätzlich unzugänglich. Es gibt niemanden, der mit diesem göttlichen Plan vertraut wäre. Jahwe ist der absolute Herr seiner Beschlüsse, und niemand kann ihm Belehrung darüber geben, wie der Weltlauf in Schöpfung und Geschichte gestaltet sein soll. Die Schöpfung ist für den Menschen zu groß, als daß er über sie verfügen könnte, und die Völkerwelt ist vor Jahwe zu klein, als daß sie entscheidenden Widerstand entgegensetzen könnte.

4. Zur redaktionellen Stellung von Jes 40,12–17

Nach R. P. Merendino zeigt das Weisheitsgedicht Jes 40,12–17 sprachlich kaum sichere Anzeichen, die eine Herleitung von Deuterojesaja, dem Verfasser des Grundbestandes in Jes 40–48, sicher erweisen könnten. Dafür spricht zudem die Tatsache, daß mit der Form des Weisheitsgedichtes eine sonst von Deuterojesaja nicht verwendete Gattung auftaucht. Andererseits schließen die Gedanken von Jes 40,12–17, Gottes Erhabenheit und Macht, auch nicht zwingend eine Verfasserschaft des Exilspropheten aus. Für R. P. Merendino kommt außer der unwahrscheinlicheren Lösung, daß der Prophet selber unter Zurhilfenahme von v. 17 den Text seinen eigenen Ausführungen voranstellt, die wahrscheinlichere These in Frage, daß hier der Redaktor, der 41,6 f.; 44,9–20; 46,6 f., und auch 40,18–20 einfügte, seine Hände im Spiel hat.[44] Allerdings kann die redaktionelle Zusammengehörigkeit dieser Texte nur vermutet werden, denn die Aussagen von der Souveränität Jahwes in Jes 40,12–17 einerseits und die Götzenpolemik in den übrigen Texten andererseits weisen kaum Gemeinsamkeiten auf, es sei denn die nicht zu beanstandende Annahme, daß neben Jahwe alles, was Gott zu sein beansprucht, nichts darstellt.

Es verbleibt aber immer noch die Möglichkeit, daß Jes 40,12–17 als eine im Umkreis und in der Beschäftigung mit der deuterojesajanischen Prophetie entstandene Dichtung anzusehen ist, die vielleicht in einen Zusammenhang mit Jes 55,8 f. zu stellen ist. Daß Jes 55 einer späteren Bearbeitung angehört, hat H.-C. Schmitt gezeigt.[45] Zwischen der Vorstellung, daß Jahwes Gedanken und Wege nicht die der Menschen sind,

---

[43] K. Elliger, Deuterojesaja, 53 f.122.
[44] R. P. Merendino, Der Erste, 81 f.
[45] H.-C. Schmitt, Prophetie, 56–59.

und den Fragen in Jes 40,12 – 17, die die Weltüberlegenheit Jahwes
herausstellen, lassen sich tendenzielle Konvergenzen ausmachen. Wenn
nun, wie R. Kilian dargelegt hat, in Jes 40,3 – 5 ebenfalls redaktionelles
Gut vorliegt[46], das sich mit der von H.-C. Schmitt in Jes 48 und 55 herausgearbeiteten »schultheologischen« Redaktionsschicht berührt, dann kann
die Annahme gewagt werden, daß diese Redaktion in Jes 40,12 – 17 ein
Stück vorgefunden hat, das ihrer eigenen Intention nahe kam.

5. Die Auffassung vom Plan Jahwes in Jes 40,12 – 17

Kein Mensch, auch der nicht, der dazu bestimmt ist, den göttlichen
Plan in der Welt zu verwirklichen, kennt diesen Plan; kein Mensch kann
somit Jahwe, den Schöpfer und Erhalter eines Universums, das von
niemandem ermessen werden kann, belehren, denn er ist größer als die
Welt. Jahwe ist der Herr der Schöpfung und der Herr der Geschichte.
Der souverän über seiner Schöpfung stehende Gott ist auch der souveräne
Herr der Geschichte, der das, was geschehen soll, bei sich plant und in
der Geschichte verwirklicht.[47]
Das weisheitliche Lehrgedicht will seiner Intention nach keine Lehre
vom Jahweplan entfalten, es bedient sich vielmehr der Vorstellung von
einem göttlichen Plan, um zu verdeutlichen, welche Stellung die Völker
vor Jahwe einnehmen. Zwei Argumente, die den Zuhörern als plausibel
erscheinen müssen, erbringen den entscheidenden Schluß: Die rhetorischen Fragen in Jes 40,12 führen zu der Erkenntnis, daß die große Welt
von keinem Menschen ermessen und geordnet werden kann, da das
den Menschen gegebene Instrumentarium völlig unzureichend ist. Zwar
besagen diese Verse für sich genommen überhaupt nicht, daß nun Jahwe
seinerseits all das getan hätte, wozu keiner der Menschen in der Lage
gewesen ist. Dennoch verweist die für den Menschen unerfaßbare Größe
der Welt selbstredend auf den Schöpfer. In einem zweiten Fragedurchlauf
wird festgehalten, daß niemand außer Jahwe selbst als Initiator von
Jahwes Geschichtshandeln gelten muß. Niemand kennt die Absichten
Jahwes, mit denen Jahwe in der Geschichtswelt die rechte Ordnung und
Führung durchsetzt. Was für die Welt gilt, das trifft auch auf den Sinn
der Geschichtsabläufe zu: Er kann vom Menschen nicht erschlossen,
geschweige denn Jahwe nahegebracht werden. Aus beidem zieht das
Lehrgedicht die Schlußfolgerung: In dieser großen Welt, die von niemandem durchschaut werden kann, sind vor Jahwe die Völker, die »Geschichte machen«, verschwindend klein. Zu diesen Völkern gehören
natürlich auch die, die Israel das Leben schwer gemacht haben, und

---

[46] R. Kilian, Straße, 53 – 60.
[47] Vgl. hierzu vor allem K. Elliger, »Geschichte«.

diejenigen, die in der Gegenwart des Sprechers auch noch zu fürchten sind. Aus einem menschlichen Blickwinkel heraus gesehen bleibt die Bedrohung durch die Völker bestehen, doch aus der Perspektive Jahwes, des Gottes Israels, sind die Völker eine quantité negligeable.

Dieses vor allem von K. Elliger herausgearbeitete geschichtliche Verständnis des Lehrgedichts Jes 40,12 – 17 bestätigt sich m. E. vor allem in der Aufnahme und Entfaltung der Völkerthematik. Für Israel sind die Völker Akteure auf dem Feld der Geschichte; es hat unter den Kriegen und Eroberungszügen der Großmächte gelitten. Politische Aktionen haben zunächst das Nordreich Israel ausgelöscht und später dann auch Juda um die politische Eigenständigkeit gebracht. Insofern wird mit der Erwähnung der Völker ein hochplitisches und somit auch geschichtliches Thema angeschlagen. Der Einwurf von R. N. Whybray, K. Elliger habe sein geschichtliches Verständnis der Verse lediglich auf einer zu engen Interpretation einiger Wörter aufgebaut[48], referiert dessen Ausführungen arg verkürzt. Es mag hier ein kurzer Hinweis auf die in Jes 40,12 – 17 vorliegende und von K. Elliger ausführlich behandelte Argumentationsfigur genügen.[49]

In Jes 40,12 – 17 begegnet die Jahweplan-Vorstellung im Zusammenhang mit der Völkerthematik. Dieser Zusammenhang war auch in den oben behandelten Völkersprüchen aus dem Protojesaja-Buch festzustellen. Freilich besteht in der Aussageintention ein entscheidender Unterschied: Richtet sich in den Völkersprüchen des Protojesajabuches der Plan/Beschluß Jahwes konkret *gegen* ein bestimmtes Volk (Assur, Ägypten, Sidon), so bezieht sich der göttliche Plan in Jes 40,12 – 17 auf ein Handeln Jahwes *in* der Völkerwelt. Er ist hier nicht eindeutig mit der Vorstellung eines Gerichtshandelns an den Völkern verbunden.

---

[48] R. N. Whybray, Isaiah 40 – 66, 54.
[49] Siehe K. Elliger, »Geschichte«, 207.

III. Jesaja 44,24 – 28

1. Der Text

24 So spricht Jahwe, dein Erlöser
und dein Bildner vom Mutterleib an:
Ich bin Jahwe, der alles tut;
der die Himmel ausspannt – ich allein;
der die Erde ausbreitet – ›wer‹[1] war bei mir?
25 Der die Zeichen der Orakelpriester[2] zerbricht,
die Wahrsager macht er zum Gespött.
Der die Weisen umkehren läßt rückwärts,
ihr Wissen macht er töricht.
26 Der das Wort ›seiner Knechte‹[3] verwirklicht,
den Plan seiner Boten läßt er erfüllen.
Der zu Jerusalem sagt: Es sei bewohnt![4],
(und zu den Städten Judas: Sie werden aufgebaut!)
seine Trümmer richte ich auf.
27 Der zum Abgrund sagt: Versiege!
Und deine Flüsse trockne ich aus.
28 Der zu Kyros sagt: Mein Hirte![5]
All meine Wünsche vollbringt er.
(Folgendermaßen zu Jerusalem: Es werde aufgebaut,
und der Tempel wird gegründet!)

---

[1] Lies מִי אִתִּי; vgl. BHS und K. Elliger, Deuterojesaja, 453.

[2] M überliefert hier, wie auch in Jer 50,36 und Hos 11,6, בדים. Einige bringen das Wort mit בד »Geschwätz, Flunkerei« zusammen, vgl. HAL, 105, s. v. IV בד. HAL, 105, s. v. V בד, sieht einen Zusammenhang mit amor. baddum und übersetzt »Orakelpriester«. K. Elliger, Deuterojesaja, 453 f., liest in Anlehnung an das akk. bārû »haruspices, Wahrsagepriester« ברים. Damit folgt er einem Vorschlag von P. Haupt. So dann auch B. Duhm, Jesaia, 338; L. Köhler, Deuterojesaja, 25; P. Volz, Jesaia II, 56; C. Westermann, Jesaja, 124 Anm. 1; C. R. North, Second Isaiah, 144; R. N. Whybray, Isaiah 40 – 66, 103; J. L. McKenzie, Second Isaiah, 73. Vgl. ferner HAL, 146, s. v. V בר.

[3] Zu lesen ist der Plural. Vgl. dazu die ausführlichen Erwägungen von K. Elliger, Deuterojesaja, 454. Mit anderen Autoren vermutet R. P. Merendino, Der Erste, 403 Anm. 3, Defektivschreibung.

[4] M bezeugt das hof., eine ungewöhnliche Bildung. BHS schlägt das nif. vor. Q^{a.b} liest das Qere.

[5] Gegen den Vorschlag von BHS, רֵעִי »mein Freund« zu lesen, wird M beibehalten.

2. Zur Abgrenzung und zur Form von Jes 44,24–28

Mit der erweiterten Botenformel כה אמר יהוה גאלך »so spricht Jahwe, dein Erlöser« beginnt in Jes 44,24 ein neuer Abschnitt, der in v. 28 zum Ende kommt, denn in Jes 45,1 setzt, ebenfalls mit einer Botenformel eingeleitet, ein neuer Abschnitt ein.[6] Daß diese Abgrenzung nicht unumstritten ist, zeigt ein Blick in die neuere und neueste Literatur zur Stelle.[7]

Ebenfalls unterschiedlich beantwortet wird die Frage nach der literarischen Gattung, die ihrerseits wiederum eng mit der Abgrenzungsproblematik verbunden ist. Die unterschiedlichen Positionen, die im Kommentar von K. Elliger umfassend referiert werden, müssen hier nicht mehr in extenso dargestellt werden. So wird das Wort als Orakel, in dem die göttliche wie auch die prophetische Introduktionsformel im Hymnenstil erweitert worden ist (H. Greßmann), als Disputationswort mit hymnischen Bezügen (J. Begrich, E. v. Waldow, E. Jenni), als Mischung aus Hymnus und Diskussionswort (G. Fohrer), als dem Gerichtswort verwandt (C. Westermann), als hymne à soi même (H. M. Dion, P.-E. Bonnard), als Selbstprädikationshymnus der Gottheit (H. J. Hermisson) und als Disputation in der Form des Selbstpreises (A. Schoors) angesehen.[8]

Angesichts dieser Meinungsvielfalt kann man mit K. Elliger feststellen: »Offenbar sind bisher überall einzelne Elemente und Aspekte mehr oder weniger zutreffend erkannt worden, aber es fehlt die einleuchtende Gesamtschau.«[9] Darin versucht sich nun K. Elliger. Er geht davon aus, daß sich das Stück in drei gleichgebaute Strophen gliedern läßt: v. 24.25 – 26a.26b* – 28a. Die metrische Analyse zeigt, so K. Elliger, ein Vierfaches:

a) Es kann eine durchgehende Gleichheit des Strophenbaus festgestellt werden.

b) Deutlich wird das Gewicht, das gleich zu Anfang der Jahwerede auf der ersten Zeile ruht.

---

[6] So P. Volz, Jesaja II, 56; L. Köhler, Deuterojesaja, 24 f.; L. G. Rignell, Study, 44; C. R. North, Second Isaiah, 143 – 148; G. Fohrer, Jesaja III, 80 f.; H. J. Hermisson, Diskussionsworte, 674 – 676; K. Elliger, Deuterojesaja, 456 f.; R. F. Melugin, Formation, 38 f.; J. L. McKenzie, Second Isaiah, 72 ff. Anders B. Duhm, Jesaia, 338; K. Marti, Jesaja, 305 f.; C. Westermann, Jesaja, 124 ff.; H. D. Preuß, Deuterojesaja, 77. P.-E. Bonnard, Second Isaïe, 163 – 168; R. N. Whybray, Isaiah 40 – 66, 102 f.; A. S. Herbert, Isaiah III, 64.

[7] Vgl. vor allem die Diskussion der verschiedenen Positionen bei K. Elliger, Deuterojesaja, 456 f.

[8] Siehe dazu K. Elliger, Deuterojesaja, 456 – 462.

[9] K. Elliger, Deuterojesaja, 459.

c) Dem stark betonten כל »alles« am Anfang (v. 24b) entspricht ein betontes כל »alles« am Ende der Rede (v. 28aβ).

d) Die Botenformel gehört ursprünglich zum Text, wurde nicht nachgetragen.[10]

Die entscheidende Frage aber, nämlich die nach dem Verhältnis von der einleitenden Botenformel (v. 24a) zur Jahwerede (v. 24b – 28), wird in der metrischen Analyse keiner Lösung zugeführt. Nach ausführlichen und differenzierten Erwägungen kommt K. Elliger zu dem Ergebnis, daß in v. 24a strenggenommen keine Botenformel vorliegt, sondern – K. Elliger übernimmt einen von A. J. Bjørndalen eingeführten Begriff – eine Zitatformel, »weil zwar ebenfalls eine Rede Jahwes von dem Propheten weitergegeben wird, aber nicht von ihm als Boten, sondern als Berichterstatter und vor allem nicht an den eigentlichen Empfänger, sondern an einen Dritten, an der Sache auch seinerseits Interessierten.«[11] Israel kann nicht als Adressat gelten, denn »es handelt sich um eine Rede des Königs Jahwe vor seinem himmlischen Hofstaat. Der ›Sitz im Leben‹ ist der gleiche wie bei 42,1 – 4. Beidemal gibt Jahwe eine Art Regierungserklärung ab.«[12] Bezug nehmend auf die Untersuchungen von H. M. Dion kennzeichnet K. Elliger zusammenfassend seine Position folgendermaßen: »Die Frage nach der Gattung ist also doch wohl eindeutig dahin zu beantworten, daß die Jahwerede nach Art eines Königlichen Erlasses gestaltet ist: der göttliche Herrscher tut der himmlischen Staatsversammlung seinen Willen kund.«[13] Mit diesem Ergebnis führt K. Elliger zum einen die divergierenden formkritischen Erwägungen zu einem gewissen Abschluß, zum andern verankert er den Text mit seinem Hinweis auf Jes 42,1 – 4 in der Prophetie Deuterojesajas.

Der Beweisgang K. Elligers wäre freilich noch überzeugender ausgefallen, hätte er in seinen Erklärungsversuch auch noch das Argument, das zur Abgrenzung Jes 44,24 – 45,7 geführt hat, integriert: die Beobachtung, daß Jes 44,24b und 45,7b eine Inklusion bilden. Hier setzt nun R. P. Merendinos Versuch der Abgrenzung und Gattungszuweisung ein. Hinsichtlich der Abgrenzungsproblematik stellt er zweierlei fest: Es gibt einerseits nicht zu übersehende Indizien für die Selbständigkeit von Jes 45,1 – 7 gegenüber 44,24 – 28; andererseits aber verbindet das formale Element der Inklusion die beiden Texte. Eingehende literarkritische Erörterungen führen bei R. P. Merendino zu folgendem Ergebnis: die echt

---

[10] Zum Ganzen vgl. K. Elliger, Deuterojesaja, 459 ff.

[11] K. Elliger, Deuterojesaja, 465.

[12] K. Elliger, Deuterojesaja, 465.

[13] K. Elliger, Deuterojesaja, 465. Gegen die Gattungsbestimmung »hymne à soi même« wendet sich, wenn auch mit unzureichenden Gründen, R. N. Whybray, Isaiah 40 – 66, 103.

deuterojesajanischen Verse Jes 45,1aα (ohne לכורש »dem Kyros«).
1aβ.1b – 3a.3b (ohne הקורא בשמך »der dich bei deinem Namen gerufen
hat«). 4b.5aα.5b.6a wurden durch die redaktionellen Verse Jes 44,24 –
26a. 26bαγ. 27 – 28a; 45,6b – 7.8 umrahmt und durch לכורש »dem Kyros«
in Jes 45,1aα, ferner durch 45,5aβ ergänzt. »Der daraus resultierende Text
sollte als Einleitung zum Komplex 45,11a.12 – 13bα.16 f; 45,18aα*.18b –
19.20a – 21; 46,1 – 4.5.8a.9 – 11; (48,1 – 21*) dienen. Zu dieser Etappe
der Überlieferung gehört auch der Einbau von Kap. 47 …, das an 46,1 –
4.5.8a.9 – 11 angehängt wurde; dabei diente 46,12 f als Brücke.«[14]

Dieses literarkritische Ergebnis wirft erneut und anders die Gat-
tungsfrage auf. Im Anschluß an F. Crüsemann stellt R. P. Merendino fest,
daß Jes 44,25 – 28a nicht die Merkmale aufweist, die für die hymnischen
Partizipien charakteristisch sind[15], denn im Hymnus gehe es um typische
und allgemeingültige Züge des göttlichen Handelns in der Menschenwelt,
wogegen v. 25 – 28a spezifische Aussagen treffe.

Obwohl Jes 44,24 – 28 keine hymnischen Partizipien in sensu stricto
aufführt, ist dennoch nicht zu übersehen, daß hymnischer Stil vorliegt.
»Einige stilistische Merkmale sprechen … dafür, daß hier nicht Jahwe
redet, sondern von ihm geredet wird. Es legt sich die Vermutung nahe,
daß VV. 25 – 28a als eine Antwort auf die Selbstprädikation Jahwes V. 24
gedacht sind: in ihr wird festgestellt und aufgezählt, was Jahwe, der sich
als der alles Tuende vorstellt, tatsächlich hervorbringt.«[16] R. P. Merendino denkt in diesem Zusammenhang näherhin an einen Chor, »der am
Geschehen der Selbstoffenbarung Jahwes an Israel mit seinen kommentierenden Worten teilnimmt, feststellend und freudig berichtend.«[17] Es
spricht für die kritische und überlegte Vorgehensweise R. P. Merendinos,
wenn er darauf aufmerksam macht, daß sich seine gattungskritische
Zuweisung nicht bedenkenlos für einschlägige Antworten auf die berechtigte Frage nach dem Sitz im Leben und dem damit verbundenen Ort
der Überlieferung eignet. Anders gesagt: Nach R. P. Merendino könnte
der Text zwar auf die liturgische Verwendung deuterojesajanischer Texte
verweisen, muß es aber nicht zwingend. Denkbar wäre auch, »der

---

[14] R. P. Merendino, Der Erste, 496.
[15] R. P. Merendino, Der Erste, 409. Bereits F. Crüsemann, Hymnus und Danklied, 88
Anm. 3, hatte zu Jes 44,24 – 28 bemerkt, es handle sich um ein formal einzigartiges
Stück. Unter Umständen sei v. 25 als alt anzusehen. Keinesfalls handle es sich um ein
Jahwewort, die Partizipialaussagen müßten als Erweiterung der Botenformel verstanden
werden. Gegen C. Westermann sei Jes 45,1 als Neueinsatz zu verstehen. Da Jes 44,28
den entscheidenden Skopus von 45,1 vorwegnehme, müsse entweder dieser Vers oder,
was Beobachtungen zur Form stützen, die ganze Perikope Jes 44,24 – 28 als sekundär
gelten.
[16] R. P. Merendino, Der Erste, 410.
[17] R. P. Merendino, Der Erste, 410.

Tradent hätte bei der Gestaltung dieses Textes in seiner Vorstellung nach dem Schema einer solchen responsorischen Liturgie gearbeitet.«[18] Überzeugend bleiben, mag man nun der Gattungszuweisung R. P. Merendinos zustimmen oder ihr nur mit Vorbehalt begegnen, sein literarkritisches Ergebnis und sein redaktionskritischer Lösungsversuch.

Die Ergebnisse von R. P. Merendino wirken sich ferner auf die Bestimmung der Zeitebenen aus, denn wenn es sich, wie er glaubhaft machen kann, um eine »Art vergegenwärtigender Liturgie«[19] handelt, dann ist der Blick notwendig in die Vergangenheit gerichtet, zumal die Jahwerede, die in Jes 44,24 eingeleitet wird, nach R. P. Merendino nur diesen Vers umfaßt. Damit setzt er sich ab von der überwiegend vertretenen Ansicht, die Jahwerede reiche bis v. 28 und habe einen präsentisch-futurischen Charakter.[20]

3. Die Vorstellung vom göttlichen Plan in Jes 44,24 – 45,7

Auf die nach deuterojesajanischem Vorbild gestaltete Jahwerede v. 24, die als gewichtige Einleitung dem Textkomplex 44,25 – 45,7 vorangestellt ist, folgen in v. 25 drei jeweils durch ein Partizip (מפר »der zerbricht«... משיב »der rückwärts umkehren läßt«... מקים »der verwirklicht«) eingeführte und in einer finiten Satzkonstruktion (3. Pers. Sing.) endenden Aussagen. Drei weitere Sätze beginnen mit dem Partizip האמר »der sagt« und enden mit einer finiten Satzkonstruktion, entweder in der 1. Pers. Sing. oder in der 3. Pers. Sing. mit einem Verweis auf die 1. Pers. Sing. durch Pronominalsuffix.

Wenn v. 24 Jahwe als גאל »Erlöser/Löser« einführt, dann ist das eine für das Gottesbild und Gottesverhältnis Israels wichtige Aussage. Im menschlichen Bereich handelt es sich bei dem »Löser« um eine Institution des Sippenrechts. Dem nächsten Verwandten war es als Pflicht auferlegt, für ein verarmtes Familienmitglied, dessen Besitztümer in fremde Hände gewechselt waren, den Besitz wieder zurück zu erwerben, vgl. Lev 25,25 – 28.47 ff. War ein Glied der Familie gestorben und hatte keine Nachkommen hinterlassen, dann war es Pflicht des Lösers, die Witwe zu ehelichen, vgl. Dtn 25,5 – 10; Rut 3,9 – 13; 4,6. Ferner war der Löser zur Blutrache verpflichtet, vgl. Gen 34,1 – 31. Mit A. Jepsen kann somit daran erinnert werden, daß dem Löser die Aufgabe der Wiederherstellung zufällt. Wenn also Gott Löser seines Volkes genannt

---

[18] R. P. Merendino, Der Erste, 411.
[19] R. P. Merendino, Der Erste, 411.
[20] Den präsentisch-futurischen Aspekt unterstreichen K. Elliger, Deuterojesaja, 465 f.; A. Schoors, Saviour, 267 – 273.

wird, dann bedeutet das: Gott bringt Israel das Leben und Erbe wieder.[21]
J. J. Stamm erinnert außerdem zu Recht daran, daß der Begriff גאל
»Löser« ein Verantwortungsverhältnis Jahwes zu Israel ausspricht: »Damit ist angedeutet, dass Jahwe sein Volk auslöst, so wie ein menschlicher
גֹּאֵל es seinem verarmten Sippenangehörigen gegenüber tut. Die Erlösung
ist demnach keine Handlung plötzlich aufbrechenden Erbarmens der
Gottheit, sondern sie erfolgt aus einem zwischen Gott und Volk bestehenden Verpflichtungsverhältnis heraus.«[22]

Es ist sinnvoll, die Verse Jes 44,25–26a als Ausgangspunkt der
Überlegungen zur Frage nach der Vorstellung vom Plan Jahwes in Jes
44,24–45,7 zu wählen. Von Jahwe heißt es dort:

»der die Zeichen der Orakelpriester zerbricht,
die Wahrsager macht er zum Gespött.
Der die Weisen umkehren läßt rückwärts,
ihr Wissen macht er töricht.
Der das Wort seiner Knechte verwirklicht,
den Plan seiner Boten läßt er erfüllen.«

Mit R. P. Merendino läßt sich konstatieren, daß in vv. 25–26a
Wörter, Formeln und stilistische Eigentümlichkeiten begegnen, die sonst
bei Deuterojesaja nicht mehr zu finden sind.[23] Dazu gehören auch
dieAusdrücke, die die Menschengruppen bezeichnen, an denen Jahwe
handelt: ברים »Orakelpriester«, קסמים »Wahrsager« und עבדיו »seine
Knechte«. Sind mit den ברים die im Dienst anderer Götter stehenden
Orakelpriester, vgl. Jer 50,36[24], gemeint oder handelt es sich um im
Bereich der Jahwereligion wirkende Orakelpriester, die sich nichtisraeliti-
scher mantischer Praktiken bedienen? Für K. Elliger richtet sich v. 25
gegen heidnische Mantiker: »Das Auffälligste in der Darstellung des
restlosen Versagens der heidnischen Wahrsagekunst ist nun aber zweifellos, daß dieses Versagen auf Jahwe persönlich zurückgeführt wird. Jahwe
selbst ist das Subjekt, das die Zeichen zerbricht, die Wahrsager und
Weisen zu Narren macht.«[25] Noch deutlicher bezieht G. Fohrer die
Aussagen auf die babylonische Religion: Bei der Erwähnung der Wahrsager, Orakelbefrager und Weisen denke der Prophet »sicherlich in erster
Linie an die babylonische Religion, in der Wahrsagerei und Orakelwesen

---

[21] A. Jepsen, Begriffe, 160.
[22] J. J. Stamm, Erlösen, 41.
[23] R. P. Merendino, Der Erste, 405.
[24] Hos 11,6 gilt als textlich umstritten; siehe dazu einerseits H.-W. Wolff, Dodekapropheton 1, 248, andererseits W. Rudolph, Dodekapropheton 1, 211. J. Jeremias, Hosea,
143, sieht Hos 11,5b.6b als Zusatz an.
[25] K. Elliger, Deuterojesaja, 470.

eine große Rolle spielten und in der man mit Zauber und Beschwörung die Zukunft zu gestalten suchte.«[26]

Nun ist diese aus der Verkündigungssitutation Deuterojesajas verständliche Interpretation dann nicht über jeden Zweifel erhaben, wenn die zur Diskussion stehenden Verse redaktionellen Ursprungs sind. Zwar könnte man den Terminus ברים »Orakelpriester«, berücksichtigt man Jer 50,36, auf die babylonischen Orakelpriester beziehen, doch weiß die freilich textlich umstrittene Stelle Hos 11,6 von ברים »Orakelpriestern« in Israel. Darüber hinaus belegen Jes 3,2; Jer 29,8; Mi 3,7 und Sach 10,2 für Israel die Tätigkeit der ebenfalls erwähnten קסמים »Wahrsager«. Dabei handelt es sich mit großer Wahrscheinlichkeit um exilisch-nachexilische Belege, wie O. Kaiser für Jes 3,2, J. Vermeylen für Mi 3,7 und W. Thiel für Jer 29,8 gezeigt haben.[27] Wenn nun aber an anderen Stellen die Problematik der Wahrsager für Juda bezeugt ist, dann besteht keine Veranlassung, in dem redaktionell verantworteten Halbvers Jes 44,25a babylonische Orakelpriester und Wahrsager genannt zu finden, zumal doch auch wohl die erwähnten Weisen dem eigenen Volk zuzurechnen sind. Es wird vielmehr so sein, daß die Vertreter der in v. 25 f. genannten Gruppen als gleichzeitig und nebeneinander tätig zu denken sind.

Während nun von den erstgenannten drei Gruppen, den Orakelpriestern, Wahrsagern und Weisen, gesagt wird, daß ihre Zeichen zerbrochen bzw. sie selber zum Gespött werden, wird von Jahwes Knechten, d. h. den Propheten, ausgesagt, daß Jahwe ihr Wort aufrichtet. Inhaltlich kontrastiert das Partizip מקים »der verwirklicht« die beiden vorangehenden Partizipien מפר »der zerbricht« und משיב »der rückwärts umkehren läßt«, ein Hinweis dafür, daß in v. 26a ein erstes Aussageziel erreicht ist: Jahwe ist es, der das Wort seiner Knechte Wirklichkeit werden läßt und es somit als wahr erweist. Nachdem mit den Orakelpriestern, Wahrsagern und Weisen bereits Gruppen genannt sind, die sich berufsmäßig um die Erhellung dessen bemühen, was die Gottheit in dieser Welt zu tun gedenkt, wird man in den Knechten und Boten von v. 26a die wahren Propheten erblicken dürfen, deren Botschaft sich von den Zeichen der Orakelpriester und Wahrsager und von dem Wissen der Weisen dadurch unterscheidet, daß Jahwe sie verwirklicht. Die אותות »Zeichen« der ברים »Orakelpriester«, die ihre Botschaft als wahr erweisen sollen, werden dagegen von Jahwe zerbrochen; Jahwe selbst macht die Wahrsager zum Gespött; er läßt die Weisen scheitern und macht ihr Wissen töricht[28]. Somit erweist Jahwe in Souveränität die Botschaft der einen als falsch, und er bestätigt das Wort der andern als wahr. Bei den Orakelpriestern,

---

[26] G. Fohrer, Jesaja III, 82.

[27] O. Kaiser, Jesaja I, 76–80; J. Vermeylen, Isaïe II, 583–590, bes. 588 f.; W. Thiel, Jeremia 26–45, 14 f.

[28] Vgl. die ähnliche Verwendung von סכל, pi., in 2 Sam 15,31.

Wahrsagern und Weisen kann über das zukünftige Geschick nichts erfahren werden, denn schon die Gegenwart erfährt durch diese Vertreter mantischer Künste keine göttlich autorisierte Interpretation. Allein das Wort der Jahweknechte und Jahweboten vermag kundzutun, was Jahwe zu tun gedenkt, denn schon jetzt wird erfahrbar, daß ihr Wort und ihr Plan, letztlich natürlich Jahwes Wort und Jahwes Plan, zustande kommen.

Deutlich wird das vor allem in der sonst nur noch Ez 30,9 und 2 Chron 36,15 zu findenden Bezeichnung der Propheten als מלאכיו »seine Boten«[29], die die so Genannten eng an ihren Auftraggeber bindet.[30] Der Plan, den ein »Bote« kundtut, ist stets und eigentlich der Plan dessen, der diesen Boten in Dienst genommen hat. Ähnliches besagt auch die seit dem Exil anhebende Deutung der Propheten als עבדים »Knechte«: »die Propheten haben in einer Zeit des wachsenden Abfalls von Jahwe ihm die Treue gehalten und in seinem Dienst gewirkt.«[31] Die Bezeichnung der Propheten als עבדים »Knechte« kann als für die dtr Prophetentheologie charakteristisch angesehen werden: 2 Kön 9,7; 17,13.23; 21,10; 24,2; Jer 7,25; 25,4; 26,5; 29,19; 35,15; Ez 38,17; Am 3,7; Sach 1,6; Dan 9,10.

Ein dreifaches האמר »der spricht« kündigt an, was Jahwe zu tun gedenkt. Man wird diese Aussagen als Entfaltung und Konkretisierung dessen verstehen dürfen, was Jahwe in v. 26a als »Wort seiner Knechte« und als »Plan seiner Boten« gelingen läßt. Es kann kaum als zufällig gelten, daß auf דבר »Wort« und עצה »Plan« ein dreimaliges האמר »der sagt« folgt. »Die mit Artikel versehenen Partizipien haben gegenüber den vorhergehenden Partizipien die Funktion der Feststellung und Identifizierung.«[32] Genauer gesagt: Sprachen die Partizipien מפר »der zerbricht«, משיב »der rückwärts umkehren läßt« und מקים »der verwirklicht« von Taten Jahwes, so nennt das dreifache האמר »der spricht« sein im Wort der Knechte und Plan der Boten kundgemachtes wirkmächtiges Sprechen. »Jahwe ... hat nicht nur durch seine Knechte vorherverkündet, sondern es auch verwirklicht, indem er durch Kyros die feindliche Macht vernichtet und Jerusalem wieder besiedeln läßt.«[33]

Jahwes Wort richtet sich an die Stadt Jerusalem, den Abgrund und den Perserkönig Kyros, und zeigt auf, wie Jerusalems Heil gewirkt

---

[29] Im Sing.: Hag 1,13. R. N. Whybray, Isaiah 40 – 66, 104, erwägt ernsthaft die Unmöglichkeit, in den Knechten Israel erwähnt zu sehen. Das scheitert schon an den vorher erwähnten Mantikern, den Orakelpriestern und Wahrsagern, die, wie die vorgelegte Auslegung zeigt, in Israel aufgetreten sind.

[30] Vgl. dazu R. Ficker, Art. מלאך, Sp. 903.

[31] C. Westermann, Art. עֶבֶד, Sp. 193.

[32] R. P. Merendino, Der Erste, 411 f. In diesem Sinne auch A. Schoors, Saviour, 271.

[33] R. P. Merendino, Der Erste, 410.

werden soll. Dabei gilt die Aussage von v. 27 als umstritten[34], und kaum eine Deutungsmöglichkeit wurde bislang ausgelassen. So versteht man das Hapaxlegomenon צולה »Abgrund, Tiefe« entweder als einen Hinweis auf das Rote Meer, so daß man eine Anspielung auf das Rettungsgeschehen beim Auszug aus Ägypten erblicken könnte, als ein allgemeines Bild für die Not, als Chiffre für das am Eufrat und seinen Kanälen gelegene Exilsland, als Urchaos, als Sintflut.[35] Vermutlich besagt die Metapher von v. 27 ein zweifaches: Wie R. P. Merendino überzeugend darlegt, wird mit dem Bild vom Austrocknen der Tiefe eine Gerichtsaussage – offenbar für die mit »Abgrund, Tiefe« gemeinte Größe – ausgesprochen, denn es »zeigt sich Jahwes richtende Macht im Verwandeln der Ströme in Wüstenland«.[36] Zum andern wird in diesem Vers, wie es v. 26b und 28a nahelegen, vor allem von Jerusalems Heil geredet. Wenn durch Jahwes Wort der Abgrund versiegt – ein mythisches Bild, das Chaoskampftraditionen anklingen läßt[37] –, dann bedeutet das für Jerusalem eine neue Zukunft, da Jahwe den bedrohenden und vernichtenden Mächten, der mit Babylons Machtstreben einhergehenden Not des Volkes, ein Ende setzt.

Der Plan und das Wort Jahwes wirken sich somit in der Geschichte seines Volkes aus, sind auf das Heil Jerusalems ausgerichtet. Beides, durch die Propheten angekündigt, ist in der Geschichte sichtbar und erfahrbar geworden: Die Restitution Jerusalems, das Ende der durch die fremde und feindliche Macht bereiteten Not, der Siegeszug des Kyros. Der Glaube sieht in dieser Wende das Wort und den Plan Jahwes am Werk. Beides wird, das stellt einen weiteren Aspekt der in Jes 44,24 – 28 begegnenden Vorstellung vom göttlichen Plan dar, von Menschen, die zu Jahwe als Knechte und Boten in einem besonderen Verhältnis stehen, prophetisch angekündigt. Allein die Propheten sind von Jahwe autorisiert, so daß allein ihre Botschaft zustandekommt.

Daß es allein Jahwe ist, der seinen Plan und sein Wort verwirklicht, findet seinen Grund letztlich in der v. 24 angesprochenen Weltüberlegenheit Jahwes. Der Gott, der Himmel und Erde ausbreitet, der die Lügen der Orakeldeuter zerbricht und die Weisheit der Weisen als töricht erweist, der besitzt auch die Macht, sein Wort und seinen Plan durchzusetzen. Gezeigt hat er das bereits an Jerusalem und an der Wende der Not seines Volkes. Vor allem aber erweist sich Jahwes Weltmächtigkeit in der Berufung des fremden Herrschers Kyros. Im Rahmen der größeren Weltgeschichte, die Jahwe ebenso beherrscht wie die Geschichte der

---

[34] Vgl. dazu K. Elliger, Deuterojesaja, 473 f.
[35] Vgl. den Überblick bei K. Elliger, Deuterojesaja, 473.
[36] R. P. Merendino, Der Erste, 406.
[37] Vgl. K. Elliger, Deuterojesaja, 474; K. Kiesow, Exodustexte, 198.

Seinen, kann dieser Gott, und nur er allein, die Geschicke des Volkes leiten.

Gegenüber Jes 40,12 – 17 bezeugt 44,24 – 28 ein anderes Verständnis vom Plan Jahwes, das dem in der erstgenannten Stelle freilich nicht widersprechen muß. Ist nach Jes 40,13 der Plan Jahwes eine Größe, die zwar, weil Jahwe es so will, von Menschen in die Tat umgesetzt wird, die aber von ihnen nie durchschaut wird, so versteht Jes 44,26 unter dem Plan die durch die Propheten angekündigten Heilsabsichten Jahwes, die sich zugunsten Israels in der Geschichte verwirklichen.

Zusammenfassend kann festgehalten werden: Der redaktionell zusammengestellte und gestaltete Abschnitt Jes 44,24 – 45,7 spricht von »Jahwe als Schöpfer und Lenker der Geschichte«[38], vgl. den resümierenden Abschlußvers Jes 45,7. Wenn man die redaktionskritischen Überlegungen von R. P. Merendino sich in den Grundzügen zu eigen macht, dann läßt sich von der hier begegnenden Vorstellung vom Plan Jahwes folgendes sagen:

a) In der Schöpfung zeigt sich Jahwes Einzigkeit, vgl. Jes 44,24. Sie wird vor allem, und darauf liegt der Akzent, in mannigfacher Weise in der Geschichte erfahren: Jahwe verwirklicht das durch seine Propheten zum Heil Jerusalems gesandte Wort und den durch sie geoffenbarten Plan, vgl. 44,25 f., vollzieht das Gericht an der bedrohlichen Chaosmacht, vgl. 44,27, und schafft in der Berufung des Kyros für Jerusalem Heil, vgl. 44,28; 45,1 – 5. All diese Taten dienen ihrerseits allein dem Einzigkeitserweis Jahwes, vgl. 45,6.

b) Der Plan Jahwes zeitigt eine universelle Wirkung: Er gilt für Jerusalem ebenso wie für den Chaosabgrund, vgl. Jes 44,26b.27. Er gilt aber auch für das fremde Volk der Perser, das hier in der Gestalt des Kyros begegnet, vgl. v. 28a.

c) Jahwe allein ist es, der all dieses bewirkt, vgl. Jes 44,24; 45,6b.7. In dieser theologischen Aussage wirkt einerseits die deuterojesajanische Polemik gegen die Fremdgötter der Babylonier nach, zum andern richtet sich diese Aussage gegen auch in der nachexilischen Zeit geübte Zauberpraktiken.

---

[38] R. P. Merendino, Der Erste, 420.

IV. Jesaja 46,9 – 11

1. Der Text

9 Denkt an das Frühere seit Alters her[1],
   denn ich bin Gott, sonst gibt es keinen;
   Gott, und nichts ist wie ich.
10 Der von Anfang an das Ende mitteilt,
   und von Urzeit, was noch nicht getan ist;
   der sagt: Mein Plan kommt zustande,
   und alles, was ich wünsche, werde ich vollbringen.
11 Der ruft vom Aufgang den Raubvogel,
   aus fernem Land den Mann seines Planes.
   Wie ich es gesagt habe, so werde ich es herbeibringen,
   ich habe es gebildet, ich selbst werde es vollbringen.

2. Zur Abgrenzung und zur Form von Jes 46,8 – 11

In der gegenwärtigen Exegese ist die oben getroffene Abgrenzung
umstritten. Zwar wird gemeinhin v. 8 zu Jes 46,5 – 7 gezählt[2], doch
gibt es auch Stimmen, die v. 8 mit v. 9 ff. verbinden. Außerdem ist zu
untersuchen, ob der Abschnitt v. 9 – 11 eine selbständige Einheit darstellt,
oder ob diese Verse als Bestandteil eines umfangreicheren Wortes zu
gelten haben.

Nach C. Westermann handelt es sich bei Jes 46,1 – 13 um den
zweiten Teil einer mit Jes 45,18 f. eingeleiteten größeren Komposition.[3]
Andere grenzen dagegen den Abschnitt Jes 46,5 – 11 ab und bestimmen
diese Verse als Disputationswort.[4] Da es sich bei Jes 46,5 – 8, wie K.

---

[1] BHS schlägt vor, v. 9a mit v. 8b zu verbinden, wobei לֵב akzentuiert wird, und der
Sillûq hinter מעולם zu stehen kommt. V. 8a wird von BHS gestrichen.

[2] So B. Duhm, Jesaia, 324; K. Elliger, Deuterojesaja-Tritojesaja, 247; G. Fohrer, Jesaja
III, 100; E. J. Kisane, Isaiah II, 93; L. Köhler, Deuterojesaja, 30; C. Westermann, Jesaja,
148 f.

[3] C. Westermann, Jesaja, 144; ähnlich P.-E. Bonnard, Second Isaïe, 181 ff.

[4] So J. Begrich, Deuterojesaja, 13. Nach J. Begrich handelt es sich um ein zweiteiliges
Disputationswort (v. 5 – 7.8 – 11). Vgl. ferner R. F. Melugin, Formation, 131; A.
Schoors, Saviour, 273 – 278.

Elliger und G. Fohrer nachgewiesen haben, um einen späteren Zusatz handelt, findet sich bei diesen Autoren die oben gegebene Abgrenzung.[5] Einen differenzierten redaktionskritischen Ansatz bietet R. P. Merendino. Demzufolge besteht der Abschnitt Jes 46,5 – 13 aus einem auf den Propheten zurückführbares Selbsterweiswort v. 5.8a.9 – 11, das im Rahmen einer Bearbeitung des gesamten Buches Deuterojesaja um v. 6 f. erweitert wurde.[6]

Hat nun R. P. Merendino zu Recht die Gattungsbestimmung »Disputationswort« für Jes 46,5 – 11* zurückgewiesen, so muß doch seine literarkritische Überlegung, in v. 5 sei der Anfang des Selbsterweiswortes zu suchen, überraschen, zumal die von ihm vorgetragene Argumentation ebenso gut zu dem Ergebnis führen könnte, ein Redaktor habe die Götzenpolemik in v. 6 f. mit einer deuterojesajaischem Sprachgebrauch nachempfundenen Einleitung versehen; das Stichwort דמה »vergleichen« verlangt geradezu die Nennung dessen, womit Jahwe keinesfalls zu vergleichen ist.

Zweifel erheben sich auch bei der Zurechnung von v. 8a zum ursprünglichen Erweiswort: »Denkt daran (זאת) und ermannt euch!«[7] Die Demonstrativpartikel זאת bezieht sich, wie A. Schoors dargelegt hat und R. P. Merendino offenbar übernimmt[8], auf das, was bereits gesagt ist. Darüber hinaus attestiert A. Schoors dem Vers, er könne zudem die folgenden Verse einleiten. Wenn man seine Einschätzung, v. 5 – 7(8) und 9 – 11 seien sehr wahrscheinlich eine ursprüngliche Einheit, wegen der aus guten Gründen als sekundär eingestuften Götzenpolemik in v. 6 f. nicht teilt, legt es sich nahe, v. 8 entweder ganz oder in seinem ersten Teil – die zweite Hälfte wäre dann ein späterer Nachtrag – der Redaktion zuzuschreiben, die bereits in v. 5 die lehrhaft-disputierende Frage gestellt hat; gerade der ambivalente Charakter des Verses, Abschluß *und* Einleitung zu sein, spricht in hohem Maß für seinen redaktionellen Charakter.

3. Die Vorstellung vom göttlichen Plan in Jes 46,9 – 11

Das Selbsterweiswort beginnt mit einer Aufforderung an die Zuhörer, das Frühere zu bedenken. Mit dem absolut gebrauchten ראשנות »das

---

[5] K. Elliger, Deuterojesaja-Tritojesaja, 247, sieht 46,5 – 8 als durch 46,1 – 4 und 46,9 veranlaßt an. Zur Position G. Fohrers siehe ders., Jesaja III, 100 ff.

[6] Vgl. R. P. Merendino, Der Erste, 470 – 481. Zum sekundären Charakter der Götzenpolemik siehe auch C. Westermann, Jesaja, 27, und O. Kaiser, Einleitung, 273.

[7] II אשש heißt nach HAL, 96, s. v. II אשש, »sich ermannen«. Ähnlich übersetzt A. Schoors, Saviour, 274 f., mit »to be strong«. K. Elliger, Deuterojesaja-Tritojesaja, 247, und C. Westermann, Jesaja, 148, schlagen התבששו »und schämt euch« vor. P.-E. Bonnard, Second Isaïe, 187 Anm. 6, leitet von der Wurzel אש »Feuer« ab und übersetzt »pour ranimer votre ardeur«.

[8] A. Schoors, Saviour, 277. R. P. Merendino, Der Erste, 472.

Frühere« begegnet ein im Buch Deuterojesaja geläufiger Ausdruck: Jes 41,22; 42,9; 43,9.18; 46,9; 48,3.[9] Mit C. Westermann kann R. P. Merendino feststellen, daß »das terminologische bzw. inhaltliche Gegensatzpaar ›das Frühere/das Neue‹ alle Gerichtsreden gegen die Völker und ihre Götter kennzeichnet«.[10] Da es sich aber bei der jetzt zu behandelnden Stelle nicht um eine Gerichtsrede handelt, gilt diese Aussage nur eingeschränkt, wiewohl Jes 46,9 – 11 thematisch mit den Gerichtsreden durch die Aussage von Jahwes Einzigkeit und Unvergleichlichkeit verbunden ist (vgl. Jes 41,22; 42,8 f.; 43,9).

Das Gedenken des Früheren soll bei den Zuhörern die Einsicht hervorrufen, daß der Redende, Jahwe, der einzige und unvergleichbare Gott ist (v. 9b). Wie das Bedenken der Vergangenheit zu dieser Einsicht führen kann, zeigen die partizipial eingeleiteten Sätze v. 10a.10b.11a auf:

Jahwe teilt von Anfang an das Ende mit.
Jahwe plant souverän die Geschichte.
Jahwe ruft den Perserkönig Kyros.

Die Aussage, daß Jahwe von Anfang an das Ende mitteilt, er sich somit als Herr der Geschichte erweist, steht sonst häufiger innerhalb der deuterojesajanischen Auseinandersetzungen mit den Göttern und Völkern, vgl. Jes 41,22; 42,9; 43,9; 48,3. Weil Jahwe so die Geschichte lenkt, er erfahrbar als der Einzigartige und Alleinige wirkt, deshalb kann er auch als der souveräne Planer der Geschichte gelten, dessen Wirkmächtigkeit bis in die Gegenwart der Zuhörenden hinein erfahren wird.

Die Abfolge der Sätze ist keinesfalls beliebig und austauschbar: Daß Jahwe, weil er am Anfang das Ende mitteilt, der an Israel und den Völkern souverän handelnde Gott ist, war für die Zuhörer des Exilspropheten bittere Gegenwart. Jahwe hatte das von ihm über Israel angekündigte Gericht im Jahr 587 v. Chr. durch die Babylonier vollzogen. Sein in der vorexilischen Gerichtsprophetie angekündigtes Strafen hatte sich bewahrheitet.

In Jes 46,10 wird dieses sich als wirkmächtig erweisende Sich-Mitteilen Jahwes durch das Verbum נגד, hif. »erzählen, mitteilen«, wiedergegeben, vgl. Jes 44,8; 45,19; 46,10; 48,3.5.[11] Auf diesen alttestamentlich singulären, für die Prophetie Deuterojesajas aber wichtigen Sachverhalt macht C. Westermann aufmerksam: »Es gibt nur einen Zusammenhang in der Prophetie, in dem ngd hi. als Verkündigen Gottes eine eigene Bedeutung erhält: als Verkünder des Künftigen bei Deuterojesaja in den

---

[9] Die Analysen R. P. Merendinos schreiben alle Belege dem Propheten zu, vgl. ders., Der Erste, 273 f.347.495 f.539.

[10] R. P. Merendino, Der Erste, 253. Nicht zu den Gerichtsreden zählen das Heilswort 43,16 – 21*, das Selbsterweiswort 46,9 – 11 und das Mahnwort 48,1a.3.6aβ.6b – 7a.11.

[11] Deuterojesajanischen Ursprungs sind nach R. P. Merendino 44,8aβ.b; 45,19; 46,10; 48,3. Vgl. ders., Der Erste, 400.495.539.

Gerichtsreden ... An diesem Gebrauch zeigt sich beispielhaft abstrakt-theologische Begriffsbildung. Aus der Situation der Gerichtsrede ... ergibt sich die Verlagerung der Bedeutung: hier ist mit ngd hi. nicht mehr gemeint, daß jemand einem anderen etwas mitteilt, eröffnet, sondern die Frage ist, wer dazu fähig ist, Zukünftiges vorher anzukündigen, weil dies allein die Verläßlichkeit des die Geschichte Übersehenden und Beherrschenden und damit das Gottsein ausmacht.«[12]

Jahwe kann allein am Anfang das Ende mitteilen — Israel hat das in seiner Geschichte erfahren. Dann gilt auch, daß Jahwe wirkmächtig sagen kann: Mein Plan kommt zustande, denn es ist die Geschichte selbst, die nach Jahwes Plan von der Ankündigung an bis zur Erfüllung Wirklichkeit wird. Wenn Israel erkennen kann, daß Jahwe über die Geschichte gebietet, dann darf es auch vertrauen, wenn Jahwe das Zustandekommen seines Planes befiehlt. Auch der fremde Herrscher kommt als Mann seines Planes, und über dessen Taten verfügt Jahwe in göttlicher Souveränität, da er der Herr seines Planes von Anfang an bis zur Vollendung ist.

Fragt man nach dem Verhältnis von Jes 46,10 f. zu v. 9, dann wird man berücksichtigen müssen, daß v. 11b in zusammenfassender Weise das ausspricht, was v. 10 – 11a ausgeführt haben. Dabei stellt die Zusage Jahwes, er werde herbeibringen, was er gesagt hat, und es vollbringen, das heraus, was die Einzigartigkeit und Einmaligkeit Jahwes nach deuterojesajanischem Verständnis ausmacht. V. 11b nimmt somit sachlich, weniger terminologisch, nochmals auf, was v. 9b als göttliche Selbstaussage formuliert. Dann wird man auch annehmen dürfen, daß v. 10 – 11a.11b als Explikation der Aussage von v. 9b gelten soll. Die syntaktische Struktur der Verse stützt dieses Verhältnis, denn die drei Partizipialsätze können als Apposition zu כי אנכי אל »Ich bin Gott...« angesehen werden[13]. Die Partizipien, die hinsichtlich des Tempusaspektes neutral sind, binden zudem das Subjekt und dessen Aktion aufs engste zusammen: Jahwe ist es, der kundtut, sagt und ruft.

Zusammenfassend kann gesagt werden: Noch deutlicher als die bereits behandelten Texte aus dem Deuterojesajabuch stellt das Selbsterweiswort Jes 46,9 – 11 Jahwes Handeln in der Geschichte heraus. Dieses göttliche Handeln umfaßt die ganze Geschichte Israels; das zeigt sich vor allem darin, daß Jahwe »von Anfang an das Ende mitteilt«. Israel kann diese Wahrheit der eigenen Geschichte entnehmen, und es hat somit keinen Grund dem Gott, der jetzt in der Berufung des Kyros Neues zu tun beabsichtigt, zu mißtrauen. Denn der fremde König führt nur den Plan des Gottes Israels aus.

---

[12] C. Westermann, Art. נגד hi., Sp. 35 f.
[13] R. P. Merendino, Der Erste, 475.

V. Zusammenfassung

Das auf Deuterojesaja zurückgehende Selbsterweiswort Jes 46,9 – 11 bietet ein reflektiertes Denken von der Geschichte Israels, in das auch die Vorstellung vom Plan Jahwes integriert ist. Gleich der einleitende Vers Jes 46,9 spricht die geschichtliche Dimension des göttlichen Handelns aus: Das Handeln Jahwes seit alters her erweist seine Einzigkeit. Die Geschichtsmächtigkeit Jahwes zeigt sich vor allem darin, daß er, wie es ebenfalls die Geschichte Israels verdeutlicht, vom Anfang an das Ende mitteilen kann. Zwar wird diese Wahrheit in der Retrospektive erkannt, doch erstreckt sie sich in gleicher Weise auf die Zukunft. Die jetzt, d. h. zur Zeit des Propheten, erfahrbaren Bewegungen in der Geschichte kommen, da sie von Jahwe angesagt sind, zu ihrer Erfüllung. Wenn Jahwe das Zustandekommen seines Planes ansagt, dann führt er diesen Plan auch aus. Der Siegeszug des fremden Perserkönigs Kyros verdankt sich dieser Sicht zufolge allein den Absichten Jahwes, für sein Volk heilvoll tätig zu werden. Somit ist es allein Jahwe, der in der Völkerwelt geschichtliche Wirklichkeit setzt. Konsequent wird in Jes 46,9 – 11 Jahwe als souveräner Herr der Geschichte gezeichnet, dem Vergangenheit, Gegenwart und Zukunft gehören.

Das Weisheitsgedicht Jes 40,12 – 17 und das auf die göttliche Selbstprädikation antwortende responsoriale Stück Jes 44,24 – 28 teilen diese Sicht. So sprechen auch Jes 40,13 ff. und 44,26 von Jahwes überlegener Geschichtsmächtigkeit.

Darüber hinaus verbindet Jes 40,12 – 17 diesen Gedanken mit der Vorstellung von Jahwes Weltüberlegenheit, die aber nicht für sich steht, sondern als Paradigma zu gelten hat, an dem Jahwes Geschichtsmächtigkeit verdeutlicht wird: Der Mensch kann weder die große Welt noch die göttliche Geschichtslenkung von sich aus erfassen.

Setzt nun 40,12 – 17 für den Menschen die Unmöglichkeit voraus, die Welt und die Geschichtslenkung Jahwes zu erkennen, so nehmen im Unterschied dazu die authentischen Verse Jes 46,9 – 11 genau das Gegenteil an: Wenn Israel der Vergangenheit gedenkt, dann muß es die Einzigkeit Jahwes anerkennen, die sich ihrerseits darin zeigt, daß Jahwe alles, was er angekündigt hat, auch in Erfüllung gehen läßt, daß er also einen Plan hat, den er zu einem Ende führt. Wenn der Perserkönig auf dem Feld der Geschichte erscheint, dann tut er das als von Jahwe Gerufener.

Nach Jes 44,24 – 28 steht Jahwe als »Löser« in einem Verpflichtungsverhältnis gegenüber Israel: Er ist willens, Israel wiederherzustellen.

Wenn er das Wort seiner Knechte, der Propheten, verwirklicht, dann nimmt, wie die Analyse verdeutlicht hat, der Verfasser einen fiktiven Standort in der Vergangenheit ein, an dem Jerusalems Wiederherstellung, die Zurückdrängung des Unheilschaos und die Berufung des Kyros noch ausstehen.

In allen Belegen ist der Plan Jahwes zu verstehen als der göttliche Geschichtsplan, der gefaßt worden ist, um für Israel Heil zu setzen.

3. Kapitel
Jes 25,1 – 5 – Der Plan Jahwes in der Jesaja-Apokalypse
(Jes 24 – 27)

1. Der Text

1 Jahwe, mein Gott bist Du!
Dich will ich erheben, Deinen Namen preisen.
Denn wunderbare Ratschlüsse hast du getan[1],
von alters her zuverlässige Wahrheit[2].
2 Denn Du hast ›die Stadt‹[3] zum Steinhaufen gemacht,
die befestigte Stadt zum Trümmerhaufen,
den Palast der Fremden[4] zur Unstadt,
in Ewigkeit wird er nicht erbaut.
3 Darum wird dich ehren das mächtige Volk[5],
›   ‹[6] gewalttätige Nationen werden dich fürchten.
4 Denn Du warst eine Zuflucht dem Geringen,
eine Zuflucht dem Armen in seiner Not,
ein Unterschlupf vor Regen,
ein Schatten vor der Hitze.
(Denn der Geist des Gewalttätigen ist wie Regen in der Kälte[7]
5 wie Hitze in dürrem Land.)[8]
Das Lärmen der Fremden wirst Du demütigen,
(Hitze im Wolkenschatten)[9]
der Gesang der Gewalttätigen wird sich ducken.

---

[1] Mit BHS wird der Atnaḥ bei עצות gelesen. Anders O. Kaiser, Jesaja II, 158.

[2] Zur Konstruktion vgl. C. Brockelmann, Syntax, § 128. An eine Verstärkung durch אמן denkt A. Jepsen, Art. אמן, Sp. 344.

[3] Mit zahlreichen Kommentatoren lies עיר. O. Kaiser, Jesaja II, 158, erklärt mit einiger Berechtigung die Form מעיר als aberratio oculi. Anders O. Ludwig, Stadt, 8 – 11.65 – 68, der das Präformativ מ in מעיר partitiv versteht und von daher קריה als »Stadtteil« deutet. Dieses Verständnis bietet ihm die Grundlage, in Jes 25,1 – 5 die Eroberung der syrischen Akra von Jerusalem durch den Makkabäer Simon im Jahr 141/2 v. Chr. bezeugt zu finden.

[4] H. Wildberger, Jesaja II, 952, u. a. wollen mit G und zwei Handschriften זדים »die Vermessenen« lesen. Die Übersetzung richtet sich nach M.

[5] Statt עם עז will O. Kaiser, Jesaja II, 159 Anm. 3, den Plural עמים lesen.

[6] קרית ist mit BHS zu streichen.

[7] Statt קיר »Wand, Mauer« ist קר »Kälte« zu lesen.

[8] Zum sekundären Charakter siehe unten.

[9] Zum sekundären Charakter siehe unten.

2. Jes 25,1 – 5 als Danklied der Jesaja-Apokalypse – Der Stand der Forschung

Seit B. Duhm gilt es als ausgemacht, daß in Jes 25,1 – 5 ein Abschnitt begegnet, der nicht zum Grundbestand der großen Jesaja-Apokalypse (Jes 24 – 27) gehört.[10] Fraglich bleibt, ob das kleine Vertrauenslied – vielleicht gemeinsam mit anderen Stücken in Jes 24 – 27 – einem Redaktor bereits formuliert vorgelegen hat, oder ob es für seinen jetzigen Ort eigens geschaffen wurde. Im Folgenden sollen nur die neuesten Vorschläge vorgestellt und erörtert werden.[11]

Anknüpfend an G. Hylmö und J. Lindblom[12] hat G. Fohrer, bei erheblichen Abweichungen in der Einzelanalyse, in Jes 24 – 27 drei prophetische Liturgien erkannt, die zu einer verhältnismäßig geschlossenen Komposition zusammengestellt worden sind. »Man kann sie mit LINDBLOM insofern eine prophetische ›Kantate‹ nennen, als ein kunstvoller Zyklus von Dichtungen verschiedener Art hergestellt worden ist, den man als Ganzes vortragen konnte, ohne dabei das für die kultische Liturgie bezeichnende Wechselgespräch zu berücksichtigen.«[13] Mit diesem Urteil erteilt G. Fohrer allen Versuchen, Jes 24 – 27 als ursprüngliche Einheit zu sehen, eine Absage. Schon W. Rudolph hatte 1933 in einer umfassenden Untersuchung zu Jes 24 – 27 zehn Weissagungen und Dichtungen gefunden, von denen sieben [Jes 24,1 – 6.13; 24,7b – 12.14 – 16; 24,17 – 25,8; 25,9.10a.12; 26,1 – 6; 26,7 – 12.15 – 18bα.13.14b.20.21 + 27,1.12.13; 27,2 – 5(6)] einem Verfasser zugewiesen wurden.[14] Gegenwärtige Analysen knüpfen eher an die Ergebnisse W. Rudolphs an: »In der Sprache der Pentateuchkritik ausgedrückt, gewinnt gegenwärtig neben einer Fragmentenhypothese eine Ergänzungshypothese Raum.«[15] Hier sind vor allem die Arbeiten O. Plögers, O. Kaisers, J. Vermeylens und H. Wildbergers zu nennen.[16]

Nach O. Plöger besteht die Jesaja-Apokalypse aus zwei selbständigen Teilen, »die beide zusammengehören, weil sie eine eschatologische Blickrichtung erkennen lassen, wobei das, was wir ›eschatologisch‹ nennen, allerdings nicht völlig in beiden Teilen zur Übereinstimmung gebracht werden kann.«[17] Der erste Teil (Jes 24,1 – 6.7 – 13.14 – 20) wurde gleichzeitig oder später mit Hilfe selbständiger Überlieferungen (Jes 24,21 – 23; 25,6 – 8) ausgestaltet. Weitere Elemente der Ausgestaltung sind Vertrauensäußerung (Jes 25,9.10a), weiterführende Reflexion (Jes 26,7 ff.), Urteile über die »Gottlosen« (Jes 26,7 – 11), Eschatologumena gegen Zweifel in den eigenen Reihen (Jes 26,12 – 19) und Paränese (Jes 26,20 f.).[18] Bei Jes 25,1 – 5 und 26,1 – 6 handelt es sich nach O. Plöger um »sekundäre

---

[10] B. Duhm, Jesaia, 179.

[11] Einen Forschungsbericht zu Jes 24 – 27 bieten H. Wildberger, Jesaja II, 893 – 896 und O. Kaiser, Jesaja II, 141 – 144. Vgl. auch den Forschungsstand zu den sog. Stadtliedern bei O. Ludwig, Stadt, 51 – 58.

[12] G. Hylmö, Liturgiernas. J. Lindblom, Jesaja-Apokalypse, 69, lehnt den Begriff »Liturgie« ab und führt den Terminus »Kantate« ein.

[13] G. Fohrer, Aufbau, 180.

[14] W. Rudolph, Jesaja 24 – 27, 56 ff.

[15] R. Smend, Entstehung, 147.

[16] O. Plöger, Theokratie, 69 – 97; H. Wildberger, Jesaja II, 885 – 1026; O. Kaiser, Jesaja II, 141 – 186; J. Vermeylen, Isaie I, 349 – 381.

[17] O. Plöger, Theokratie, 94.

[18] Vgl. zum Ganzen O. Plöger, Theokratie, 95.

Einschübe in Form von Dankliedern.«[19] Der zweite Teil der Apokalypse (Jes 27) muß, so O. Plöger, als wesentlich älter gelten, seine Anfügung an die Jesaja-Apokalypse sei als Ergänzung zu verstehen.[20]

Die Analyse O. Kaisers arbeitet in Jes 24 – 27 vier Schichten heraus. Einem protoapokalyptischen Theologen werden die Abschnitte Jes 24,1 – 13.16b – 20 und vielleicht auch 26,1 – 18.20 – 21 zugeschrieben. Der Text Jes 24,14 – 16aα und der als literarische Brücke fungierende Versteil 16aβ bilden zusammen mit 25,1 – 5 eine Schicht eschatologischer Danklieder. Jes 24,21 – 23 und 25,6 – 8 stellen als Texte mit deutlich fortgeschritteneren apokalyptischen Reflexionen eine dritte Bearbeitungsschicht dar. Jes 25,8a und 26,19 weist O. Kaiser einer vierten Bearbeitung zu, »welche den Glauben an die Auferstehung der Toten zum Ausdruck brachte«.[21] Jes 27 »mag seine Sondergeschichte besessen haben, kann aber auch wenigstens mit 27,1 und 27,12 f. als Ergänzungsschicht zu 24,21 – 23 und 25,6 – 8 angesehen werden, während es sich mit dem Rest des Kapitels und 25,10b – 12 verhalten mag wie es will.«[22]

Einerseits reicht für J. Vermeylen die in der traditionellen Forschung begegnende Unterscheidung von eschatologischen Abschnitten und lyrischen Stücken nicht aus, um die Entstehungsgeschichte von Jes 24 – 27 zu verstehen. Andererseits verwirft er die Vorstellung, es handle sich bei Jes 24 – 27 um eine Ansammlung von Stücken verschiedenen Ursprungs, die ohne jede Gesetzmäßigkeit aneinandergereiht worden sind. J. Vermeylen entdeckt in seiner Analyse als Kern der Jesaja-Apokalypse die um Jes 26,8 – 9*.11 – 13.16 – 18.20 – 21 erweiterten Abschnitte Jes 24,1 – 13.18b – 20. Eine erste Relecture fügt die Abschnitte Jes 27,2 – 6 und 26,15, eine zweite die lyrischen Stücke Jes 24,14 – 18a und 25,1 – 5.9 – 12 + 26,1 – 6* hinzu. Diese Schicht, die von J. Vermeylen in das 5./4. Jahrhundert datiert wird, umfaßt zudem die Verse Jes 26,7.(9a).10. Schließlich geben spätere Zusätze der Jesaja-Apokalypse ihr endgültiges Gesicht: Jes 27,(7.8b.)9 – 11; 24,21 ff.; 27,1; 24,16 (rāzî-lî rāzî-lî); 27,12 – 13; 25,6 – 8; 26,14.19; 25,8a.[23]

H. Wildberger unterscheidet in Jes 24 – 27 vier Schichten und Nachträge: eine Grundschicht [Jes 24,1 – 6.(7 – 9.10 – 12.13.)14 – 20; 26,7 – 21], die eschatologischen Bilder [Jes 24,21 – 23; 25,6 – 8; 25,9 – 10a.(10b.11.12)], die Stadtlieder (Jes 25,1 – 5; 26,1 – 6) und die Nachträge (27,1.2 – 5.6 – 11.12.13).[24]

Obwohl auch heute noch vereinzelt die ursprüngliche Einheitlichkeit vertreten wird[25], kann mit H. Wildberger festgestellt werden: »Man kommt mit der These von der grundsätzlichen Einheitlichkeit der Apokalypse nicht mehr durch, und zwar selbst dann

---

[19] O. Plöger, Theokratie, 95 f.

[20] O. Plöger, Theokratie, 97.

[21] O. Kaiser, Jesaja II, 145.

[22] O. Kaiser, Jesaja II, 145.

[23] Zum Ganzen vgl. J. Vermeylen, Isaïe I, 379 ff., und etwas anders in ders., Composition, 35 – 38.

[24] Vgl. dazu H. Wildberger, Jesaja II, 904.

[25] Vgl. G. W. Anderson, Isaiah XXIV – XXVII, 118 – 126; H. Ringgren, Observations, 107 – 115. P. Reditt, Isaiah 24 – 27, 145 – 232, erblickt in der Jesaja-Apokalypse im Wesentlichen das Werk eines Redaktors. Für ihn verweisen die Abschnitte Jes 24,21 – 23; 26,20 – 21 und 27,1 auf 24,1 – 20. Er unterteilt die Kapitel Jes 24 – 27 in vier Abschnitte: Jes 24,1 – 20; 24,21 – 26,6; 26,7 – 21; 27,1 – 13. W. H. Elder, Study, 215 ff., schreibt Jes 24 – 27 dem Autor von Jes 40 – 55 zu.

nicht, wenn man mit einzelnen Zusätzen rechnet. Auch der Versuch, mit den flexiblen Begriffen Liturgie oder Kantate die Spannungen und inneren Widersprüche zu überbrücken, muß als gescheitert betrachtet werden. Damit bietet sich sozusagen eine Ergänzungs- bzw. Wachstumshypothese an.«[26]

Aus Datierungsgründen haben die Stadtlieder der Jesaja-Apokalypse, denen auch Jes 25,1–5 zuzuzählen ist, in besonderer Weise die exegetische Aufmerksamkeit auf sich gezogen, denn man erblickte in der Erwähnung einer Stadteroberung die Möglichkeit, einen terminus a quo zu finden.[27] So hat man die Stadt mit Babylon (H. Ewald, W. Rudolph, J. Lindblom, M.-L. Henry, B. Otzen)[28], Karthago (O. Procksch)[29], Tyros (A. Hilgenfeld)[30], Moab (R. Smend sen., O. Eißfeldt, E. S. Mulder)[31], Samaria (B. Duhm)[32] und Jerusalem (O. Ludwig)[33] identifiziert. O. Plöger sieht in dem Fall der Stadt die Hoffnung auf die Beendigung des samaritanischen Schismas ausgesprochen.[34] Schon die große Bandbreite dieser Versuche macht deutlich, daß den Aussagen der in Frage kommenden Texte nicht gerade Eindeutigkeit zugesprochen werden kann. Mit O. Kaiser muß daher gegenüber all diesen Versuchen, den in den Stadtliedern erwähnten Fall der Stadt mit einem historischen Ereignis zu verknüpfen, auf den rein redaktionellen Charakter von Jes 24,7 ff.; 25,1 ff.; 26,1 ff. hingewiesen werden.[35]

Geht man vom redaktionellen Charakter der Komposition Jes 24 – 27 aus, berücksichtigt man ferner, daß diese Kapitel des Jesajabuches ein mehrstufiges Wachstum aufweisen, dann stellen sich für die Interpretation des kurzen Dankliedes Jes 25,1–5 folgende Fragen: Hat die Redaktion mit Jes 25,1–5 ein bereits ausformuliertes Stück übernommen und an seinen jetzigen Platz gestellt, oder aber wurde das Stück erst für die Jesaja-Apokalypse geschrieben? Läßt sich zeigen, daß noch weitere Stücke dieser redigierenden Hand zuzuschreiben sind (z. B. Jes 25,9–12; 26,1–6), so daß sich die Textbasis erweitern würde?

3. Die Analyse von Jes 25,1–5

Das Lied Jes 25,1–5 hat seine formalen Besonderheiten. O. Kaiser macht auf die Diskrepanz von dem das Danklied veranlassenden Ereignis

---

[26] H. Wildberger, Jesaja II, 896.

[27] Vgl. zum Folgenden vor allem O. Ludwig, Stadt, 51–75.

[28] H. Ewald, Propheten, 164, M.-L. Henry, Glaubenskrise, 31 f., und B. Otzen, Traditions, 205 f., verbinden die Stadtlieder mit der Eroberung Babylons durch Kyros (539 v. Chr.), W. Rudolph, Jesaja 24–27, 61 ff., denkt an die Eroberung Babylons durch Alexander den Großen (331 v. Chr.) und J. Lindblom, Jesaja-Apokalypse, 77 ff., an die durch Xerxes I. (485 v. Chr.).

[29] O. Procksch, Jesaia I, 344 ff.

[30] A. Hilgenfeld, Judentum, 435 ff.

[31] R. Smend sen., Anmerkungen, 161 ff.; O. Eißfeldt, Einleitung, 437 ff.; E. S. Mulder, Teologie, 78 ff.

[32] B. Duhm, Jesaia, 179 ff.; vgl. auch K. Marti, Jesaja, 182, u. ö.

[33] O. Ludwig, Stadt, 59–75.

[34] O. Plöger, Theokratie, 91 ff., vor allem unter Hinweis auf Jes 27,6.

[35] O. Kaiser, Jesaja II, 144.

und der sich meldenden Einzelstimme aufmerksam, zumal diese darauf
verzichtet, die Volksgemeinde zum Loben aufzufordern.[36] Ebenso auffällig ist es nach O. Kaiser, »daß die in V. 3 aus dem rettenden Gotteshandeln gezogene Konsequenz in V. 4 eine Begründung in der Sprache der
individuellen Psalmendichtung findet.«[37] Der eschatologische Charakter
des Liedes ergibt sich vor allem aus v. 3, wo das Thema »Endzeitliche
Bekehrung der Völker« angeschlagen wird, vgl. Ps 86,9.[38]

Das kurze Danklied beginnt in Jes 25,1 mit einer vertrauensvollen
Anrede Jahwes in der 2. Pers. Sing. Der Beter bekennt ausdrücklich
Jahwe als seinen Gott.[39] Dieser vor allem aus den Psalmen vertrauten
Anrede folgt die Absichtserklärung des Beters, Jahwe zu erheben[40] und
seinen Namen zu preisen[41]. Der folgende כי-Satz nennt den Grund
dieses vertrauensvollen Sprechens: Jahwe hat פלא עצות »wunderbare
Ratschlüsse« getan und Dinge, die sich als zuverlässig und wahr erwiesen
haben.[42] Die auffällige Pluralbildung עצות ist sicher nur in Dtn 32,28
bezeugt, wo von einem Volk gesagt wird: כי גוי אבד עצות המה »denn
diese sind ein ratloses Volk«. Die sonstigen Belege müssen als textlich
fragwürdig gelten. Zwar könnte עצות in Ps 13,3 wie in Spr 27,9 und Sir
30,21 mit »Sorgen« übersetzt werden, doch empfiehlt sich dort eher die
Lesung עצבת bzw. עצבות »Schmerz, Sorge, Kummer«.[43] In Jer 47,13
muß עצתיך »deine Pläne« konjiziert werden zu יועציך »deine Berater«.[44]

Die beiden Hälften des zweiten Stichos von v. 1 interpretieren sich
als parallele Aussagen gegenseitig. So zeigt das adverbiale מרחוק »von
alters her« die geschichtliche Dimension der פלא עצות »der wunderbaren
Ratschlüsse« an[45], die ihrerseits wiederum durch die pleophore Wendung
אמונה אמן »zuverlässige Wahrheit« als in der Geschichte wahr und zuverlässig bekannt werden. Schon jetzt wird deutlich, daß an Jahwes wunder-

---

[36] O. Kaiser, Jesaja II, 159. Vgl. dazu aber auch J. Lindblom, Jesaja-Apokalypse, 30, der,
in Anschluß an H. Gunkel, Jes 25,1–5 wegen des dort anzutreffenden Stils und der
Formelsprache als Danklied des Volkes ansieht. O. Ludwig, Stadt, 14 f., stellt einerseits
eine Mischform fest, weist aber andererseits den Psalm, der nach ihm als ein ursprünglich eigenständiges Stück eingefügt worden ist, den berichtenden Lobpsalmen zu.

[37] O. Kaiser, Jesaja II, 159.

[38] Anders H. Wildberger, Jesaja II, 899.

[39] Vgl. Jer 31,18; Ps 7,2; 25,2; 30,13; 31,15; 40,6; 86,2; 118,28; 143,10 u. ö.

[40] ארוממך: Ps 30,2; 118,28; 145,1; vgl. auch Ex 15,2; Ps 34,4; 99,5.9; 107,32.

[41] אודה (את) שמך: Ps 54,8; 138,2.

[42] In Begründungen des Lobens begegnet die Wurzel פלא noch Ps 98,1; 31,22; vgl. ferner
Ps 72,18; Joel 2,26.

[43] Vgl. dazu H.-J. Kraus, Psalmen I, 239, und für Spr 27,9 B. Gemser, Sprüche, 96.

[44] Vgl. L. Ruppert, Art. יעץ, Sp. 725 f.

[45] Zum zeitlichen Charakter von מרחוק siehe Jes 22,11; 37,26 = 2 Kön 19,25; 2 Sam 7,19;
1 Chron 17,17; vgl. ferner Ez 12,27.

bare Pläne in der Geschichte Israels und – das bleibt noch offen – in der persönlichen Lebensgeschichte des Beters zu denken ist.

Das Wort פלא »Ungewöhnliches, Wunder« meint selbst häufig Jahwes wunderbares Handeln in der Geschichte. In Ex 15,11 wird Jahwe als עשה פלא »der Wunder tut« gepriesen; angesprochen wird damit insbesondere sein gegen Ägypten gerichtetes Befreiungshandeln an Israel. Auch Ps 77,12.15; 78,12 kennzeichnen mit פלא Jahwes Wunderhandeln in Ägypten und am Schilfmeer[46]. R. Albertz kann zu Recht feststellen: »Das Wunder ist im AT ganz überwiegend auf das Geschichtshandeln Gottes, nicht auf sein Wirken in der ›Natur‹ bezogen. Die gängige Einordnung des Wunders unter die ›Schöpfung‹ oder die ›Welterhaltung‹ ist irreführend.«[47] Ferner gilt: »Das mit paelae᾽ Gemeinte ist nicht die Tat Gottes als solche, die unmittelbare Erfahrung der Rettung, sondern dazu gehört die staunende Reaktion des Menschen, der sich seine hoffnungslose Notsituation und Gottes unerwartetes Eingreifen vor Augen hält.«[48] Möglicherweise liegt zudem eine Anspielung auf den messianischen Titel פלא יועץ »Wunderrat« in Jes 9,5 vor. Die פלא עצות »wunderbaren Ratschlüsse« werden außerdem verstanden als אמונה אמן »zuverlässige Wahrheit« (vgl. Ps 88,11 f.; 89,6). A. Jepsen, der vermutet, daß von der אמונה Gottes erst in späterer Zeit gesprochen worden ist[49], sieht damit ein Verhalten Gottes genannt, »in dem er dem Wesen seiner Gottheit entspricht.«[50]

Wenn auch nicht ausschließlich, so dient אמונה »Treue, Wahrheit« doch überwiegend dazu, eine Eigenschaft Jahwes auszusagen: Jahwe ist der, der sich als treu erweist. Von Jahwes אמונה wird ausnahmslos in poetischer Rede, mit Vorliebe in den Kultliedern des Psalters[51] gesprochen. Die Rede ist oftmals schon derartig konventionell, daß aus dem Kontext heraus nicht zu erschließen ist, wo sich Jahwes אמונה erwiesen hat. In der Geschichte manifestierte sich Jahwes Treue nach Dtn 32.[52] Ferner müssen die Texte genannt werden, die von Jahwes Treue durch die Geschlechter sprechen: Ps 100,5; 119,90.[53]

---

[46] Vgl. auch Mi 7,15; Ps 106,7.22; Neh 9,17 u. ö.

[47] R. Albertz, Art. פלא, Sp. 417.

[48] R. Albertz, Art. פלא, Sp. 418.

[49] Eine mögliche Ausnahme stellt der vermutlich aber doch nachexilische Ps 89 dar. A. Deissler, Psalmen, 348 f., datiert ihn in die Zeit um 520 v. Chr.

[50] A. Jepsen, Art. אמן, Sp. 345.

[51] Vgl. A. Jepsen, Art. אמן, Sp. 343 ff.; H. Wildberger, Art. אמן, Sp. 198–200.

[52] Vgl. dazu H. Wildberger, Art. אמן, Sp. 199: »Dtn 32 ist ein Sonderfall, insofern als dort das Bekenntnis zur Treue Gottes nicht in der Erfahrung der Hilfe Gottes in den Nöten des Tages, sondern in der Heilsgeschichte, in der sich Jahwe seinem Volk bezeugt hat, fundiert ist.«

[53] Weitere Belege: Ps 33,4; 36,6; 40,11; 88,12; 89,2.3.6.9.25.34.50; 92,3; 119,75.86.138; 143,1; Klgl 3,23.

Somit kennzeichnet der Vers die Pläne Jahwes als die die Geschichte Israels und der Welt umfassenden Pläne: Sie bestehen schon seit alten Zeiten, werden von Jahwe in seiner Treue herbeigeführt und gelten als wunderbar.

In Jes 25,1 spricht also der Beter seinen Gott an, der sich ihm in der Geschichte seines Volkes als wunderbare Ratschlüsse vollbringend und als wahrhaft zuverlässig erwiesen hat. Weil Jahwe sich in der Vergangenheit so bezeugt hat, kann der Betende ihm vertrauen, ihn erheben und seinen Namen preisen.

Anscheinend will der nächste כי-Satz die Gründe für das Gotteslob näher konkretisieren: die Zerstörung der Stadt und des Palastes sind der letzte Erweis von Jahwes wunderbaren Ratschlüssen. Der Vers blickt offenbar auf Jes 24,10.12 zurück. Dort wird im Rahmen der Ankündigung des Weltgerichts (Jes 24,1 – 13) auch der Untergang einer näher nicht bezeichneten Stadt (v. 10: קרית תהו »öde Stadt«; v. 12: עיר »Stadt«) prophezeit.[54] Die Frage, ob hier in Jes 25,2 von einer bestimmten geschichtlichen Situation die Rede ist, muß mit R. Hanhart und O. Kaiser relativiert werden: »Das Vorkommen der Stadt im Zusammenhang der Ankündigung der die ganze Schöpfung heimsuchenden Leiden endzeitlichen Gerichtes (24,7 – 12) schien uns zu beweisen, daß die Stadt in diesem Zeugnis kaum mehr eine andere Bedeutung haben kann als die eines Beispiels für die Gegebenheiten der gefallenen Schöpfung als solcher. Der Untergang der Stadt als Zeichen der Wende im Zeugnis von der endzeitlichen Erlösung (25,1 – 5, vgl. 9 – 12) schien uns 1. durch seine gleichnishafte Gegenüberstellung zur Erhöhung der Stadt auf dem Berge (25,6 – 8), 2. durch die Verheißung von der Erlösung *aller* Völker im Zusammenhang dieser Aussagen (25,7) jeder irdisch geschichtlichen Bedeutung eines Sieges über einen politischen Feind Israels enthoben und zum Gleichnis für die jahwefeindliche Macht der innerhalb und außerhalb des geschichtlichen Israel von Jahwe Abgekehrten geworden zu sein.«[55]

Anticipando preist der Beter im Blick auf Jes 24,7 – 13 den dort angekündigten Fall der jahwefeindlichen Stadt. Mit ihr ist es ein für allemal aus (vgl. auch Jes 34,10; 13,20 ff.). Die Termini גל »Steinhaufen« (vgl. Jer 9,10; 51,37) und מפלה »Trümmerhaufen«[56] unterstreichen den Gerichtscharakter des göttlichen Handelns.

---

[54] Daß auf Jes 24,1 – 13 zurückgeschaut wird, sagt sehr deutlich J. Vermeylen, Isaïe I, 364, und H. Wildberger, Jesaja II, 899. Für O. Kaiser, Jesaja II, 144, ist es ausgemacht, daß Jes 25,1 – 5 für den jetzigen Kontext verfaßt worden ist. Anders dagegen A. S. Herbert, Isaiah I, 151.

[55] R. Hanhart, Stadt, 159 f.; vgl. auch noch ebd., 160 Anm. 16.

[56] Das Wort begegnet in Jes 1 – 39 nur an nachexilischen Stellen: 17,1; 23,13.

Vers 3 nennt die Folgen des vor den Augen aller Welt manifest werdenden wunderbaren Handelns Jahwes: das mächtige Volk, d. h. die Weltmacht, und die gewalttätigen Nationen, die sich bislang Israel und somit auch Jahwe gegenüber als feindlich erwiesen haben, werden Jahwe ehren und fürchten. O. Kaiser möchte anstelle des im masoretischen Text vorgegebenen עז עם »mächtiges Volk« ein עמים »Völker« lesen.[57] Doch zeigt ein Blick auf Num 13,27 f., daß mit der Vorstellung von mächtigen Städten die des starken Volkes verbunden sein kann. Somit wird man im Hinblick auf v. 2 den überlieferten Text belassen dürfen. Nach dem Sturz der Weltmacht wird Jahwe als Herr anerkannt.

Vers 4 fällt in die Sprache der individuellen Psalmendichtung[58]: Jahwe ist den Seinen מעוז »feste Burg«[59], מחסה »Zuflucht«[60] und צל »Schatten«[61]. Wichtig ist die Feststellung in v. 3, daß Jahwe vor den Widrigkeiten des Wetters schützt. Da זרם »Wolkenbruch«, vgl. Jes 28,2; 30,30, und חרב »Dürre«, vgl. Hag 1,11; ferner Jes 61,4; Jer 33,10.12; 49,13; Ez 29,10, häufiger als Begleiterscheinungen des Jahwegerichtes auftreten, kann für Jes 25,4 vermutet werden, daß der Beter, der ja auf das in Jes 24,1–13 angekündigte Weltgericht hin formuliert, für die Bewahrung des דל »des Geringen« und des אביון »des Armen« in der umfassenden Katastrophe dankt.

Vers 5 wiederholt nochmals die Folgen des Gottesgerichtes an den Fremden und Gewalttätigen: ihr Übermut wird gedemütigt.[62]

Ein späterer Glossator sah sich durch die Worte זרם »Wolkenbruch« und חרב »Dürre« veranlaßt, in den Text einen deutlichen Seitenhieb auf die »Gewalttätigen« hineinzuschreiben (v. 4bβ.5aαbα).

4. Die redaktionelle Stellung von Jes 25,1–5

Der Leser, der in seiner Lektüre des Jesajabuches beim Danklied Jes 25,1–5 angelangt ist, blickt spätestens nach v. 2a auf Jes 24,1–13 zurück. Dort wird im Rahmen des großen Weltgerichts von der Zerstö-

---

[57] O. Kaiser, Jesaja II, 159 Anm. 3.

[58] So O. Kaiser, Jesaja II, 159.

[59] Vgl. 2 Sam 22,33; Jes 17,10; 27,5; Jer 16,19; Joel 4,16; Nah 1,7; Ps 27,1; 28,8; 31,3.5; 37,39; 43,2; 52,9.

[60] Jer 17,17; Joel 4,16; Ps 14,6; 46,2; 61,4; 62,8 f.; 71,7; 73,28; 91,2.9; 94,22; 142,6.

[61] Ps 17,8; 36,8; 57,2; 63,8; 91,1; 121,5.

[62] Daß Jahwe demütigt (כנע, hif.), begegnet noch Dtn 9,3 (die Anakiter); Ri 4,23 (Jabin); Ps 81,15 (die Feinde Israels); 107,12 (die Herzen); Neh 9,24 (die Bewohner des Landes); 1 Chron 17,10 (alle Feinde Davids); 2 Chron 28,19 (Juda). Daß Jahwe erniedrigt (II ענה, hif.), findet sich noch 1 Kön 8,35 (Israel); Ps 55,20 (Subjekt: אל; die Feinde); 2 Chron 6,26 (Israel; vgl. 1 Kön 8,35).

rung der Stadt gesprochen. Zweifelsohne will Jes 25,1−5 darauf antworten.[63] Zudem hat O. Kaiser den Erweis gebracht, daß Jes 25,1−5 keinesfalls quellenhaften Charakter besitzt, sondern eine »eigens für seinen jetzigen Ort bestimmte Komposition, ein prophetisches Danklied« darstellt.[64] Er führt vor allem formale Beobachtungen ins Feld: »Von seinem Anlaß her, einem nicht nur für einen einzelnen, sondern schließlich für die ganze Völkerwelt entscheidenden Ereignis, sollte man den Psalm als kollektives oder Volksdanklied ansprechen. Aber dagegen spricht, daß eine Einzelstimme das Lied anstimmt und die eigene Volksgemeinde nicht aufgefordert wird, in das Lob einzustimmen. Ebenso auffällig ist, daß die in v. 3 aus dem rettenden Gotteshandeln gezogene Konsequenz in v. 4 eine Begründung in der Sprache der individuellen Psalmendichtung findet. Schließlich kann man schwanken, ob man den Grundbestand von v. 5 als Vertrauensmotiv ansprechen oder, wie wir es getan haben, als Übergang zur Prophetie verstehen soll.«[65]

Kann einerseits der fiktiv retrospektive Charakter von Jes 25,1−5 kaum angezweifelt werden, so ist andererseits die Frage, ob noch weitere Lieder und Texte dieser Hand zuzuschreiben sind, weitaus schwieriger zu beantworten. In einer differenzierten Analyse kommt J. Vermeylen zu dem Ergebnis, daß Jes 25,1−5.9−12 und 26,1−6 demselben literarischen Milieu entstammen.[66] Mit diesen drei Texten, die ursprünglich die drei Strophen ein und desselben Dankliedes bilden, kann nach ihm noch Jes 12,1−6 in Verbindung gebracht werden. Das dreistophige Lied bildet zusammen mit dem zuletzt genannten Stück eine Inclusio, die den Fremdvölkerorakeln einen neuen Sinn geben: »Les victimes de la colère divine sont désormais identifiées avec les mauvais Juifs.«[67]

Diese sorgfältige Analyse von J. Vermeylen muß freilich in mehrfacher Hinsicht befragt werden. Er will zunächt einmal das eschatologische Danklied (bes. Jes 25,11b.12; 26,5) mit Jes 2,9−17 (bes. vv. 9a. 10a. 11. 12. 15. 17) in Verbindung bringen: »La section II,9−17, composée d'un oracle isaïen (vv. 12−17) et de divers compléments postérieurs (vv. 9−11; cfr. aussi vv. 18−22), est également évoquée en *Is.*, XXX,25; encore une fois, la chute du citadelles est mise en rapport avec la condamnation des Juifs impies, dont la communauté des humbles subissait le joug (comparer XXX,22 et II,20−21); on trouve encore la même interpretation d'*Is.*, II,9−17 en V,15−16 et XXXII,19.«[68] Zu bezweifeln ist, ob die Rekonstruktion des dreistrophigen Hymnus überhaupt zutrifft. Fer-

63 Vgl. in diesem Sinn J. Vermeylen, Isaïe I, 364; O. Kaiser, Jesaja II, 160.
64 O. Kaiser, Jesaja II, 159.
65 O. Kaiser, Jesaja II, 159.
66 J. Vermeylen, Isaïe I, 364.
67 J. Vermeylen, Isaïe I, 380.
68 J. Vermeylen, Isaïe I, 366.

ner muß angefragt werden, ob die terminologischen Bezüge, die zweifelsohne zwischen Jes 26,5 und Jes 2,9.11.17 bestehen, zur Interpretation
des von J. Vermeylen hypothetisch rekonstruierten Liedes herangezogen
werden können.

J. Vermeylen gewinnt seine Rekonstruktion mit Hilfe eines redaktionsgeschichtlichen Subtraktionsverfahrens: die Beschreibung des eschatologischen Festmahls (festin messianique) in Jes 25,6–8 ist für ihn
viel jünger als die bereits zwischen den zum ältesten Kern gehörenden
Abschnitte 24,1–13.18b–20 und 25,1–5 eingeschobenen Verse 24,21–
23. Somit rücken die beiden ersten Strophen des von J. Vermeylen
entdeckten Liedes zusammen. Der unmittelbare Anschluß an 26,1–6
wird als gegeben angesehen, zudem mittels terminologischer Überlegungen noch weiter begründet.[69] Diese Vorgehensweise ist jedoch nicht über
jeden Zweifel erhaben:

a) Der Rückblick auf Jes 24,1–13, der für Jes 25,1–5 nicht bestritten werden kann, läßt sich in dem Abschnitt 25,9–12 nicht so
deutlich erkennen.

b) Andererseits beschränken sich die Bezüge zu Jes 2,9–17 auf die
zweite und dritte Strophe des von J. Vermeylen herauspräparierten
Hymnus. Der Vers Jes 25,12, der zudem in der 2. Pers. Sing. formuliert, wurde seinerseits aus 26,5 abgeleitet.[70]

c) Wenn J. Vermeylen Jes 25,6–8 jünger als 25,9–12 sein läßt,
dann wird hier die relative Chronologie auf den Kopf gestellt: Jes
25,10a will doch auf 25,6 zurückblicken, nicht umgekehrt. Daß
zudem die Zusammengehörigkeit der Verse Jes 25,9–12 sehr wohl
bestritten werden kann, zeigen die literarkritischen Urteile bei H.
Wildberger und O. Kaiser.[71]

d) Ob der nunmehr fraglich gewordene dreistrophige Hymnus zusammen mit Jes 12,1–6 eine Inklusion der Völkerorakel sein will,
muß wegen des fiktiv retrospektiven Charakters von Jes 12,1–6
(vgl. v. 1aα.4aα) angezweifelt werden.

Es verbleibt die Frage, ob die Stimme, die sich in Jes 25,1–5 zu
Wort meldet, auch an anderer Stelle der Jesaja-Apokalypse vernommen
werden kann. Wertet man die von J. Vermeylen erstellten Wortlisten
aus, die die Bezüge zwischen Jes 12,1–6; 24,14–18a; 25,1–5.9–12
und 26,1–6 herausstellen wollen, dann muß die Ausbeute für Jes

---

[69] J. Vermeylen, Isaïe I, 363 ff.364 Anm. 1. 281 Anm. 2.

[70] Vgl. in diesem Sinn O. Kaiser, Jesaja II, 165.

[71] H. Wildberger, Jesaja II, 900, sieht Jes 25,10b–11.12 vor allem wegen der Erwähnung
      Moabs als Zusätze an. O. Kaiser, Jesaja II, 164, erwägt zwar, ob Jes 25,10b–12 als
      Fortsetzung des Dankliedes 25,9–10a aufzufassen sei, entscheidet sich dann aber doch
      für die Aufteilung in ein Danklied (v. 9–10a) und ein Wort gegen Moab (v. 10b–12).

25,1 – 5 als dürftig gelten: ידה (Jes 12,1.4; 25,1); זמר (Jes 12,5; 24,16a; 25,5); כבד mit »Jahwe« als Objekt (24,15; 25,3).[72] Das verarbeitete Material kann zudem als gemeinhebräisch gelten, so daß das Vorkommen bestimmter Wörter aus Jes 25,1 – 5 in anderen Teilen von Jes 24 – 27 kaum aussagefähig ist. Am ehesten können diesem Text noch die dankenden und preisenden Partien zur Seite gestellt werden, die nachweislich auf ältere, bereits vorliegende Stellen der Jesajaapokalypse zurückgreifen. Zunächst muß das kurze Danklied Jes 25,9 – 10a genannt werden, das in v. 10a auf 25,6 zurückblickt. Beide Male bezieht sich die preisende Stimme, in Jes 25,1 – 5 ein einzelner Beter, in 25,9 – 10a eine Mehrzahl, auf ein vorher erwähntes Ereignis und schließt dieses mit einem כי-Satz an den Lobpreis an. Zu überlegen ist ferner, ob nicht auch noch Jes 24,14 – 16a und 26,1 – 6 dieser Schicht angehören.

5. Der Plan Jahwes in Jes 25,1 – 5

In der Jesaja-Apokalypse Jes 24 – 27 findet sich mit Jes 25,1 – 5 ein eschatologisches Danklied, das anticipando das Lob der Befreiten anstimmt. Rückblickend auf Jes 24,10.12 stellt der Verfasser fest, daß Jahwe in der Zerstörung der Stadt seine Ratschlüsse verwirklicht und seine Treue gezeigt hat. Mit O. Ludwig könnte man zwar vermuten, daß der Dichter hier »an irgendwelche prophetische Weissagungen«[73] denkt, doch ist diese Eingrenzung nicht unbedingt zwingend. Es könnte auch einfachhin und umfassender die letztendlich sich als »Heilsgeschichte« erweisende Geschichte Israels gemeint sein, in die auch die Propheten gehören.[74] Der Plural עצות »Ratschlüsse« meint nicht so sehr die Summe einzelner göttlicher Beschlüsse, sondern will vielmehr in Verbindung mit der Wendung מרחוק »von alters her« den Eindruck eines Kontinuums erwecken. Somit ist die Zerstörung der Stadt nicht das Ergebnis *eines* ad hoc gefaßten göttlichen Gerichtsbeschlusses, sondern sie wird als das Wirksamwerden von »seit alters« bestehenden Ratschlüssen verstanden. Der Verfasser versetzt sich fiktiv in die eschatologische Heilszeit und blickt von dort zurück auf die bisherige Geschichte. In dieser Geschichte offenbaren sich für ihn Jahwes wunderbare Ratschlüsse und feststehende Treue, die in besonderer Weise in der Zerstörung der Stadt manifest werden. Der fiktiv

---

[72] Vgl. J. Vermeylen, Isaïe II, 363 ff.

[73] O. Ludwig, Stadt, 72.

[74] Vergleichbar wäre die in der christlichen Theologie anzutreffende Rede, daß »die Propheten« auf Christus gewiesen haben. Dabei wird weniger an einzelne Prophetenworte gedacht als vielmehr ein Weissagungskontinuum postuliert.

eingenommene eschatologische Standort besagt zudem, daß beides, Ratschlüsse und Treue Jahwes, auf Israels Heil aus sind. Dieses Heil verwirklicht sich zum einen in der Zerstörung der Stadt, in der die Fremden ihre Wohnburgen hatten. Zum andern konkretisiert es sich in der Anerkennung Jahwes durch die Völker, die die Zerstörung der Stadt als besondere Zuwendung Jahwes zu den Seinen verstehen müssen, vgl. Jes 25,4a.

4. Kapitel
Die Vorstellung vom göttlichen Planen in weiteren prophetischen und prophetentheologischen Texten

I. Jeremia 32,16 – 25

1. Der Text

16 Und ich betete zu Jahwe, nachdem ich die Kaufurkunde an Baruch, den Sohn des Nerija, übergeben hatte: 17 Ach, mein Herr Jahwe, siehe, du hast den Himmel und die Erde gemacht durch deine große Kraft und durch deinen ausgestreckten Arm, nichts ist dir unmöglich. 18 Der du Gnade übst an Tausenden, doch die Sünde der Väter den Söhnen nach ihnen in den Schoß vergiltst – großer, starker Gott, Jahwe Zebaot ist sein Name; 19 groß an Rat und mächtig an Tat: deine Augen sind offen für alle Wege der Menschenkinder, um jedem nach seinem Weg zu vergelten und nach der Frucht seiner Taten. 20 Der du Zeichen und Machttaten gesetzt hast im Land Ägypten ›und‹[1] bis zum heutigen Tag in Israel und an den Menschen: du hast dir einen Namen gemacht, wie (es) heute (ist). 21 Und du hast Dein Volk Israel aus dem Land Ägypten herausgeführt unter Zeichen und Machttaten und mit mächtiger Hand und mit ausgestrecktem Arm und mit großem Schrecken. 22 Und du hast ihnen dieses Land gegeben, das du ihren Vätern zu geben geschworen hast, ein Land, das von Milch und Honig fließt. 23 Und sie kamen und sie nahmen es in Besitz, doch hörten sie nicht auf deine Stimme, nach ›deiner Weisung‹[2] wandelten sie nicht, alles, was du ihnen zu tun befohlen hast, taten sie nicht, und du ließest all dies Böse sie treffen. 24 Siehe, die Sturmrampen[3] sind bereits an die Stadt herangekommen, um sie einzunehmen, und die Stadt wird übergeben in die Hand der Chaldäer, die gegen sie kämpfen, von wegen des Schwertes, des Hungers und der Pest; was du gesagt hast, es ist eingetroffen. Du siehst es ja! 25 Und jetzt sagst du zu mir, Jahwe, mein Herr: Kauf dir den Acker um Silber und laß es bezeugen durch Zeugen! – die Stadt wird doch in die Hände der Chaldäer gegeben.

---

[1] Statt עד ist mit G^L ועד zu lesen; vgl. BHS. Anders A. Weiser, Jeremia II, 297 Anm. 7.

[2] Hier wird das Qere gelesen, vgl. G^L und BHS.

[3] סללה meint die Sturmrampen, die an die Stadtmauern angelegt werden. Ältere Wörterbücher geben die Bedeutung »(aufgeworfene) Wälle«.

2. Zur Stellung und Einheitlichkeit von Jer 32,16−25

Das umfangreiche Gebet Jeremias in Jer 32,16−25 ist Teil einer umfassenden Komposition, die in Jer 32,1 mit der Wortereignisformel einsetzt und mit der Verheißung in Jer 32,42 ff. endet. Jer 32 bildet eine Fortsetzung der Heilsworte von Jer 30 f.; das Kapitel präsentiert sich freilich im Unterschied zu den beiden vorangehenden durchgängig in Prosa. Zum Thema hat das ganze Kapitel Jer 32 den Ackerkauf Jeremias als Unterpfand künftigen Heils: Nach einer kurzen Situationsschilderung (Jer 32,1−5) wird der Ackerkauf Jeremias erzählt, bei dem sich der Prophet gemäß der in Lev 25,23−25 aufgezeichneten Rechtsvorschrift verhält (Jer 32,6−15). Darauf folgt das Gebet Jeremias (Jer 32,16−25) und Jahwes Antwort (Jer 32,26−44). Sowohl dem Gebet des Propheten als auch der göttlichen Antwort kommt eine entscheidende Interpretationsfunktion zu. Hier erfährt der Ackerkauf des Propheten eine vertiefte theologische Deutung.

Wenn auch der sekundäre Charakter der Situationsskizze in Jer 32,1−6a durchweg anerkannt ist[4] und die Ansicht, im authentischen Selbstbericht Jer 32,6b−15 liege der Kern der gesamten Komposition vor, als gut begründet gelten muß[5], so stellt sich für den Abschnitt Jer 32,16−44 die Frage nach der Einheitlichkeit und Herkunft. Entweder wird ein authentischer Kern vor allem in Jer 32,17*.24 f.[6] gesucht, oder aber der gesamte Abschnitt Jer 32,16−44 wird als sekundär angesehen[7].

---

[4] Vgl. hierzu W. Thiel, Jeremia 26−45, 29 f., der Jer 32,1−6 einem post-dtr Kompilator zuweist (im Anschluß an J. P. Hyatt). Der redaktionelle Charakter der einleitenden Verse wird auch von den älteren Kommentaren herausgestellt. Unter den neueren Kommentatoren vertritt lediglich J. A. Thompson, Jeremiah, 586, die Authentizität des gesamten Kapitels Jer 32: »The section vv. 17b−23 seems to be composed of very conventional expressions which may be found in a variety of places in the OT. Some writers have no hesitation in attributing this section to a Deuteronomic author. There is nothing in it which would have been foreign to Jeremiah, although its style and phraseology raise again the question of the prose in Jeremiah.« Diese Argumentation spricht für sich. Lediglich den vv. 28−35 wird zugestanden, daß sie aus einem anderen Zusammenhang stammen könnten.

[5] Vgl. W. Thiel, Jeremia 26−45, 31.

[6] So z. B. W. Rudolph, Jeremia, 211 ff.; J. Bright, Jeremiah, 298, und neuerdings H. Weippert, Schöpfer, 71. Weitere Vertreter eines auf Jeremia zurückgehenden Grundbestandes zählt W. Thiel, Jeremia 26−45, 29 Anm. 2, auf. H. Weippert, ebd., 95−102, versucht zudem, in Jer 32,38−40 ein Jeremiawort über einen künftigen Bundesschluß zwischen Jahwe und seinem Volk zu erkennen.

[7] So z. B. B. Duhm, Jeremia, 260, und zuletzt W. Thiel, Jeremia 26−45, 29−37; eine Auflistung derjenigen Autoren, die den gesamten Abschnitt als sekundär erklären, findet sich ebd., 29 Anm. 1. Neuerdings vermutet W. Thiel, Rede, 17, hinter Jer 31,31−34 und 32,36−41 zwei dtr Redaktionsstufen.

W. Thiel hat nun in einer ausführlichen Textdiskussion für Jer 32,16—44 den überzeugenden Erweis erbracht, daß der gesamte Abschnitt von der dtr Redaktion des Jeremiabuches (D) formuliert worden ist: »Da ein möglicher Grundbestand nicht mit der Frage von [Jer 32,] 24 f., erst recht aber nicht mit der Antwort 26—29a schließen konnte, ist der Schluß fast unvermeidlich, daß der Abschnitt 16—44 durchgehend von D formuliert ist. Die formelhafte Sprache von 24—29a und die wenigen, aber doch vorhandenen D-Elemente in diesen Versen bekräftigen dieses Urteil.«[8]

W. Thiel kann ferner die Argumente entkräften, die manche veranlaßt haben, einen jeremianischen Kern des Gebetes herauszuarbeiten: Den geltend gemachten Widerspruch zwischen Jer 32,17 und 27 versteht W. Thiel »als beabsichtigte Wiederaufnahme innerhalb einer literarischen Komposition«[9], die Zäsur zwischen v. 23 und v. 24 findet als schwerfälliger »Übergang von der Vergangenheit zur Gegenwart … Analoga in anderen D-Texten«[10], das auffällige Nachklappen von Jer 32,29b kann auch in Jer 19,13 beobachtet werden. Wenn Jer 32,42 ff. auf den Selbstbericht zurückblickt, dann »schließt der Abschnitt 42—44 den gesamten Text abrundend ab.«[11] Nach der Diskussion aller Möglichkeiten kommt W. Thiel zu dem Ergebnis: »Der ganze Zusammenhang 16—44 läßt sich einheitlich als D-Text verstehen.«[12]

Somit können im Anschluß an die Überlegungen von W. Thiel das im Abschnitt Jer 32,16—44 überlieferte Prophetengebet und die Antwort Jahwes als redaktionelle dtr Interpretation des Ackerkaufs angesehen werden, die an den Selbstbericht Jer 32,6b—15 angefügt worden ist.

Es erheben sich allerdings Zweifel, ob der gegenüber Jer 32,6b—15 insgesamt sekundäre Abschnitt Jer 32,16—44 aus einem Guß ist, oder ob sich hier nicht doch mehrere Stimmen zu Wort melden.

Dem authentischen Selbstbericht Jer 32,6b—15 zufolge kauft Jeremia unter Beachtung der Rechtssitten einen Acker und knüpft daran ein Jahwewort. »Ein an sich alltägliches Ereignis erhält unter dem Vorzeichen der bevorstehenden Endkatastrophe, der Erstürmung der Stadt, den Rang einer symbolischen Handlung, die durch das abschließende Jahwewort von V. 15 erklärt wird. Es ist ein sehr karges und nüchternes Heilswort, das die Handlung deutet. Seine Aussage: Das normale Leben im Lande

---

[8] W. Thiel, Jeremia 26—45, 32. So auch E. W. Nicholson, Jeremiah II, 79. Ähnlich auch S. Böhmer, Heimkehr, 44, der allerdings in vv. 43a.44 mit der Möglichkeit eines auf Jeremia zurückführbaren Heilswortes rechnet.

[9] W. Thiel, Jeremia 26—45, 32.

[10] W. Thiel, Jeremia 26—45, 32.

[11] W. Thiel, Jeremia 26—45, 32.

[12] W. Thiel, Jeremia 26—45, 32.

wird weitergehen, ist aber unter der Perspektive der bevorstehenden Vernichtung eine echte Verheißung.«[13]

An diese vorgegebene Situation knüpft das Gebet des Propheten in Jer 32,16 – 25 an, wie v. 24 f. deutlich machen. Das gilt auch für die Antwort Jahwes in Jer 32,26 – 44, die die in Jer 32,6b – 15 geschilderte Lage in Jer 32,28 f.36.42 ff. berücksichtigt. In längeren Passagen entwikkelt die dtr Redaktion das in Jer 32,15 vorgegebene verhaltene Hoffnungsmoment.[14]

Mit einer in der 1. Pers. Sing. gehaltenen Gebetseinleitung hebt der Abschnitt Jer 32,16 – 25 an. Das Gebet spricht zunächst Jahwe als Schöpfer des Himmels und der Erde an. W. Thiel macht darauf aufmerksam, daß die dtr Redaktion bereits innerhalb einer Jahwerede in Jer 27,5 ähnlich formuliert hat.[15] Die Wendung בכחך הגדול ובזרעך הנטויה begegnet noch in Dtn 9,29 und 2 Kön 17,36, wird aber nur in Jer 27,5 und 32,17 auf die Schöpfung bezogen.[16]

Jer 32,18 ruft den gnädigen und gerechten Gott an. Die dtr Redaktion bedient sich dabei dtr Formulierungen aus dem Dekalog[17], die Benennung Jahwes in v. 18bα ist mit Dtn 10,17, Neh 9,32[18] und Dan 9,4, v. 18bβ ist mit Jer 10,16; 31,35; 46,18; 48,15; 50,34; 51,19.57, ferner mit Jes 47,4; 48,2; 51,15, 54,5; Am 4,13; 5,27 und 9,6 zu vergleichen.[19] Mit dieser Formulierung wird zwar in den poetischen Texten zumeist eine gewisse Zäsur angezeigt, vgl. Jer 10,16; 31,35; 51,19.57, doch steht die Formel auch häufiger in Parenthese; zudem könnte in Jer 32,18bβ auch einfach ein Zitat, das »jeremianisches« Sprechen nachahmen will, vorliegen.

Blicken Jer 32,17 f. auf Jahwe als den, der als der Schöpfergott und der gnädig-gerechte Gott die Ordnung in der Welt begründet hat, so sehen v. 20 – 23 auf Jahwes Handeln an Israel. Doch entspricht das Verhalten Israels den Heilstaten Jahwes an seinem Volk in keiner Weise, vgl. v. 23, so daß die in Jer 32,6b – 15 angedeutete Notsituation das Volk und die Stadt zu Recht trifft.

Am Anfang des geschichtlichen Rückblicks steht in Jer 32,19 die für die vorliegende Untersuchung relevante Aussage:

»Groß an Rat und mächtig an Tat:
deine Augen sind offen für alle Wege der Menschenkinder, um jedem nach seinem Weg und nach der Frucht seiner Taten zu vergelten.«

---

[13] W. Thiel, Jeremia 26 – 45, 31.
[14] Vgl. dazu R. P. Carroll, Chaos, 134.
[15] W. Thiel, Jeremia 26 – 45, 32.
[16] W. Thiel, Jeremia 26 – 45, 32.
[17] W. Thiel, Jeremia 26 – 45, 32.
[18] W. Thiel, Jeremia 26 – 45, 32.
[19] Vgl. die Belege bei J. L. Crenshaw, YHWH, 156 Anm. 1 – 3.

Dieser Vers leitet den die Geschichte Israels reflektierenden Abschnitt des Gebetes ein und setzt einen Jer 32,23 f. bereits anvisierenden Akzent: Jahwe blickt auf den Lebenswandel aller Menschen, um einem jeden zu vergelten. Mit dieser Aussage korrigiert Jer 32,19 die im Zitat v. 18 vorgegebene Vorstellung. Spricht v. 18 davon, daß die Sünde der Väter an den Söhnen vergolten wird, so betont v. 19 das Prinzip der individuellen Vergeltung.

Es kann gefragt werden, ob in Jer 32,19 wegen dieser im Verhältnis zu v. 18 auffälligen Inkongruenz nicht ein nachträglich eingeschobenes theologisches Interpretament vorliegt, das zum einen gegenüber Jer 32,18 den individuellen Vergeltungsglauben behaupten will, zum andern die in Jer 32,23 ff. eng nebeneinander liegenden Momente des nahenden Untergangs und des in der Gestalt der Verheißung präsenten Heils als die Folge von Jahwes gerechtem Vergelten verständlich machen will. Folgende formale und inhaltliche Argumente können die ursprüngliche Zugehörigkeit von Jer 32,19 in Zweifel ziehen: Der Vers selber weist insgesamt kaum typisch dtr Formulierungen auf. In v. 19bβ begegnen zwar Wendungen, die ebenfalls in den jeremianischen Texten Jer 16,17 und 17,10 bezeugt sind, die somit von der dtr Redaktion übernommen sein könnten, doch weist die erste Vershälfte keinen eindeutig dtr Ausdruck auf. Die Formulierung גדל העצה ורב העליליה »groß an Rat und mächtig an Tat« muß als singulär gelten, wobei es sich bei dem Substantiv העליליה »Tat« zudem noch um ein Hapaxlegomenon handelt. Das verwandte Substantiv עלילה meint in Jes 12,4; Ps 9,12; 66,5; 77,13; 78,11; 103,7; 105,1 die Großtaten Jahwes. Der Ausdruck בני אדם »Söhne der Menschen« ist für das Jeremiabuch im Plural nur hier bezeugt; im Singular findet er sich lediglich noch in Jer 49,18.33; 50,40.43.

Nun könnte für eine ursprüngliche Zugehörigkeit des Verses zum Gebet angeführt werden, daß ja auch in Jer 32,23 f. an Vergeltung gedacht wird: Israel hat in der Geschichte versagt und wird deshalb jetzt von Jahwe der Hand der Chaldäer ausgeliefert. Bei einem genaueren Vergleich der Verse wird freilich deutlich, daß in Jer 32,23 f. die nahende Katastrophe alle trifft, weil ganz Israel nicht auf Jahwes Weisung geachtet hat. Und wie v. 18 bereits vermerkt hat, wird die Generation, die die Erstürmung Jerusalems erlebt, nicht nur der eigenen Schuld wegen dieser Strafe ausgeliefert, sondern sie muß auch für die Sünden der Väter büßen. Dagegen vertritt Jer 32,19, wie schon oben gesagt worden ist, das Prinzip der individuellen Vergeltung. In generalisierender Weise wird ausgeführt, daß Jahwe auf die Lebenswege der Menschenkinder blickt, und daß er *einem jeden* vergilt nach *seinen* Wegen. Diese individualisierende Sicht fehlt ansonsten dem Gebet. Sie hat darin auch sachlich keinerlei Berechtigung, weil in ihm und in dem anschließenden Jahwewort die paradoxe Situation reflektiert wird, daß in der der Zerstörung ausgelieferten Stadt das Heil in der Gestalt der Verheißung präsent ist. Auf den Punkt gebracht heißt das: Nicht weil

Jahwe einem jeden Menschen nach seinem Lebenswandel vergilt, gibt es
Gerettete und Verlorene, sondern weil Jahwe in der prophetischen Zeichenhandlung und deren Deutung anticipando Heil präsent sein läßt, gibt
es Rettung. Warum die Geretteten ihre Rettung verdient haben, wird zunächst nicht gesagt, doch gibt eben Jer 32,19 auf dieses Problem eine Antwort: Jahwe ist ein gerechter Gott, der einem jeden nach seinen Taten
vergilt. Und wenn schon in der Gestalt der Verheißung Rettung da ist, dann
kann das, so Jer 32,19, nur daran liegen, daß es eben auch Menschen
gegeben hat, die dieses Heilshandeln Jahwes verdient haben.

Auch W. Thiel bemerkt den Korrekturcharakter von Jer 32,19. Im
Zusammenhang der Analyse von Jer 31,29 f., zwei Versen, die sich gegen
eine die Generationen überspannende Kollektivhaftung wenden, stellt er
fest: »An einer späteren Stelle (32,18 f.) zitiert sie [die dtr Redaktion]
den alten Grundsatz der Kollektivvergeltung nach dem Dekalogwortlaut,
korrigiert ihn aber sogleich im Sinne einer individuellen Verantwortlichkeit (19).«[20] Nach W. Thiel hat die dtr Redaktion des Jeremiabuches
im Vergleich zu Ez 18 einen Mittelweg eingeschlagen. »Nach ihren
Vorstellungen ist die Geschichte Israels eine Kette dauernder Verfehlun-
gen gegen den Willen Gottes... Die Generation, die das Gericht erlebte,
steht in dieser Geschichte der Schuld..., freilich nun nicht so, daß
sich die Schuld der Vergangenheit... gleichsam automatisch über die
Zeitgenossen entlud, sondern so, daß diese selbst die Verirrungen und
den Ungehorsam ihrer Vorfahren teilten, also um nichts besser als die
Väter sind... So zeigt sich bei D ein noch ungeschiedenes Ineinander von
kollektiver ... und individueller ... Verantwortlichkeit. Die Geltung des
dtn. Grundsatzes der persönlichen Haftung (Dtn 24,16) verlagert D
dementsprechend in die Zukunft.«[21]

Diese Ausführungen von W. Thiel würden nun in der Tat nicht
daran hindern, Jer 32,19 dem ursprünglichen Gebet zuzuordnen und in
dem Nebeneinander von Kollektiv- und Individualhaftung ein Charakteristikum der dtr Redaktion zu sehen. Doch bleiben einige Fragen offen:
Zunächst muß gefragt werden, ob Jer 32,18 f. wirklich ein für die dtr
Redaktion typisches ungeschiedenes Nebeneinander von kollektiver und
individueller Verantwortlichkeit zeigt, denn daß hier die Geltung des
Grundsatzes der persönlichen Haftung in die Zukunft verlagert worden
ist, kann für Jer 32,19 kaum behauptet werden. Im Gegenteil: Der
Grundsatz der individuellen Haftung bildet den Maßstab für das erwartete Gericht. Ferner ist das Nebeneinander der Aussagen von Jer 32,18
und 19, hinter dem W. Thiel zu Recht die Absicht einer Korrektur
vermutet, wenn beide Verse von ein und derselben dtr Redaktion ange-

---

[20] W. Thiel, Jeremia 26—45, 23.
[21] W. Thiel, Jeremia 26—45, 23.

führt werden, nicht so ohne weiteres verständlich. Wenn die Redaktion aus den Dekalogen Ex 20,5 f. und Dtn 5,9 f. dtr Passagen zitiert[22], so muß gefragt werden, wieso sie sich dann gleich im folgenden Satz wieder korrigieren will. Zudem bietet der Fortgang des Gebetes und der Jahweantworten eine Illustration der Vorstellung, daß Jahwe an den Söhnen auch heimsucht, was die Väter gesündigt haben. Der nicht als Zitat erkenntliche Halbvers Jer 32,19a weist zudem keinerlei Berührungspunkte mit der dtr Redaktion des Jeremiabuches auf. Vergleicht man ferner Jer 32,19 mit den jeremianischen Vorlagen Jer 16,17 und 17,10, dann kann die Tatsache, daß Jer 32,19 die vorliegenden Aussagen generalisieren will, kaum übersehen werden: In Jer 32,19 ist Jahwe der Gott der ganzen Welt, der *alle* Wege seiner Menschenkinder kennt, um ihnen nach ihren Wegen und Taten zu vergelten. Wenn Jahwe, so der Interpolator, an allen Menschen gemäß dem individuellen Vergeltungsprinzip handelt, dann soll deutlich gemacht werden, wie der im Gebet nun folgende geschichtliche Rückblick, die heilvolle prophetische Zeichenhandlung und die Jahweantworten zu verstehen sind.

Einmal auf der Suche nach Bearbeitungsspuren, darf gefragt werden, ob nicht Jer 32,18bβ (צבאות שמו) ebenfalls nachträglich eingefügt worden ist, denn das Suffix 3. Pers. Sing. masc. stört den Duktus des Jahwe durchweg in der 2. Pers. Sing. anredenden Gebetes. Zwar bildet der Personenwechsel allein kein literarkritisches Kriterium, vgl. z. B. Jes 47,4; 54,5; Jer 46,18; 50,34, doch kommt ihm in Verbindung mit der Feststellung, daß Jer 32,19 den Duktus des Gebetes unterbricht, ein gewisses Gewicht zu.[23] Dagegen gehört der Anfang von v. 18 zum Grundbestand des Gebetes, denn die hinsichtlich ihrer Determination neutrale Partizipialkonstruktion fügt sich einer Anrede in der 2. Pers. Sing. Der Interpolation könnte dann schließlich noch aus v. 20 ובאדם hinzugerechnet werden, denn die Verbindung »in Israel und an den Menschen« ist zumindest ungewöhnlich.[24]

Zusammenfassend läßt sich festhalten: Da Jer 32,19 wegen des individuellen Vergeltungsgedankens eindeutig aus dem Gedankenduktus des übrigen Gebetes herausfällt, da der Vers zudem terminologisch keinesfalls eindeutig der dtr Redaktion zugewiesen werden kann, ist die Annahme, hier liege eine nachdtr Interpolation vor, durchaus naheliegend. Eine gewisse Unsicherheit in der Beurteilung liegt darin, daß der Gedankenfortschritt am Anfang des Gebetes in Jer 32,17 f. nicht gerade als geschlossen gelten kann.

---

[22] Vgl. dazu M. Noth, Exodus, 131; G. von Rad, Deuteronomium, 41.

[23] G verbindet יהוה am Ende von v. 18 mit v. 19. Zum überwiegend belegten Abschlußcharakter der Formel vgl. J. L. Crenshaw, YHWH, 165 f.

[24] B. Duhm, Jeremia, 267, mokiert sich über den Gedanken: »Der Verf. teilt die Menschheit ein in Israeliten und ›Menschen‹; die ersteren sind wohl eine höhere Art von Menschen.«

3. Der Plan Jahwes in Jer 32,16 – 25

Nach der Einleitung Jer 32,16 hebt das Gebet in Jer 32,17 mit einem
Lob auf Jahwes Schöpferallmacht an. H. Weippert ist der Ansicht, daß
der Vers von einem Redaktor aus Jer 27,5 und 32,27 zusammengestellt
worden ist, wobei die einleitende Anrede Jahwes bereits vorgegeben
war.[25] Dabei gehören aber wohl Gebetsanrede und Jahweantwort redaktionellen Partien an.[26] Unmittelbar daran wird mit dem Dekalogzitat
gleichsam das Motto der folgenden Geschichtsreflexion angefügt: Jahwe
ist ein gnädiger und gerechter Gott, der die Sünden der Väter an den
Söhnen vergilt. Diesem Grundgedanken weiß sich der Gebetsabschnitt
Jer 32,20 – 25 verpflichtet, der sich ursprünglich an v. 18bβ* angeschlossen hat. Als gnädig hat sich Jahwe in Ägypten erwiesen, wo seine großen
Machttaten Israel befreit haben. Der Verfasser wird dabei an die Plagen
und die Erschlagung der Erstgeburt gedacht haben. Weitere Erweise von
Jahwes Gnade werden für Israel bei der Herausführung aus Ägypten
und bei der Landnahme erfahrbar.

Mit der Inbesitznahme des Landes durch das Volk Israel beginnt
die Geschichte des Abfalls von Jahwe. Jahwe antwortet darauf mit
seinem Strafhandeln an Israel, das – der Verfasser nimmt ja fiktiv den
geschichtlichen Standort Jeremias vor der Einnahme der Stadt ein – in
der gegenwärtigen aussichtslosen Not kulminiert. So illustriert das Gebet,
was es bedeutet, daß Jahwe die Schuld der Väter an den Söhnen heimsucht.

Wird nun einerseits die Geschichte als eine fortdauernde Abfallbe-
wegung von Jahwe verstanden, die von Jahwe strafend geahndet wird,
so eröffnet Jer 32,20 eine andere Perspektive, wenn dort festgehalten
wird, daß die von Jahwe in Ägypten gesetzten Zeichen und Machttaten
»bis zum heutigen Tag« in Israel erfahrbar sind. Dem Verfasser des
Gebetes manifestiert sich das heilvolle Handeln Jahwes in der prophetischen Zeichenhandlung des Ackerkaufs, die er viel deutlicher als der
Bericht Jer 32,6b – 15 auf Jahwes unmittelbaren Befehl zurückführt, vgl.
Jer. 32,25.[27]

---

[25] H. Weippert, Schöpfer, 71 f.

[26] Anders H. Weippert, Schöpfer, 71 f. Die Verse, die nach H. Weippert das ursprüngliche
Gebet bilden, sind vom Gebetskontext nicht abzuheben.

[27] So deutlich B. Duhm, Jeremia, 268: »Dass Jahwe das eigentlich nicht gesagt hat, ist
schon bemerkt; diejenigen Prediger, die sich ihr Wort Gottes, über das sie predigen,
gar nicht recht ansehen, haben also Vorgänger von ehrwürdigem Alter, biblische!« –
Den Sachverhalt hat B. Duhm richtig beschrieben. Vor seiner Wertung sind die damaligen
Schriftgelehrten in Schutz zu nehmen. Sie gebrauchen die ihnen vorliegende Tradition
nicht als Aufhänger, sondern lesen sie aus ihrer Situation und beziehen sie auf ihre Situation (Relecture).

A. Weiser, der das gesamte Gebet im Wesentlichen von Jeremia ableitet, sieht unter den von ihm getroffenen Voraussetzungen hier die entscheidende theologische Problematik: »In dem Nebeneinander der in Erfüllung gehenden Gerichtsdrohung (V. 24) und der Heilsverheißung (V. 25), in diesem – gleichzeitigen – Ineinander von Gottes Gerechtigkeit und Heilsgnade liegt das schwere theologische Problem, mit dem Jeremia angesichts des bevorstehenden Zusammenbruchs allein nicht fertig werden kann.«[28] Unbeschadet der in der Tat schwerwiegenden theologischen Problematik, kann eine Interpretation, die diesen Zusammenhang als das Ergebnis einer redaktionellen Arbeit versteht, mit größerer Plausibilität erklären, wie im Rückblick auf die bisherige Geschichte die gegenwärtige Situation verständlich gemacht und für die Gegenwart Hoffnung angesagt wird.

Die erste Antwort Jahwes in Jer 32,26–35 stellt die Geschichtsmächtigkeit Jahwes heraus. Er präsentiert sich dem Propheten als der Herr allen Fleisches und bestätigt damit die das Gebet Jeremias einleitende Anrufung Jahwes, vgl. Jer 32,27 mit 17. Jer 32,27 betont, wie H. Weippert richtig sieht[29], nicht so sehr die Erschaffung der Welt, sondern der Vers legt den Akzent deutlicher auf die Erschaffung aller (einzelnen) Lebewesen durch Jahwe. Deshalb kann Jahwe auch über jedes einzelne seiner Geschöpfe verfügen. »Weil dem Schöpfergott nichts unmöglich ist, kann er jetzt Jerusalem in die Hand Nebukadnezzars ausliefern, und ebenso kann er danach eine Zeit herbeiführen, in der man wieder Äcker kaufen, Kaufbriefe aufsetzen und versiegeln und Zeugen zur rechtmäßigen Abwicklung derartiger Transaktionen beiziehen wird.«[30] Die Chaldäer nehmen Jerusalem nicht aus eigener Macht ein, sondern allein, weil Jahwe das zuläßt. Er ist mächtig, es zuzulassen, weil er der Herr aller seiner Geschöpfe und nicht nur der Herr der Geschichte Israels ist. Er gibt die Stadt in die Hände der Babylonier, um Israel, Juda und Jerusalem wegen ihrer Sünden zu strafen, denn seit Jugend an und seit Gründung der Stadt haben sich die Bewohner »bis zum heutigen Tag«, vgl. 32,31, gegen Jahwe versündigt. Sowohl die Lebensgeschichte der Menschen als auch die Stadtgeschichte Jerusalems sind vom Ungehorsam gegenüber Jahwe bestimmt. Im Gericht erweist sich Jahwe somit als gerecht und Israel als ganz und gar schuldig.

Doch ist damit nicht das letzte Wort gesprochen. In einer zweiten Antwort in Jer 32,36–44 verheißt Jahwe, daß die prophetische Zeichenhandlung Wirklichkeit werden wird. Wenn Jahwe wieder die Verstreuten sammelt, sie nach Jerusalem zurückbringt und sie wiederum zu seinem

---

[28] A. Weiser, Jeremia II, 298.
[29] H. Weippert, Schöpfer, 70 f.
[30] H. Weippert, Schöpfer, 70 f.

Volk macht, dann wird sich erfüllen, was Jeremias Zeichenhandlung
ansagt: Man wird wieder Felder und Äcker kaufen, vgl. 32,43 f. Wenn
hier das Inkrafttreten der prophetischen Zeichenhandlung in die Zeit
nach der Sammlung der Verstreuten gelegt wird, dann wird dieser ein
anderer Sinn unterlegt; ursprünglich wollte sie nur sagen, daß es auch
nach der Einnahme der Stadt normale Lebensabläufe geben wird.

Dieser skizzierte Zusammenhang hat dem Interpolator von Jer
32,18bβ (צבאות שמו).19 vorgelegen. Indem er v. 18 erweitert und jetzt
mit יהוה צבאות שמו enden läßt, will er vermutlich eine gewisse Zäsur
setzen. Die Theologumena von Jer 32,17 f. erhalten deutlicher den Charakter eines Gebetsintroitus, der Gottes Schöpferallmacht und sein gnä-
dig-gerechtes Handeln in der Geschichte voranstellt. Gleichzeitig werden
die Aussagen von Jer 32,19 eindeutiger dem folgenden Gebetsabschnitt
zugeordnet, in dem die Geschichte Israels als Geschichte Jahwes mit
seinem Volk reflektiert wird.

Wenn Jahwe als »groß an Rat (עצה) und mächtig an Tat« gepriesen
wird, dann ist der Interpolator der Auffassung, daß sich beides in der
Geschichte Jahwes mit Israel zeigt. Das Gebet Jeremias und die beiden
Jahweantworten, die dem Verfasser des Einschubs ja vorlagen, stellen
das Geschichtshandeln Jahwes an Israel heraus. Doch bleibt Jahwe
nicht auf sein Volk allein begrenzt. Er kann den Babyloniern die Stadt
Jerusalem übergeben und sie so in sein Gerichtshandeln einspannen.
Ferner kann er sich aus der Zerstreuung erneut ein Volk sammeln. Beides,
Gericht und Heil, ist Manifestation des göttlichen Rates (עצה), der
somit im je unterschiedlichen Geschichtshandeln Jahwes ein Kontinuum
darstellt.

Der Terminus עצה meint in Jer 32,19 schwerlich einen bei Gott
gefaßten Plan, der als bei Jahwe konzipiert das geschichtliche Geschehen
bestimmt. In Jer 32 wird das göttliche Handeln vielmehr verstanden als
die göttliche Reaktion auf menschliches Versagen. Kraft seines Rates
zeigt sich Jahwe in jeder geschichtlichen Situation als der souveräne Herr
der Geschichte, der in dieser Geschichte Gericht und Heil schafft. Wenn
der Interpolator dabei vor allem die am individuellen Lebenswandel
orientierte Gerechtigkeit herausstellt, dann vertritt er eine Vorstellung,
wie sie auch die Elihu-Rede Ijob 34,21 f. belegt. Damit mindert sich nicht
die universale Zuständigkeit Jahwes. Das Gebet des Propheten und die
Antworten Jahwes bieten freilich an sich keinen Anknüpfungspunkt für
diese theologische Einsicht, vgl. vor allem Jer 32,23.30–35. Mit der
Betonung von Jahwes Gerechtigkeit, die den Lebenswandel des Einzelnen
bewacht, versucht der Interpolator eine Erklärung auf die Frage zu geben,
warum in Jeremias Zeichenhandlung das Heil in einer der Katastrophe
ausgelieferten Stadt präsent ist. Er kann sich dieses Nebeneinander nur
so erklären, daß Jahwe eben als gerechter Gott nur die Bösen untergehen
läßt. Wenn Jer 32,43 f. dagegen dieses Nebeneinander von Gericht und

Heil in ein zeitliches Nacheinander umprägt, dann zeigen sich die Besonderheiten von Jer 32,19 ein weiteres Mal.

Geht man mit W. Thiel davon aus, daß die Partien der dtr Redaktion
des Jeremiabuches in spätexilischer Zeit entstanden sind, dann ist man
bei der zeitlichen Zuordnung der Interpolation in die nachexilische Zeit
verwiesen. Ausgangspunkt ist, wie Jer 31,29 f.; Ez 18,2 und Klgl 5,7
belegen, die Infragestellung des göttlichen Gerichts und der göttlichen
Gerechtigkeit. Wird nun das Aufkommen dieser Fragen in die Exilszeit
zurückreichen, so wird man das korrigierende Eingreifen in Jer 32,19,
das diesen Gedanken an einer Stelle des Gebetes einträgt, ohne die
weiteren Aussagen in modifizierender Weise anzupassen, am besten aus
der nachexilischen Situation heraus verstehen dürfen, wo die im Exil
diskutierte Frage bereits zu einem theologischen Lehrsatz geworden ist,
dessen Einfügung offenbar ausgereicht hat, um den anders verlaufenden
Aussageduktus des Gebetes im angestrebten Sinn zu verstehen.

Weitere, frühestens exilische Texte bezeugen eine intensive Beschäftigung
mit dem Problem der göttlichen Gerechtigkeit und dem der göttlichen
Vergeltung: Gen 15,13 – 16; 18,22b – 33[31]; Ps 1; Ijob 9,22; 12,4.16; 21,17;
Ez 14,12 – 20; Jer 18,7 – 10; Jona 3 f. Besonders ausführlich behandelt
Gen 18,22b – 33 diese Fragen. Steht aber das lange Gespräch zwischen
Abraham und Jahwe in Gen 18,22b – 33 mehr für eine theoretisch-
theologische Diskussion des Problems[32], so weiß sich die Interpolation
von Jer 32,19 stärker dem Kontext verbunden, den sie interpretieren
will: Gerechtes Gericht und in der Gestalt der Verheißung präsentes Heil
gründen letztlich in Jahwes Absicht, einem jeden nach seinen Taten zu
vergelten.

---

[31] Schon J. Wellhausen, Composition, 25 f., erkannte den späten Charakter von Gen
18,22b – 32a. Ihm folgen H. Gunkel, Genesis, 203 – 206; R. C. Dentan, Affinities, 50
Anm. 3; L. Schmidt, »De Deo«, 164, und C. Westermann, Genesis II, 348 ff., gegen C.
Westermann, Genesis I, 70 – 73. Anders G. von Rad, Genesis, 165 – 169.

[32] Der theoretische Charakter des Abschnitts Gen 18,22b – 32a wird häufiger erörtert: So
führt G. von Rad, Genesis, 168, im Anschluß an O. Procksch aus: »Die Erzählung von
dem Gespräch Gottes mit Abraham ist also von einem Glaubensproblem stark belastet;
es trägt einen ›theoretischen Geist‹«. Ähnlich L. Schmidt, »De Deo«, 162 f. Ablehnend
C. Westermann, Genesis II, 347, der einwendet, daß in den Texten des Alten Testaments,
in denen eine Frage in ein Gespräch eingekleidet ist, dieses Gespräch niemals zu einer
gedanklich abstrakten Abhandlung wird. »Es bleibt ein Gespräch und behält als solches
etwas Schwebendes, das durch das Gegenüber zweier Sprechender bedingt ist.«

II. Jeremia 49,19 – 22 (50,44 – 46)

1. Der Text

19 Siehe wie der Löwe aufsteigt
   aus dem Dickicht[1] des Jordan zur Aue an immerfließendem
   Bach,
   ›so‹[2] ›schrecke ich auf die Schafe seines Weideplatzes‹[3],
   ›und von den besten ihrer Widder suche ich aus‹[4].
   Denn wer ist mir gleich und wer lädt mich vor?
   Und wer ist der Hirte, der vor mir bestünde?
20 Darum hört den Plan Jahwes,
   den er geplant hat über Edom,
   und seine Beschlüsse, die er beschlossen hat über die Bewohner
   Temans.
   Fürwahr, man wird sie umherzerren: die Geringsten der Schafe.
   Fürwahr, es schauert ihrer (eigenen) Aue vor ihnen.
21 Vor der Kunde ihres Falls erbebt die Erde,
   das Geschrei ›davon‹[5] wird am Schilfmeer vernommen (ihre
   Kunde)[6].
22 Siehe, wie ein Adler steigt er auf und schwebt daher
   und breitet seine Flügel über Bozra;
   und es wird das Herz der Helden Edoms an jenem Tag
   wie das Herz einer Frau in Wehen.

---

[1] נאון meint hier den üppigen Busch- und Baumwuchs unmittelbar am Jordangraben, wo wilde Tiere leben, vgl. auch Jer 12,5; 50,44 und Sach 11,3; zum Ganzen siehe W. Rudolph, Jeremia, 84.

[2] Statt כי lies mit BHS כן; so z.B. auch B. Duhm, Jeremia, 356; P. Volz, Jeremia, 417; W. Rudolph, Jeremia, 288.

[3] M liest: »plötzlich vertreibe ich ihn von ihm (= dem Land). Die Übersetzung schließt sich dem Vorschlag von BHS an; so auch W. Rudolph, Jeremia, 288.

[4] M liest: »und wer ist erwählt? Den setze ich über es.« Die Übersetzung folgt BHS; so auch W. Rudolph, Jeremia, 288.

[5] Mit BHS wird צֶעָקָה gelesen und das Suffix mit W. Rudolph, Jeremia, 290, als Ersatz für den gen. obj. angesehen.

[6] G und Jer 50,46 haben das Wort nicht; es ist als Glosse zu streichen.

2. Zur Stellung und Authentizität von Jer 49,19–22

Innerhalb der in Jer 49,7–22 begegnenden Dichtung gegen Edom findet sich mit den vv. 19–21 ein Abschnitt, der auch in der umfangreichen Babel-Dichtung Jer 50,1–51,64 in 50,44–46 überliefert ist.[7] Die Erörterung, in welchem Zusammenhang die Verse ursprünglich begegnen, fällt häufig zuungunsten des Edom-Stückes aus. So kommt W. Rudolph zu dem Ergebnis, daß es eine maßlose Übertreibung wäre, wenn die Nachricht vom Fall des kleinen Edom gleich die ganze Welt erschüttern würde, »während sie in Anwendung auf die Weltmacht Babel ihren guten Sinn hat. Demnach steht 50,44–46 an der richtigen Stelle und ist 49,19–21 ein Zusatz aus einer Zeit, in der Edom der bestgehaßte Feind war...«[8]

Daß textimmanente Beobachtungen zu dem genau entgegengesetzten Urteil gelangen können, zeigt ein Blick in den Kommentar von B. Duhm, der zu Jer 50,44–46 ausführt: »Jedenfalls paßt sie [diese Stelle] besser in das Orakel wider Edom als in das wider Babel, da Jahwe (d. h. Israel) selbst wider Edom zu Felde zieht; und selbst, wenn der Verf. beider Orakel (oder aller Heidenorakel) ein und derselbe Schriftgelehrte ist und alle Wiederholungen selber und mit Bedacht geschrieben hat, wird man annehmen müssen, dass unsere Stelle zuerst für die Weissagung gegen Edom koncipiert ist.«[9]

Nun reicht ein Hinweis auf Jes 34 aus, um die Vorstellung zu belegen, daß die Vernichtung Edoms universale Auswirkungen haben konnte. Somit bleibt das von W. Rudolph vorgetragene Argument fragwürdig. Ferner muß berücksichtigt werden, daß W. Rudolph in seiner Argumentation von einem auf Jeremia zurückführbaren Grundbestand ausgeht, der in Jer 49,7 f.10 f.22 vorliegen soll.[10] Die Herauslösung dieses

---

[7] Selbstverständlich hat Jer 50,45 »Babel« statt »Teman« und »über das Land der Chaldäer« statt »über die Bewohner Temans«. Vgl. auch Jer 49,21 mit 50,46.

[8] W. Rudolph, Jeremia, 292. Ähnlich A. Weiser, Jeremia II, 408. Zu den Edom-Sprüchen in den Prophetenbüchern vgl. immer noch M. Haller, Edom, 109–117.

[9] B. Duhm, Jeremia, 366. So offenbar auch F. Giesebrecht, Jeremia, 250; P. Volz, Jeremia, 429; J. Bright, Jeremiah, 331.355; E. W. Nicholson, Jeremiah II, 211, und J. A. Thompson, Jeremiah, 746.

[10] Vgl. W. Rudolph, Jeremia, 290 f. A. Weiser, Jeremia II, 407, sieht, wie schon F. Giesebrecht, Jeremia, 239, in den vv. 7.8.10b.11 einen auf Jeremia zurückführbaren Grundbestand, »aber angesichts dieses dürftigen Restes muß mit der Möglichkeit gerechnet werden, daß vielleicht noch in anderen Versen jeremianisches Gut zugrundeliegt, oder Teile des Spruches verlorengegangen sind.« J. A. Thompson, Jeremiah, 719 f., will zwar nicht ausschließen, daß Jer 49,7–22 jeremianisches Gut überliefert, doch spiegele die gegenwärtige Form den bitteren Haß der Juden gegen die Edomiter, der nach dem Fall Judas im Jahr 587 v. Chr. gewachsen ist. E. W. Nicholson, Jeremiah, 194, urteilt: »The passage has therfore [wegen zahlreicher atl. Parallelen] all the

Grundbestandes ist freilich unter methodischen Gesichtspunkten problematisch, denn W. Rudolph wendet ein nicht überzeugendes Subtraktionsverfahren an: Alle Verse, die von anderen alttestamentlichen Stellen, insbesondere vom Obadjabuch abhängig sind, werden ausgesondert, der verbleibende Rest gilt dann als ursprünglich jeremianisch. Dabei kann zumindest bei Jer 49,22 gefragt werden, ob die Bezüge zu Jer 48,40 ff. nicht eher auf eine redaktionelle Arbeit zurückgeführt werden können, zumal die Einleitung von Jer 49,22 als eine zu 49,19 analoge Bildung angesehen werden kann. Die Redaktion wollte die Aussagen von Jer 49,16 fortführen: Über Edom, das sein Nest hoch wie der Adler (כנשר) baut, kommt adlergleich (כנשר) das Unheil.

In diesem Zusammenhang ist die von G. Fohrer vorgelegte Gliederung des Edom-Abschnitts von einigem Interesse: »Drei Sprüche gegen Edom, das im Unterschied von Obadja, dessen Gedanken aufgenommen werden, nicht sehr konkret angeklagt wird, liegen in v. 7 – 11.14 – 16 und 19 – 22 vor und werden jeweils durch ein Prosawort (v. 12 – 13.17 – 18) voneinander getrennt.«[11] Diese Gliederung ist grundsätzlich offen für die Annahme redaktioneller Eingriffe. Die Doppelüberlieferung Jer 49,19 – 21/50,44 – 46 könnte das Ergebnis einer derartigen redaktionellen Arbeit darstellen: Sowohl Jer 49,19 – 21 als auch 50,44 – 46 wollen die Zerstörung Edoms bzw. Babels als von Jahwe geplant verstanden wissen. Sie bieten somit eine theologische Deutung der geschichtlichen Ereignisse.

Nun hat G. Fohrer in der bereits zitierten Arbeit den Nachweis erbracht, daß Jer 51 in den vv. 11.12b.28.29 eine redaktionelle Schicht bietet, die »an den Absichten Jhwhs und einer geschichtlichen Deutung«[12] interessiert ist: Jahwe hat den Geist der Könige Mediens erweckt, um seinen Plan gegen Babel zu verwirklichen (Jer 51,11.12b), bzw. Jahwe fordert dazu auf, die Völker gegen Babel zu entbieten, damit sich sein Plan erfülle (Jer 51,28 f.). Inhaltlich lassen sich Jer 49,19 – 22 und 50,44 – 46 diesen Vorstellungen in Jer 51,11 f.28 f. zuordnen.

Die terminologischen Bezüge sind freilich nicht besonders deutlich. Immerhin begegnet aber מחשבות als Terminus für das Planen Jahwes außer in Jer 49,20 und 50,45 auch in 51,29. Der Plan Jahwes verwirklicht sich unter dem Erbeben der Erde (רעש, vgl. Jer 49,21; 50,46; 51,29). Das sind zwar letztlich keine völlig überzeugenden Hinweise, als Gemeinsamkeiten zwischen den in Frage kommenden Stellen sollten sie dennoch festgehalten werden.

---

appearance of being editorial, though it may contain a kernel of material from Jeremiah.« Dagegen sprechen sich B. Duhm, Jeremia, 354, und P. Volz, Jeremia, 387.416 – 419, für eine durchgängig (nach)exilische Entstehungszeit aus.

[11] G. Fohrer, Vollmacht, 49.

[12] G. Fohrer, Vollmacht, 50.

Daß der Herauslösung von redaktionellen Partien in späten Texten Grenzen gesetzt sind, liegt an der Arbeitsweise der schriftgelehrten Verfasser, die aus vorgegebenen Schriften zitieren und dieses vorliegende Gut weiterinterpretieren. Dabei gehören Gedankenwiederholungen und Textvariationen zum schriftstellerischen Repertoire. Somit sei nochmals betont, daß der oben im Anschluß an G. Fohrer herausgestellte Zusammenhang von Textstellen, die für das Vorhandensein einer Jahweplan-Redaktion in den jeremianischen Fremdvölkerorakeln sprechen könnten, einen stark hypothetischen Charakter trägt.

Will man die Edom-Dichtung Jer 49,7–22 annähernd datieren, dann bilden die zahlreichen Zitate aus dem Jeremiabuch und aus anderen alttestamentlichen Schriften einen terminus a quo:

a) Zahlreiche Beziehungen bestehen zum Obadjabuch: Vgl. Jer 49,7 mit Obd 8; Jer 49,9 mit Obd 5; Jer 49,10 mit Obd 6 f.; Jer 49,14–16 mit Obd 1–4.

b) Es gibt zudem Bezüge zu anderen Stellen des Jeremiabuches: Vgl. Jer 49,12 mit 25,27–29; Jer 49,13 mit z. B. 25,18; Jer 49,17 mit 19,8; Jer 49,18 mit 50,40; Jer 49,19–21 mit 50,44–46; Jer 49,22 mit 48,40 ff.

c) Die Figura etymologica חשב מחשבות findet sich mit Ex 31,4; 35,32.35; Jer 18,11; 49,20.30; 50,45; Ez 38,10; 2 Chron 2,13; Dan 11,25; (2 Sam 14,14) nur in exilisch-nachexilischen Texten.[13]

Mit der Entstehung des Obadjabuches liegt ein erster sicherer terminus a quo vor. Geht man mit O. Kaiser davon aus, daß die Konkordanzen zwischen Obd und Jer 49 bereits die eschatologisch erweiterte Fassung von Obd betreffen, kommt somit für die erweiterte Fassung, vorausgesetzt der Grundbestand von Obd gehört in die Zeit unmittelbar nach 587 v. Chr., frühestens die frühnachexilische Zeit in Frage[14], dann kann auch Jer 49,19–21.22 bestenfalls als frühnachexilisch angesehen werden.

Daß die Doppelüberlieferung Jer 49,19–21/50,44–46 mit einiger Wahrscheinlichkeit auf redaktionelle Arbeit schließen läßt, wurde in Fortführung einer Überlegung von G. Fohrer vermutet; dann würden die beiden parallelen Abschnitte (evtl. zusammen mit Jer 51,11.12b.28 f.) zu einer redaktionellen Schicht gehören, der bereits der Grundbestand der Völkerorakel im Wesentlichen vorgelegen hat. Mit einiger Berechtigung würde das ebenfalls für die nachexilische Entstehung der Edomdichtung sprechen; die uns interessierenden Passagen wären dann vielleicht spätnachexilisch anzusetzen. Berücksichtigt man, daß die in spätnachexilischer Zeit entstandene kleine

---

13 Belege nach S. Böhmer, Heimkehr, 34.
14 O. Kaiser, Einleitung, 270 f.

Jesaja-Apokalypse Jes 34 f., nachdem Edom bereits im 5. vorchristlichen Jahrhundert von den Nabatäern erobert worden war, das Ende
Edoms mit universalen Auswirkungen schildern konnte, daß somit zu
späterer Zeit der Name »Edom« ähnlich wie »Babel« und »Assur«
als Chiffre gebraucht werden konnte, um den feindlichen Nachbarn
zu kennzeichnen[15], dann führt das in die fortgeschrittene nachexilische
Zeit. Zum einen konnten die gegen das historische Edom gerichteten
Einzelorakel für das spätere Verständnis eine bleibende Relevanz
beanspruchen, zum andern stand neuen Edomdichtungen, da man ja
inzwischen mit dem Namen »Edom« andere Vorstellungen verbunden
hatte, nichts im Wege. Es spricht daher nichts gegen eine spätnachexilische Ansetzung des redaktionellen Zusatzes. Eine genauere zeitliche
Einordnung wird allerdings kaum möglich sein.

3. Die Vorstellung vom Plan Jahwes in Jer 49,19–22

Der als Jahwewort stilisierte Vers Jer 49,19 läßt Jahwe sich in
einem Löwenbild vorstellen. Als Tertium comparationis des Bildes
muß das plötzliche Auftreten und das kraftvolle Reißen der Beute
angesehen werden.[16] Damit nimmt Jer 49,19 eine Metapher auf, die
in der vorexilischen Prophetie das Gerichtshandeln Jahwes an seinem
Volk vor Augen führen will, vgl. Am 5,19; Hos 5,14 und 13,7.[17] Jetzt
aber richtet Jahwe seine Gerichtsgewalt gegen das feindlich gesinnte
Edom. Zwar mag hier der Gedanke impliziert sein, daß Nebukadnezar
als Werkzeug und Vollstrecker des göttlichen Willens gemeint ist[18],
doch spricht der Text selbst nicht einmal andeutungsweise davon.
V. 19aβ führt den Tiervergleich aus, ohne das mit dem Löwenbild
vorgegebene Imaginationsfeld zu verlassen: Jahwe steigt herauf wie
der Löwe aus dem Jordangestrüpp und schreckt die Schafe seiner,
d. h. Edoms Herde auf und sucht die besten Widder aus. Damit sind
wohl das Staatsvolk von Edom und dessen Führer gemeint. Die
Unvergleichlichkeitsaussage in Jer 49,19b könnte folgendermaßen verstanden werden: die Edomiter werden von einem König beherrscht,
der als Hirte seines Volkes sich freilich nicht mit Jahwe messen kann.
Es ist aber wahrscheinlicher, daß sich die Unvergleichlichkeitsaussage

---

[15] Vgl. dazu O. Kaiser, Jesaja II, 280.

[16] Zum Löwenbild vgl. G. J. Botterweck, Art. ארי, bes. Sp. 412 ff. An anderen Stellen
wird das kraftvolle Löwengebrüll mit Jahwes Reden verglichen, vgl. Am 1,2.

[17] Belege nach G. J. Botterweck, Art. ארי, Sp. 412 ff. Vgl. auch den Psalmvers 50,22, der
die vom Gottesgericht bedrohten Gottvergessenen charakterisiert. – In der Krankheit
zermalmt Jahwe wie ein Löwe die Gebeine, vgl. Jes 38,13.

[18] Das vermutet G. J. Botterweck, Art. ארי, Sp. 413.

auf Jahwe wesenhaft Gleichgestellte bezieht, insbesondere auf die Staatsgottheit Edoms, denn daß ein Mensch, selbst wenn er König wäre, sich nicht mit Jahwe vergleichen und ihn nicht herausfordern kann, steht außer Zweifel. Mit dem göttlichen Hirten Jahwe kann kein anderer göttlicher Hirte verglichen werden.

Schildert schon das Löwenbild und die darauf folgende Aufschlüsselung in Jer 49,19 Jahwe als den im Gericht souveränen mächtigen Gott, so verdeutlicht v. 20 vollends die göttliche Geschichtsmacht: Jahwe hat einen Plan geplant (יעץ עצה) und einen Beschluß beschlossen (חשב מחשבות) gegen Edom und die Bewohner von Teman[19]. Dieser göttliche Plan will die Vernichtung Edoms, wobei v. 20b das Schicksal der Edomiter mit Anspielung auf v. 19a als Verschleppung verdeutlicht. Weil sich dieses Geschick Edoms und der Edomiter einem göttlichen Plan verdankt, gibt es auch kein Entrinnen.

Jer 49,21 lenkt den Blick auf die Auswirkungen des Falls von Edom. Sie sind universal und betreffen die ganze Erde. Weil Jahwe selber Edom das Ende setzt, findet keineswegs ein peripheres Ereignis statt, sondern ein die ganze Welt erschütterndes göttliches Gerichtshandeln, dessen Auswirkungen weit über die Grenzen Edoms hinaus gehört werden. Dieser Gedanke wird in v. 21b anschaulich illustriert: Selbst am Schilfmeer, dem Golf von Aqaba (vgl. Ex 23,31; Num 14,35; 21,4; Dtn 1,1.40; Ri 11,16; 1 Kön 9,26), wird das beim Untergang Edoms entstehende Geschrei vernommen.

Jer 49,22 verdeutlicht mit einem weiteren Tierbild, daß Edom dem göttlichen Gericht nicht entrinnen kann. Bozra, Edoms Hauptstadt, hat zwar sein Nest dem Adler gleich in der Höhe gebaut, vgl. Jer 49,16, doch für Jahwe, der wie ein Adler über der Stadt aufsteigt und seine Schwingen über der Stadt ausbreitet, ist auch Bozra erreichbar.

Jahwe wird noch Ex 19,4; Dtn 32,11 und Jer 48,40 mit einem Adler verglichen; steht in Ex 19,4 und Dtn 32,11 das Adlerbild für Jahwes sichere Führung, so meint es dagegen in Jer 48,40 wie auch in 49,22 Jahwes Macht und Vermögen, noch die nach menschlichem Ermessen unzugänglichen Orte und Gebiete zu erreichen.[20]

Zusammenfassend kann gesagt werden: In Jer 49,19–22 begegnet Jahwe als der über die Geschichte souveräne Herr, der auch in Edom sein göttliches Strafgericht verhängen kann. Seinem Gerichtsplan kommt der Charakter der Unabänderlichkeit zu. Zwar spricht der Text nicht aus, weshalb Jahwe gegen Edom einen Gerichtsplan gefaßt hat, es wird

---

[19] T(h)eman, das Land der Temiter, und seine Hauptstadt gleichen Namens sind nicht genau zu identifizieren. Der Name begegnet aber häufig als Parallele zu Edom: Am 1,12; Ez 25,13 u. ö.

[20] Bei Jer 48,40aαβb handelt es sich um einen aus 49,22 entwickelten späteren Zusatz, der zudem in G nicht bezeugt ist, vgl. BHS.

auch nicht gesagt, wann dieser Plan von Gott geplant worden ist. Wenn weder der Grund noch der Zeitpunkt dieses göttlichen Beschlusses genannt werden, dann bedeutet das noch nicht, daß hier nun ein von alters her erdachter Plan gegen Edom Wirklichkeit wird. Deutlich wird aber, daß mit der Vorstellung vom göttlichen Plan eng der Glaube an Jahwes Geschichtssouveränität verbunden ist, in der Jahwe das, was er zu tun gedenkt, verwirklicht.

III. Amos 3,3 – 8

1. Der Text

3 Gehen nicht zwei zusammen,
  ohne daß sie sich verabredet hätten[1]?
4 Brüllt der Löwe im Wald,
  und bei ihm ist keine Beute?
  Gibt der Junglöwe Laut (aus seinem Versteck)[2],
  ohne daß er (etwas) gefangen hat?
5 Fällt der Vogel zur (Falle der)[3] Erde,
  ohne daß eine Falle[4] da ist?
  Springt eine Falle vom Erdboden,
  und einen Fang hat sie nicht gefangen?
6 Wird[5] das Horn geblasen in der Stadt,
  und das Volk erschrickt dann nicht?
  Geschieht ein Unheil in der Stadt,
  und Jahwe hat es dann nicht getan?
7 Denn nichts tut der Herr Jahwe, ohne daß er seinen
  Plan seinen Knechten, den Propheten, geoffenbart hat.
8 Der Löwe brüllt, wer fürchtet sich nicht?
  Der Herr[6] Jahwe spricht, wer wird nicht Prophet?

---

[1] יעד, nif., bedeutet »sich verabreden«, vgl. auch Ps 48,5. Anders E. Sellin, Zwölfprophetenbuch, 174; A. Weiser, Profetie, 126; ders., Kleine Propheten, 144 (»sich treffen«) und W. Nowack, Kleine Propheten, 131, mit G (»sich kennen«).

[2] Mit BHS ist ממענתו »aus seinem Versteck« aus sachlichen und metrischen Erwägungen heraus als Zusatz zu streichen. Vgl. dazu I. Willi-Plein, Vorformen, 21, und die meisten Kommentare. Anders W. Rudolph, Dodekapropheton 2, 150, der mit »Standort« übersetzt.

[3] פח »Falle« ist in v. 5a vermutlich die Folge einer aberratio occuli, vgl. v. 5b. Mit G muß das Wort gestrichen werden, vgl. BHS und die Kommentare.

[4] מוקש »Falle« mit HAL, 530, s. v. מוקש.

[5] Zum seltenen Fall einer mit אם eingeleiteten direkten Frage siehe P. Joüon, § 161d.

[6] BHS fragt, ob אדני nicht Zusatz ist. So entscheiden die meisten Autoren. Anders z. B. S. Mittmann, Gestalt, 140 Anm. 22, der geltend macht, daß auch G das Wort an dieser Stelle bezeugt; somit besteht kein textkritisch hinreichender Grund, das Wort zu streichen.

2. Zur Abgrenzung und literarischen Einheit von Am 3,3 – 8

Als didaktische Lehrfragen, die von Jahwe in der 3. Pers. Sing. sprechen, heben sich die Verse Am 3,3 – 8 deutlich von dem mit einer Eröffnungsformel eingeleiteten Gerichtswort 3,1 f. und von dem Gerichtswort 3,9 – 11 ab.[7] Daß v. 7 als nachträglicher Prosaeinschub, der der dtr Theologie nahesteht, zu beurteilen ist[8], muß als nahezu unbestritten gelten. Umstritten sind in der gegenwärtigen Diskussion folgende Fragen:

a) Beginnt die Texteinheit erst mit v. 3 oder bereits mit v. 1?

b) Gehört v. 3 zum ursprünglichen Text oder muß er als redaktionell angesehen werden?

c) Wurde v. 7 lediglich in einen zusammenhängenden Text (Am 3,3 – 6.8) interpoliert oder gehört auch noch v. 8 zu den einen vorgegebenen Text erweiternden Abschnitten?

Gelegentlich werden die Verse Am 3,1 – 8 (außer v. 7) als ursprüngliche Texteinheit angesehen.[9] »Die in diese Richtung gehenden Versuche vermögen schon deshalb nicht zu überzeugen, weil sie die formalen Unterschiede zwischen Vs 1 f und Vs 3 ff – den Wechsel vom Aussage- zum Fragestil, von der 1. zur 3. Person Jahwes, vom Hexameter ... zum Pentameter – außer acht lassen und sich auf rein inhaltliche Prämissen gründen, die ihrerseits nicht tragfähig sind.«[10]

Gegen die literarische Ursprünglichkeit von Am 3,3 werden formale, inhaltliche und terminologische Einwände erhoben. So fällt auf, daß v. 3 im Unterschied zu v. 4 – 6 eine Parallelaussage vermissen läßt. Der Vers beginnt, da er als einziger nur ein Subjekt aufweist, mit einem Verbum in der 3. Pers. Pl. Zudem kontrastiert das friedliche Bild in v. 3 die bedrohlichen Aussagen in v. 4 – 6.[11] Nach J. Vermeylen, der sich hier S.

---

[7] So die meisten Kommentatoren. Vgl. E. Sellin, Zwölfprophetenbuch, 175 f.; W. Nowack, Kleine Propheten, 131; H. E. W. Fosbroke, Amos, 793; A. Weiser, Profetie, 127 f.; ders., Kleine Propheten, 144; Th. H. Robinson, Kleine Propheten, 81 ff.; J. L. Mays, Amos, 59; H. W. Wolff, Dodekapropheton 2, 218 – 221; W. Rudolph, Dodekapropheton 2, 150 ff.; J. Vermeylen, Isaïe II, 525; A. Deissler, Zwölf Propheten I, 103 f. Anders W. R. Harper, Amos, 64; Y. Gitay, Study, 294 ff.

[8] Siehe dazu vor allem W. H. Schmidt, Redaktion, 185 – 188; Anders W. R. Harper, Amos, 73; Th. H. Robinson, Kleine Propheten, 82. W. Rudolph, Dodekapropheton 2, 157, bezweifelt den dtr Charakter des von ihm auch als Zusatz angesehenen Verses.

[9] Z. B. von K. Cramer, Amos, 17; W. R. Harper, Amos, 64; H. J. Stoebe, Überlegungen, 217 – 222.

[10] S. Mittmann, Gestalt, 134 Anm. 2.

[11] Vgl. K. Marti, Dodekapropheton, 173; W. Nowack, Kleine Propheten, 131 (anders ders., Kleine Propheten, 2. A., 136); W. H. Schmidt, Redaktion, 183 Anm. 49; H. Gese, Beiträge, 425; S. Mittmann, Gestalt, 134 ff.; J. Vermeylen, Isaïe II, 526; B. Renaud, Génèse, 357 f. Anders z. B. H. W. Wolff; Dodekapropheton 2; 217 f.

Mittmann anschließt, korrespondiert v. 3 mit v. 7, denn hier wie dort sei »la même harmonie entre les partenaires et la même rupture du schéma littéraire des vv. 4–6, où les images sont toutes présentées par paires.«[12] Diese Vermutung von J. Vermeylen, die er mit S. Mittmann teilt, würde voraussetzen, daß v. 3 bereits in verklausulierter Weise von einer engen Vertrautheit zwischen Jahwe und seinem Propheten spricht. »Vs 3 stimmt also gleich einem musikalischen Vorzeichen das alte Amoswort um und ein auf die in Vs 7 durchgeführte Neuinterpretation, bereitet diese damit vor und verleiht ihr ebenfalls das Gewicht schlüssiger Konsequenz.«[13]

Wer dagegen die Ursprünglichkeit des Verses vertritt, erklärt seine formalen Eigentümlichkeiten gern mit dem Auftaktcharakter. H. W. Wolff, der indirekt zu verstehen gibt, daß eine endgültige Sicherheit in dieser Frage nicht zu erreichen ist[14], muß ein in der prophetischen Tätigkeit liegendes Ereignis postulieren, um die Eingangsfrage in v. 3 verständlich zu machen. Demnach geht Amos hier auf den Protest seiner Zuhörer ein, »der den Zusammenhang der Verkündigung des Propheten mit dem Wirken Jahwes bestritten hat.«[15] Gleichzeitig räumt er ein, daß die Eingangsfrage ihrer Funktion nach »mit der Erwähnung der ›zwei‹ über 6 hinaus auf 8b als auf die eigentliche Antwort« hinweist.[16] Somit aber muß auch H. W. Wolff zugestehen, daß die Eingangsfrage, da sie auf v. 8b hin ausgerichtet ist, deutlicher zu verstehen gibt, was das nun Folgende soll, als die Fragen von v. 4–6.

Die in v. 3 verwendete Terminologie weist, wenn man das bei einem derartig kurzen Vers überhaupt sagen kann, zwei untypische Dinge auf. Mit יעד, nif. »sich treffen« findet sich ein Wort, das nur hier in einer Prophetenschrift begegnet, das aber den Erkenntnissen von J. Vermeylen zufolge überwiegend in priesterschriftlichen Texten und, in anderen Konjugationsstämmen, in sekundären Schichten des Jeremiabuches begegnet.[17] Ferner begegnet die Partikel בלתי »ohne daß« in Verbindung mit einem finiten Verbum sonst nur noch in Jes 10,4 und Dan 11,18. Beide Stellen sind freilich textlich umstritten.[18]

Nimmt man all die genannten Gründe zusammen, dann fällt die Beurteilung des Verses als echt nicht mehr so eindeutig aus.

---

[12] J. Vermeylen, Isaïe II, 526.

[13] S. Mittmann, Gestalt, 136. Wenn S. Lehming, Erwägungen, 152, meint, daß sämtliche Aussagen von v. 3 an auf v. 8b hin angelegt sind, hat er für den redaktionell gestalteten Abschnitt Recht.

[14] Vgl. H. W. Wolff, Dodekapropheton 2, 219.

[15] H. W. Wolff, Dodekapropheton 2, 219.

[16] H. W. Wolff, Dodekapropheton 2, 219.

[17] J. Vermeylen, Isaïe II, 526 Anm. 2.

[18] Belege nach Th. H. Robinson, Kleine Propheten, 80.

Allerdings ist die von J. Vermeylen und S. Mittmann behauptete
Verbindung von v. 3 mit dem lehrhaften Satz v. 7 ebenfalls nicht über
jeden Zweifel erhaben. V. 3 ist formal den vv. 4 f. angeglichen, v. 7
sprengt dagegen als Prosaeinschub die metrisch gestalteten Fragen in
v. 4 – 6.8. Die Verbindung von v. 3 zu v. 7 ist zudem nicht die einzig
denkbare und einzig schlüssige. Zwar hat v. 3 teil am zwingenden Argu-
mentationscharakter der übrigen Fragen, das heißt aber nicht, daß dieser
Vers, wenn er als redaktioneller Vorspann[19] zu gelten hat, sich eindeutig
und ausschließlich nur auf v. 7 beziehen läßt. Wenn v. 8 ebenfalls später
nachgetragen worden ist, dann könnte es sich ja bei v. 1 und v. 8 um
eine prophetentheologische Rahmung des Wortes 3,4 – 6 handeln.

Ob es sich bei v. 8 um einen Nachtrag zu v. 4 – 6 handelt, hängt
zum erheblichen Teil davon ab, ob vv. 4 – 6 einen eigenständigen und in
sich geschlossenen Spruch darstellen oder nicht. Bereits H. Greßmann
u. a. hatten in 3,4 – 6 und 3,8 zwei voneinander getrennte Sprüche gesehen.[20] Der Spruch 3,4 – 6 würde dann der Auffassung entgegentreten,
daß Jahwe gegen Israel nichts Unheilvolles unternehmen könne, wogegen
v. 8 von dem unausweichlichen Zwang der prophetischen Berufung handeln würde.

Nun kann nicht abgestritten werden, daß Am 3,4 – 6 für sich genommen einen guten Sinn ergibt. Auf vier mit der Partikel ה eingeleitete
Fragesätze, die Situationen aus der Natur anführen, folgen zwei mit der
Partikel אם beginnende Fragen, die das Leben der Menschen in der Stadt
betreffen. Dagegen ist, wie L. Markert gezeigt hat, in v. 8 »ein deutlicher
stilistischer Bruch feststellbar: Die Frage rückt jeweils in die zweite
Reihe, Aussagesätze gehen voran. Zwar handelt es sich dabei in v. 8
ebenso wie in v. 3 – 6 um rhetorische Fragen, doch erwartet man jeweils
eine verschiedene Antwort.«[21]

Die Frage in v. 6b stellt klar, daß das Unheil in der Stadt ebenso in
einem Tat-Folge-Zusammenhang[22] steht wie es bei den vorher genannten
Ereignissen der Fall ist. Das Unheil in der Stadt ist eine Folge von Jahwes
Tun.

Um der Aussage von v. 6b die Besonderheit zu nehmen, kann man
natürlich mit W. Rudolph darauf verweisen, daß die Vorstellung, Jahwe

---

[19] Die sachliche Zugehörigkeit von Am 3,3 zu 3,4 – 8 hat S. Mittmann, Gestalt, 135 f.,
gegen K. Marti, Dodekapropheton, 173, und H. Gese, Beiträge, 425, die den Vers als
Überleitung von v. 2 zu v. 4 verstehen wollen, treffend aufgewiesen.

[20] H. Greßmann, Geschichtsschreibung, 339 f. Ähnlich L. Markert, Struktur, 88 f., V.
Maag, Text, 13 f.; W. H. Schmidt, Redaktion, 183 ff.; R. Smend, Nein, 412 Anm. 42;
B. Renaud, Génèse, 359 ff.

[21] L. Markert, Struktur, 88.

[22] B. Renaud, Génèse, 358 f., sieht v. 6a als redaktionell an. Zum Terminus technicus
»Tat-Folge-Zusammenhang« siehe H. Gese, Beiträge, 427.

sei der Urheber der Unglücks, allgemein verbreitet gewesen ist.[23] Das
mag zwar so sein, doch zeitigt eine derartige mehr theoretische Erkenntnis nicht unbedingt ein ihr angemessenes Verhalten. Eine Heilsgewißheit,
wie sie in Am 5,18 – 20 und 3,12 als Volksmeinung bezeugt ist, läßt
schon die Frage aufkommen, ob die Adressaten des Prophetenwortes
sich der Wahrheit, daß von Jahwe letztlich auch das Unheil kommt,
bewußt waren. Auf dem Hintergrund einer vor allem im Kult vermittelten
Heilssicherheit, vgl. Am 5,21 – 24, ist die Frage in v. 6b, die sich von der
vorhergehenden Frage in v. 6a nicht sonderlich abhebt, und die von ihr
provozierte Antwort »Nein« bei den Zuhörern keineswegs selbstverständlich.

H. W. Wolff fragt an: »Aber diskutiert Amos jetzt diese Frage?«[24]
Warum eigentlich nicht? Daß der Prophet diese Frage nicht diskutiert,
kann nur der wissen, der sich dafür entschieden hat, die Fragereihe v. 4 –
6 mit v. 8 abschließen zu lassen und in der Frage v. 8b die »Krönung«[25]
der Aussagen zu sehen. Der von H. W. Wolff vorgebrachte Einwand,
v. 6b wirke sachlich nicht so scharf und grundsätzlich[26], steht und
fällt natürlich damit, ob die Zuhörer überhaupt noch Jahwe und zu
erwartendes Unheil in einen Tat-Folge-Zusammenhang stellen konnten.
Wenn ihnen nicht bewußt ist – obwohl sie es selbstverständlich wissen
–, daß Jahwe es ist, der das Unheil schafft, dann ist v. 6b eine in ihrer
Wirkung nicht zu unterschätzende Aussage: Fünfmal haben die Zuhörer
eine Frage bei sich mit »Nein« beantworten müssen, um »Binsenweishei-
ten« zu bestätigen. Das sechste Mal müssen sie es auch. Sie müssen
bestätigen, was wunschgemäß lieber unbeachtet sein soll: Von Jahwe
kommt das Unheil.

Somit läßt sich mit I. Willi-Plein festhalten, daß v. 6 nicht nur einen
inhaltlichen Aussagegipfel darstellt, sondern sich auch formal in den
beiden אם-Sätzen als Abschluß erweist.[27]

---

[23] W. Rudolph, Dodekapropheton 2, 156. Vor ihm schon A. Weiser, Profetie, 125.
Andererseits sieht A. Weiser, ebd., 130 f., die Glaubenshoffnung der Zuhörer des
Propheten »vom Boden der Volkreligion aus, der mit optimistischer Heilsprophetie
durchtränkt war,« bestimmt.

[24] H. W. Wolff, Dodekapropheton 2, 219. Trotz seiner problematischen Abgrenzung Am
3,1 – 6.8 sieht H. J. Stoebe, Überlegungen, 223, sehr richtig, daß die Gedanken auf v. 6
zu eilen.

[25] So A. Deissler, Zwölf Propheten I, 104. Ähnlich die meisten Autoren.

[26] H. W. Wolff, Dodekapropheton 2, 219. Siehe aber auch H. J. Stoebe, Überlegungen,
223: »V. 6 ist nicht so sehr eine Binsenwahrheit, wie vielfach gesagt wird. Theoretisch
war diese Macht [Jahwes] sicherlich nie bestritten, hier geht es aber um praktische
Konsequenzen.«

[27] I. Willi-Plein, Vorformen, 22.

Abschließend darf gefragt werden, ob nicht ein gewisser Traditionsdruck wirksam wird, der den Propheten auch schon Prophetentheologie
treiben läßt. Die Abgrenzung Am 3,(3)4 – 8* sichert natürlich ein derartiges authentisches Amos-Zeugnis. Daß es in Am 3,8 keineswegs um die
Wiedergabe eines persönlichen Erlebnisses geht, sondern es sich hier
vielmehr um nicht weniger als um Prophetentheologie handelt, soll kurz
gezeigt werden. Will man sich nicht mit der Erklärung zufrieden geben,
Am 3,8 drücke in prägnanter und lehrhafter Breviloquenz das aus, was
Am 7,10 – 15 narrativ vermitteln will[28], dann darf darauf aufmerksam
gemacht werden, daß gerade ein derartiges Vorverständnis voraussetzt,
was dem (schrift)prophetischen Anfang in Israel noch zwangsläufig
abgehen muß: die Erfahrung mit Propheten, die sich von Jahwe zu einem
bestimmten Auftrag berufen wissen.

Nach Am 7,10 – 15 vertritt Amazja die Auffassung, daß Amos
seinem prophetischen Tun an sich überall nachgehen kann. Der Prophet
belehrt ihn eines Besseren: Sein Auftrag stammt von Jahwe, und dieser
sendet ihn zu einem präzise genannten Adressaten, zum Haus Israel. Der
Prophet muß erklären, was offenbar noch nicht selbstverständlich ist:
Der göttliche Auftrag hat ein Ziel, das nicht auswechselbar ist, und der
Prophet kann sich nicht aussuchen, was er zu sagen hat.

Demgegenüber gilt es die Selbstverständlichkeiten zu vergegenwärti-
gen, die Am 3,8b aufweist: דבר, pi. »sprechen«[29], wird nicht als einfaches
Sprechen Jahwes, vgl. 3,1, verstanden, sondern es ist hier das den
Adressaten zum Propheten inaugurierende Ansprechen durch Jahwe
gemeint, denn dem göttlichen Reden folgt unabweisbar die prophetische
Tätigkeit des Angeredeten. Daß nun der Halbvers 8b nicht, wie häufiger
vermutet wird[30], das persönliche »Widerfahrnis« des Propheten beschreibt, zeigt zur Genüge v. 8a: Ein jeder fürchtet sich, wenn der Löwe

---

[28] W. Rudolph, Dodekapropheton 2, 156, sieht mit einigem Recht in Am 3,8 »die nähere
Erläuterung von 7,15«. Genau das will der Vers: mit Blick auf 7,15 soll erläutert
werden, weshalb in Israel Propheten im Auftrag Jahwes auftreten.

[29] דבר, pi., begegnet im Amosbuch nur noch Am 3,1.

[30] Der Abschnitt Am 3,3 – 8* wird wegen v. 8 häufiger neben die »Inauguralvisionen«
der anderen Propheten gestellt. Vgl. K. Marti, Dodekapropheton, 173; W. Nowack,
Kleine Propheten, 131. A. Deissler, Zwölf Propheten I, 104, versteht präziser v. 8 als
Interpretation der in Am 7,15 beschriebenen Berufung. Noch deutlicher A. Weiser,
Profetie, 135: »...was er in 3,3 – 8 dem Volk gegenüber verteidigt, ist nicht nur jener
erste und einmalige Ruf Jahwes – davon hätte er in ganz anderer Weise reden müssen
als in einer, für solchen Zweck recht ungeeigneten Form des platten Analogieschlusses
(vgl. 7,15) –, sondern die für ihn selbstverständliche Tatsache, daß er Jahwes Wort
deshalb redet, weil Jahwe sie ihm wirklich geoffenbart hat.« Andere, z. B. S. Mittmann,
Gestalt, 145, werten den Abschnitt als »sehr persönliches Zeugnis prophetischen
Ichbewußtseins.«

brüllt. Ebenso gilt: Ein jeder wird Prophet, wenn Jahwe redet.[31] Es geht somit in v. 8 um die Frage, in wessen Autorität jedwedes prophetische Wirken erfolgt. Die redigierende Hand bedient sich dabei der didaktischen Fragereihe Am 3,4 – 6, um die prophetische Wirksamkeit argumentativ in einen Tat-Folge-Zusammenhang zu stellen.

Ist die redaktionelle Stellung von v. 8 erkannt, dann stellt sich die Frage, ob der Text noch weiteren prophetentheologischen Zusätzen des Amosbuches hinzugezählt werden kann. Zu verweisen ist hier auf die dtr Passage in Am 2,10 – 12[32], die sich als mit der in 3,8 berührten Thematik verwandt erweist. Am 2,12 spricht von einem durch die Israeliten ausgesprochenen Verbot, prophetisch zu reden. Demgegenüber betont 3,8 den zwingenden Appell der von Jahwe ergangenen prophetischen Berufung. Wenn Jahwe spricht, dann wird jeder Prophet. Mit der Allgemeinheit dieser Aussage korrespondiert sachlich Am 2,11a:

> »Und ich erweckte einen Teil eurer Söhne zu Propheten,
> und einen Teil eurer Jugend zu Nasiräern.«

Der Halbvers reflektiert zwar nicht den Zwang zum prophetischen Reden, er stellt aber die Geschichte als Prophetengeschichte vor. Das Volk wird durch von Jahwe beauftragte Propheten geführt. »Mit den Propheten wird dem dtr. Prediger die Kette der bevollmächtigten Sprecher von Mose an (Dt 18,15.18) über Elia, Micha ben Jimla u. a. bis auf Amos selbst und über ihn hinaus vor Augen stehen…«[33]

Diese Vorstellung von den in der Geschichte nicht abreißenden Prophetenerweckungen bildet in modifizierter Weise auch den Hintergrund von Am 3,8. Was in der Geschichtsreflexion als Kette der Berufungen begegnet, erscheint im Rahmen eines didaktischen Argumentierens

---

[31] A. Weiser, Profetie, 132, erkennt sehr deutlich, daß v. 8 ein Verständnis des gesamten Abschnitts 3,3 – 8* als individuelles Prophetenzeugnis durchkreuzen kann: »Trotzdem zwar v8b allgemein gehalten ist, wird Amos dort nicht sagen wollen, daß *jeder* profezeit, wenn Jahwe redet. Die allgemeine Form von v8b mag vielleicht der Absicht dienen, der Allgemeingültigkeit seiner Beweisführung besonderen Nachdruck zu verleihen.« – So dreht und wendet ein bestimmtes exegetisches Vorverständnis die an sich klare Aussage eines gut hebräischen Parallelismus membrorum. – Vgl. dazu die Ausführungen von H. Greßmann, Geschichtsschreibung, 340, der Am 3,7 – 8 (nach einigen Texteingriffen) auf Amos zurückführt und erklärt: »Wenn der Löwe brüllt, geraten die Menschen in Angst, ob sie wollen oder nicht. Wenn Jahve redet, müssen die Propheten weissagen, sie mögen sich noch so sehr sträuben.«

[32] Der dtr Charakter von Am 2,10 – 12 wird kaum noch bestritten, vgl. W. H. Schmidt, Redaktion, 178 – 183; H. W. Wolff, Dodekapropheton 2, 205 ff.; B. Renaud, Génèse, 364.371. Zum Nachtragscharakter dieser Verse siehe auch S. Lehming, Erwägungen, 146 – 151. Anders W. Rudolph, Dodekapropheton 2, 146 f., der lediglich v. 12 aussondert.

[33] H. W. Wolff, Dodekapropheton 2, 207.

als ein vom Adressaten nicht zu verweigerndes Berufungsgeschehen. Das vom Volk auferlegte Verbot zur Prophetie in Am 2,12, das dem dtr Verständnis zufolge die Unheilsprophetie trifft[34], hat in 3,3 – 8 insofern ein Pendant, als dort ebenfalls die Beauftragung zur Unheilsprophetie implizit gemeint ist.

J. Vermeylen betont ebenfalls den redaktionellen Charakter der Verse Am 3,3.8. Wie andere vor ihm erkennt er eine Korrelation zwischen v. 3 und v. 7. Aber auch v. 8 hebe sich, so J. Vermeylen, vom urprünglichen Orakel ab. Die von ihm angeführten Gründe wiederholen die wesentlichen Punkte der bei L. Markert anzutreffenden Argumentation[35]:

a) Die Fragen in v. 8 werden mit der Partikel מי eingeleitet und nicht wie in v. 4 – 6 durch ה oder אם.

b) Die Gestalt des Löwen spielt in v. 4 eine andere Rolle als in v. 8. Setzt v. 4 das wilde Tier in Parallele zum in die Falle gegangenen Vogel und zum Schall des Hornes, so gilt für v. 8: »le lion rugissant est directement identifié à Yahvé, qui s'adresse à Israël par l'intermédiaire de ses prophètes«[36]. Der Vers hat somit als Relecture des Amos-Abschnitts zu gelten.

Doch endet, so J. Vermeylen, der alte Amos-Bestand in 3,4 – 6 nicht zufriedenstellend. Einen Abschluß, der die rhetorischen Fragen auflöst, findet er im unabhängigen und isolierten Vers 3,12: »Am III,12 répond exactement aux vv. 4 – 6; plus précisément, le prophète revient à l'image du lion qui s'est emparé d'une proie (v. 4)...«[37] Somit erschließt sich nach J. Vermeylen dem Leser gleichzeitig der Vergleich von 3,4: Das wehrlose Tier in v. 4 ist niemand anders als Israel. Das ist die schreckliche Wahrheit, die Amos predigt. Daß J. Vermeylen hier Züge der traditionellen allegorischen Auslegung, wie sie z. B. bei W. R. Harper begegnet, übernimmt, sei ausdrücklich angemerkt.[38]

Gegen diesen von J. Vermeylen vorgelegten Vorschlag zum Umfang und zur Aussageintention erheben sich nun doch erhebliche Bedenken. Zwar handelt es sich bei Am 3,12 um einen isoliert begegnenden Einzelspruch, der aber unzweifelhaft aus sich heraus verständlich ist und keinen Vorspann verlangt. Er richtet sich gegen eine Glaubensvorstellung, die

---

[34] Vgl. z. B. Jer 23,17 f., und W. H. Schmidt, Redaktion, 180 ff., und S. Lehming, Erwägungen, 151.

[35] J. Vermeylen, Isaïe II, 527 f.

[36] J. Vermeylen, Isaïe II, 527.

[37] J. Vermeylen, Isaïe II, 527 f.

[38] J. Vermeylen, Isaïe II, 528. Siehe dagegen schon K. Marti, Dodekapropheton, 173, zu Am 3,4: »Amos will sagen: Das Brüllen des Löwen hat immer seinen Grund, mehr aber nicht; denn jede Allegorisierung, etwa dass dem Löwen Jahwe und der Beute Israel entspreche, ist falsch.« Vgl. auch die Ausführungen ebd., 174, zu v. 5. Vgl. ferner A. Weiser, Profetie, 128 f.

mit einem selbstverständlichen Eingreifen Jahwes in großer Not rechnet. Diese Glaubensvorstellung steht aber nicht hinter der Fragereihe in 3,4 – 6, denn dort handelt der Prophet das Problem ab, daß Jahwe notwendig und unwiderlegbar hinter jeglichem Unheil als Urheber steht. Zudem benötigen die Fragen in 3,4 – 6 keine vom Propheten formulierte Antwort, denn diese geben sich die Zuhörer selbst, da die Fragereihe, die didaktische Absichten verfolgt, gerade das ständige »Nein« des Publikums provoziert, um dieses »Nein« schließlich auch für die letzte Frage in v. 6b als gültig zu erweisen. Darin liegt denn auch der Sinn der Frage in v. 4, und es bedarf keines weiteren Hintersinns. Die Begebenheiten aus Natur und Menschenwelt, die in v. 4 – 6 das Material für die Fragen abgeben, wollen dem Hörer die Zustimmung abfordern, daß alles in einem Tat-Folge-Zusammenhang steht. Jede Wirkung hat ihre Ursachen und jede Ursache ihre Wirkung. Die Ereignisse, die der Abschnitt v. 4 – 6 benutzt, um seine Fragen zu stellen, sind nicht als Bilder für eine dahinter liegende und in ihnen gleichnishaft oder nach Art der Allegorie zum Ausdruck kommende andere Wirklichkeit zu verstehen. Anders in Am 3,12: dort wird das vom Hirten gerettete Ohrläppchen und der Knochenrest zum Bild für das, was nach der Katastrophe noch übrig bleibt. Es wird keinen geretteten Rest geben; das was bleibt, legt lediglich Zeugnis ab für die erfolgte Vernichtung.

Die Tatsache, daß sowohl Am 3,4 – 6 als auch 3,12 der Gerichtsbotschaft des Amos entstammen, kann ja wohl nicht dem Mißverständnis Tür und Tor öffnen, daß alles irgendwie und irgendwo zusammengehört. Formal und inhaltlich erweisen sich Am 3,4 – 6 und 3,12 als voneinander unterschiedene Sprüche, denen freilich der Verkündigungshintergrund, die Gerichtspredigt des Amos, gemeinsam ist.

Der Nachtragscharakter von v. 7 ist schon lange erkannt. Mit I. Willi-Plein können vier Gründe gegen die Ursprünglichkeit des Verses angeführt werden[39]:

a) Es besteht die Schwierigkeit, die einleitende Partikel כי »denn« zu erklären.

b) Der Ausdruck עבדיו הנביאים »seine Knechte, die Propheten« findet sich erst bei Dtn, Jer und Späteren.

c) Das Wort סוד »Geheimnis, geheimer Plan« ist in der anzutreffenden Bedeutung erst seit Jer denkbar.

d) Gegenüber v. 3 – 6 weist v. 7 eine unterschiedliche Struktur auf.

Somit kann als literarkritisches Ergebnis festgehalten werden:

a) Ein Kern, der sich vermutlich auf Amos zurückführen läßt, bildet die Grundlage des Orakels: Am 3,4 – 6. In einer didaktische

---

[39] I. Willi-Plein, Vorformen, 22.

Absichten verfolgenden Fragereihe soll den Zuhörern klar werden, daß Jahwe auch hinter dem Unheil als Urheber steht.
b) Der Kern wurde prophetentheologisch gerahmt: Am 3,3.8. Die Rahmung will aussagen, daß niemand Jahwes Ruf ausweichen kann.
c) Der Prosavers Am 3,7, der sowohl v. 6 als auch v. 8 voraussetzt, ist noch später anzusetzen. Sieht die Rahmung v. 3.8 die Propheten als die von Jahwe gerufenen Boten, so spricht ihnen v. 7 darüber hinaus eine privilegierte Stellung zu, die sie Mitwisser sein läßt in allem, was Jahwe zu tun gedenkt.

3. Am 3,7 als Glosse

Seit W. H. Schmidt wird, nachdem bereits früher auf den dtr Charakter des Verses hingewiesen worden ist[40], Am 3,7 als Teil einer dtr Redaktion des Amosbuches angesehen. Nun müßte sich, wenn dem so ist, mindestens eine Querverbindung zu anderen Texten des Amosbuches herstellen lassen, die eine ähnliche Vorgehensweise bei der Einfügung redaktioneller Texte vermuten lassen, wie sie in Am 3,7 deutlich wird. Ferner müßten diese Texte ähnliche Gedanken über die Propheten äußern und zudem auch terminologisch miteinander verwandt sein. Diese Möglichkeit des Querverweises besteht nicht:

a) Am 3,7 zeigt deutlich, daß auf Wendungen aus v. 6 und v. 8 angespielt wird. Der Anfang des Verses כי לא יעשה אדני יהוה דבר »denn nicht tut der Herr Jahwe etwas« nimmt v. 6bβ auf ויהוה לא עשה »und Jahwe hat es nicht getan«. Mit der Wendung אל עבדיו הנביאים »seinen Knechten, den Propheten« blickt v. 7 auf v. 8b מי לא ינבא »wer wird nicht Prophet?« Die prophetentheologische Erläuterung in v. 7 lehnt sich mit ihrer Terminologie eng an den ihr bereits vorliegenden unmittelbaren Kontext an. Gleichzeitig sprengt sie ihn formal, wie die einleitende Partikel כי »denn« und der Verzicht auf das Stilmittel des Parallelismus belegen. So deutlich verrät keiner der von W. H. Schmidt erkannten dtr Texte[41] des Amosbuches seinen Zusatzcharakter. Die dtr Erweiterung der Einleitung Am 1,1 blickt auf den Fremdbericht in Am 7,10 – 17. Die dtr Formulierung Am 3,1a will eine neue Sammlung einleiten. Die

---

[40] Vgl. z. B. W. Nowack, Kleine Propheten, 132; A. Weiser, Profetie, 127; S. Lehming, Erwägungen, 151 f.; H. Gese, Beiträge, 424 f.

[41] W. H. Schmidt, Redaktion, nennt die Stellen des Amosbuches, die dem Sprachgebrauch und der Theologie nach eindeutig als dtr Belege anzusehen sind. Die Frage, ob die dtr Redaktion(en) auch ihr vorgegebene Texte inkorporiert hat (haben), wird davon nicht berührt. M. E. kann Am 3,8 als ein von der dtr Redaktion übernommener Spruch angesehen werden.

dtr Völkersprüche Am 1,9 f.(Tyros); 1,11 f.(Edom); 2,4 f.(Juda) sind
Nachahmungen der vorgegebenen Sprüche. »Mit der Übertragung
des vom Propheten über die Aramäer und Philister (beide vertreten
durch ihre Hauptstädte), Ammon und Moab ausgesprochenen Gerichts auf Tyros und Edom setzt die Redaktion Amos' Verkündigung
in ihrer Gegenwart fort.«[42] Der heilsgeschichtliche Exkurs in Am
2,10 – 12 paßt sich trotz gewichtiger Unterschiede[43] formal dem
vorangehenden Kontext an. Der dtr Nachtrag Am 5,26 setzt die
Kultpolemik von 5,21 – 25 fort und aktualisiert sie als Fremdgötterpolemik. Lediglich die sekundäre Auffüllung zur dtr Einleitung Am
3,1a in v. 1b[44] zeigt gewisse Ähnlichkeiten mit Am 3,7. Die Wendung
על כל המשפחה אשר העליתי »über die ganze Sippe, die ich herausgeführt habe« präzisiert das einfache עליכם בני ישראל »über euch,
Söhne Israels« in v. 1a und erläutert das רק אתכם ידעתי »nur euch
habe ich erkannt« von v. 2a mit dem Exodusgeschehen.

b) Die Termini דבר in der Bedeutung »Sache, Angelegenheit«, גלה,
q., in der Bedeutung »offenbaren«, סוד in der Bedeutung »Geheimnis« und עבדיו הנביאים »seine Knechte, die Propheten« begegnen
innerhalb des Amosbuches nur in v. 7.

c) Ein Vergleich mit der Stelle Am 2,10 – 12, die zumeist als dtr
Einschub angesehen wird, zeigt im Prophetenverständnis deutliche
Unterschiede. Am 2,11 rechnet die Propheten den Wohltaten Jahwes
zu, die Israel empfangen durfte, denen das Volk aber nicht gerecht
wurde, vgl. v. 12. Eindeutig werden hier die Propheten dem Volk,
in dem sie auftreten, zugeordnet. Jahwe bestellt (הקים) die Propheten
für das Volk. Am 3,7 rückt dagegen die Propheten stärker in den
göttlichen Bereich. Als von Jahwe ins Vertrauen Gezogene wissen
sie, was Jahwe tun will.

d) Dagegen scheint Am 3,8, ein Vers, der sprachlich kaum als dtr
Formulierung zu bezeichnen ist, eher mit der dtr Sicht von Am
2,11 f. übereinzustimmen. Das prophetische Wirken wird verstanden
als menschliche Reaktion auf einen göttlichen Anspruch. Am 2,11 f.
reflektiert diesen Sachverhalt geschichtstheologisch. Am 3,8 spricht
von der Unmöglichkeit, dem göttlichen Anspruch zu widerstehen.
Wenn Am 3,8 auf den ersten Blick der Reflex eines persönlichen
»Widerfahrnisses« zu sein scheint, dann liegt das daran, daß der
Vers offensichtlich Am 7,14 f. aufgreift. Versteht man Am 3,8 als
theologisch-bedenkende Weiterführung von 7,14 f., dann wird auch

---

[42] W. H. Schmidt, Redaktion, 177 f.

[43] Vgl. dazu W. H. Schmidt, Redaktion, 180.

[44] Zum gegenüber Am 3,1a sekundären Charakter von v. 1b vgl. R. Smend, Nein, 409
Anm. 25; W. H. Schmidt, Redaktion, 172 f. Schon K. Marti, Dodekapropheton, 172,
hatte Am 3,1b als erklärende Glosse eingestuft.

deutlich, weshalb v. 7 an v. 8 anknüpfen konnte. Am 7,14 f. redet eindeutig von einer Berufung zum Propheten gegen Israel, bezieht somit explizit die Botschaft und den Adressaten aufeinander. In Am 3,8 wird dagegen vom Adressaten nicht gesprochen. Somit ist der Vers offen für ein weitergehendes prophetentheologisches Verständnis, das im Propheten auch den von Jahwe ins Vertrauen gezogenen Menschen sieht.

Diese Beobachtungen verdeutlichen m. E. hinreichend, daß Am 3,7 keinen Bestandteil der dtr Redaktion des Amosbuches darstellt, sondern als nachdtrGlosse zu bewerten ist.

4. Der theologische Hintergrund von Am 3,7

In den Kommentaren wird, um den theologischen Hintergrund von Am 3,7 zu klären, auf Jer 23,18.22 verwiesen.[45] Gerade aber ein Vergleich von Am 3,7 mit der in Jer 23,18.22 begegnenden Prophetenauffassung macht deutlich, daß es sich bei Am 3,7 allenfalls um eine Weiterführung der in Jer 23,18.22 begegnenden Vorstellung handelt. Schließt man sich bei der literarkritischen Beurteilung von Jer 23,9—32 der Analyse von W. Thiel an[46], dann gibt die dtr Redaktion des Jeremiabuches hier eine überlieferte Sammlung von Sprüchen wieder, denen sie in v. 17 einen präzisierenden Zusatz und in v. 32 einen zusammenfassenden Abschluß hinzugefügt hat.

Die entscheidenden Verse Jer 23,16—18 setzen sich mit der vorexilischen Heilsprophetie auseinander, wie v. 17 verdeutlichend und sachgerecht anmerkt. V. 18 erläutert, warum die Heilspropheten Dinge verkünden, die letztlich ihrem eigenen Herzen entstammen:

»Doch wer hat im Rat (סוד) Jahwes gestanden, ›hat ihn gesehen‹ und sein Wort gehört? Wer hat ›sein‹ Wort vernommen und ›verkündigt‹?«

Der Vers hat nach W. Thiel in der der dtr Redaktion vorgegebenen Sammlung noch nicht gestanden und muß als Duplikat von v. 22 angesehen werden.[47] V. 22 hat seinerseits nicht als dtr Formulierung zu gelten.[48] Dieser Vorstellung gemäß sind die wahren Propheten nicht in erster Linie die geheimen Mitwisser Jahwes; sie haben aber, das läßt sich aus v. 21 f. indirekt erschließen, im Rat Jahwes gestanden, an dessen

---

[45] Siehe K. Marti, Dodekapropheton, 174; W. R. Harper, Amos, 73; E. Sellin, Zwölfprophetenbuch, 176; A. Deissler, Zwölf Propheten I, 104.

[46] W. Thiel, Jeremia 1—25, 249—253.

[47] W. Thiel, Jeremia 1—25, 251, mit Literaturverweisen.

[48] W. Thiel, Jeremia 1—25, 252.

vertraulicher Besprechung teilgenommen und können deshalb dem Volk die wahren Jahweworte der Umkehr bringen, vgl. v. 22b.

Demgegenber meint der Terminus סוד in Am 3,7 nicht die vertrauliche Besprechung im Thronrat Jahwes, sondern er bedeutet hier wie in Spr 11,13; 20,19; 25,9, wo er mit dem Verbum גלה »offenbaren« gemeinsam begegnet, »Geheimnis, geheimer Plan«. Alle Belege des Sprüchebuches verurteilen die Weitergabe des Geheimnisses als Verleumdung (Spr 11,13; 20,19) oder als tadelnswerte Indiskretion (Spr 25,9). Ps 83,4 setzt ערם סוד hif. »geheime Pläne ersinnen« mit יעץ על, hitp. »planen gegen« parallel. Diese Belegstellen verdeutlichen, daß der Terminus סוד sehr das Geheimnisvolle in Jahwes Planen hervorhebt. Nicht jeder hat Zugang zum סוד.

Wichtig für das Verständnis von Am 3,7 sind die Stellen, die davon sprechen, daß Jahwe einem Menschen seinen סוד mitteilt. Außer in Am 3,7 ist davon die Rede in Ps 25,14 und Spr 3,32.

Ps 25,14 lautet:

»Jahwes סוד (gilt) den ihn Fürchtenden,
und sein Bund (ergeht), sie zu unterweisen.«

Der Psalmvers vertritt ein materielles Verständnis von ברית und סוד. »Beide Begriffe liegen im Kraftfeld der Offenbarung des דרך.«[49]

Nach Spr 3,31 f. gilt Jahwes סוד dem Aufrechten:

»Sei nicht eifersüchtig auf einen Mann der Gewalttat,
und hab kein Gefallen an all seinen Wegen.
Denn ein Greuel ist Jahwe der Verkehrte,
den Aufrechten aber gilt sein סוד.«

Hier mag man zweifeln, ob der Terminus »Geheimnis« oder »vertrauter Umgang« meint. Der Vers könnte meinen, daß es überhaupt keine Veranlassung gibt, denen, die »verkehrt« ihren Lebensweg gehen, mit neidischem Blick zuzusehen, denn Jahwe liebt den Aufrechten und schenkt ihm das, was er für seinen Lebensweg wissen muß. Diese Deutung ist möglich, jedoch nicht über alle Zweifel erhaben. Mit O. Plöger ließe sich der Vers auch anders verstehen: Jahwe wendet sich vom »Verkehrten« ab, hält aber mit dem Aufrechten vertrauten Umgang. »Die Gemeinschaft, die Jahwe mit den Rechtschaffenen zu halten pflegt, ist nicht möglich mit denen, die in seinen Augen ein Greuel sind.«[50]

Berücksichtigt man diese Stellen, die den Terminus סוד entweder zusammen mit dem Verbum גלה verwenden oder als ein von Jahwe gewährtes Wissen verstehen, dann kann im Blick auf Am 3,7 festgehalten werden, daß es nicht wie in Jer 23,18.22 um das Problem wahrer und falscher Prophetie geht, sondern daß hier die Propheten als die von Jahwe in sein Geheimnis Eingeweihten begegnen. Anders gesagt: Wer die Propheten hört, kann alles erkennen, was Jahwe zu tun gedenkt, da ja Jahwe die Propheten mit seinem Geheimnis vertraut gemacht hat.

---

[49] H.-J. Kraus, Psalmen I, 354.
[50] O. Plöger, Sprüche, 42.

Die Art und Weise, wie sonst von den Propheten als den »Knechten Jahwes« gesprochen wird, zeigt ein weiteres Mal die Besonderheit des Verses Am 3,7 auf: Jahwe hat seine Knechte, die Propheten, gesandt (שלח: Jer 7,25; 25,4; 26,5; 29,19; 35,15); er hat durch seine Knechte, die Propheten, gesprochen (דבר, pi.: 2 Kön 17,23; 21,10; 24,2; Ez 38,17); er hat durch sie ermahnt (עוד, hif.: 2 Kön 17,13); er hat ihnen Worte und Satzungen befohlen (צוה, pi.: Sach 1,6), die sich an den Vätern erfüllt haben; durch seine Knechte, die Propheten, hat Jahwe die Weisung (נתן תורה : Dan 9,10) an Israel gegeben. Alle Belege sprechen vom Verkündigungsauftrag der Propheten für Israel und reflektieren ihn. Diese Dimension der prophetischen Tätigkeit begegnet zweifelsohne in Am 3,7 nicht; das gilt auch dann, wenn der nähere Kontext einbezogen wird. Am 3,8 spricht zwar von der Unmöglichkeit des von Jahwe Angesprochenen, dem Anruf zu widerstehen; es ist auch die Rede davon, daß jeder, zu dem Jahwe spricht, Prophet wird, und man mag ergänzen, daß ein Prophet ja immer mit einem bestimmten Auftrag ausgestattet ist. Nur muß das eben ergänzend hinzugefügt werden, es wird nicht explizit thematisiert.

Berücksichtigt man freilich den Glossencharakter des Verses, trägt man der Tatsache Rechnung, daß der Kommentar Am 3,7 der Beschäftigung mit dem Prophetenbuch entspringt, dann ergibt sich für dieses Verständnis der Propheten als der von Jahwe ins Vertrauen Gezogenen ein guter Sinn. Dem Leser begegnet das Wort der Propheten in den Prophetenbüchern. Dort kann er erfahren, wenn er kundig liest, was Jahwe auch zu seiner, des Lesers Zeit zu tun gedenkt. Wie ein derartiges kundiges Lesen aussieht, demonstriert der Vers. Zunächst muß man sich vergewissern, daß Am 3,7 den Kontext aufnimmt, ihn somit auch interpretieren will. Die in der rhetorischen Frage v. 6b getroffene Feststellung, daß ein jegliches Unheil in der Stadt von Jahwe stammt, wird verallgemeinernd aufgenommen. Der Glossator entgrenzt die Situationsgebundenheit der Frage von v. 6b, spricht ihr somit eine Gültigkeit auch für seine Zeit zu. Er entgrenzt die Frage auch hinsichtlich ihrer Aussageabsicht. Will v. 6b festhalten, daß auch das Unglück von Jahwe stammt, so vermerkt v. 7 die Jahweherkunft allen Geschehens. Bringt v. 7 dann noch dieses von Jahwe gewirkte Geschehen in Zusammenhang mit den Propheten als den von Jahwes Geheimnis Kundigen, dann wird auf die Quelle verwiesen, wo Jahwes Absichten erforscht werden können.

Man kann mit H. W. Schmidt die Unterschiede erörtern, die zwischen Am 3,7 und 8 vorliegen: »Beide bedenken das Miteinander von Jahwe und Prophet – doch wie verschieden! Zugespitzt formuliert: Nach v. 8 liegt volle Freiheit bei Gott und steht der Prophet unter einem Zwang; er *muß* das Wort weitergeben. Aber v. 7 bindet Gott: alles, was er tut, hat er vorher kundgetan.«[51] Zu fragen ist allerdings, ob das die

---

[51] W. H. Schmidt, Redaktion, 187.

primäre Aussageintention des Verses darstellt. Diesem kommt W. H. Schmidt m. E. näher, wenn er zu Recht festhält, daß Am 3,7 ein aus dem Rückblick entworfenes Geschichtsbild über die Vergangenheit repräsentiert. »Ist das kommende Unheil, das die Propheten in der Vergangenheit verkündigten, eingetroffen, so läßt sich ›feststellen‹, daß einerseits der Prophet die Gegenwart vorhersah und andererseits Gott nicht eingreift, bevor er es nicht ansagt.«[52] Dieser Gedanke kann noch weitergeführt werden: Wenn Gott nichts tut, ohne daß er seine Propheten ins Vertrauen zieht, dann kann das Wort der Propheten, das in der Schrift begegnet, auch des Lesers ureigene Zukunft offenbaren.

Der Retrospektiv- und der Glossencharakter des Verses machen deutlich, wo der Verfasser auch für seine Zeit eine Auskunft darüber erwartet, was Jahwe zu tun beabsichtigt. Die kundige Beschäftigung mit dem schriftgewordenen Prophetenwort kann eröffnen, was Jahwes Absichten sind, denn er hat sie ja seinen Knechten, den Propheten, geoffenbart. Da Jahwe nun nichts tut, ohne es vorher zu offenbaren, kann ein an Jahwes Handeln interessiertes Fragen in den Prophetenschriften eine Antwort finden.

---

[52] W. H. Schmidt, Redaktion, 187.

IV. Micha 4,11 – 13

1. Der Text

11 Aber jetzt versammeln sich gegen dich
viele Völker,
die sagen[1]: Entweiht sein soll sie[2] und satt sehen
soll sich ›unser Auge‹[3] an Zion.

12 Sie aber kennen nicht
die Gedanken Jahwes,
und sie haben keine Einsicht in seinen Plan,
daß er sie gesammelt hat wie geschnittene Ähren[4] auf der Tenne.

13 Steh auf und drisch, Tochter Zion,
denn dein Horn mache ich zu Eisen,
und deine Hufe mache ich zu Erz,
um viele Völker zu zerstampfen.
und ›du wirst bannen‹[5] für Jahwe ihren Ertrag
und ihre Macht für den Herrn der ganzen Erde.

2. Zur Abgrenzung und zur Form von Mi 4,11 – 13

In seinem Micha-Kommentar hat H. W. Wolff gezeigt, daß es sich bei den drei mit עתה(ו) »(aber) jetzt« eingeleiteten Sprüchen in Mi 4,9 – 5,5* keinesfalls um eine rhetorische sondern um eine literarisch erstellte Texteinheit handelt[6], die frühestens in der Exilszeit entstanden ist. Damit

---

[1] BHS will mit Verweis auf Mi 4,2 האמרים »die sagen« streichen.

[2] Im Anschluß an G schlägt BHS תחשף »sie soll entblößt werden« vor; so auch HAL, 345, s. v. I חשף; E. Sellin, Zwölfprophetenbuch, 287. J. Wellhausen, Kleine Propheten, 145, hat schon תסחף (nif.) »sie werde niedergestreckt« gelesen, vgl. Jer 46,15. Doch sprechen auch inhaltliche Erwägungen für M: Die Völker wollen Zion »entweihen«. Sie kennen aber Jahwes Absichten nicht, denn gerade sie sind es, die nach Jahwes Plan von Zion »für Jahwe gebannt« werden, vgl. v. 13.

[3] Zum Singular vgl. BHS und I. Willi-Plein, Vorformen, 87.

[4] עמיר heißt nach HAL, 799, s. v. עמיר soviel wie »geschnittene Ähre«. Es legt sich ein kollektives Verständnis des Singular nahe; vgl. G-B, 600, s. v. עמיר.

[5] M bietet die 1. Pers. Sing. und somit vielleicht eine dogmatische Korrektur.

[6] H. W. Wolff, Dodekapropheton 4, 104 – 110. J. L. Mays, Micah, 105, vermutet hinter dem עתה(ו) die Hand eines Redaktors.

lehnt er die von W. Rudolph vorgeschlagene Sicht ab, in Mi 4,11 – 5,5 zitiere der Prophet Micha die Heilspropheten seiner Zeit und widerlege sie, indem er der falschen, weil unzeitgemäßen Zionstheologie die wahre Heilssicht gegenüberstelle.[7] W. Rudolph räumt zwar ein, daß die vor allem in Mi 4,13 begegnende Vorstellung aus dem Mund Michas schwer denkbar ist, doch muß darüber hinaus mit H. W. Wolff gegen W. Rudolph geltend gemacht werden, daß in Mi 4,11 – 13 ein Stimmenwechsel nicht ausgemacht werden kann.[8] Zudem würden die Überlegungen von W. Rudolph nur dann stimmen, wenn es ihm gelungen wäre, die Messiasweissagung in Mi 5,1 – 5* als authentische Dichtung zu erweisen. Das ist freilich nach einer genaueren Analyse der Motive und des Vokabulars nicht zu halten.[9] Die Analyse der messianischen Weissagung Mi 5,1 – 5* hat zudem aufgewiesen, daß der Zusammenhang zwischen Mi 4,9 – 14 und 5,1 – 5* als redaktionell zu bestimmen ist, wobei Mi 5,1 – 5* offenbar das Zwischenstück Mi 4,9 – 14 bereits voraussetzt und verarbeitet.[10]

Somit stellt sich jetzt noch die Frage, ob die drei mit עתה(ו) eingeleiteten Sprüche als von einer Hand verfaßt anzusehen sind, oder ob hier drei Einzelsprüche redaktionell aneinandergereiht worden sind. Es kann mit H. W. Wolff festgehalten werden, daß »die drei hier gesammelten Trostsprüche nicht nur von verschiedenen Notsituationen ... ausgehen, sondern auch die Wende der Not in recht unterschiedlicher Weise aussagen.«[11] So redet der erste Spruch Mi 4,9 f. von Zions Angst und Exil als dem Beginn der Errettung, der zweite Spruch Mi 4,11 – 13 von Zions Belagerung und der Vernichtung der Gegner und der dritte Spruch Mi 4,14 von Zions Bedrängung und der Demütigung des Richters Israels.

Nun hat I. Willi-Plein bestritten, daß sich der Abschnitt Mi 4,9 – 14 noch weiter unterteilen läßt, und B. Renaud folgt ihr darin.[12] Ihre formalen und inhaltlichen Argumente führen zu dem Ergebnis, daß in Mi 4,9 – 14 ein Zwischenstück vorliegt, »das 5,1 ff. bereits voraussetzt und auf es zu geschrieben ist«.[13] Der Angelpunkt dieser Argumentation kann in Mi 4,14 gefunden werden. Da die ersten beiden Sprüche Mi

---

[7] W. Rudolph, Dodekapropheton 3, 92 f. A. S. Kapelrud, Eschatology, 399, verwurzelt die eschatologischen Aussagen in Mi 4,11 – 13 in den großen Festen Israels; für ihn stammen die Verse von Micha.

[8] H. W. Wolff, Dodekapropheton 4, 109.

[9] Vgl. W. Werner, Eschatologische Texte, 54 – 63.

[10] W. Werner, Eschatologische Texte, 51 – 63. Anders I. Willi-Plein, Vorformen, 86 f.

[11] H. W. Wolff, Dodekapropheton 4, 110, der die Sprüche in die Zeit um 587 v. Chr. datiert. K. Marti, Dodekapropheton, 285, sieht in Mi 4,11 – 13 das Gegenbild zu 4,9 f.

[12] I. Willi-Plein, Vorformen, 86 f. Ähnlich B. Renaud, Formation, 214. Dagegen versuchen J. T. Willis, Structure, 191 – 214, und D. G. Hagstrom, Coherence, den Nachweis einer planvollen Komposition für Mi 3 – 5 bzw. das ganze Buch.

[13] I. Willi-Plein, Vorformen, 87.

4,9 f. und 11−13 nach der Schilderung der bedrängten Situation einen heilvollen Ausblick bieten, Mi 4,14 dagegen einen derartigen Abschluß nicht erhalten hat, nimmt I. Willi-Plein an, daß dem Autor von Mi 4,9− 14 der Text Mi 5,1−5 bereits vorgelegen hat, denn er eröffnet die heilvolle Perspektive für die in Mi 4,14 geschilderte Notsituation. Diesem Vorschlag von I. Willi-Plein könnte entsprochen werden, wenn ihr der Nachweis, Mi 4,9−13 sei aus einem Guß, überzeugend gelungen wäre. Schon vor H. W. Wolff haben Kommentatoren die Ansicht vertreten, Mi 4,9−13 vereinige disparates Material.[14] I. Willi-Plein geht freilich darauf nicht sonderlich ein.[15] Zwar handeln sowohl Mi 4,9−10 als auch 4,11− 13 von einer Belagerung Jerusalems. Diese endet jedoch in Mi 4,9 f. mit dem Fall der Stadt und dem Exil; dort erst kann die Rettung beginnen. In Mi 4,11−13 wird dagegen von einem Sieg Zions über die Belagerer gesprochen.[16]

Formale Übereinstimmungen und eine inhaltliche planvolle Abfolge von Gedanken sprechen nicht eo ipso für die literarische Einheitlichkeit eines Abschnitts. Ähnliches begegnet zum Beispiel in den Sammlungen der prophetischen Weherufe, die, wie Jes 5 deutlich zeigt, redaktionell sorgfältig aneinandergereiht worden sind.[17] Somit kann auch der in Mi 4,9−14 vorliegende gedankliche Fortschritt, der die Themen Angst, Belagerung und Erstürmung Zions entfaltet, durchaus das Ergebnis einer redaktionellen Zusammenstellung vorgegebenen Materials sein, wobei dann nicht auszuschließen ist, daß diese Zusammenstellung auf Mi 5,1−5* als deren Aussagespitze hin erfolgt ist. Die Voranstellung von Mi 4,8 böte dann sogar eine eindrucksvolle, redaktionell geschaffene Komposition, die den Leser von der Verheißung des Königtums an Jerusalem über die Schilderung der gegenwärtig in der Hauptstadt herrschenden desolaten Zustände, deren Ende jedoch bereits verheißungsvoll angesagt wird, zur Erwartung des messianischen Herrschers aus Bethlehem führt. Dieser Aussagebogen ist beabsichtigt, wenn man annimmt, daß Mi 5,1−5* sowohl auf Mi 4,8 als auch auf Mi 4,9−14 Bezug nimmt. Der messianische Herrscher kommt zwar, so die Redaktion, aus Betlehem, er wird aber seine Herrschaft in Jerusalem ausüben.

T. Lescow nimmt in berechtigter Weise kritisch zur seit W. Nowack[18] üblichen Annahme eines ursprünglichen Zusammenhangs zwischen Mi

---

[14] Vgl. z. B. nur J. M. P. Smith, Micah, 97.

[15] Wenn I. Willi-Plein, Vorformen, 87, feststellt, daß der Abschnitt Mi 4,9−14; 5,1 ff. seine Thematik in »drei konzentrischen Kreisen« entfalte, dann spricht das noch nicht gegen eine redaktionelle Komposition.

[16] So J. M. P. Smith, Micah, 97.

[17] Vgl. dazu O. Kaiser, Jesaja I, 102−105, und R. Kilian, Jesaja, 41 f.

[18] W. Nowack, Kleine Propheten, 223.

4,8 und 5,1 Stellung, wenn er den Textkomplex Mi 4,1 – 5,3 als in längerer Zeit gewachsen ansieht und mit der Möglichkeit rechnet, daß Mi 5,1 in Anlehnung an 4,8 formuliert worden ist. Wenn er aber Mi 4,11 – 13 noch weitergehend literarisch destruiert, dann wird der Rahmen des Erweisbaren verlassen.[19]

Für die Annahme, Mi 5,1 – 5* stelle den zeitlichen Endpunkt des redaktionell aneinandergefügten Abschnitt Mi 4,8.9 f.11 – 13.14 dar, spricht vor allem die Korrekturfunktion, die der messianische Text für den vorangehenden Komplex einnimmt: Kreisen die Verse Mi 4,8 – 14 um Zion/Jerusalem, so blickt Mi 5,1 – 5* nach Bethlehem, erwartet den (messianischen) Neuanfang dort und nicht in der Königsstadt.

Zusammenfassend läßt sich somit festhalten: Bei Mi 4,8 – 5,5 handelt es sich um eine planvolle redaktionelle Zusammenstellung von Einzelsprüchen, die der gegenwärtigen Not in Zion den von Jahwe her erwarteten Neuanfang in Betlehem gegenüberstellen. Dabei liegt die literarische Priorität nicht, wie I. Willi-Plein vermutet, bei der messianischen Weissagung Mi 5,1 – 5, sondern bei den vorangehenden Sprüchen Mi 4,9 f.11 ff.14. Mit A. Deissler kann vermutet, wenn auch letztendlich nicht nachgewiesen werden, daß möglicherweise eine an 4,14 anschließende Heilsankündigung durch Mi 5,1 – 5* ersetzt worden ist. »Jedenfalls muß 5,1 im jetzigen Endtext diese Funktion erfüllen.«[20]

Diese Überlegungen berechtigen dazu, Mi 4,11 – 13 als einen in sich geschlossenen Spruch zu verstehen.

3. Die Analyse von Mi 4,11 – 13

Mit ועתה »aber jetzt« beginnt in Mi 4,11 ein neuer Spruch, der freilich, wie die Kopula ו deutlich macht, an das ebenfalls mit עתה anhebende Wort Mi 4,9 f. anknüpfen will. Der erneut mit עתה einsetzende Spruch Mi 4,14 begrenzt den in Mi 4,11 einsetzenden Text. Mi 4,11 – 13 verarbeitet drei Motive, die dem, der sich mit der eschatologischen

---

[19] T. Lescow, Micha 1 – 5, 66 f. Es mag zutreffen, daß גוים רבים, v. 11, und עמים רבים, v. 13, nicht ohne weiteres dasselbe meinen, doch begegnen גוים und עמים derartig häufig in parallelen Aussagen, vgl. z. B. Jes 2,2 – 5, daß es sich nicht empfiehlt, sie als literarkritisches Merkmal zu werten. Zur Kritik vgl. auch B. Renaud, Formation, 210. Mi 4,13b vertritt zudem nicht die Vorstellung, daß die Völker ihren Reichtum nach Jerusalem tragen, so T. Lescow, ebd., 67, sondern daß Zion nach der im Erntebild vorgestellten Schlacht die Güter der Völker für Jahwe bannt. Von den Völkern selbst ist nach v. 13 kaum etwas geblieben.

[20] A. Deissler, Zwölf Propheten II, 185.

Prophetie und Theologie vertraut gemacht hat, nicht unbekannt sind. In der Literatur wird häufig auf Ez 38 f. verwiesen:

a) Völker versammeln sich gegen den Zion (Mi 4,11).

b) Die Versammlung der Völker wird aber keinen Erfolg haben, da die Völker den Plan und die Gedanken Jahwes nicht kennen (Mi 4,12).

c) Was dieser göttliche Plan beabsichtigt, manifestiert sich in der Aufforderung an die Tochter Zion, die Völker zu vernichten. Der Kampf Zions gegen die versammelten Völker gelangt unter dem Bild des Dreschens zur Darstellung (Mi 4,13).

a) Die Völkerversammlung gegen den Zion (Mi 4,11)

Mit der den Spruch einleitenden Partikel ועתה »aber jetzt« soll die Situation des Sprechenden explizit vergegenwärtigt werden. Diese Gegenwart stellt sich als bedrohlich dar, weil sich גוים רבים »viele Völker«[21] gegen die Stadt versammelt haben[22].

Mit J. L. Mays wird man anmerken dürfen, daß die Partikel (ו)עתה kaum auf eine bestimmte, genauer identifizierbare Situation hinweisen will, vielmehr soll auf die allgemeine Gegenwart der Not aufmerksam gemacht werden, die sich in der noch immer ausstehenden Wiederherstellung des Königtums in Jerusalem zeigt.[23] Angeredet ist, wie das Suffix 2. Pers. Sing. fem. von עליך in Verbindung mit v. 13 zu erkennen gibt, die Tochter Zion, d. h. Jerusalem.

Innerhalb der alttestamentlichen Eschatologie kann auf Texte des Jesaja-, Ezechiel-, Joel-, Zefanja- und Tritosacharja-Buches verwiesen werden, die ähnliche Vorstellungen entwickeln: Jes 29,7 f.; 41,11 – 16; Ez 38 f.; Joel 4,2.12; Zef 3,8 und Sach 12 f. Schon J. M. P. Smith hat auf den exilisch-nachexilischen Charakter dieser Stellen aufmerksam gemacht[24] und von daher auf die späte Entstehungszeit von Mi 4,11 – 13 geschlossen: »In view of 3,12 alone, Micah's authorship of this section is out of the question.«[25]

Nach Sach 12,1 – 13,6; 13,7 – 9 ist bereits der Anbruch der Heilszeit vorauszusetzen, »der dann wohl in friedlicher Weise und ohne Niederwerfung der Weltmacht oder der Völker vor sich gegangen sein müßte. Jedoch folgt nunmehr zu einem späteren Zeitpunkt die Bedrohung Jerusalems und der Heilsgemeinde durch den Ansturm der Völker, in dem

---

[21] Vgl. Mi 4,2; ferner Jes 52,15; Jer 22,8; 25,14; 27,7; Ez 26,3; 31,6; 39,27; Hab 2,8; Sach 2,15 u. ö.

[22] אסף, nif.: Jes 13,4; Sach 12,3; vgl. ferner Sach 14,2; Joel 3,2; Zef 3,8.

[23] J. L. Mays, Micah, 109.

[24] J. M. P. Smith, Micah, 97.

[25] J. M. P. Smith, Micah, 97.

Jahwe selber noch einmal alles in Frage stellt. Der Niederlage der Völker und der Rettung Jerusalems folgt die Reinigung der Gemeinde von den Sündern zum endgültigen Heil.«[26]
Nähere Bezüge zu Mi 4,11 – 13 weisen Joel 4,2.9 f. und Sach 14 auf. Nach Joel 4,2.9 f. ruft Jahwe die Völker zum Tal Joschafat[27], um dort im Kampf endgültig mit ihnen abzurechnen und sie zu vernichten; dann folgt der Segen der Endzeit. Sach 14 denkt bis auf zwei Unterschiede ähnlich: »Jerusalem ist nicht unantastbar, sondern wird zunächst erobert, geplündert und seiner Einwohner beraubt, bis nach Theophanie und Einzug Jahwes in Jerusalem die teilweise Vernichtung der Völker erfolgt; ferner soll ihr Rest am Heil teilhaben.«[28] In Mi 4,11 setzt die Absicht der Völker, Jerusalem zu entweihen, die Vorstellung von der Heiligkeit der Stadt und des Landes voraus, wie sie z. B. in Jes 24,5; Jer 3,1.2.9; Joel 4,17; Ps 106,38; Num 35,33 u. ö. begegnet.[29]

H. W. Wolff hält fest, Mi 4,11 gehe nicht von vornherein davon aus, daß Jahwe die Völker versammelt, wie Joel 4,2; Sach 14,2 und Zef 3,8 es sich denken. »Das Motiv vom Völkersturm gegen die Gottesstadt (vgl. Ps 48,5) erscheint in einer Form, die einem sachlichen Bericht beobachteter Vorgänge entspricht.«[30] Damit soll vermutlich für H. W. Wolff die exilische Entstehung des Wortes um 588/87 v. Chr., vgl. 2 Kön 24,2; 25,1 – 4, erhärtet werden.

Allerdings liegt die Vermutung näher, daß die allgemeine Rede von den vielen Völkern, die sich gegen den Zion versammeln, doch bereits eine Typisierung von ursprünglich historischen Vorgängen darstellt. Insofern trifft der von H. W. Wolff angestellte Vergleich mit den Stellen aus 2 Kön 24 f. nicht ganz, denn dort werden die militärischen Gegner mit Namen angeführt. Ferner stellt sich die Frage, ob nicht Mi 4,12 die von H. W. Wolff vorgetragene Interpretation relativiert. Zwar spricht Mi 4,11 davon, daß sich die Völker aus eigener Veranlassung heraus gegen den Zion versammeln, doch entlarvt v. 12 den Eigenwillen der Völker als einen lediglich vermeintlichen, denn er kann gar nicht ausführen, was er intendiert, da Jahwes Gesamtplan das Gegenteil erreichen will. Der von Jahwe verfolgte Plan, mit dem das Sich-Versammeln in Verbindung gebracht wird, hat seine eigenen Absichten; zwar macht Jahwe sich die Völker in ihrem Streben dienstbar, doch nicht, um den Völkerwillen zu verwirklichen, sondern um den eigenen Plan gegen die Völker durchzusetzen. »Der Eigenwille der Völker ist nur ein Glied in der Kette der großen

---

[26] G. Fohrer, Struktur, 158.

[27] Bei der »Talebene Joschafat« handelt es sich um »eine Chiffre, wie sie die heraufziehende Apokalyptik liebt.« So H. W. Wolff, Dodekapropheton 2, 92.

[28] G. Fohrer, Struktur, 158.

[29] Belege nach J. M. P. Smith, Micah, 98.

[30] H. W. Wolff, Dodekapropheton 4, 112.

Planung Jahwes.«[31] Wenn von den versammelten Völkern gesagt wird, daß sie Schadenfreude am Leid Zions empfinden, dann begegnet hier ein seit der Zerstörung der Stadt im Jahr 587 v. Chr. bezeugter Zug, vgl. Klgl 2,16 und Obd 12 f.

b) Das Scheitern der Völkerversammlung (Mi 4,12)

Die in Mi 4,12a bezeugte Parallele עצה »Plan« – מחשבות »Gedanken« Jahwes ist sonst nur noch Jer 49,20; 50,45 belegt. Ob diese Belegstellen freilich ausreichen, den Verfasser mit B. Renaud, H. W. Wolff und A. Deissler im Kreise der Jeremia-Schüler zu suchen, muß fraglich bleiben[32], zumal die angeführten (nicht-jer) Stellen durch die figurae etymologicae חשב מחשבות und יעץ עצה geprägt sind.

Mi 4,12b interpretiert das Sich-Versammeln (אסף) der Völker als ein von Jahwe Gesammelt-Werden (קבץ). Sie sind wie Ähren auf der Tenne ausgebreitet. Das Dreschen kann beginnen. Wie in Joel 4,13 – 17 wird hier das Gericht Jahwes an den Völkern unter dem Bild eines mit dem Erntegeschehen verbundenen Vorgangs geschildert.

c) Zions Kampf gegen die Völker (Mi 4,13)

Jahwe vollzieht dieses Gericht nicht eigenhändig, sondern er fordert die Tochter Zion zum Kampf auf. Die Vorstellung, Jahwe bediene sich Israels als Gerichtswerkzeug begegnet z. B. noch Ez 25,14; Obd 18; Sach 12,6. Dieser Aufforderung ist die Zusicherung an die Seite gestellt, daß Jahwe Israel stark und wehrfähig machen wird. Die Vorstellung vom Kampf gegen viele Völker und Nationen unterstreicht den universalen Charakter des Kampfes und bezeugt somit die späte Entstehungszeit des Verses. Die in den Versen begegnende Terminologie verweist, wie schon B. Renaud herausgearbeitet hat, den Text in die alttestamentliche Spätzeit.[33] Das Horn als Bild der Kraft begegnet z. B. 1 Sam 2,10 und Ps 132,17. Für die Redaktion des Michabuches sind in diesem Zusammenhang die

---

[31] H. W. Wolff, Dodekapropheton 4, 113.

[32] B. Renaud, Formation, 205 – 216; H. W. Wolff, Dodekapropheton 4, 109; A. Deissler, Zwölf Propheten II, 186.

[33] B. Renaud, Formation, 212, führt aus: »Le verbe ʾsp en liaison avec gwy se trouve en Hab 2, 5; So 3, 8; Za 14, 2 au qal, Is 13,4 (exilique) au niphal; Ez 38, 12 et Za 14, 14 au pual. Le verbe ḥnp ›profaner‹ n'est pas attesté avant Jer 3, 1.2.9; 23, 1 où il désigne comme en Nb 35, 33 (P); Is 24, 5; Ps 106, 38, la profanation de la terre (cf. encore Jer 23, 11; Dan 11, 31). ḥzh suivi de la préposition b ne se retrouve qu'en Job 36, 25; Ct 7,1; et Ps 27, 4; Mi 7, 10. Pour l'idée cf. Abd 12 – 13.« Ferner erwähnt B. Renaud das Bild von den auf der Tenne ausgebreiteten Ähren; damit ist Jer 9,21 und Jes 21,10 zu vergleichen. Die Aufforderung an Jerusalem ähnelt Jes 51,17; 52,2; 60,1 und Klgl 2,19. Die Bannung der feindlichen Beute läßt an Ez 39,17 ff. denken.

Stellen relevant, die von Israel als von einem starken und mächtigen Rest sprechen: Mi 4,6 f.; 5,6 – 9. Die in Mi 4,11 – 13 bezeugte Motiv-Verbindung von »Völkerversammlung« und »Jahwes Aufforderung zum Kampf an Zion« ist singulär.[34]

Es kann darauf verwiesen werden, daß nach Jes 41,14 – 16 Israel von Jahwe zum Dreschschlitten gemacht wird, der Berge und Hügel zermalmen wird. Nach Sach 9,11 – 17; 10,3 – 12 wird Juda als Waffe Jahwes gegen die Jawan-Söhne antreten, vgl. 9,13. Israel vermag die Völker zu vernichten. Den Gesetzen des Jahwekrieges zufolge wird Zion den von den Völkern eingesammelten Raub und ihre Pracht für Jahwe bannen[35], der sich darin als Herr der ganzen Welt erweist. Die Titulierung Jahwes als des Herrn der ganzen Erde begegnet noch Sach 4,14; 6,5; Ps 97,5 und Jos 3,11.13; vgl. auch Dtn 10,14.

4. Die Vorstellung vom Plan Jahwes in Mi 4,11 – 13

Die eschatologische Dichtung Mi 4,11 – 13 handelt von der der Heilszeit vorangehenden endzeitlichen Bedrohung des Zion durch die Völker und dem endgültigen Sieg über die bedrohlichen Feinde. Mit anderen nachexilischen Texten teilt der Spruch Mi 4,11 – 13 die Vorstellung, daß nicht Jahwes kämpfender Einsatz den Sieg verschafft, sondern Zion selber, wenn auch von Jahwe dazu in die Lage versetzt, über die Völker siegt. Daß Zion in der Auseinandersetzung die Oberhand behalten wird, liegt in Jahwes Plan gegen die Völker beschlossen: Die Völker glauben zwar, sie hätten sich vor Jerusalem/Zion versammelt, um schadenfroh die beschämende Niederlage der Stadt anzusehen. Sie wissen aber nicht, daß sie eigentlich nur zu Statisten in einem großen Plan Jahwes bestimmt sind: Sie *haben* sich nur vermeintlich versammelt, denn eigentlich *wurden* sie versammelt. Wenn auch die Völker die Absicht haben, die Schmach der Stadt auskosten zu wollen, so sind sie doch in Wirklichkeit einem göttlichen Plan ausgeliefert, der das Heil dieser von ihnen geschmähten Stadt realisieren will. Im endzeitlichen Sieg Zions über die Völker manifestiert sich zugleich Jahwes Geschichtsmächtigkeit, denn in seinem Sieg wird Jahwe als der Herr der ganzen Welt offenbar.

---

[34] J. L. Mays, Micah, 107.
[35] Zur Ideologie des Bannes vgl. Jos 6,17 – 19.24.

V. 2 Chronik 25

1. Die literarischen Probleme in 2 Chron 25,1 – 28

In 2 Chron 25,1 – 28 handelt das Chronistische Geschichtswerk von der Regierungszeit Amazjas. Dabei verwendet es im Wesentlichen den in 2 Kön 14,2 – 14.17 – 20 vorliegenden Bericht, der um zwei größere und zwei kleinere Einschaltungen erweitert wird:

a) 2 Chron 25,5 – 13 handelt von der Musterung der Judäer (v. 5 – 6), von den Einwendungen eines anonym bleibenden Gottesmannes gegen die Anwerbung von Nordreichtruppen und der Befolgung dieses Einwandes durch Amazja (v. 7 – 10), vom Krieg gegen die Seiriter (= Edomiter) (v. 11 – 12) und von den marodierenden israelitischen Truppenteilen (v. 13).

b) 2 Chron 25,14 – 17aα schildert den Auftritt eines anonymen Propheten, der Amazja die Verehrung der edomitischen Götter vorhält. Weil Amazja sich verstockt zeigt, sagt ihm der Prophet Unheil an.

c) 2 Chron 25,20aβb nimmt Bezug auf 2 Chron 25,14 – 17aα.

d) 2 Chron 25,27aα erinnert an den Abfall zu den edomitischen Göttern, vgl. 2 Chron 25,14.

Die in der Exegese diskutierte Alternative, ob der Chronist die Einschaltungen aus einer Vorlage eingefügt hat, oder ob es sich um eine freie literarische Schöpfung handelt, die somit in besonderer Weise chronistische Theologie zur Sprache kommen läßt, ist für 2 Chron 25 trotz des Einspruchs von W. Rudolph u. a.[1] im zuletzt genannten Sinne zu entscheiden, denn die Einschaltungen lehnen sich an die aus 2 Kön 14 übernommenen und leicht überarbeiteten Passagen an, führen kein Eigenleben.[2] Das von W. Rudolph vorgetragene Argument, der Bericht

---

[1] W. Rudolph, Chronikbücher, 281 f. Ähnlich H. G. M. Williamson, Chronicles, 328. Auch J. M. Myers, Chronicles, 144, geht von der Existenz anderer Quellen aus. – Zur Kontroverse, ob die Chronik sich als »Schriftauslegung« versteht oder mehr Geschichte aus aktuellem Anlaß heraus schreiben will, vgl. P. Welten, Geschichte, 204 ff., in Auseinandersetzung mit T. Willi, Chronik.

[2] So zu Recht R. Micheel, Seherüberlieferung, 64: »So zeigt sich auch für die Geschichte des Königs Amazja in II Chr 25, daß die über II Reg 14,1 – 20 hinausgehenden Nachrichten innerhalb von II Chr 25 kein Eigenleben führen, sondern, daß sie –

von den herumstreunenden israelitischen Soldaten in 2 Chron 25,13 stehe
im Widerspruch zur Verheißung in 2 Chron 25,9b und sei daher aus
einem Vorlagenzwang heraus übernommen[3], kann letztlich nicht überzeugen, denn der Chronist gestaltet hier durchaus im Sinne seiner Theologie. Amazja hätte wissen müssen, daß er sich als in Jerusalem residieren-
der davidischer König nicht auf Kampfverbände aus dem Nordreich
hätte stützen dürfen, da Jahwe nicht mit Israel ist. In 2 Chron 13,3–12
hat das der chronistische Verfasser bereits longe et late ausgeführt, vgl.
auch 19,2. Amazja hätte auch wissen müssen, daß Jahwe mächtig ist,
Sieg oder Niederlage zu geben, vgl. 2 Chron 20,1–30. Es spricht für die
in 2 Chron 25,2 vorab genannte Halbherzigkeit des Königs, wenn ihm
die Geldausgabe für die im Nordreich angeworbenen und nun doch nicht
zum Einsatz kommenden Truppen leid tut. Ganz in der Denkrichtung des
Chronisten liegt es ferner, wenn er zwar den König, wie auch 2 Kön 14,7
berichtet, die Schlacht gegen die Edomiter gewinnen, aber gleichzeitig den
Wert des Sieges durch die Notiz von der herumstreunenden Soldateska
herabmindern läßt.[4] Ein Blick in 2 Chron 12,6–8 verdeutlicht die Ansicht des Chronisten, daß die Abkehr von einem Fehlverhalten und die
Umkehr zu Jahwe nicht völlig vor der anstehenden Vergeltung schützen.
In 2 Chron 12,6–8 demütigen sich zwar Rehabeam und die Ältesten vor
Jahwe, so daß Jahwe seine Absicht aufgibt, das Volk zu verderben, doch
soll die von Jahwe verhängte Abhängigkeit vom ägyptischen Pharao den
Unterschied erkennen lassen, der zwischen dem Dienst für Jahwe und
dem Dienst der irdischen Reiche besteht.

Wenn aber nun 2 Chron 25,9 und 13 mit Intentionen verbunden
werden können, die innerhalb des Chronistischen Geschichtswerkes auch
an anderer Stelle begegnen, dann muß die Annahme einer über das
Dtr Geschichtswerk hinausgehenden zweiten Quelle für 2 Chron 25 als
ziemlich unwahrscheinlich gelten.

Der zweite Einschub 2 Chron 25,14–17a erweist sich ebenfalls, wie
T. Willi verdeutlicht hat, als eine kunstvoll gestaltete Komposition,
die als solche gegen eine vorgegebene Vorlage spricht.[5] Mit Hilfe des

---

eng mit dem Kontext verknüpft – dem Chronisten dazu dienen, seine theologische
Interpretation von II Reg 14,1–20 zu verdeutlichen.« Ähnlich R. J. Coggins, Chronicles, 6. Auch H. G. M. Williamson, Chronicles, 327, sieht in 2 Chron 25,14–16.20
eine theologische Erklärung für die Ereignisse, die der Chronist in seiner Vorlage, dem
Dtr Geschichtswerk, vorgefunden hat. Darüber hinaus rechnet er aber in 2 Chron
25,6–10.14 mit einer vorgegebenen Quelle, wogegen die Anonymität des Gottesmannes
und des Propheten darauf schließen lasse, daß der Chronist an diesen Stellen frei
komponiert.

[3] W. Rudolph, Chronikbücher, 281 f.
[4] So zu Recht R. Micheel, 63.
[5] T. Willi, Chronik, 221.

Leitwortes עצה »Rat« verzahnt der Chronist seine eigene literarische
Vorlage mit dem ihm in 2 Kön 14 vorgegebenen Bericht vom Waffengang
gegen Israel. Die Leitwortfunktion der Wurzel tritt deutlich hervor: In
2 Chron 25,16 fragt Amazja den Propheten: »Haben wir dich zum Berater
(ליועץ) des Königs bestellt?« Die Antwort des Propheten lautet: »Ich
weiß, daß Gott beschlossen hat (יעץ), dich zu vernichten, weil du dieses
getan und nicht auf meinen Rat (עצתי) gehört hast.« In 2 Chron 25,17
wird der Feldzug gegen Juda mit einem Sich Beraten (ויועץ) Amazjas
eingeleitet.

　　2 Chron 25,14 – 16 bietet inhaltlich eine weiterführende Interpretation der Ereignisse, die der Chronist in 2 Kön 14 vorgefunden hat:
Amazja fordert Joasch, den König von Israel, zum Kampf auf, doch
Joasch rät ab. Amazja hört aber nicht darauf, so daß er in der folgenden
Schlacht eine empfindliche Niederlage hinnehmen muß. Auch die Hauptstadt Jerusalem bleibt nicht ungeschoren. Dieser Vorgang erfährt durch
den Chronisten eine ausführliche theologische Deutung:

　　a) Weil Amazja von seinem Edom-Feldzug die Götter der Edomiter
mitgebracht hat, um ihnen zu opfern, sendet Jahwe einen Propheten
(נביא). Der König will den Propheten nicht anhören. Dieser antwortet darauf: »Ich weiß, daß Gott beschlossen hat, dich zu vernichten,
denn du hast dieses getan und nicht auf meinen Rat gehört.«
　　b) Als Joasch, der König des Nordreichs, von der kriegerischen
Auseinandersetzung abrät, Amazja aber nicht darauf hört, heißt es
in 2 Chron 25,20: »Aber Amazja hörte nicht, denn von Gott (her
war) dieses (verfügt), um sie in ›seine‹[6] Hand zu geben, weil sie die
Götter Edoms aufgesucht hatten.«
　　c) Über 2 Kön 14,19 hinausgehend, erklärt 2 Chron 25,27a einen
Aufstand in Jerusalem als Folge des Abfalls von Gott, indem beide
Ereignisse als synchron verlaufend dargestellt werden: »Und ›von
der Zeit an‹[7], da Amazja von Jahwe abgewichen war, da zettelte
man in Jerusalem gegen ihn eine Verschwörung an, und er floh
nach Lachisch.« Der Hinweis auf einen derartigen Synchronismus
reflektiert die Ereignisse und präjudiziert gleichzeitig einen inhaltlichen Zusammenhang.[8]
　　d) Im Unterschied zu 2 Kön 14,3[9] nimmt 2 Chron 25,2 einleitend
den späteren Abfall von Jahwe und die Zuwendung zu den edomi-

---

[6] Zur Textänderung vgl. W. Rudolph, Chronikbücher, 280, und BHS.
[7] So M.
[8] Vgl. dazu T. Willi, Chronik, 174, der für diese Arbeitsweise noch weitere Belege
anführt.
[9] 2 Kön 14,3 lautet: »Und er tat, was recht war in den Augen Jahwes, wenn auch nicht
wie sein Vater David; in allem, was er tat, handelte er wie sein Vater Joasch.«

2. Die Vorstellung vom Plan Jahwes in 2 Chron 25,1—28

tischen Göttern beurteilend vorweg: »Und er tat das in den Augen Jahwes Rechte, wenn auch nicht mit ungeteiltem Herzen.«
 e) Der Auftritt des Gottesmannes in 2 Chron 25,7—9 hat in mehrfacher Hinsicht vorbereitende Funktion.[10] Zum einen zeigt er auf, wie Amazja vom rechten Weg abkommt, er aber nach dem Auftritt des Gottesmannes durch eine wenn auch halbherzige Umkehr zu Jahwes Gebot das Schlimmste verhindern kann, zum andern wird hier das Thema von Jahwes alleiniger Macht über Sieg und Niederlage angeschlagen. Amazja soll sich nicht auf Truppen stützen, mit denen Jahwe nicht ist. In 2 Chron 25,14 ff. geschieht Ärgeres: Amazja verehrt die edomitischen Götter, die ihrerseits nicht in der Lage waren, das Land, für das sie zuständig waren, zu schützen. Die entscheidende Auseinandersetzung findet zwischen Amazja und einem anonym bleibenden Propheten (נביא) statt, dem qua Prophet in der chronistischen Auffassung eine größere Autorität zukommt als dem Gottesmann (איש אלהים).[11]

2. Die Vorstellung vom Plan Jahwes in 2 Chron 25,1—28

Weil Amazja die edomitischen Götter, die ihrem eigenen Volk nicht helfen konnten, verehrt hat, weil er zudem nicht auf den Rat des Propheten gehört hat, deshalb hat Jahwe Amazjas Verderben beschlossen (2 Chron 25,16). Der Prophet bedient sich nicht des Botenstils, um deutlich zu machen, daß er ein Wort Jahwes gegen den König auszurichten hat. Um zu erkennen, was Jahwe gegen Amazja zu tun gedenkt, reicht es aus, die Ablehnung des Propheten durch den König theologisch zu verstehen und zu werten. Der Prophet kann Jahwes Absichten aus dem doppelten Fehlverhalten des Königs erschließen. Aus der Weigerung,

---

[10] Vgl. hierzu die Ausführungen von R. Micheel, Seherüberlieferung, 65. Sie macht auf die interessante Parallele 2 Chron 11,2—4 (= 1 Kön 12,22—24) aufmerksam, wo der Gottesmann Schemaja Rehabeam von einem Krieg gegen das Nordreich abhält. R. Mosis, Untersuchungen, 75 Anm. 79, verweist darauf, daß Amazja keinen Jahwekrieg führt. Jahwekriege werden laut Chronik nur von den vier »guten« Königen Hiskija, Abija, Asa und Joschafat geführt. (Ebd.) Wenn im Zusammenhang mit den Regierungszeiten der Könige Joschija und Jotam keine Jahwekriege überliefert sind, dann hat das unterschiedliche Gründe. An Jotam hat der Chronist, wie der sehr kurz ausgefallene Bericht über diesen König zeigt, kein besonderes Interesse. (Ebd., 67 Anm. 69) In der Regierungszeit Joschijas findet kein Jahwekrieg mehr statt, weil nach 2 Chron 34,24 Jahwe bereits die Preisgabe Jerusalems an die Heiden beschlossen hat. (Ebd., 198)
[11] Vgl. dazu R. Micheel, Seherüberlieferung, 66.75. R. Micheel vermutet, daß es sich bei der Anonymität von Gottesmann und Prophet um eine Analogiebildung zu 1 Kön 20 handelt. (Ebd., 66)

den Propheten zu hören, ergibt sich die prophetische Gewißheit darüber,
daß Jahwe Amazjas Verderben will.

Wie der Abfall des Königs, so vollzieht sich auch das über Amazja
verhängte Strafgericht in mehreren Stufen: Die plündernden Nordreichtruppen mindern den Sieg über Edom, erweisen sich als Bestrafung des
Königs. Im Krieg gegen Joasch muß Amazja eine Niederlage hinnehmen
(2 Chron 25,20–24), denn Amazja hörte nicht auf den Rat des Joasch,
weil Jahwe es so bestimmt hatte, um den judäischen König wegen seiner
Hinwendung zu den edomitischen Göttern den Feinden auszuliefern.
Ein Aufstand der Jerusalemer, der vom Chronisten in einen zeitlich-
inhaltlichen Zusammenhang mit der Fremdgötterverehrung gestellt wird,
bringt Amazja zunächst die Flucht und letztendlich den Tod.

Geoffenbart wird die göttliche Absicht durch einen Propheten. Der
Chronist nimmt damit eine theologische Vorstellung des Dtr Geschichtswerkes auf, vgl. 2 Kön 17,13–18. Entsprechend der Konzeption des
Chronistischen Werkes als Davididengeschichte richten sich Gottesmann
und Prophet ausschließlich an den König: »wie der König Israel vertritt,
so ist der Prophet der Repräsentant Gottes in der Geschichte Israels.«[12]
Somit aber hat dann auch die Ankündigung des bei Jahwe beschlossenen
Verderbens eine Dimension, die den individuellen Bereich des Adressaten
übersteigt. Die Niederlage Amazjas bringt es mit sich, daß Juda insgesamt
in Mitleidenschaft gezogen wird. Hatten schon die plündernden Soldaten
des Nordreichs den Sieg Amazjas über die Edomiter herabgemindert und
die Bevölkerung der Städte in Not gebracht, so führte die Niederlage
Amazjas die Bewohner der Hauptstadt Jerusalem in eine Zeit der Unsicherheit, denn die Stadtmauern wurden teilweise geschleift.

---

[12] T. Willi, Chronik, 223.

5. Kapitel
Das göttliche Geschichtshandeln in der sogenannten Thronfolge-Erzählung Davids (2 Sam 9 – 20; 1 Kön 1 – 2)

I. Der Umfang und die literarische Eigenart der Thronfolgeerzählung – der gegenwärtige Stand der Diskussion

Daß in 2 Sam 9–20; 1 Kön 1–2 ein inhaltlich geschlossener und kompositorisch durchgestalteter Textkomplex begegnet, der die im Zusammenhang mit dem Wechsel des Königtums von David auf Salomo auftretenden Ereignisse berichtet, ist eine bis heute nahezu einhellig vertretene Auffassung. Emphatisch hat G. von Rad diesen Textabschnitt als Zeugnis der ältesten israelitischen Geschichtsschreibung begrüßt, das hinsichtlich seiner Darstellungkraft dem griechischen Geschichtsdenken in nichts nachstehe: »So sind es nur zwei Völker, die im Altertum wirklich Geschichte geschrieben haben: die Griechen und lange Zeit vor ihnen die Israeliten.«[1] Die Nähe zur Geistigkeit des Jahwistischen Werkes liegt für G. von Rad auf der Hand, denn in der Thronfolgeerzählung wird – wie beim Jahwisten – das Wirken Gottes viel totaler verstanden als in den alten sakralen Institutionen. »Nicht von Fall zu Fall im Charisma eines berufenen Führers, sondern viel kontinuierlicher, viel umfassender,

---

[1] G. von Rad, Anfang, 186. Ähnlich auch A. Jepsen, Quellen, 106–114, der die enge Verbindung zwischen alttestamentlicher Geschichtserfahrung und Gotteserfahrung herausstellt. Dieses Urteil kann, nachdem unsere Kenntnisse über die altorientalischen Kulturen inzwischen erheblich angewachsen und vertieft worden sind, nicht mehr aufrecht gehalten werden. Zur Kritik der von G. von Rad gezeichneten Auffassung siehe z. B. H. Gese, Denken, 127–145, der zwar weiterhin von der »Höhe, die das geschichtliche Denken in Israel erreicht hat« (142), schreibt, aber die eigenständigen historiographischen Wurzeln in Mesopotamien und bei den Hethitern würdigt, und H. Cancik, Wahrheit, 71–78, der sich im Rahmen einer Behandlung der hethitischen Geschichtsschreibung ausführlich mit dem Vorurteil, es habe im Kulturraum des Alten Orient explizite Geschichtsschreibung nur in Israel gegeben, auseinandersetzt. Interessant sind in diesem Zusammenhang seine Äußerungen zum exegetischen Vorverständnis: »Der Grund für diese mangelhaften Beschreibungen und Bewertungen der altorientalischen, zumal der hethitischen Historiographie liegt ... in der enormen Bedeutung, die die biblische Geschichtsschreibung für die alttestamentliche, ja für die gesamte christliche Geschichtstheologie besitzt. Die Erforschung der Anfänge der israelitischen Historiographie, ihrer Stellung im Rahmen der Geschichte der altorientalischen Historiographie besitzt aus diesem Grunde ein großes theologisches Interesse: gelegentlich wird sogar die Unvergleichlichkeit, Unableitbarkeit und Einzigartigkeit alttestamentlicher Geschichtsschreibung als eine Art kulturellen Gottesbeweises angesehen.« (74 f.) Hingewiesen sei auch auf die Kritik von H. Cancik an H. Gese auf S. 76 f.

nämlich verborgen in der *ganzen* Profanität, schlechthin alle Lebensbereiche durchwaltend.«[2] Diese Sehweise der Geschichte qualifiziert die israelitische Geschichtsschreibung eindeutig als theologische Geschichtsschreibung und setzt ebenso eindeutig eine Verschiedenheit zur griechischen Historiographie: »Die Israeliten kamen zu einem Geschichtsdenken und dann zur Geschichtsschreibung von ihrem Glauben an die Geschichtsmächtigkeit Gottes her.«[3] Von G. von Rad stammt denn auch das bis heute entschieden vertretene Urteil zur Intention dieses literarischen Werkes, das von L. Rost den Namen »Thronfolgegeschichte« erhalten hatte. Demnach war es das Anliegen des Verfassers, »die Bewahrung des davidischen Thrones durch Gott durch alle Wirren der Geschichte darzustellen«[4]. Diese Auffassung von der Intention der Thronfolgeerzählung ist trotz vereinzelter Einwendungen bis heute vorherrschend geblieben. Sollte diese von G. von Rad vorgenommene Bestimmung der Intention zutreffen, dann kann die Bedeutsamkeit der »Thronfolgeerzählung« für die in dieser Arbeit angezielte Thematik kaum bestritten werden.

Im Folgenden sollen die in jüngster Zeit vorgetragenen Interpretationen zum literarischen Charakter und zur Intention des Komplexes 2 Sam 9 – 20; 1 Kön 1 – 2 kurz referiert werden. Eine Beurteilung und Würdigung der einzelnen Positionen ist freilich nur im Rahmen von Einzelanalysen sinnvoll.

1. Die forschungsgeschichtliche Bedeutsamkeit der Untersuchung von L. Rost

Als Ausgangspunkt einer jeglichen exegetischen Beschäftigung mit der Erzählung von Davids Thronfolge muß die Untersuchung von L. Rost gelten. Im Unterschied zu den herkömmlichen Lösungsversuchen, die der literarischen Probleme mit Hilfe der in der Pentateuchforschung entwickelten Urkundenhypothese Herr werden wollten, lenkte L. Rost den Blick stärker auf einen abgeschlossenen Überlieferungskomplex, die »Thronfolgequelle«, die er im wesentlichen in dem Textkomplex 2 Sam

---

[2] G. von Rad, Anfang, 188. Vgl. damit seine Charakterisierung des Zeitkolorits, das den Jahwisten bestimmt hat, in ders., Genesis, 15: »Hinter dem Werk des Jahwisten steht eine neue Gotteserfahrung. Man meint diesem Werk, das doch eine einzige Geschichte wunderbarer heimlicher Führungen und Fügungen ist, geradezu die Frische einer Entdeckerfreude noch abspüren zu können.« Eine Verwandtschaft zwischen Josefserzählung und Thronfolge-Erzählung sieht auch R. N. Whybray, Succession Narrative, 76 f. W. Brueggemann, David, 156 – 181, versucht, eine enge geistige Verwandtschaft zwischen dem Jahwisten und dem Verfasser der Thronfolge-Erzählung nachzuweisen.

[3] G. von Rad, Anfang, 153.

[4] G. von Rad, Anfang, 186.

9,1 – 1 Kön 2*, findet, sieht man einmal von 2 Sam 6,16.20 ff. und
7,11b.16 ab, wo für ihn bereits Elemente der Thronfolgeerzählung, die
diese mit der Ladeerzählung und mit der Natansweissagung verzahnen,
vorliegen. 2 Sam 6,16.20 ff. gehören demnach zur Thronfolgequelle, weil
»deren Thema in ihnen negativ anklingt«.[5] Als schwieriger erweist sich
für L. Rost die Zuordnung der Verse 2 Sam 7,11b.16 zur Thronfolgequelle. Hier argumentiert er vor allem mit inhaltlich-kompositorischen
Postulaten: »Man wird zugeben müssen, daß eine Mitteilung über die
Kinderlosigkeit der geborenen Königinmutter als Anfang einer Erzählung
über die Thronnachfolge Davids wohl am Platz ist. Damit wird die Frage,
wer Davids Thron einnehmen solle, einstweilen negativ entschieden und
so die Möglichkeit zu Verwicklungen geboten ... Man wird weiter
zugeben müssen, daß der Aufbau des Ganzen sehr gewinnen muß, wenn
nun dieser Negation unmittelbar die Position folgt: Jahwe wird David
ein Haus machen, eine Dynastie gründen.«[6] Da nach L. Rost der Verfasser der Thronfolgeerzählung einen Bericht, der 2 Sam 7,11b enthielt,
zumindest kannte, vgl. 1 Kön 2,24, schlägt er 2 Sam 7,11b und den daran
hängenden v. 16 auch der Thronfolgeerzählung zu.

Darüber hinaus hat sich der Verfasser der Thronfolgeerzählung, so
L. Rost, auch als Redaktor betätigt: »II. Sam 10,6 – 11,1 und 12,26 – 31
zeigen, daß der Verfasser der Thronfolgequelle auch sonst bereits irgendwie fixierte Quellen unverändert in seine Erzählung aufnahm, wenn sie
ihm einen geeigneten Rahmen oder Stütze für das Eigene boten.«[7] Somit
besitzt nach L. Rost die Thronfolgeerzählung folgenden Umfang: 2 Sam
6,16.20 ff. ... 7,11b.16 ...; 9,1 – 10,5; (10,6 – 11,1); 11,2 – 12,7a; 12,13 –
25.(26 – 31); 13,1 – 14,24; 14,28 – 18,17; 18,19 – 20,22; 1 Kön 1 – 2,1;
2,5 – 10; 2,12 – 27a.28 – 46.[8]

Indem L. Rost die Möglichkeit, diese von ihm gefundene Thronfol-
ge-Quelle in einen größeren Erzählzusammenhang zu stellen, ausschloß,
war der grundsätzliche Dissenz mit den Vertretern der Urkundenhypothese gegeben: »Daß dieses Ergebnis nicht gerade geeignet ist, die von
HÖLSCHER und EISSFELDT übernommene These CORNILLS und BUDDES
zu stützen, daß auch in den Samuelisbüchern, ja schließlich noch in den
Büchern der Könige, Jahwist und Elohist als Hauptquellen zu betrachten
sind, liegt auf der Hand.«[9] Der Verfasser, den L. Rost dem davidischen
oder salomonischen Hofstaat zuzählt, erweist sich als gewandter Schriftsteller, wie ein Vergleich mit der in knapper Prosa gehaltenen Ladeerzählung zeigt: »Die Sätze sind länger, der Ausdruck voller, die Darstellungs-

---

[5] L. Rost, Überlieferung, 215.
[6] L. Rost, Überlieferung, 213.
[7] L. Rost, Überlieferung, 215.
[8] L. Rost, Überlieferung, 214 f.
[9] L. Rost, Überlieferung, 214 f.

weise reicher, die Sprache klingender, bilderreicher. Der rasche Fluß der Erzählung wird gehemmt. Die Einzelszene schließt sich gegen ihre Umgebung ab. Rede und Gegenrede sind nicht mehr nur selten zur Darstellung von Stimmungen und Charakteren, zur Unterstreichung wichtiger Wendepunkte verwendet, sondern haben einen Selbstzweck.«[10] Geschrieben wurde die Thronfolgeerzählung »in majorem gloriam Salomonis«[11].

Theologisch fällt in der Thronfolgeerzählung »besonders ins Auge, daß nur an drei Stellen (II. Sam 11,27; 12,24; 17,14) der Erzähler ein Urteil über den Zusammenhang irdischen Geschehens mit göttlichen Empfindungen und Willensentschlüssen fällt. Sonst tritt er mit seinen eigenen Anschauungen ganz zurück hinter seinem Werk, indem er solche Urteile den handelnden Personen in den Mund legt. Daraus, insbesondere aber aus dem Fehlen jeglichen wunderbaren Eingreifens Jahwes, kann geschlossen werden, daß für den Erzähler das Wirken Gottes in der Geschichte ein größeres Wunder war als einzelne Wundergeschichten, an denen zu seiner Zeit wohl kein Mangel gewesen ist. Daß Gott und wie Gott sich im Ergehen des Einzelnen wie im Geschick der Völker auswirkt, war ihm das Wunder und von diesem Wunder erzählt er ohne ständiges Daraufhinweisen und Aufzeigen so, daß der Hörer, der Leser gar nicht anders kann, als dieses Wunder sehen und ehrfuchtsvoll betrachten.«[12]

2. Die Rezeption der von L. Rost vorgelegten Ergebnisse

Auf der in ihren Ergebnissen kurz skizzierten literarkritischen Untersuchung von L. Rost fußen eine Reihe weiterer Arbeiten. G. von Rad findet in der Geschichte von der Thronnachfolge Davids »die älteste Form der altisraelitischen Geschichtsschreibung«[13] und charakterisiert die Geschichte, deren Abgrenzung er von L. Rost übernimmt, als eine »in einem sehr ausgeprägten Sinne theologische Geschichtsschreibung«.[14] Die von L. Rost angeführten drei Stellen, an denen der Verfasser irdisches Geschehen mit göttlichem Empfinden und Wollen zusammenbringt, erhalten in der theologischen Interpretation der Thronfolgeerzählung durch G. von Rad eine herausragende Bedeutung. Nicht der in der

---

[10] L. Rost, Überlieferung, 218.

[11] L. Rost, Überlieferung, 234.

[12] L. Rost, Überlieferung, 235. Ähnlich dann auch J. A. Wharton, Tale, 350: »Nothing that happened between the human actors was irrelevant to the Lord's purposes in the whole chain of events. But no merely human causes and affects produced the end results.«

[13] G. von Rad, Anfang, 159.

[14] G. von Rad, Theologie I, 329.

Geschichte auch anzutreffende Vergeltungsgedanke qualifiziert das Ganze als theologisches Geschichtswerk, wiewohl der »Nemesisgedanke« die ganze Geschichtsdarstellung bestimmt: »In dem ius talionis, das die Geschichte verborgen übt, handelt Gott selbst an den Missetätern.«[15] Es sind vor allem die drei deutenden Stellen in 2 Sam 11,27; 12,24; 17,14, die die Thronfolgeerzählung als theologisches Geschichtswerk erweisen. In ihnen spricht sich der Verfasser »in Gestalt eines positiven theologischen Urteils«[16] über Gott und sein Verhältnis zu den geschilderten Ereignissen aus. Nach G. von Rad liegt in der Geschichtsschau der Thronfolgeerzählung der »Durchbruch zu einer ganz neuen Auffassung von Jahwes Handeln in der Geschichte«[17]. Es begegnet hier nicht mehr in Wundern, in charismatischen Führern, in Katastrophen oder sonstigen göttlichen Machterweisen. »Der Raum, in dem sich diese Geschichte begibt, ist von vollkommener Profanität, und die Kräfte, die darin spielen, gehen nur von Menschen aus, die sich keineswegs von besonderen religiösen Impulsen leiten lassen. Aber der Historiker bedarf all der hergebrachten Mittel der Darstellung gar nicht mehr, weil sich seine Auffassung vom Wesen der göttlichen Geschichtslenkung völlig verändert hat. Jahwes Walten umgreift alles Geschehen; es tritt nicht intermittierend in heiligen Wundern in Erscheinung, sondern es ist dem natürlichen Auge überhaupt verborgen. Aber es durchwirkt kontinuierlich alle Lebensgebiete, die öffentlichen ebenso wie die ganz verborgenen, die religiösen ebenso wie die ganz profanen. Das sonderliche Betätigungsfeld dieses Geschichtswaltens ist aber das menschliche Herz, dessen Impulse und Entschlüsse Jahwe souverän seinem Geschichtsplan dienstbar macht.«[18] Somit repräsentiert die Thronfolgeerzählung einen Typ theologischer Geschichtsschreibung, der »Führungsgeschichte« darstellen will, freilich nicht in der allgemeinen Art, wie sie die Josefsgeschichte verkörpert, sondern es geht ganz speziell »um den Gesalbten und seinen Thron, also um das messianische Problem.«[19] Entstanden ist dieses Geschichtswerk nach G. von Rad in der salomonischen Zeit mit ihrer modernen, freien und unkultischen Geistigkeit. In ihr wird der Weg frei, »dieses Wirken Gottes viel totaler zu verstehen. Nicht von Fall zu Fall im Charisma eines berufenen Führers, sondern viel kontinuierlicher, viel umfassender, nämlich verborgen in der *ganzen* Profanität, schlechthin alle Lebensbereiche durchwaltend.«[20]

---

[15] G. von Rad, Theologie I, 327, zu 2 Sam 16,22.

[16] Vgl. G. von Rad, Anfang, 181.

[17] G. von Rad, Theologie I, 328.

[18] G. von Rad, Theologie I, 328 f.

[19] G. von Rad, Theologie I, 329; ders., Anfang, 186.

[20] G. von Rad, Anfang, 188. Vgl. aber auch die bei gleicher zeitlicher Ansetzung gegensätzliche Beurteilung von E. Würthwein, Erzählung, 54: »Es ist sehr bemerkens-

Auch M. Noth integriert im wesentlichen die Ergebnisse von L. Rost in seine Untersuchung zum Deuteronomistischen Geschichtswerk (Dtr). Allerdings verhält er sich gegenüber den von L. Rost und G. von Rad geäußerten Ansichten zur Intention des Werkes zurückhaltend; er betont vielmehr dessen historische Objektivität: »Von einer Sympathie des Haupterzählers für Salomo kann offenbar keine Rede sein. Er hat sich mit der Tatsache der Thronnachfolge Salomos abgefunden und beschreibt die darauf hinführenden Vorgänge.«[21]

W. Brueggemann charakterisiert die Thronfolgeerzählung als »a new type of history writing«, die hervorsticht durch die Darstellung Davids »with a fresh understanding of what it means to be a man and a king in covenant with Yahweh«.[22]

R. N. Whybray stellt vor allem die Bezüge zur altorientalischen Weisheit heraus. Die Thronfolgegeschichte stellt für ihn, obwohl sie ein historisches Thema verarbeitet, weder der Intention noch den tatsächlichen Gegebenheiten nach ein »work of history« dar[23]; die Darstellung der Absalom-Revolte verbiete es zudem, die Erzählung als nationale Dichtung anzusehen.[24] Von einem in erster Linie religiös-moralisch interessierten Werk kann ebenfalls kaum die Rede sein.[25] Am ehesten kann die Thronfolgeerzählung von der literarischen Gattung der Novelle verstanden werden[26]; »it is primarily a political document intended to support the regime by demonstrating its legitimacy and justifying its policies...«[27] R. N. Whybray stellt vor allem die didaktischen Absichten

---

wert, daß es [das Werk der Thronfolgeerzählung] in der salomonischen Glanzzeit geschrieben werden konnte: Es gab eben Kreise, die sich durch den äußeren Glanz nicht blenden ließen... Manches liest sich wie eine Illustration des Wortes des zeitlich nahestehenden Jahwisten: ›Das Dichten und Trachten des menschlichen Herzens ist böse von Jugend auf‹ (Gen 8,21).«

[21] M. Noth, Könige I, 39; in ders., Studien, 63, wird zur Thronfolgeerzählung betont, daß »Dtr ebenfalls nur an einigen wenigen Stellen leicht« eingegriffen hat. Vgl. auch das ähnliche Urteil von H. Seebaß, David, 49: »Zweifelsfrei handelt es sich bei dem Werk von Davids Staatskrise um politische Geschichtsschreibung. Freilich schien der Erzähler seine Parteinahme und Gegnerschaft nicht selbst zu erklären, sondern die handelnden Personen ihre Parteinahme und Gegnerschaft erklären zu lassen. ... Wenn den Erzähler irgendetwas charakterisiert, so die Zurückhaltung mit dem eigenen Urteil.« Kritisch zur Sache äußert sich F. Mildenberger, Saul-Davidüberlieferung, 74.

[22] W. Brueggemann, Trust, 6. In ders., David, 156–181 versucht W. Brueggemann aufzuzeigen, daß Gen 2–11J die Thronfolgeerzählung als Vorbild genommen hat, um das Material zu ordnen. Dagegen äußert sich kritisch: J. Van Seters, Abraham, 151.

[23] R. N. Whybray, Succession Narrative, 19.

[24] R. N. Whybray, Succession Narrative, 47–49.

[25] R. N. Whybray, Succession Narrative, 49f. Anders M. Smith, Biography, 168; er lehnt die Bestimmung als Biographie ab und spricht von »a moral tract«.

[26] R. N. Whybray, Succession Narrative, 19–47.

[27] R. N. Whybray, Succession Narrative, 55.

der Thronfolgeerzählung heraus und kennzeichnet die spannungsreiche theologische Auffassung des Autors folgendermaßen: »he believed that a man's evil deeds lead, by a natural process, to their own evil consequences; but he also believed in the working of a divine providence which is beyond man's understanding: the establishment of the Davidic dynasty in the hands of Solomon was an event which hardly seemed to correspond to David's deserts, and could only be put down to the fulfilment of Yahweh's mysterious purpose.«[28] Einerseits gilt demnach der Tun-Ergehen-Zusammenhang, doch gilt er nur, insofern Jahwes Plan (purpose) nicht durchkreuzt wird. So steht denn auch für R. N. Whybray in den theologisch kommentierenden Stellen 2 Sam 11,27; 12,24 und 17,14 nicht Vergeltung im Vordergrund, sondern »the hidden purpose of Yahweh with regard to the succession.«[29]

Bewegt sich die Deutung von C. Westermann gänzlich im Fahrwasser der von Radschen Interpretation[30], so trägt F. Mildenberger einige kritische Punkte in das geläufige Verständnis ein, die zwar den durch L. Rost und G. von Rad vorgegebenen Rahmen nicht sprengen, die aber – bei einer weiteren Verbreitung der Arbeit – möglicherweise weitergehende Fragen initiiert hätten.[31] Gegen das von M. Noth gebotene Verständnis der Thronfolgeerzählung als objektive Geschichtsschreibung führt F. Mildenberger an, daß eine derartige Charakterisierung kaum zutreffen könne, denn hier werde eine die wissenschaftstheoretische Diskussion des 19. Jahrhunderts bestimmende Vorstellung unkritisch auf ein altes Werk übertragen.[32] Die Frage aus 1 Kön 1,20.27 »Wer wird

---

[28] R. N. Whybray, Succession Narrative, 63.

[29] R. N. Whybray, Succession Narrative, 64.

[30] Nach C. Westermann, Geschichtsverständnis, 611–619, ergriff der Verfasser der Thronfolgeerzählung die Möglichkeit, »die Frage nach der Nachfolge auf dem Thron Davids als ein Ineinander und Miteinander von Vorgängen in zwei wesensverschiedenen Geschehensbereichen darzustellen: *als politisches Geschehen und zugleich als Familiengeschehen.*« (615) Somit wird in der Thronfolgeerzählung das Königtum zum Bindeglied zwischen der staatlichen und der vorstaatlichen Epoche. »Vor allem *ein* Motiv hat der Verfasser als verbindend erkannt: das der Kontinuität der Generationen, das im Königtum wiederkehrt als Kontinuität der Dynastie.« (617)

[31] F. Mildenberger, Saul-Davidüberlieferung.

[32] F. Mildenberger, Saul-Davidüberlieferung, 74. Man kann in der Tat kaum von objektiver Geschichtsschreibung sprechen, wenn die Außenpolitik und soziale Mißstände, die vermutungsweise als Anlaß hinter Absaloms Erhebung stehen, nicht behandelt werden. An anderer Stelle schreibt F. Mildenberger zu 1 Kön 1: »Wir haben also Grund zu der Annahme, dass unser Bericht in IKön1 jedenfalls nicht darauf ausging, so genau wie möglich darzustellen, wie es wirklich gewesen sei, sondern dass er bewusst eine für Salomo günstige, d. h. die Rechtmässigkeit seiner Thronbesteigung erweisende Version des Geschehens darbietet. Eine Rekonstruktion der tatsächlichen Vorgänge freilich ist fast unmöglich.« (78)

sitzen auf dem Thron meines Herrn, des Königs, nach ihm?« verdecke, so F. Mildenberger, lediglich die eigentliche Frage nach der Legitimität Salomos[33], zumal das hier als selbstverständlich angesehene Recht der Designation des Nachfolgers durch David nur sehr zurückhaltend bewertet werden könne.[34] Dtn 21,15 ff. lasse eher an eine an der Primogenitur orientierte Thronfolge denken, vgl. auch 1 Sam 20,31. Vorsicht ist nach F. Mildenberger auch gegenüber der Ansicht geboten, das israelitische Königtum weise in seinen Ursprüngen charismatische Züge auf, denn dabei handle es sich um eine relativ späte programmatische Idee des Nebiismus.[35] Die für Salomo insgesamt günstige Darstellung in 1 Kön 1 erfahre zwar durch das Auftreten Adonijas und seiner Partei eine gewisse Beeinträchtigung[36], aber die Darstellung der Bewegung zugunsten des älteren Davidsohnes sei absichtlich dem Aufstand Absaloms angeglichen worden, um so Adonijas Partei in die Illegalität zu drängen.[37] Gegen die Hervorhebung der drei theologischen Deutestellen durch G. von Rad macht F. Mildenberger geltend, daß gerade in der Anrede Gottes durch die Handelnden ebenfalls die theologische Position des Verfassers greifbar werde.[38] Am Ende steht eine theologische Ideologisierung des Faktischen: »Weil der Erfolg bei Salomo und seinen Anhängern war, ist es nicht anders möglich, als dass Jahwe auf ihrer Seite stand.«[39] Damit steht nach F. Mildenberger auch die Hauptabsicht des Werkes fest: Maßstab jeglicher Wertung ist die Einstellung gegenüber Salomo.

---

[33] F. Mildenberger, Saul-Davidüberlieferung, 75. Vgl. dazu auch die pointierten Äußerungen von T. C. G. Thornton, referiert bei P. K. McCarter, Plots, 359: Nicht die Frage »Wer wird sitzen auf Davids Thron?« sei entscheidend, vielmehr müsse gefragt werden: »Warum war es gerade Salomo, der David auf dem Thron nachfolgte?«

[34] F. Mildenberger, Saul-Davidüberlieferung, 77.

[35] F. Mildenberger, Saul-Davidüberlieferung, 36 – 53.81 Anm. 24.

[36] F. Mildenberger, Saul-Davidüberlieferung, 78.

[37] F. Mildenberger, Saul-Davidüberlieferung, 85 f. Vgl. 1 Kön 1,5 f. mit 2 Sam 15,1; 1 Kön 1,6 mit 2 Sam 14,25; 1 Kön 1,9 mit 2 Sam 15,11.

[38] F. Mildenberger, Saul-Davidüberlieferung, 96. Auf die Bedeutung der Reden für die Erhebung der Verfasserintention verweisen L. Delekat, Tendenz, 27, und C. Conroy, Absalom, 98, der einwendet, daß die Überlegung bei G. von Rad dem narrativen Genre nicht gerecht werde. Ferner bemerkt er zu Recht, daß die entscheidenden theologischen Statements der Josefserzählung gerade in direkter Rede begegnen, vgl. Gen 45,5 ff.; 50,20. C. Westermann, Geschichtsverständnis, 614, führt aus, daß die bei G. von Rad hervorgehobenen theologischen Deutesätze »nichts spezifisch Israelitsches« an sich haben. Deutlicher wird D. M. Gunn, David, 38 Anm. 6: »to say that Solomon was beloved by Yahweh, or that Yahweh ordained that the counsel of Achitophel be defeated does little more than add a providential dimension (the working out of fate in some vague way through Yahweh); it hardly warrants the claim that Yahweh is a primary focus of interest or that the work is one of »theological genius«. Anders wiederum J. A. Wharton, Tale, 347.

[39] F. Mildenberger, Saul-Davidüberlieferung, 99.

Wird die Frage nach der Einheit der Thronfolgeerzählung zumeist in den von L. Rost gezogenen Bahnen positiv beantwortet, so bietet J. F. Flanagan eine modifizierte Sicht. Zwar billigt er die von L. Rost herausgearbeitete Aussageabsicht der Thronfolgeerzählung für deren Endgestalt, doch läßt sich nach ihm eine ältere literarische Schicht abheben, »a Court History, that was intended to show how David maintained legitimate control over the kingdom of Judah and Israel. Only later was the Court History given a succession character when a skillful redactor added the Solomonic sections.«⁴⁰ Diese hier ansatzweise begegnende redaktionskritische Fragestellung bekommt in anderen Textanalysen ein größeres Gewicht.

3. Lösungsversuche im Rahmen der neueren und neuesten Urkundenhypothese

Vertreten die bislang genannten Arbeiten, die von der Monographie L. Rosts bestimmt sind, im wesentlichen die Geschlossenheit und die Einheitlichkeit des Erzählkomplexes 2 Sam 9 – 20; 1 Kön 1 – 2, so fehlt es nicht an Versuchen, die Pentateuchquellen im vor-dtr Samuelbuch zu finden. Als gegenwärtige Hauptvertreterin dieser Richtung muß H. Schulte gelten, die somit die älteren Untersuchungen von G. Hölscher und O. Eißfeldt in Erinnerung ruft und fortsetzt. Sie lehnt zunächst einmal den von L. Rost geprägten und zumeist übernommenen Begriff »Thronfolgeerzählung« ab und will stattdessen beim Hauptbestand von 2 Sam lieber von »David-Geschichten« sprechen. »Wenn wir den Hauptbestand des II. Samuelbuches unter dem Titel ›David-Geschichten‹ zusammenfassen, so geschieht das in bewußter Ablehnung von Rosts Begriff der ›Thronfolgegeschichten‹. Dieser Ausdruck ist nicht nur das Ergebnis einer falschen Abgrenzung, sondern auch einer fehlerhaften Bestimmung dessen, worum es in diesen Geschichten geht. Es wäre wünschenswert, wenn er aus dem Sprachgebrauch der Forschung wieder verschwände.«⁴¹

Zwar bieten auch für H. Schulte die Kapitel 2 Sam 9 – 20; 1 Kön 1 – 2 einen zusammenhängenden Erzählkomplex, »aber ein Anfang ist IISam 9 nicht. Gerade wenn IISam 9 – 20 + IReg 1 – 2 ›das unübertrof-

---

⁴⁰ J. W. Flanagan, Court History, 173; ders., Study, 97 – 120. Die Salomo betreffenden Abschnitte findet er vor allem in 1 Kön 1 f. Vgl. auch die Anmerkung bei W. Dietrich, David, 53, zur Bezeichnung »Court History«: »Das heißt nun allerdings, den Schlüssel zum Verständnis des Ganzen aus der Hand geben. Mit Salomos Geburt und Thronbesteigung verlöre die Geschichte ihre Perspektive – freilich nicht eine positive, erhellende, sondern ihre negative, düstere Perspektive.«

⁴¹ H. Schulte, Entstehung, 138. Zur Kritik siehe T. Veijola, Dynastie, 10 f. Zu älteren quellenkritischen Lösungsversuchen äußert sich ders., Königtum, 6 f.

fene Prosameisterstück der Bibel‹ darstellt, so kann es nicht derartig stümperhaft mit einem Kapitel begonnen haben, das nicht nur eine bestimmte Situation, sondern ganz spezielle Vorgänge, nämlich die Ausrottung eines großen Teiles der Saul-Familie, voraussetzt, ohne sie selber zu berichten. Auch die Vorschaltung von IISam 21, die sachlich durchaus berechtigt ist, löst das Problem noch nicht.«[42] H. Schulte findet ihrerseits den Beginn der David-Geschichten im Auftritt der Zeruja-Söhne und Abners.[43] Die Lücke, die zwischen 2 Sam 5,3 (oder 5,9 bzw. 10) und 6,1 klafft, wird zwar durch 2 Sam 21 und 24 nicht aufgefüllt, doch kann vermutet werden, daß »IISam 21,1 – 14 und 24 in diese Lücke hineingehören, vermutlich auch die Heldengeschichten und Listen von IISam 21,15 ff. und 23,8 ff.«[44]

H. Schulte findet in den Samuelbüchern vier Hauptkomplexe:
a) Die Saul-Geschichten (1 Sam 9 – 10,16; 11,1 – 11; 13,3 – 7a.15b – 18.23; 14,1 – 31.36 – 46.52; 28,3 – 15.19aßb – 25; 31)[45], in denen Saul als positiver Held geschildert wird. Sie reichen von der Salbung Sauls durch Samuel bis zu seinem Tode.
b) Die David-Saul-Geschichten, die in zwei Teilen unabhängig voneinander existiert haben, denen aber gemeinsam ist, »daß Saul ständig im Unrecht gegenüber David geschildert wird«.[46] Der erste Teil (1 Sam 16 – 20) handelt von David an Sauls Hof. Die in diesem Textkomplex begegnende Doppelreihung der Motive läßt nach H. Schulte einen alten Bestand der mündlichen Überlieferung zutage treten, »der die Geschichte von Davids Ankunft an Sauls Hof bis zu seiner Flucht erzählte. Sie war in vier positive und drei negative Motive gegliedert.«[47] Nach H. Schulte hat der alte Bestand folgenden Umfang: 1 Sam 16,14 – 23; (18,1aßb.3.4); 18,5; 18,20.21aα.22 – 26a.27; 19,8; (18,6aαγb.7 – 9.12b); 18,10 – 11; 20,1 – 7.10.12.13.24b – 34; 19,11 – 17.[48] Der zweite Teil (1 Sam 21 – 23.27.29 – 30; 2 Sam 1 – 2,8; 5) handelt von dem durch Saul verfolgten David. »Überblicken wir noch einmal ISam 21 – 30, und scheiden wir ISam 21,11 – 16 und Kap. 26 aus, die in späterer Zeit, wenn auch vordeuteronomisch, eingearbeitet wurden, so haben wir zwei Zusatzkapitel mit politisch/theologischer Tendenz auszugrenzen, von denen die eine recht stümperhaft erzählt (Kap. 24), die andere ein Meisterstück an Erzählung ist (Kap. 25). Übrig bleiben die beiden Erzählkomplexe, die

---

[42] H. Schulte, Entstehung, 139.
[43] H. Schulte, Entstehung, 139 ff.167.
[44] H. Schulte, Entstehung, 167.
[45] H. Schulte, Entstehung, 105 – 111.
[46] H. Schulte, Entstehung, 111.
[47] H. Schulte, Entstehung, 119.
[48] H. Schulte, Entstehung, 119 Anm. 36.

um Sauls Verfolgung (ISam 21–23) und David im Philisterland (ISam 27.29.30) kreisen.«[49]
c) Die David-Geschichten (2 Sam 2–4.6.21.24.9–20; 1 Kön 1–2), die sich als Königsfamiliengeschichte von den vorangehenden Heldengeschichten unterscheiden.

H. Schulte bestätigt hier ausdrücklich die Ergebnisse der stilistischen Untersuchung von L. Rost, schränkt aber ein, daß sowohl die Ploke als auch die »große Rede« bereits in der Josefsgeschichte begegnen, der bildhafte Vergleich zudem in den Simson-Erzählungen anzutreffen ist; »doch ist eine gewisse Häufung dieser Merkmale für die von Rost als ›Erzählung von der Thronnachfolge‹ bezeichneten Kapitel typisch. Doch muß man beachten, daß sie auch dort keineswegs gleichmäßig verteilt sind. So häufen sich die Vergleiche in der großen Rede Husais vor Absalom in IISam 17,7 ff.«[50] Darüber hinaus haben der zweite Teil der David-Saul-Geschichten und die David-Geschichten eine königsideologische Bearbeitung erfahren, deren Spuren in 1 Sam 24 f.; 2 Sam 1,5–10.13–16; 3,39; 16,10; 19,22 f. und vielleicht auch in 2 Sam 15,25 f. und 21,12–14a greifbar sind.[51]

Als Ergebnis ihrer Untersuchung kann H. Schulte festhalten: »Überblicken wir unsere vier Erzählkomplexe, so sehen wir einen klaren Weg von der mündlichen Überlieferung, die in sich geschlossene Einzelerzählungen formt und sie zu Sagenkränzen verbindet, über die Großerzählung mündlicher Formung zur Großerzählung mit rascher schriftlicher Niederlegung und zum Komplex aus Großerzählungen. Der Meistererzähler der David-Geschichten ist also wahrhaftig nicht vom Himmel gefallen, sondern hat auf der Erzähltradition seines Volkes und seiner Vorgänger aufbauen können.«[52]

Darüber hinaus stellt sich H. Schulte die Aufgabe, den Jahwisten in den Samuelbüchern nachzuweisen. Gegen G. Hölscher wird zunächst festgehalten, daß der Jahwist nicht der Erzähler aller Texte des 10. Jahrhunderts sein kann, da sich Stil und Struktur der Erzählungen in den Samuelbüchern sehr unterscheiden. Es bleibt aber die Möglichkeit, daß der Geschichtsschreiber, dem die oben angeführten vier Komplexe vorlagen und der sie zusammengefügt hat, mit dem Jahwisten identisch ist. Zudem erlauben es die Übereinstimmungen zwischen den typisch jahwistischen Erzählungen und 1 Sam 25, »daß wir diese Erzählung

---

[49] H. Schulte, Entstehung, 129.
[50] H. Schulte, Entstehung, 139 f.
[51] H. Schulte, Entstehung, 180. Einen Überblick der älteren Quellenscheidungslösungen bieten W. Nowack, Bücher Samuelis, XXX–XXXIV, und O. Eißfeldt, Einleitung, 359–361.
[52] H. Schulte, Entstehung, 180.

dem Jahwisten zusprechen und ihn deshalb mit dem Königsideologen identifizieren.«[53]

Diese Ergebnisse gestatten es H. Schulte, die Samuelbücher in eine groß angelegte Geschichtskonzeption einzubinden, die von der Väterzeit über den Ägyptenaufenthalt Israels, die Mosezeit und die Retterzeit bis hin zur Königszeit reicht. Die Königsideologie, die den König als Rechtsgaranten versteht, verdeutlicht u. a. die Gesamtintention des Werkes, die sich nach H. Schulte weniger an Israels Gottesglauben profiliert hat, sondern an der Frage nach Recht und Gerechtigkeit entstanden ist. »So ist die Frage nach Recht und Gerechtigkeit der rote Faden, der sich durch das ganze Werk [des Jahwisten] hinzieht. Gerechtigkeit im Sinn des Chancenausgleichs bewegte schon die alten Stammesüberlieferungen... Aber unser Historiker führt das Thema ›Gerechtigkeit‹ weiter. Er gewinnt an ihm sogar das Einteilungsprinzip der Geschichte, indem die rechtlose Zeit zum Gegenbild der Königszeit wird.«[54]

4. Erneutes Fragen nach der Intention der Thronfolgeerzählung

Die Arbeiten von L. Delekat und E. Würthwein haben erneut die Frage nach der Intention der Thronfolgeerzählung in die wissenschaftliche Diskussion eingebracht. Demnach ist die Thronfolgeerzählung durch eine »gegen das davidische Königshaus gerichtete Tendenz« bestimmt.[55] Nach L. Delekat lassen vor allem drei Beobachtungen die Absicht des Erzählers zutage treten: »1. Die am Schluß der Erzählung konstatierte Tatsache der Unangefochtenheit der Königsherrschaft Salomos soll als Ärgernis empfunden werden. 2. Der Erzähler zeigt, daß die Verehrung Davids unberechtigt und Salomos Königsherrschaft illegitim und nicht gottgewollt ist. 3. Die Absicht Ahithophels, David zu töten, um das Volk zu retten, wird verherrlicht.«[56] Er verschärft mit dieser Aussage die bereits von M. Noth formulierten Einwände gegen die bislang vorgetragene Position, die Thronfolgeerzählung sei salomo- bzw. königsfreundlich eingestellt.

Auch für E. Würthwein läßt sich aus 1 Kön 1 – 2 keine positive Stellungnahme zum Königtum Salomos herauslesen: Seine Inthronisation

---

[53] H. Schulte, Entstehung, 216. T. Veijola, Dynastie, 54 f., bemängelt zu Recht, daß H. Schulte bei 1 Sam 25 auf eine literarkritische Analyse verzichtet.

[54] H. Schulte, Entstehung, 221. Erinnert sei daran, daß sich H. Seebaß, David, 10 ff., in seiner Untersuchung der Thronfolgeerzählung, die er lieber »Erzählung von der Krise des Staates Davids« nennen will, »auf die zahlreichen Rechtsfälle konzentriert, die das Werk auszeichnen«. (11)

[55] L. Delekat, Tendenz, 28.

[56] L. Delekat, Tendenz, 30 f.

ist das Ergebnis von Hofintrigen. Die David-Batseba-Erzählung soll
Salomo als Kind eines ehebrecherischen Verhältnisses kennzeichnen. Dem
widerspricht auch nicht 2 Sam 12,24, denn die Bemerkung »Jahwe liebte
ihn« zeigt eindeutig späten Sprachgebrauch. Die vor allem von G. v.
Rad angeführten deutenden Verse 2 Sam 11,27; 17,14 können als Teile einer
späteren Überarbeitung die Beweislast für den geschichtstheologischen
Charakter der Thronfolgeerzählung nicht tragen. Das ursprüngliche
Davidbild der Thronfolgeerzählung weiß nichts von Frömmigkeit, Gottergebenheit und Tapferkeit des Königs. Auch die Gestalt Joabs trägt
divergierende Züge: »Sein an sich schon düsteres Bild wird noch mehr
verdunkelt dadurch, daß ihm in einer Überarbeitung die Initiative bei
der Rückholung Absaloms zugeschrieben wird, den er dann skrupellos
tötet. Ebenso wird ihm die hinterhältige Ermordung Amasas zur Last
gelegt.«[57] Somit kann E. Würthwein resümierend ausführen: »Eine unbe-
fangene Würdigung der ursprünglichen ThFE [Thronfolgeerzählung]
führt nun meines Erachtens unausweichlich zu dem Ergebnis, daß die
beliebte Ausdeutung zugunsten der davidischen Dynastie keinen Anhalt
in den Texten hat.«[58]

Gegen diese von E. Würthwein vorgetragene Argumentation hat
jüngst J. Kegler Einspruch erhoben. Ausdrücklich übernimmt er die
Auffassung von G. v. Rad, die Gestalt des Königs sei überall mit warmer
Anteilnahme und großer Ehrerbietung gezeichnet.[59] Darüber hinaus
unterzieht er die von E. Würthwein vorgetragene Analyse der Kapitel
2 Sam 11 f. einer ausführlichen Kritik.

Zunächst einmal wendet sich J. Kegler gegen die Deutung, 2 Sam
12,1 – 15a sei (wie 11,27b) eine spätere Einfügung, weil hier die Tendenz,
den König zu verherrlichen, anzutreffen sei. Damit wird, so J. Kegler,
das Wesen prophetischer Verkündigung verkannt: »Wo im Alten Testament dient jemals eine prophetische Unheilsaussage der *Ent*lastung des
Adressaten der Ansage und nicht vielmehr der *Be*lastung?«[60] Vor allem
stellt 2 Sam 12,10a die Verheißung aus 2 Sam 7 in Frage. »Diese Beobachtungen führen zwingend zu einem Schluß, der WÜRTHWEINS Sicht entgegengesetzt ist: 11,27b und 12,1 – 15a wurden deshalb in den Kontext
eingefügt, weil die *Kritik* am König in cp. 11 *vermißt* worden ist.«[61]
Wenn E. Würthwein die Thronfolgeerzählung unbegründet erst in 2 Sam
10 beginnen lasse und die in Kapitel 11 geschilderten Vorgänge negativ
werte, unterschlage er mit Kapitel 9 eine »doch für David *positive*

---

[57] E. Würthwein, Erzählung, 50. Vgl. aber auch den kritischen Einwand bei W. Dietrich,
David, 53 f.
[58] E. Würthwein, Erzählung, 50.
[59] J. Kegler, Geschehen, 168 f.
[60] J. Kegler, Geschehen, 166.
[61] J. Kegler, Geschehen, 167.

Darstellung«.[62] Fände sich 2 Sam 9 am Anfang, dann stünde »jedoch die ganze Schilderung unter einem programmatisch *königsfreundlichen* Aspekt«.[63] Gerade das aber sucht E. Würthwein nach J. Kegler zu vermeiden: »Es ist bezeichnend, daß WÜRTHWEIN alle Textstellen, die unzweifelhaft *positiv* über David und sein Tun berichten, *nicht* behandelt. So übersehe er auch die in 2 Sam 11 vorfindbaren Versuche Davids, den von ihm verschuldeten Konflikt ohne Mord zu lösen. Zu berücksichtigen sei außerdem das Faktum des altorientalischen Despotismus. Offenbar war nach 2 Sam 12,4 nicht Liebe im Spiel, allenfalls Zufallslaune; das Eifersuchtsmotiv für den Mord sei somit hinfällig. Der Mord geschehe auch nicht, wie WÜRTHWEIN annimmt, um Davids Ehrbarkeit zu retten. J. Kegler sucht seinerseits die Antwort nach den Motiven Davids im politischen Bereich: »Der Mord dient der Unterdrückung möglicher Widerstände gegen die Verfügungsgewalt des Königs über die Frauen seiner Untertanen.«[64] Der von E. Würthwein für den Autor der Thronfolgeerzählung vorausgesetzte implizite Wertmaßstab wird von J. Kegler in Frage gestellt, wenn nach ihm auch richtig ist, »daß sich in der ›Thronfolgegeschichte‹ die Entwicklung zu einem exorbitant mächtigen Despoten ablesen läßt«.[65]

Die Vorstellung vom Wirken Jahwes wird in der Thronfolgeerzählung nach J. Kegler vor allem vom Tun-Ergehen-Zusammenhang bestimmt. In diesem Sinn führt er zu 2 Sam 12,11 ff. aus: »Absaloms demonstrative Haremsokkupation in Jerusalem wird in Relation zur David-Bathseba-Affäre gesetzt. Das Unglück der Gegenwart findet so seine Erklärung aus einem Ereignis der Vergangenheit heraus. Die Denk- und Erkenntnisweise ist analog: Gegenwart wird verstehbar im Blick auf ein Geschehen in der Vergangenheit; es gibt Bezugspunkte zwischen auseinanderliegenden einzelnen Vorgängen. Bindeglied ist dabei (sowohl in 2. Sam. 12,11 ff. als auch in 16,7 f.) der *Tun-Ergehen-Zusammenhang*. Er ist eine wichtige Kategorie geschichtlicher Erkenntnis. Aus ihr erschließt sich ein Verstehen der Bewertung von Vorgängen durch Jahwe. Als Erkenntnis a posteriori kann sie nicht für ein Geschichtsverständnis in Beschlag genommen werden, das einen kontinuierlich sich entwickelnden ›Plan‹ Gottes in der Geschichte sich verwirklichen läßt.«[66]

Während J. Kegler die Ergebnisse von E. Würthwein insgesamt ablehnt, bemüht sich F. Crüsemann um eine vermittelnde Sicht. Unter Ablehnung der von L. Rost vorgetragenen »Verzahnungstheorie« setzt F. Crüsemann den Bestand der Thronfolgeerzählung in 2 Sam 9 – 20;

---

[62] J. Kegler, Geschehen, 168.
[63] J. Kegler, Geschehen, 168.
[64] J. Kegler, Geschehen, 171.
[65] J. Kegler, Geschehen, 172.
[66] J. Kegler, Geschehen, 147 f.

1 Kön 1; 2,10 – 12*.13 – 46 voraus. Wie schon E. Würthwein lehnt er eine Hinzunahme der Verse 2 Sam 7,11b.16 zur Thronfolgeerzählung ab: »Das komplizierte Kapitel 2Sam 7 auf diese beiden nichterzählenden Verse zu reduzieren ist methodisch mehr als fragwürdig und wird sich kaum wirklich einsichtig machen lassen.«[67] Aber diese Verse sind für die Erhellung der Intention der Thronfolgegeschichte kaum von beherrschender Relevanz: »Wie immer es sich mit 2Sam 7 verhalten mag, für Tenor und Intention der ThFG würde es selbst dann nicht viel austragen, wenn es dazu gehörte, denn daß im Grunde nur ein Davidide Thronerbe sein kann, ist auch so unausgesprochene Voraussetzung.«[68]

Die von E. Würthwein vorgetragenen Argumente gegen die Ursprünglichkeit der theologischen Deutestellen 2 Sam 11,27b; 12,24bβ und 17,14 werden von F. Crüsemann abgelehnt, wenn er auch zugestehen muß, daß deren isoliertes Auftreten nicht wegzudiskutieren ist. Insgesamt hat, so F. Crüsemann, E. Würthwein das Grundproblem der Thronfolgegeschichte nicht gelöst: »Die ThFG kritisiert Salomo – und nach *Würthwein* auch David – ganz massiv, aber doch ebenso unbestreitbar auch die, die gegen sie vorgehen, Absalom und Scheba. Für *Würthwein* steht der Verfasser den Kreisen nahe, die hinter Scheba und dem späteren Abfall des Nordens stehen. Und doch wird Scheba denkbar negativ bezeichnet, seine Absicht eher verschleiert, sein Untergang nicht bedauert. Ähnliches gilt für Absalom. Die Frage also, wo denn zwischen Salomo – und David – einerseits, deren politischen Gegnern andererseits der Verfasser der ThFG politisch und geistig einzuordnen ist, wird auch durch *Würthweins* radikale Literarkritik nicht gelöst.«[69]

---

[67] F. Crüsemann, Widerstand, 181.

[68] F. Crüsemann, Widerstand, 181. An dieser Stelle ist freilich daran zu erinnern, daß ein »Davididenthron« strenggenommen noch nicht existiert. Somit aber wird die »unausgesprochene Voraussetzung« von F. Crüsemann ihrerseits im Ansatz bereits wieder fragwürdig. Pointiert ausgedrückt: In Israel gibt es zwar Königssöhne, doch ob einer von ihnen den Thron besteigen wird, ist keineswegs sicher ausgemacht. Es wird zwar im Jerusalemer Stadtkönigtum eine Erbfolgegewohnheit gegeben haben, doch bedeutet das noch nicht, daß diese sich im vereinigten Königreich Davids hätte durchsetzen lassen. Das verdeutlichen zum einen die Rivalitäten der Davidsöhne untereinander, zum andern die unkomplizierte Entscheidung eines Großteils der Bevölkerung des davidisch-salomonischen Staates gegen die Daviddynastie nach dem Tode Salomos. Vgl. in diesem Zusammenhang die Bemerkung von F. Mildenberger, Saul-Davidüberlieferung, 82 f.: »Woher diese Geltung des dynastischen Prinzips kommt, da doch erst der eine David und noch gar keine Dynastie regiert hat, wird sich nicht mehr eindeutig beantworten lassen. Man wird annehmen, dass es in der kanaanäischen Bevölkerung der Hauptstadt und vor allem in der Beamtenschaft Davids seinen Ursprung hatte.«

[69] F. Crüsemann, Widerstand, 184.

F. Crüsemann seinerseits geht davon aus, daß die Vertreter der königsfreundlichen und königsfeindlichen Interpretation jeweils richtige Beobachtungen anführen, »es ist aber kennzeichnend für sie, daß andere Züge gerade geflissentlich übersehen werden.«[70] Die in der Thronfolgegeschichte eruierbare Spannung, die nach F. Crüsemann eben nicht literarkritisch aufgelöst werden kann, läßt erneut die Frage nach der Absicht des Werkes aufkommen. F. Crüsemann arbeitet vor allem drei Gesichtspunkte heraus:

a) »Die ThFG steht uneingeschränkt auf dem Boden der Dynastie.«[71] Es handelt sich aber weder um eine prosalomonische Propagandaschrift, noch um eine Schrift, die dem Sturz des Königtums dienen will.

b) Die Erzählung spiegelt insgesamt eine höfische Perspektive wieder. »Bei einem Mann, der so ausschließlich aus höfischer Perspektive schreibt, muß auch sein Publikum primär an diesem Hof gesucht werden. Als Mann des Hofes und vom Boden der Dynastie aus also übt er Kritik am regierenden Herrscher und will damit Hofkreise beeinflussen.«[72] Nach F. Crüsemann muß hier näherhin an einen Mann, der höfisch-weisheitlichem Denken verbunden ist, gedacht werden.

c) Der Verfasser der Thronnachfolgeerzählung nimmt somit eine Vermittlungsposition ein, »die dem Königtum sein Recht läßt, ihm aber auch seine Grenzen setzt.«[73]

5. Redaktionskritische Lösungen

Die redaktionskritischen Lösungen von T. Veijola haben für 1 Kön 1 f. den Blick auf die dtr Partien gelenkt. Seine literarische Analyse von 1 Kön 1 will zeigen, »dass 1Kön 1 in V. *30.35 – 37.46 – 48 spätere Zusätze enthält. Die gemeinsame Herkunft der Zusätze ist in V. 35 – 37/ 46 – 48 durch das Korrespondenzverhältnis dieser Verse gesichert, und die Überarbeitung in V. 30 verrät ihre Zugehörigkeit zu ihnen durch die gleiche Anschauung von Salomos Thronbesteigung noch an demselben Tag. Es handelt sich hier also nicht um diverse Einzelzusätze, sondern um eine in sich zusammenhängende Bearbeitungsschicht. Die Aussageintention dieser Bearbeitung tritt klar hervor, wenn man die von ihr vorgenommenen Erweiterungen mit der älteren Erzählung von 1Kön 1

---

[70] F. Crüsemann, Widerstand, 185.
[71] F. Crüsemann, Widerstand, 186.
[72] F. Crüsemann, Widerstand, 187.
[73] F. Crüsemann, Widerstand, 192.

vergleicht. Hier listen Nathan und Bathseba dem altersschwachen David schlau einen Schwur ab, womit sie den offiziellen Kronprinzen Adonia zugunsten ihres Proteges Salomo verdrängen können, während dort der fromme König David sich vor Jahwe beugt und ihm dafür dankt, dass *er* ihm den Thronnachfolger gegeben habe, und dass er dies noch mit eigenen Augen sehen dürfe. Kurzum es geht in der Bearbeitung um die theologische Legitimierung der Daviddynastie.«[74]

In 1 Kön 2 konnte T. Veijola »eine umfangreiche Bearbeitung mit zwei Stufen, von denen zu *der älteren* V. 1 – 2.4aαb. 5 – 9. 24.26b – 27. 31b – 33.37b.*42a.*43a.44 – 45 und *der jüngeren* V. 3.4aβ gehören, herausschälen. Ausserdem stellten sich V. 10 – 11 als *dtr* Rahmung und V. 12 als ein *nachdtr* Zusatz heraus.«[75]

Zu seiner Fragestellung sah sich T. Veijola vor allem durch die traditionsgeschichtliche Arbeit R. A. Carlsons über das zweite Samuelbuch[76] veranlaßt:»Im Gegensatz zu Noth lehnt Carlson die Annahme fertiger, vordtr Komplexe ab, sieht dagegen im 2. Samuelbuch eine planvolle Komposition der ›D-Gruppe‹, wie er die dtr Redaktoren nennt.«[77] Diese D-Gruppe hat in deuteronomistischer, d. h. in der exilischen Zeit, die Samuelbücher fixiert, wobei ihr neben schriftlichen auch mündliche Traditionen zur Verfügung gestanden haben. Nach R. A. Carlson wäre es ein unnötiges Unternehmen, die redaktionellen Bestände von den schriftlich und mündlich vorgegebenen Beständen abheben zu wollen. Stattdessen will er lieber die Gesamtkomposition beachtet wissen. Gerade aber dieser methodische Ansatz von R. A. Carlson, der Verzicht auf eine literarkritische Analyse, muß nach T. Veijola kritisch beurteilt werden: Ohne literarkritische Analyse läßt sich keine Redaktionsgeschichte erstellen.[78] Ansätze in neueren Arbeiten zeigen zudem – so T. Veijola –,»dass eine pauschale Rede von der ›D-Gruppe‹ oder von der *dtr Schule*, ebenso wie von *einem einzigen Dtr* innerhalb der Geschichtsbücher eventuell zu undifferenziert ist.«[79] Diese neueren Ansätze finden sich vor allem in den Arbeiten von R. Smend und W. Dietrich.[80]

Das Ergebnis von T. Veijola blieb nicht unwidersprochen. So kommt F. Langlamet nach einer ausführlichen Untersuchung von 1 Kön 1 f. zu folgendem Ergebnis:

a) Die prosalomonische Redaktion von 1 Kön 1 f. ist eng verwandt mit der (oder den) Redaktion(en) von 2 Sam 9 – 20. Aller Wahr-

[74] T. Veijola, Dynastie, 18.
[75] T. Veijola, Dynastie, 23. Vgl. auch die hilfreiche Aufstellung der von T. Veijola als redaktionell beurteilten Partien bei W. Dietrich, David, 49.
[76] R. A. Carlson, David. Methodologische Prolegomena finden sich ebd., 9 – 19.
[77] T. Veijola, Dynastie, 12.
[78] Vgl. dazu T. Veijola, Dynastie, 13.
[79] T. Veijola, Dynastie, 13.
[80] R. Smend, Gesetz; W. Dietrich, Prophetie.

scheinlichkeit nach hat ein Redaktor die Thronfolgeerzählung in ihrer Gesamtheit überarbeitet.

b) Beim prosalomonischen Redaktor handelt es sich vermutlich um einen Priester (Verwandtschaft zu P, Ez).

c) Der Redaktor ist ein Jerusalemer Priester, wenn man seine Verwandtschaft mit J berücksichtigt.

d) Der Redaktor muß nicht zwingend spät angesetzt werden, doch lassen gewisse Bezüge zu liturgischen und priesterlichen Texten von einer Datierung in die salomonische Ära abraten. Die relativ zahlreichen Bezüge zu Jer, Dtn und Dtr lassen an einen Redaktor am Ende der Königszeit, genauer: zwischen Hiskia und Josia, denken.[81]

Festzuhalten ist, daß F. Langlamet trotz erheblicher Divergenzen zu den Ergebnissen T. Veijolas wie dieser den Blick auf die redaktionelle Arbeit an diesem Überlieferungskomplex gelenkt hat. Welcher der beiden redaktionskritischen Versuche letztlich als angemessener zu gelten hat, bleibt abzuwarten. Bei F. Langlamet darf freilich gefragt werden, ob nicht seine literarkritischen Arbeiten allzu sehr an der Textstruktur vorbeigehen, weil er um jeden Preis einen alten Textbestand voraussetzt. Manches von ihm analysierte Stück dürfte sich bei einer stärkeren Respektierung des Textaufbaus als insgesamt späteres literarisches Produkt erweisen, ohne daß es möglich wäre, einen alten Grundtext zu rekonstruieren.

Es darf in diesem Zusammenhang nicht unerwähnt bleiben, daß H. Seebass in einer 1980 erschienenen Studie die redaktionsgeschichtlichen Versuche von T. Veijola und F. Langlamet ablehnt: »Daß es traditionsgeschichtliche Vorstufen der alten Erzählung gegeben hat, ist unbestritten, aber die These mehrerer umfangreicher Redaktionen ist m.E. schwerlich am Text zu bewähren.«[82] Ferner sind die Stimmen zu nennen, die sich gegen die Isolierung der Thronfolgeerzählung innerhalb der Davidüberlieferung wenden.[83]

---

[81] F. Langlamet, Salomon, 378 f.

[82] H. Seebaß, David, 13 Anm. 13.

[83] Vgl. etwa D. M. Gunn, Story, 84: »On grounds of both plot (narrative thread) and style, 2 Sam 2−4 (2:8 or 2:12 to 4:12 or more likely 5:3) may be connected with chapters 9−20+1 Kgs 1−2.« Vgl. auch die weiteren Veröffentlichungen von D. M. Gunn zur Davidüberlieferung, die wie die o. a. Monographie den mündlichen Erzähltraditionen in Ri bis 2 Sam nachzugehen suchen: ders., Patterns; ders., David; ders., Composition. Kritik an dem methodischen Vorgehen von D. M. Gunn hat vor allem J. Van Seters, Patterns, und ders., Problems, geäußert. Um die in den Davidgeschichten vorfindbare Erzählkunst geht es J. P. Fokkelman, David. Auf den Versuch von H. Hagan, Deception, 301−326, mit Hilfe eines durchgängig gefundenen Motivs, des Täuschungsmotivs, die Einheit der Thronfolgeerzählung zu illustrieren, sei hingewiesen.

6. Ausblick

Versucht man einmal, von den jüngeren exegetischen Beiträgen her eine Standortbestimmung für ein weiteres Nachfragen vorzunehmen, dann ergeben sich — hinsichtlich der in dieser Arbeit gestellten Problematik — folgende Punkte:

a) Die literarischen Probleme, die der Komplex der Thronfolgeerzählung aufwirft, sind noch keineswegs ad acta gelegt. Die Autoren, die in der Folge von L. Rost die Einheit und Geschlossenheit der Erzählung vertreten, müssen sich am Einzeltext fragen lassen, wie sie mit den in den Texten zweifelsohne aufgegebenen Spannungen zurechtkommen. Sie müssen erklären, wie denn nun die unbestreitbar vorhandenen Aussagen, die über den Komplex 2 Sam 9 – 20 hinaus verweisen, zu interpretieren sind. Hier kann manche Beobachtung von H. Schulte hilfreich sein, wiewohl ihre Lösung der literarischen Probleme mit Hilfe einer modifizierten Urkundenhypothese wegen der im Ansatz vorhandenen Kompliziertheit nicht sonderlich überzeugt.[84] Die Schwierigkeiten eines Konsenses bei der Frage der Abgrenzung lassen mit P. R. Ackroyd einwenden, ob L. Rost nicht allzu ausschließlich von inhaltlichen Argumenten bestimmt gewesen ist und den formalen und strukturellen Aspekten zu wenig Beachtung geschenkt hat.[85] Die Eigenständigkeit von 2 Sam 10 ff. ist schon länger erkannt. Daneben sieht P. R. Ackroyd noch zwei weitere eigenständige Erzählkomplexe: 2 Sam 13 – 19, der Bericht vom Aufstand Absaloms, und 1 Kön 1 – 2, der Bericht von Salomos Nachfolge.[86] Dagegen haben die Vertreter der redaktionskritischen Lösungsversuche zu prüfen, ob sie nicht allzu leicht der Auflösung eines bei der Redaktionsarbeit zu postulierenden vorgegebenen Grundbestandes das Wort reden, so daß letztlich dieses der Redaktion vorgegebene Gut kaum noch faßbar wird. Die jüngst vorgetragene Annahme von drei dtr Redaktionen birgt zudem

---

[84] Zur noch immer gültigen Kritik an den Positionen von G. Hölscher und O. Eißfeldt vgl. den Literaturbericht bei A. N. Radjawane, Geschichtswerk, 192 – 200, und besonders E. Jenni, Jahrzehnte, 104 – 109.

[85] P. R. Ackroyd, Narrative, 388.

[86] P. R. Ackroyd, Narrative, 385 f. Nach P. K. McCarter, Plots, 364, handelt es sich bei 2 Sam 10 – 12 um eine sekundäre Hinzufügung. Die alte Erzählung von Davids Ammoniterfeldzügen wurde »vehicle for telling a story with a prophetic perspective, reminiscent of the stories of Samuel and Saul in First Samuel.« Zu 1 Kön 1 f. bemerkt ders., Plots, 361 f., mit einigem Recht, diese Kapitel seien »composed in reference to materials in Second Samuel, which must have already existed when I Kings 1 – 2 were written and which may have been attached to the material as a kind of evidential preface.«

die Gefahr einer mechanischen Zuweisung und Aufteilung des Text-
bestandes anhand bestimmter inhaltlicher Kriterien in sich, ohne
daß der Sprachgebrauch hinreichend genau analysiert wird. Um
diesen Klippen zu entgehen, ist eine scharf am Text argumentierende
Analyse unerläßlich.

b) Wenn G. von Rad die Thronfolgeerzählung als eine am Königs-
tum interessierte Führungsgeschichte charakterisiert, gibt er einen
ersten Anstoß, sich im Rahmen der gewählten Thematik mit dem
Textkomplex 2 Sam 9 – 1 Kön 2 zu beschäftigen. Daß in diesem
Zusammenhang das Aufeinanderprallen von königsfreundlichen
und königskritischen Aussagen besonders interessiert, bedarf keines
Hinweises. Vor allem aber sind die von ihm in Anschluß an L. Rost
besonders hervorgehobenen theologischen Deutestellen zu befragen.
Gehören sie zum Grundbestand der alten Erzählung oder sind sie
eher als spätere redaktionelle Einarbeitungen anzusehen? Zudem
gilt es zu untersuchen, ob diese Aussagen wirklich so isoliert begegnen, wie es behauptet wird, oder ob nicht doch einige Erzählungen
bzw. Erzählzüge mit diesen theologischen Deutungen harmonieren.
Außerdem wird man damit rechnen müssen, daß die theologischen
Aussagen möglicherweise in dem einen oder anderen Fall dazu
dienen, der Redaktion vorgegebenes Gut zu kommentieren; stets ist
daher zu fragen, ob die theologische Interpretation einer Erzählung
deren immanenten Handlungsabläufen entspricht, oder ob sie interpretierend etwas zu vorliegenden Traditionstexten sagen, diese
einem größeren Zusammenhang zuordnen will, der ohne die Deutung nicht gegeben wäre.

Der Überblick über die unterschiedlichen Versuche, die literarischen
Probleme des Komplexes 2 Sam 9 – 1 Kön 2 zu erklären, hat deutlich
gezeigt, daß hinter die redaktionskritische Fragestellung kaum zurückge-
gangen werden kann. Für die aufgegebene Thematik legt sich insbesondere die Frage nahe, ob die Texte in 2 Sam 9 – 1 Kön 2, die den Gedanken
eines bei Gott geplanten Geschichtsablaufs entfalten, etwa ein und derselben literarischen Schicht und somit ein und demselben Stadium theologischer Reflexion angehören.

II. Das Material

G. von Rad begründet, wie bereits erwähnt, im Anschluß an L.
Rost den geschichtstheologischen Charakter der Thronfolgeerzählung
mit dem Hinweis auf drei Stellen, die ein Urteil des Verfassers über das
Verhältnis Jahwes zu den geschichtlichen Ereignissen aussprechen: 2 Sam
11,27; 12,24; 17,14. Die Belege unterscheiden sich von anderen, in denen
die Akteure einer Handlung oder einer Begebenheit über Jahwe sprechen:
2 Sam 10,12; 12,7b – 8.11 f.13 f.; 14,11; 15,25 f.; 16,12; 18,19b; 1 Kön
1,36 f.47 f.; 2,4.15.24.32 f.44 f.

Die für die Interpretation G. von Rads so bedeutsamen Stellen
führen Jahwe als Urteilenden oder Handelnden in die berichteten Ge-
schehnisse ein:

1. Im Anschluß an die Geschichte von Davids Ehebruch mit Batseba
und der Ermordung des Uria (2 Sam 11) wird in 2 Sam 11,27
festgestellt: »Und böse war die Tat, die David getan hatte, in den
Augen Jahwes.«
2. Nach der Geburt Salomos wird gesagt: »Und Jahwe liebte ihn.«
(2 Sam 12,24)
3. Die beiden genannten Stellen berichten aus der reflektierenden
Sicht des Verfassers heraus von einem Werten und Handeln Jahwes,
das unmittelbar auf ein Geschehen oder eine Person abzielt: Das
Handeln Davids war böse in Jahwes Augen; Jahwe liebte Salomo.
Demgegenüber ist der Sachverhalt in dem dritten von G. von Rad
genannten Text komplexer. Im Kontext der Ahitofel-Episode kommentiert 2 Sam 17,14: »Und Jahwe veranlaßte (צוה), den guten Rat
des Ahitofel zu verwerfen; so wollte Jahwe über Absalom das
Böse bringen.« Hier wird auch ein unmittelbares Eingreifen Jahwes
geschildert: Jahwe befahl. Das, was Jahwe veranlaßt, stellt noch
nicht das Ziel seines Eingreifens dar. Das liegt vielmehr in dem für
Absalom bestimmten Bösen. Aber um dieses Böse wirksam werden
zu lassen, bedient sich Jahwe einer Ratsversammlung, die einen
bestimmten Beschluß faßt. Jahwe setzt den Ausgang einer Beratung
von Menschen in seinem Sinn fest. Ein vorgängiger göttlicher Beschluß (צוה) setzt die menschliche Entscheidungsmöglichkeit de
facto außer Kraft. Absalom und seine Berater verwerfen den guten
Plan und bringen so Jahwes Absichten weiter.
4. Ein weiterer Beleg, der sich auf einer vergleichbaren Aussage-
ebene bewegt, liegt in dem bei G. von Rad nicht näher aufgeführten

Vers 2 Sam 12,15b vor[1]: »Und Jahwe schlug das Kind, das die Frau des Uria dem David geboren hatte, und es wurde schwer krank.« Dieser Vers spricht zwar nicht von einer bestimmten Einstellung, die Jahwe gegenüber menschlichem Verhalten und Handeln einnimmt, doch handelt es sich wie bei den bereits unter 1 – 3 angeführten Belegen um eine Aussage mit kommentierendem Charakter.

Für die Themenstellung erweist sich vor allem 2 Sam 17,14 als äußerst wichtig, denn dort determiniert Jahwe ein menschliches Handeln derart, daß seine Absicht sich erfüllt, wiewohl diese Absicht mit den von den Menschen angestrebten Zielen nicht übereinstimmt. Im Rückblick jedoch erweist sich menschliches Handeln als von Jahwe gelenktes Handeln.

Die seit dem Erscheinen der Arbeit von G. von Rad aufgekommenen neuen literarkritischen und redaktionskritischen Fragestellungen erfordern eine erneute Analyse der Texte, in deren Zusammenhang die Aussagen begegnen, die zur Deutung der Thronfolgeerzählung als theologisches Geschichtswerk geführt haben. Deshalb befaßt sich der nun folgende Teil der Arbeit mit 2 Sam 11 f. und 16,15 – 17,23.

---

[1] Auch H. Seebaß, David, 49, und O. Kaiser, Einleitung, 158, führen zu Recht diese Stelle an.

III. 2 Samuel 11 f.

1. Textkritische Anmerkungen

2 Sam 11,1: Statt המלאכים »die Boten« lies mit G, L, T, V und
1 Chron 20,1 המלכים »die Könige«.[1] Vielleicht hat das folgende וישלח
»und er sandte« die Verschreibung המלאכים begünstigt, vgl. v. 4. – V. 2:
מעל הגג »vom Dach aus« wirkt an seinem jetzigen Platz ungeschickt; G^L
bietet zudem eine andere Position der Wendung. Hier bietet wohl S, der
die Wendung nicht bezeugt, den ursprünglichen Text.[2] – V. 8: ותצא
אחריו משאת המלך »und es ging aus hinter ihm ein Geschenk des Königs«
wird von P. K. McCarter emendiert zu ויצא אחרי נשאי הכלים »er ging
hinaus hinter den Waffenträgern«.[3] Es besteht kein hinreichender Grund
diesem Vorschlag zu folgen, zumal auch G diese Lesung nicht stützt. –
V. 11: Nach P. K. McCarter wurde aus einem ursprünglich vor אני
plazierten איך, vgl. G^L, durch Versetzen und Anpassung an den Kontext
die ungewöhnliche Bildung חיך וחי נפשך »bei dir und bei deinem Leben«[4];
andere verbessern חי יהוה וחי נפשך »beim Leben Jahwes und bei deinem
Leben«. – V. 12 f.: Die Zeitangabe am Ende von v. 12 וממחרת »und
am nächsten Morgen« muß mit einigen Textzeugen zu v. 13 gezogen
werden.[5] – V. 15: Statt הבו »wohlan!« lies הבא »bring!«.[6] – V. 22–24:
In diesen Versen unterscheiden sich M und G erheblich.[7] Weil es als

---

[1] So H. P. Smith, Samuel, 317; W. Nowack, Bücher Samuelis, 190; K. Budde, Samuel,
250 f.; F. Stolz, Samuel, 234; P. K. McCarter, II Samuel, 279; BHK.

[2] Vgl. dazu W. Caspari, Samuel, 537; P. K. McCarter, II Samuel, 279.

[3] P. K. McCarter, II Samuel, 280.

[4] P. K. McCarter, II Samuel, 281. Andere lesen in Anschluß an 1 Sam 20,3; 25,26 חי יהוה
וחי נפשך; vgl. H. P. Smith, Samuel, 319; K. Budde, Samuel, 252; W. Nowack, Samuel,
192. H. W. Hertzberg, Samuelbücher, 251, liest »bei meinem und bei deinem Leben«.
F. Stolz, Samuel, 235, kommt ohne Änderungen aus. Zur Problematik des beim Leben
Gottes und/bzw. beim Leben eines Menschen erfolgenden Schwures vgl. Y. Thorion,
Studien, 49 Anm. 11.

[5] So H. P. Smith, Samuel, 319; W. Nowack, Bücher Samuelis, 192; K. Budde, Samuel,
252; W. Caspari, Samuel, 538; H. W. Hertzberg, Samuelbücher, 251; F. Stolz, Samuel,
235; P. K. McCarter, II Samuel, 281; BHK.

[6] So H. P. Smith, Samuel, 321; K. Budde, Samuel, 252; P. K. McCarter, II Samuel, 281.
Anders W. Nowack, Bücher Samuelis, 192.

[7] Vgl. die unterschiedlichen Vorschläge bei H. P. Smith, Samuel, 321; W. Nowack, Bücher
Samuelis, 193; K. Budde, Samuel, 252 f.; W. Caspari, Samuel, 539 f.; H. W. Hertzberg,
Samuelbücher, 251 Anm. 2; F. Stolz, Samuel, 235; P. K. McCarter, II Samuel, 282 f.

unwahrscheinlich galt, daß Joab dem Boten umfassend die Reaktionen des Königs vorhersagt, hat man mit Hilfe von Umstellungen versucht einen »sinnvollen« Text zu rekonstruieren. So bietet z. B. H. W. Hertzberg diese Abfolge: v. 20a.21b.22 f.24a.20b.21a.24b.25.[8] Derartige Überlegungen erübrigen sich, wenn, was m. E. der Fall ist, eine erzählerische Absicht wahrscheinlich gemacht werden kann. Der Feldherr Joab geht bei David von einer Reaktion aus, die für einen am Wohlergehen seines Heeres interessierten König als selbstverständlich gelten muß: er gerät in Zorn, weil wegen fehlender Vorsicht Soldaten gefallen sind. Die tatsächliche Reaktion des Königs fällt dagegen völlig anders aus. Auf die Mitteilung des Boten von der Niederlage und dem Tod des Uria reagiert er nahezu gleichgültig. Es wird zu zeigen sein, daß hier eine Tendenz deutlich zutage tritt, die auch sonst in der Erzählung begegnet. – V. 21: Statt ירבשת lies mit G ירבעל.

2 Sam 12,2.4: Statt לְעָשִׁיר bzw. לָאִישׁ הֶעָשִׁיר ist die determinierte Form zu lesen לֶעָשִׁיר bzw. לָאִישׁ הֶעָשִׁיר.[9] – V. 8a: Statt בית »Haus« ist בת »Tochter« zu lesen, vgl. S. Auf die Femininbildungen in dem Ausdruck כהנה וכהנה »diese und jene« am Schluß des Verses sollte man sich jedoch dabei nicht stützen, da הנה eben auch im neutrischen Sinne belegt ist.[10] – V. 9: Statt דבר יהוה »Wort Jahwes« wird häufiger ein einfaches יהוה gelesen. Dazu besteht textkritisch keinerlei Veranlassung, auch wenn G[L] die einfachere Lesart bezeugt.[11] – V. 11: Statt des Plurals לרעיך ist mit S und V der Singular לרעך zu lesen. – V. 14: Bei איבי יהוה handelt es sich um eine euphemistische Glosse; lies stattdessen nur יהוה.[12] Das kausative Verständnis (»Weil du aber die Feinde Jahwes ... zum Lästern gebracht hast«) ist philologisch sehr gewagt, da נאץ sonst nie in dieser Bedeutung begegnet. – V. 16: Statt האלהים lies יהוה. – V. 17: Statt ברא lies ברה, vgl. 4QSamᵃ. – V. 20: Lies das Qere שמלתיו. – V. 21: Statt בעבור lies בעוד.

---

[8] H. W. Hertzberg, Samuelbücher, 251 Anm. 2.

[9] Siehe dazu H. P. Smith, Samuel, 322; W. Nowack, Bücher Samuelis, 194 f.; K. Budde, Samuel, 255; W. Caspari, Samuelbücher, 541; H. W. Hertzberg, Samuelbücher, 252; F. Stolz, Samuel, 238; P. K. McCarter, II Samuel, 294, und BHK.

[10] Für die Lesung »Tochter« entscheiden sich schon H. P. Smith, Samuel, 324; K. Budde, Samuel, 255 f.; ähnlich W. Caspari, Samuel, 542. Vgl. ferner H. W. Hertzberg, Samuelbücher, 252; P. K. McCarter, II Samuel, 295, und BHK. Anders W. Nowack, Bücher Samuelis, 195, und F. Stolz, Samuel, 239. Zum neutrischen Charakter von הנה vgl. HAL, 241 f., s. v. II הנה.

[11] Vgl. die Kommentare und BHK.

[12] Vgl. dazu BHK und die Ausführungen bei H. P. Smith, Samuel, 324 f.; W. Nowack, Bücher Samuelis, 196; K. Budde, Samuel, 256; F. Stolz, Samuel, 239 Anm. 105. Anders H. W. Hertzberg, Samuelbücher, 252.258; P. K. McCarter, II Samuel, 296.

2. *Literarkritik*

a) 2 Sam 11,1 – 27

Obwohl das Imperfectum consecutivum ויהי »und es geschah« und die Zeitangabe לתשובת השנה לעת צאת המלכים »zur Jahreswiederkehr, zu der Zeit, da die Könige (in den Krieg) ausziehen« in v. 1 eine Zäsur im Erzählablauf markieren, so muß dennoch gefragt werden, ob damit auch eine neue, eigenständige Erzählung einsetzt oder ob es sich um einen von einem größeren Erzählkontext abhängigen unselbständigen Erzählabschnitt handelt.

2 Sam 10,19 bietet einen Abschluß des Kriegsberichts 10,1 – 19:

> »Als alle Könige, die Knechte Hadad-Esers, sahen, daß sie von Israel geschlagen worden waren, schlossen sie Frieden mit Israel und sie dienten ihnen; und Aram fürchtete sich, weiterhin den Ammonitern zu helfen.«

11,1 setzt mit einer von David veranlaßten kriegerischen Aktion gegen die Ammoniter ein. V. 1 vermerkt zudem, daß David zwar seine Truppen unter Joab aussendet, er selber aber in Jerusalem zurückbleibt. Somit drängt sich dem Leser von 2 Sam 11 der Eindruck auf, in v. 1 werde kurz und prägnant die Situation skizziert, die in der Erzählung von Davids Ehebruch mit Batseba vorausgesetzt wird: die wehrfähigen Männer sind im Feld, David dagegen bleibt mit den Frauen in Jerusalem zurück. Zwar wird das nicht ausdrücklich so gesagt, es ergibt sich aber nach Lage der Dinge nahezu zwangsläufig.[13] Da zudem Davids Maßnahmen gegen Uria (11,6 – 15) und Urias Tod (11,16 f.) Kampfhandlungen (im Zusammenhang einer Stadtbelagerung, vgl. 11,17.20 f.23 f.) voraussetzen, scheint der Expositionscharakter von 11,1 für die nachfolgende Ehebruchgeschichte ausgemacht zu sein.

Eine eingehendere Beobachtung des Textes lenkt den Blick freilich auf ein nicht unerhebliches Detail: Redet 11,1 expressis verbis von der Belagerung der Ammoniter-Hauptstadt Rabba, so wird dagegen in der Erzählung 11,2 – 27 nur allgemein von der Belagerung der Stadt (11,17.20.25) gesprochen. Erst der Abschnitt 12,26 – 31 spricht wiederum konkret von der Belagerung der Ammoniter-Hauptstadt und deren Einnahme durch David. Anders gesagt: Die in 11,1 beschriebenen Maßnahmen erfordern geradezu eine Nachricht, die das Ergebnis präsentiert.

---

[13] So sieht denn unter den neueren Kommentatoren F. Stolz, Samuel, 236, den Vers 11,1 als Einleitung zur folgenden Geschichte an, die freilich ihrerseits in einen größeren Kontext eingearbeitet worden ist: »So bildet 11,1 den unmittelbaren Anschluß an 10,14. Der Schlußsatz des Kapitels dagegen (11,27b) leitet schon zum nachfolgenden Abschnitt über. Damit ist deutlich, wie sehr das Kapitel in seinem Kontext verwurzelt ist.« Ähnlich T. Veijola, Salomo, 240.

Der Kapitelanfang verlangt seiner Intention nach einen Bericht, der den Erfolg oder Mißerfolg der Belagerung von Rabba mitteilt. Diese Mitteilung kommt, wenn auch mit einiger Verspätung in 12,26 – 31. Da zudem in 12,26 – 31 vorausgesetzt wird, daß David sich noch in Jerusalem aufhält, wird man 11,1 als Anfang des Berichtes von der Belagerung und Einnahme der Ammoniter-Hauptstadt ansehen müssen, dem sich zudem der Abschnitt 12,26 – 31 auch syntaktisch bestens anfügt.

Die Eigenständigkeit von 11,2 – 12,25 gegenüber 11,1; 12,26 – 31 erweist sich ferner in einem dieser Geschichte eigenen Zeitablauf. Zwar könnte man einwenden, daß ein gewisser Zwang, den Ehebruch samt seinen Folgen schildern zu müssen, den Erzähler zeitlich so weit ausholen ließ; das ändert freilich nichts am Befund, der zusammen mit den bereits erwähnten Beobachtungen eine gewisse Eigenständigkeit des Komplexes 11,2 – 12,25 zu stützen vermag, unabhängig davon, wie nun das Verhältnis von 11,2 – 27 zu 12,1 – 25 näherhin bestimmt wird.

Wenn nun auch der zeitliche Ablauf und terminologische Aspekte die Eigenständigkeit von 11,2 – 12,25 gegenüber dem Ammoniter-Kriegsbericht 11,1; 12,26 – 31 zu erweisen scheinen, so muß dennoch erörtert werden, ob der Komplex 11,1; 12,26 – 31 denjenigen, die an der Formulierung und Gestaltung von 11,2 – 12,25 beteiligt waren, vorgelegen hat, denn die Umstände, die zu Urias Tod führen sind zumindest jetzt eng mit der Belagerung von Rabba verbunden. Hätte der Erzähler von 11,2 – 27a den Bericht von der Belagerung der Ammoniter-Hauptstadt bereits vorgefunden, dann wäre es durchaus möglich, in 2 Sam 11,7.15 ff.20 f. auf die explizite Nennung von Rabba zu verzichten, wie es ja im jetzt vorliegenden Textbestand geschieht. Hinzugefügt werden könnte zudem, daß das erzählerische Interesse am königlichen Ehebruch eine gewisse Gleichgültigkeit gegenüber den kriegerischen Ereignissen nur verständlich macht: der Erzähler von 11,2 – 27a wollte von Davids Ehebruch, seinem Mordplan an Uria und von dessen Ausführung berichten und nur davon.

Die Tatsache, daß in 2 Sam 12 nur der zweifelsohne sekundäre v. 9 auf den Mord an Uria Bezug nimmt, das Rechtsparadigma in 12,1 – 5 dagegen diese Tat in keiner Weise zu berücksichtigen scheint, vereinfacht nicht gerade den Sachverhalt, selbst wenn es ausgemacht ist, daß 12,1 – 15a insgesamt nachträglich eingearbeitet worden ist. Man könnte die Ansicht T. Veijolas, in 11,27a sei ursprünglich von der Geburt Salomos die Rede gewesen, zum Ausgangspunkt weiterer Fragen machen und angesichts der häufig belegten stereotypen Wendung ותהר ותלד die Vermutung aussprechen, v. 27 (ohne ויעבר האבל) habe ursprünglich den unmittelbaren Anschluß zu v. 5a gebildet, wobei die so gefundene Erzählung, die nur den Ehebruch und die Übernahme Batsebas in das königliche Haus kennen würde, bestens mit dem Rechtsparadigma in 12,1 – 4 harmonisierte. Der Sachverhalt, daß der Mord an Uria in 12,9 erst sekundär an Gewicht gewonnen hat, trüge dem Rechnung. Ferner könnte darauf hingewiesen werden, daß der in 11,6 anhebende Uria-Komplex die Ereignisse erheblich dramatisiert, denn hier wird der dreifache Versuch Davids berichtet, Uria zum Betreten seines Hauses zu bewegen, hier wird mit Hilfe eines weiter verbreiteten literarischen Motivs (»Uriabrief«) die Problemlösung durch Mord brilliant eingefädelt, hier begegnet eine längere Rede Urias und eine längere Anweisung Joabs. Gerade diese dramatische Passage findet, das verwundert ein weiteres Mal, lediglich in 12,9 en passant einen Nachhall.

Allerdings ließe eine derartige Radikallösung mehr Fragen zurück als Lösungen geboten wären. So würde die ganze Uria-Überlieferung in der Luft hängen, denn sie hat nur im Zusammenhang mit der Erzählung von Davids Ehebruch mit Batseba, der Frau des Uria, ihre Berechtigung. Daß eine spätere Zeit, die eher zur Idealisierung Davids neigte, den schon sicherlich als schlimm empfundenen Ehebruch um den Mord an Uria erweitert hätte, ist kaum zu vermuten. Somit wird man aber den Komplex 11,2 – 27a im großen und ganzen als Einheit ansehen dürfen.

Resümierend läßt sich festhalten: Der Bericht von der Belagerung und Eroberung der Ammoniter-Hauptstadt Rabba, der jetzt in 11,1*; 12,26 – 31 vorliegt, wurde von einem Redaktor auseinandergebrochen, um den David-Batseba-Natan-Komplex einzufügen. Das wurde bereits von H. P. Smith erkannt und von L. Rost eingehend begründet.[14] Dabei sah der Redaktor in 11,1b – eine Notiz, die ursprünglich mit den Aussagen von 12,27 ff. korrespondierte – die für den Ehebruch Davids mit Batseba zutreffende Situationsschilderung.

In v. 1 wird die Zeitangabe לתשובת השנה unterschiedlich verstanden.[15] Handelt es sich um eine absolute Zeitangabe, die einen bestimmten Zeitpunkt oder Abschnitt des Jahres, den Anfang des Jahres, meint und in etwa mit »bei Jahreswiederkehr« zu übersetzen ist, oder steht sie in Beziehung zu einer vorangegangenen Handlung, so daß sie am besten mit »übers Jahr« wiederzugeben ist? Eng damit verbunden ist die Frage, ob die Wendung לעת צאת המלכים allgemein eine Gewohnheit der (damaligen) Könige ausdrücken will, die »bei Jahreswiederkehr« zu ihren Kriegszügen auszuziehen pflegen, oder ob hier Bezug auf bestimmte Könige, nämlich die in 2 Sam 10,6 genannten, genommen wird, die sich »übers Jahr«, d. h. ein Jahr später, wieder kriegerisch regen.

Die Status-Constructus-Verbindung לתשובת השנה »bei Jahreswiederkehr«, die zumeist unmittelbar mit der Partikel ל verbunden ist, begegnet, rechnet man 2 Chron 36,10 hinzu, ausschließlich im Kontext militärischer Ereignisse: 2 Sam 11,1; 1 Kön 20,22.26; 1 Chron 20,1 (לעת תשובת השנה); 2 Chron 36,10. Die zuletzt genannte Stelle legt es nahe, in לתשובת השנה einen Ausdruck zu sehen, der einen bestimmten Zeitpunkt des Jahres bezeichnen

---

14 H. P. Smith, Samuel, 317; L. Rost, Überlieferung, 186; P. K. McCarter, II Samuel, 285.
15 Nach P. K. McCarter, II Samuel, 284 f., handelt es sich um einen Ausdruck, der auf Vorangegangenes zurückweist. Anders z. B. F. Stolz, Samuel, 236; E. Würthwein, Könige II, 235 Anm. 9.12.

will, denn er läßt sich in 2 Chron 36,10 mit Sicherheit nicht auf einen vorangegangenen Handlungsablauf beziehen:

»›Achtzehn‹ Jahre war Jojachin alt, als er König wurde; und er regierte drei Monate und zehn Tage in Jerusalem und er tat das, was in den Augen Jahwes böse war. לתשובת השנה sandte der König Nebukadnezar und er ließ ihn nach Babel bringen...«

Da auch 1 Chron 20,1 (לעת) die Auffassung zu erkennen gibt, es handle sich um eine bestimmte Phase im Jahresablauf, wird man somit לתשובת השנה als einen Ausdruck, der eine bestimmte Zeit des Jahres, nämlich dessen Beginn, bezeichnet, ansehen dürfen.

Daß im Ausdruck צאת המלכים »da die Könige hinausziehen« ein determinierter Status-constructus begegnet, kann nicht zwingend zu der Schlußfolgerung führen, es handle sich bei den Königen um die in 10,6 genannten Verbündeten der antiisraelitischen Koalition[16], zumal das Partizip צאת den Blick mehr auf die Sachlage und weniger auf die Handlung lenkt[17]. Der Satz will demnach sagen, daß gerade zu Jahresbeginn immer wieder die Könige (in Israel und in dessen Umgebung) in den Krieg ziehen, und auch David trifft dieser Gewohnheit gemäß Anordnungen zum Kriegszug gegen die Ammoniter. Er beauftragt damit Joab und seine Männer und ganz Israel. Ob die Erwähnung ganz Israels an dieser Stelle ursprünglich ist, läßt sich jetzt noch nicht beantworten, wiewohl die Tatsache, daß der König dann den Heerbann Israels nicht anführt, vgl. 2 Sam 5,2, auffällt. David selbst bleibt in Jerusalem zurück, ein Sachverhalt, der sich, wie schon erklärt wurde, ursprünglich auf den Bericht von der Belagerung und Eroberung der Stadt Rabba in 12,26 – 31 bezogen hat. Die redaktionelle Hand, die die in v. 2 mit ויהי »und es geschah« und der Zeitangabe לעת הערב »zur Abendzeit« anhebende Erzählung eingebaut hat, geht ihrerseits von der in 11,1 vorgegebenen Situation aus.

V. 2 – 5 erzählen ohne Umschweife, wie es zum Ehebruch kommt und welche Konsequenzen er zeitigt. David beobachtet eine Frau, wie sie sich gerade wäscht, er schickt nach ihr und schläft mit ihr, obwohl er weiß, daß sie die Frau des Uria, eines seiner Krieger, ist. Die ungewöhnliche doppelte Einführung der Batseba als Tochter des Eliam und Frau des Uria hat seit entsprechenden Erklärungsversuchen im Talmud, vgl. Sanhedrin 69b,101a, immer wieder zu einer letztlich nicht beweisbaren Verwandtschaftskonstruktion zwischen Batseba und Ahitofel geführt.[18] Aus 2 Sam 23,34, einer Stelle, die einen Eliam als Sohn des Ahitofel nennt, erschloß man, daß Batseba das Enkelkind von Ahitofel gewesen sein müsse. Den Vorschlag Ahitofels in 16,20 – 23 verstand man häufiger als dessen persönlichen Racheakt für den Ehebruch Davids.[19] Der Exeget muß sich damit begnügen, daß er den möglicherweise gewichtigen

---

16 So P. K. McCarter, II Samuel, 279.

17 Vgl. dazu die Grammatiken, z. B. G-K, § 116a.

18 Vgl. in diesem Sinn H. P. Smith, Samuel, 317; W. Nowack, Samuel, 191; K. Budde, Samuel, 251; H. W. Hertzberg, Samuelbücher, 254 (Anm. 1). Ablehnend äußert sich P. K. McCarter, II Samuel, 285.

19 K. Budde, Samuel, 251; Ahitofel »sucht also den Mord des Gatten seiner Enkelin zu rächen.« Ähnlich äußert sich jüngst noch J. A. Wharton, Tale, 343.

Grund, der zur Nennung des Eliam in 11,3 geführt hat, nicht mehr rekonstruieren kann.

In drei kurzen Aussagen kommt in v. 3 das (umfassende) Bemühen Davids um die Frau zur Darstellung: Und David sandte (jemanden) und der erkundigte sich nach der Frau und sagte: »Jawohl, das ist Batseba...«[20]

Uria, der in v. 3 zum ersten Mal erwähnt wird, begegnet außer im sekundären Zusatz 1 Kön 15,5 und in der vordeuteronomistischen Liste der Dreißig, vgl. 2 Sam 23,39[21], nur noch in 2 Sam 11 f.

Die in v. 4aß begegnende Bemerkung »sie hatte sich (gerade) von ihrer Unreinheit gesäubert« läßt schon die Folgen erahnen, denn es wird nichts anderes gesagt als daß Batseba sieben Tage nach der Monatsblutung, vgl. Lev 15,19, wieder empfängnisfähig ist. Es muß vermerkt werden, das das Verbum קדש, hitp., »sich heiligen« nur hier die abschließende Säuberung am Ende der Monatsblutung bezeichnet.[22]

Das Wort טמאה »Unreinheit« ist terminus technicus für eine Sache oder einen Gegenstand, dessen Berührung oder Zusichnahme kultisch unrein macht, und für den Zustand der kultischen Unreinheit allgemein. Er begegnet vornehmlich in Gesetzestexten (Lev 5,3; 7,20f.; 14,19; 15,3.25f.30f.; 16,16.19; 18,19; 22,3.5; Num 5,19; 19,13). In den Geschichtsbüchern finden sich neben 2 Sam 11,4 nur noch fünf Belege in Ri 13,7.14; 2 Chron 29,16; Esra 6,21; 9,11. Eine weitere bemerkenswerte Fundstelle für den Begriff bietet das Ezechielbuch (Ez 22,15; 24,11.13; 36,17.25.29; 39,24). Es verbleiben noch Sach 13,2 und Klgl 1,9. Festgehalten werden muß, daß die Gesetzesregel in Lev 15,19, die das Verhalten Batsebas bestimmt, den Terminus nicht benutzt.

Die ersten vier Verse der Erzählung bieten insgesamt eine in sich geschlossene Schilderung, die in v. 5 mit der Feststellung der Schwangerschaft und der Benachrichtigung Davids endet.

Wie die an David ergangene Mitteilung von Batsebas Schwangerschaft erwarten läßt, ergreift der König nun die Initiative. Er läßt sich von Joab den Uria schicken und erkundigt sich bei ihm nach dem Wohlergehen Joabs, des Kriegsvolkes und nach dem Kriegsgeschick. Dann folgt die Aufforderung, die den König der Schwierigkeiten entledi-

---

[20] Zu dieser Bedeutung von הלוא siehe G.-K., § 150e; P. Joüon, § 161c.

[21] Nach E. Elliger, Helden, 118, stammt die Liste der dreißig Helden Davids (2 Sam 23,24–39) in ihrer gegenwärtigen Form aus Davids Hebroner Zeit; sie enthält aber vermutlich eine etwas ältere Liste, »die diejenigen unter seinen Mannen verzeichnete, die von David für würdig befunden wurden, als er König von Ziklag wurde, einen Teil seines Gefolges, den Stab der ›Dreißig‹, zu bilden.« Auch nach T. Veijola, Dynastie, 120, ist die Liste sehr wahrscheinlich in der dtr Redaktion vorausgesetzt. R. A. Carlson, David, 225, will nicht völlig ausschließen »that the D-group abbreviated a longer list of gibborim for their own purposes.«

[22] Vgl. W. Caspari, Samuelbücher, 525 Anm. 1: »התקדש ist auffällig weit von seiner kultisch-religiösen Wortbedeutung entfernt...«

gen soll. Uria soll sich in sein Haus begeben, um sich die Füße zu waschen. Darunter wird man kaum eine euphemistische Aufforderung zum Geschlechtsverkehr verstehen dürfen[23], vgl. Gen 18,4; 19,2; 24,32; 43,24; Ex 30,19.21; 40,31; Ri 19,21; 1 Sam 25,41; Hld 5,3. Uria nimmt dieses großzügige Angebot Davids nicht in Anspruch, vielmehr nächtigt er am Palasttor. Darauf aufmerksam gemacht, befragt David Uria. Dieser antwortet mit einer umfangreichen Begründung in 11,11:

> »Die Lade und Israel und Juda verweilen in Hütten, und mein Herr Joab und die Knechte meines Herrn lagern auf dem (Schlacht)Feld; und ich soll in mein Haus gehen, um zu essen und zu trinken und bei meiner Frau zu liegen? Bei dir und deinem Leben, das werde ich nicht tun.«

Diese Antwort Urias hat für die literarkritische Beurteilung einige Bedeutung. Wie der Rahmenvers 11,1 so vermittelt auch 11,11 den Eindruck, ganz Israel und Juda, d. h. der gesamte Heerbann, sei im Feld. V. 1 nennt »ganz Israel«, v. 11 »Israel und Juda«[24]. Die Fortsetzung von 11,1 in 12,26 – 31 mißt dem dagegen keinerlei Bedeutung bei. Im Gegenteil: Nach 12,26 – 31 handelt es sich bei der Belagerung von Rabba um eine Aktion des von Joab geführten Söldnerheeres, und David muß mit von ihm versammeltem Kriegsvolk zur Einnahme der Stadt hinzustoßen. Von einigem Gewicht ist zudem die Nennung der Lade, stellt doch die Erwähnung dieses auch militärischen Führungssymbols sicher, daß es sich um einen »Jahwekrieg« handelt[25], vgl. Num 10,35 f.; 14,40 – 45; Jos

---

[23] P. K. McCarter, II Samuel, 286, erblickt in der Aufforderung »a euphemism for sexual intercourse«. Als Möglichkeit wird das auch von H. W. Hertzberg, Samuelbücher, 254, erwogen. Anders und wohl zutreffend K. Budde, Samuel, 251: »es heisst geradezu *mach es dir bequem*.«

[24] Wenn nicht »Juda« eine Glosse darstellt. K. Budde, Samuel, 252, will וישראל ויהודה ישבים בסכות »und Israel und Juda wohnen in Hütten« als »eine sehr überflüssige Verdeutlichung« streichen.

[25] G. von Rad, Krieg, 36, erschließt aus 2 Sam 11,11 eine seltsame Doppeltheit der Vorstellung, die im salomonischen Reich eine Zeit nebeneinander stand; demnach vertrat der Heerbann eine sakrale, die angeworbene Soldateska dagegen eine profane Auffassung vom Krieg. Dem schließt sich J. Maier, Ladeheiligtum, 62, im Wesentlichen an. Nach R. Schmitt, Zelt, 141 f., macht die nur beiläufig erfolgende Nennung der Lade in 2 Sam 11,11 die Mitteilung von deren Anwesenheit unverdächtig. »Leider erfahren wir sonst nur an einer Stelle indirekt, daß zur Königszeit Davids die Lade kriegerische Funktionen hatte. Diese Stelle ist 2 Sam 15,24 ff.« Darüber kann freilich gestritten werden. Für F. Stolz, Kriege, 29.140, ist 2 Sam 11,11 die entscheidende Stelle, die bezeugt, daß die Lade außer »in der Entscheidungsschlacht einer Israelgruppe gegen die Philister« auch »im Krieg der Armee Davids gegen die Ammoniter« »die Funktion eines Kriegsheiligtums innegehabt hat«. Vgl. zum Ganzen auch H.-J. Zobel, Art. ארון, Sp. 391 – 404. Entscheidend ist die in den Äußerungen zutage tretende Ambivalenz der Beurteilung, die letztlich in der jetzt vorliegenden Fassung von v. 11 begründet ist. Die

3,1 – 5,1; 6,1 – 27; 1 Sam 4,1 – 4 u. ö. Eigenartig muß die Notiz berühren, daß die Lade, Israel und Juda in סכות »Hütten« lagern, d. h. in notdürftigen Quartieren. Als Behausung im Feld begegnen diese »Hütten« noch 1 Kön 20,12.16; freilich wird sonst nirgendwo eine Hütte als Standort für die Lade erwähnt[26]. Wenn Uria von »meinem Herrn Joab« und von den »Knechten meines Herrn« redet, dann nennt er diejenigen, die David im Rahmenvers 11,1 gegen Ammon schickt. Die terminologische Berührung mit 11,1 muß nicht zwingend dafür sprechen, daß dieser Teil der Rede des Uria redaktionellen Ursprungs ist, denn die Mitwirkung Joabs bei der Tötung Urias setzt voraus, daß Uria zu den Kriegern um Joab gehört. Der Verzicht Urias auf den von David angebotenen »Heimaturlaub« braucht zudem nicht unbedingt von aszetischen Kriegsregelungen[27] her verstanden zu werden, zumal eine derartige Praxis nur äußerst schwach belegt ist. Gemeinhin werden als Verweisstellen für diesen Kriegsbrauch 1 Sam 21,6 und 2 Sam 11,11 genannt, doch spricht, wie F. Stolz zu Recht anmerkt, 1 Sam 21,6 von einer Enthaltsamkeit mangels Gelegenheit.[28] Auch der Verweis auf Dtn 23,10 – 15 trägt nicht viel ein[29]; zwar handelt der Abschnitt allgemein von der Reinheit des Heerlagers, doch wird der sexuelle Verkehr nicht ausdrücklich aufgeführt. V. 11 ist auf den nächtlichen Samenerguß zu beziehen, vgl. auch 1 Sam 20,26. Es liegt näher, die auch vom Erzählerischen her geforderte Weigerung Urias als Akt der Solidarität mit den im Feld befindlichen Kriegern anzusehen, der nicht zuletzt den König und sein Verhalten in ein zweifelhaftes Licht stellt. Erst die redaktionelle Umstilisierung des begrenzten Waffengangs in einen ganz Israel berührenden Jahwekrieg läßt den Eindruck zu, hier würde, weil es sich um einen Jahwekrieg handelt, ein ganz bestimmtes, mit diesem Jahwekrieg verbundenes aszetisches Ideal eingehalten.

Frage nach einer redaktionellen Schichtung drängt sich auf. Zur Problematik des sog. »Heiligen Krieges« sei verwiesen auf M. Weippert, »Heiliger Krieg«, 460 – 493, der den Erweis erbracht hat, daß es keine nur auf Israel beschränkte Institution dieser Art gegeben hat. So redet man denn auch besser von »Jahwekriegen«. Wer aber »von ›Jahwekrieg‹ spricht, muß ebenso von ›Assurkrieg‹ oder ›Ištarkrieg‹ reden...« (485).

[26] P. K. McCarter, II Samuel, 287, versteht mit einigen anderen Autoren בסכות »in Sukkot« als Ortsname. Das würde eine großräumige Kriegsführung voraussetzen. Zur geographischen Lage von Sukkot (Tell Der ʿAlla), von wo eine Straße durch das Jabbok-Tal bis Penuel/Mahanajim und von dort südlich nach Rabbat-Amon führte, vgl. Y. Aharoni, Land, 63.

[27] Vgl. dazu G. von Rad, Krieg, 7; R. de Vaux, Lebensordnungen II, 75; E. Würthwein, Erzählung, 22, und die Kommentare zu 2 Sam 11,11.

[28] F. Stolz, Kriege, 140 f. Anm. 39.

[29] R. de Vaux, Lebensordnungen II, 70, bezieht die Verse auf eine umfassende Reinheit des Kriegslagers. G. von Rad, Krieg, 7, denkt bei Dtn 23,10 – 15 dagegen präziser an eine rituelle Reinheit des Lagers.

Die Rede Urias in v. 11*, die damit zusammenhängenden Verse
10b.12 und der spätere Zusatz in v. 11 dramatisieren die Ereignisse: Die
Tatsache, daß sich Israels Heerbann unter der Führung Jahwes in einem
Krieg befindet, der König selbst aber nicht an diesem Krieg teilnimmt,
stellt eine harsche Kritik am Verhalten Davids dar. In gleicher Weise
geht die Darstellung des von David zweifach unternommenen Versuches,
Uria zum Betreten seines Hauses zu bewegen, mit dem König ins Gericht.

Für Uria ist es eben ein Unding, in einer Zeit des Krieges zu Hause
bei seiner Frau zu essen, zu trinken und zu schlafen. Diese Antwort läßt
das Angebot Davids weit zurück, denn David hatte lediglich − freilich
mit dem entsprechenden Hintergedanken − die Möglichkeit der Erfri-
schung angeboten. Die Entgegnung des Uria zeichnet somit via negativa
das Idealbild des im Kriegslager weilenden Soldaten, der aus Solidarität
eine für sich günstige Gelegenheit nicht nützt.

Darüber hinaus fällt auf, daß es Uria in seinen Ausführungen zwar
ablehnt, zu essen und zu trinken, er aber im Folgenden bei David bis
zur Trunkenheit zecht und ißt. Die Absichten des Erzählers werden klar:
Der Zuhörer/Leser, der erfahren hat, daß David den Uria zu zwei
Dingen, die dieser in seiner Rede von sich gewiesen hatte, bewegen
konnte, wartet gespannt, ob der König bei seinem Offizier im entscheidenden Punkt einen Sinneswandel bewirken kann.

Die terminologischen Bezüge zu 11,1 erlauben die Annahme, daß
die spätere Erweiterung in der Rede Urias in 11,11 הארון וישראל ויהודה
ישבים בסכות »die Lade und Israel und Juda wohnen in Hütten« von der
Hand verfaßt worden ist, die bereits in 11,1 ואת כל ישראל »und ganz
Israel« eingefügt hat. Der noch verbleibende Teil von v. 11 fügt sich gut
in die Vorstellungen, die in v. 16 ff. vermittelt werden.

Mit der Rede Urias in 11,11* sind der Halbvers 10b, in dem David
Uria zur Rede stellt, und v. 12, der die Aufforderung Davids an Uria
wiedergibt, er solle heute in Jerusalem bleiben, morgen werde er wieder
fortgeschickt, eng verbunden. Der Komplex v. 10b − 12 trägt eine Steigerung in die Erzählung ein: David unternimmt zwei Versuche, um Uria
zum Besuch seines Hauses zu bewegen; diese Versuche erstrecken sich
über zwei Tage. Man wird diesen Erzählzug nicht so interpretieren
dürfen, als habe David alles nur Mögliche unternommen, um das
Schlimmste, die Tötung Urias zu verhindern[30], vielmehr soll die sich
über zwei Tage erstreckende Aktion das hartnäckige Vorgehen des Königs

---

[30] So J. Kegler, Geschehen, 169, in Auseinandersetzung mit E. Würthwein, Erzählung,
22: »Das, was WÜRTHWEIN ›Anbiederung‹ nennt, erschien uns als ein zweifacher
Versuch Davids, den von ihm verschuldeten Konfliktfall *ohne* Mord zu lösen.« Das
stimmt natürlich. Nur wird Davids Vorgehen dabei nicht besonders günstig dargestellt.
Die Verwendung des »Uriabrief«-Motivs, das mit E. Würthwein und gegen J. Kegler
eher als Übernahme anzusehen ist, redet eine deutliche Sprache.

verdeutlichen; er läßt von seinem Ziel nicht ab. Ungeschminkt fügen
v. 10b – 12 dem Davidbild den Charakterzug des Hinterhältigen hinzu
und vervollständigen so die in v. 2 – 5 gezeichnete Vorstellung von David
als einem Despoten.

Die literarische Gewandtheit des Erzählens könnte zu Textoperatio-
nen verleiten, die eine einfacher gebaute Grunderzählung und redaktionelle Erweiterung postulieren. Nun bieten sich m. E. keine handfesten
Argumente, die eine derartige literarkritische Textdestruktion verantwortlich begründen könnten. Die Tatsache, daß spannend und kenntnis-
reich erzählt wird, stellt allein genommen noch keinen literarkritischen
Einwand gegen die Einheitlichkeit der Erzählung dar, es sei denn, man
will den Text einer Zeit zuschreiben, der ein ausgebildeter Erzählstil
noch nicht zuzumuten ist. Erst dann muß natürlich nach einem alten
Grundtext gesucht werden, der den Kern der späteren Ausgestaltung
bildet.

Schon in 11,1 hatte unser Redaktor nachgetragen, daß *ganz Israel*
im Feld stand. Der Zusatz in 11,11 הארון וישראל ויהודה ישבים בסכות »die
Lade und Israel und Juda wohnen in Hütten« greift diese Linie wiederum
auf und verdeutlicht zudem, daß es sich um einen Jahwekrieg handelt.
Während also Jahwe und der gesamte Heerbann Israels und Judas
kämpfen, bleibt der König zu Hause, begeht Ehebruch mit der Frau
eines Kriegers und unternimmt zudem noch den heimtückischen Versuch,
die Folgen seiner Tat zu vertuschen.

Mit v. 14 beginnt ein schwierig zu beurteilender Abschnitt. Einerseits
liegt hier, wie H. Gunkel gezeigt hat, die Adaption eines verbreiteten
literarischen Motivs vor (»Uriabrief«): »Wer einen Brief zu überbringen
hat, genießt das Vertrauen des Absenders und kann seiner guten Meinung
sicher sein. Daher kann Arglist und Arglosigkeit nicht besser gegenüber-
gestellt werden, als wenn ein Bote einen Brief mitnehmen muß, in dem
sein eigener Tod befohlen wird. Einen solchen Brief läßt König David
durch den Hethiter *Uria*, den er aus dem Wege schaffen will, an Joab
besorgen…«[31] Das muß aber nicht bedeuten, daß der in dieses Motiv
gekleidete Sachverhalt, die Tötung des Uria auf Anweisung Davids, der
historischen Glaubwürdigkeit entbehren würde, wiewohl es bemerkenswert ist, daß die Rede Natans in 12,7 – 12 die Tötung Urias nur beiläufig

---

[31] H. Gunkel, Märchen, 132. Als literarische Parallele führt H. Gunkel den von Bellero-
phon im Auftrag des Proteus an seinen Schwiegervater übergebenen Brief an, vgl.
Homer, Ilias, VI, 167 ff.; weitere Belege finden sich in Shakespeare, Hamlet (V,2) und
in zahlreichen Märchen. Vgl. dazu auch H. W. Hertzberg, Samuelbücher, 255; P. K.
McCarter, II Samuel, 287. D. M. Gunn, Composition, 228, sieht im Uriabrief-Motiv
ein für die mündliche Erzählkunst (story-telling) typisches Element. Wie bei der
»judgement-eliciting-parable« (z. B. 2 Sam 12,1 – 4) »one may be quite sure that it has
thrived more in the telling than in the event.«

in v. 9 erwähnt und das vom Propheten vorgetragene Rechtsparadigma
in 12,1 – 4 die veranlaßte Tötung sogar völlig unberücksichtigt läßt.
Zudem entsprechen die Maßnahmen Joabs in 11,16 keineswegs den
Anweisungen Davids in 11,15. Bestimmt David, Uria sei an einen vom
Kampf besonders heftig betroffenen Platz zu stellen und von den Mit-
kämpfern dann allein zu lassen, so ordnet Joab Uria im Gegensatz dazu
besonders tüchtigen Kriegern zu, die dann auch nicht entsprechend der
von David gebotenen Taktik handeln. Freilich stellt sich dieses Problem
nicht, wenn man die tüchtigen Krieger mit den Stadtbewohnern identifiziert. Eine »Mitwisserschaft« Joabs läßt sich zudem nur aus der sicherlich
redaktionelle Spuren aufweisenden Rede an David in v. 19 ff. erschließen.
War es vielleicht ursprünglich so, daß Uria zwar bei dem in Frage
kommenden Waffengang umgekommen ist, David aber nichts Entspre-
chendes veranlaßt hat? Die Hinweise, die derartiges vermuten lassen
könnten, sind nur dürftig und verweisen solche Überlegungen eo ipso in
den Bereich der ungesicherten Spekulation. Ist es wirklich denkbar, daß
eine spätere Zeit die einmal versuchsweise vermutete Koinzidenz der
Ereignisse in einer für David so negativen Weise ausgearbeitet hätte? Die
Rekonstruktion eines entsprechenden ursprünglichen Berichts ist nicht
möglich. Die älteste faßbare Überlieferung von dem Tod Urias kennt
somit eine wie auch immer geartete Verantwortung Davids. Es besteht
keine gerechtfertigte Veranlassung, an der Historizität dieser Vorgänge
zu zweifeln, wenn auch die Ereignisse selbst anders verlaufen sein müssen. Der Verfasser sah sich einer bestimmten Aussagetendenz verpflichtet,
er wollte Davids Despotismus aufzeigen; zu diesem Zweck bediente er
sich des literarischen Motivs des »Uriabriefs«, um so den hinterhältigen
Mißbrauch der Macht zu demonstrieren. Diese Tendenz ließ sich schon
in 11,2 – 13* ausmachen.

V. 16 f. berichtet von den militärischen Maßnahmen Joabs und dem
Tod Urias. Die beiden Verse wissen nichts davon, daß Joab hinsichtlich
des Einsatzes von Uria einem Befehl Davids nachkommt, ja, die getroffene Entscheidung steht in einer gewissen Spannung zum königlichen
Befehl. Die häufiger in den Kommentaren zu findende Meinung, Joab
habe am besten gewußt, wie er dem Befehl Davids hätte nachkommen
können, stellt einen unguten psychologisierenden Harmonisierungsver-
such dar[32], der den literarischen Gegebenheiten nicht gerecht wird.

V. 18 – 25 handeln von der Benachrichtigung des Königs und von
dessen Reaktion. Der Abschnitt ist kaum aus einem Guß. Man wird
die Nachricht, die Joab dem Boten für den König formuliert, dem

---

[32] So ist H. W. Hertzberg, Samuelbücher, 255, der Ansicht, daß Joab »es dann geschickter
und unverfänglicher« gemacht hätte. Auf die Diskrepanz zwischen der von David im
Brief gegebenen Instruktion und deren Ausführung durch Joab verweist auch P. K.
McCarter, II Samuel, 287.

Grundbestand der Erzählung zurechnen dürfen. Als späterer Zusatz hat
lediglich die historische Reminiszenz in v. 21 zu gelten, vgl. Ri 9,53, und
der dazu überleitende Halbvers 20b, denn das Beispiel des Abimelek paßt
nicht zu der in v. 17 geschilderten militärischen Situation: nach v. 17 unter-
nahmen die Männer der belagerten Stadt einen Ausbruchversuch und trafen auf Joab und seine Soldaten; bei diesem Scharmützel fällt dann auch
Uria. Nach v. 20b.21a wird Abimelek beim Versuch, die Stadt zu nehmen,
durch die Verteidigungsmaßnahmen einer Frau getötet. Läßt hier Joab dem
König verklausuliert die Warnung aussprechen, daß ein Krieger in einem
Augenblick der Unachtsamkeit von einer schwachen Frau besiegt werden
kann? Wird das Beispiel des Abimelek zur versteckten Aussage, daß auch
ein König von einer Frau tödlich bedroht werden kann? Diesem Zusatz
entspricht auch v. 24aα, wo nochmals das Schießen von der Mauer erwähnt
wird. Daß Joab die Möglichkeit erwägt, der König könne (über den Verlust
der Leute) zornig werden, liegt in der Erzähltendenz, das Verhalten des
Königs bloßzustellen, denn die von Joab erwartete (berechtigte) Reaktion
Davids steht in Gegensatz zu der dann in v. 25 berichteten.

V. 26.27a schließt den Bericht mit einer kurzen Notiz von der Trauer
Batsebas um Uria, von der Heirat Davids und Batsebas und von der
Geburt des im Ehebruch gezeugten Kindes ab.

V. 27b bildet die Überleitung zum Auftritt Natans in 12,1 – 15a:

»Und böse war das, was David getan hatte, in den Augen Jahwes,
und Jahwe schickte Natan zu David...«

Dieser Zusammenhang ist freilich nicht unumstritten, obzwar sich L. Rost
für die Ursprünglichkeit der von ihm erarbeiteten David-Natan-Szene
(2 Sam 12,1 – 7a.13 f.15a) eingesetzt hat. Demgegenüber vertritt E. Würthwein im Anschluß an F. Schwally, K. Budde, W. Nowack, R. Kittel und H.
Greßmann die These, daß 12,1 – 15 nicht dem ursprünglichen Erzählzusammenhang angehören. »Die Hauptargumente sind folgende: a)
12,15b ff lassen nicht das geringste von der vorangehenden prophetischen
Rüge und der Ankündigung des Todes des Knaben spüren. Man sollte
erwarten, daß der König, tief gedemütigt, Worte der Reue und Buße finde,
aber durch seine Kasteiungen will er lediglich das Erbarmen Jahwes erwir-
ken; als dies nicht gelingt, ist der Fall gewissermaßen für ihn erledigt. b)
Die Gestalt Nathans ist hier ganz anders charakterisiert als in 1. Kön 1:
dort der intrigante Höfling, mit Bathseba eng liiert, der bei dem Bruch des
alten Rechtes ... tatkräftig mitwirkt, hier der Bußprediger, der dem König
den Bruch von Recht und Sitte zum Vorwurf macht.«[33]

---

[33] E. Würthwein, Erzählung, 24 f. Vgl. auch F. Schwally, Quellenkritik, 153 ff.; K. Budde,
Samuel, 254 f.; W. Nowack, Samuel, 194. H. P. Smith, Samuel, 322, rechnet mit der
Möglichkeit einer Überarbeitung. P. K. McCarter, II Samuel, 305 f., sieht in 2 Sam
11,2 – 12,24 das Werk eines prophetischen Schreibers, der diesen Text in den Rahmen
des Ammoniter-Kriegsberichts gesteckt hat.

Ob diese begründete Vermutung zutrifft, muß die Analyse der in 12,1 – 15a folgenden Szene ergeben.

Die literarkritischen Überlegungen zu 2 Sam 11 haben folgendes Ergebnis erbracht:

1. Die Erzählung von Davids Ehebruch mit Batseba und von der Tötung Urias begegnet in 2 Sam 11,2 – 20a* (außer v. 11: הארון וישראל ויהודה ישבים בסכות).21b – 27a (außer v. 24aα).

2. Ein Zusatz begegnet in der Rede Urias in v. 11. Ferner müssen die von Joab formulierte Nachricht an David in v. 21a, die dazu gehörende Überleitung v. 20b und v. 24aα als redaktionell gelten.

3. Der im jetzigen Kontext zu 12,1a hinführende Halbvers 11,27b bildet zusammen mit 12,1a die Überleitung zum Prophetenauftritt.

4. Der Komplex 2 Sam 11,2 – 12,25 wurde in einen Bericht von der Belagerung der Ammoniter-Hauptstadt Rabba durch Joab und deren Einnahme durch David hineinkomponiert. Dieser liegt in 11,1 (außer ואת כל ישראל); 12,26 – 31 vor.

b) 2 Sam 12,1 – 15a

Daß es sich beim Komplex 2 Sam 12,1 – 15a keineswegs um eine in sich geschlossene Erzählung handelt, ist bereits lange erkannt. Vor allem der das Rechtsparadigma 12,1b – 4 deutende Abschnitt 12,7 – 14 ist literarisch destruiert worden, da hier die Widersprüche am eklatantesten zu sein scheinen. Aber auch der von Natan vorgelegte Rechtsfall in 12,1b – 4, dessen gleichnishafter und rechtsparadigmatischer Charakter erst ab v. 7 deutlich wird, muß befragt werden, ob er dem Kontext, in den er eingepaßt worden ist, voll entspricht.[34]

Es fällt zunächst einmal auf, daß das Rechtsparadigma[35] nur den Ehebruch aufgreift. Über das Schicksal des armen Mannes, der in dem vorgelegten Fall als Eigentümer des jungen Schaflamms auftritt, wird nichts ausgesagt. Der über die Ungerechtigkeit des Reichen erboste David geht in seinem Urteil davon aus, daß die Möglichkeit der Restitution

---

[34] So zuletzt W. Dietrich, Prophetie, 127 – 132. Siehe auch schon L. Rost, Überlieferung, 200 ff.

[35] Die Bestimmung des literarischen Genus von 2 Sam 12,1b – 4 stellt eine exegetische crux dar. Es hat sich zwar eingebürgert, von der Natanparabel o. ä. zu reden, doch gibt der Abschnitt näher besehen keinerlei Parabelstruktur zu erkennen. Dem König wird ein bstimmter Rechtsfall vorgelegt, über den er entscheiden soll. Daher legt sich mit O. Kaiser, Einleitung, 153, die Bestimmung »Rechtsparadigma« nahe. Im größeren Kontext erlangt das Paradigma freilich parabelhafte Bedeutung. So spricht dann A. Graffy, Genre, 408, in diesem Zusammenhang von »self-condamnation-parables«, vgl. Jes 5,1 – 7; 1 Kön 20,35 – 42; 2 Sam 14,1 – 20; Jer 3,1 – 5. G. W. Coats, Parable, 368 – 382, bestimmt den Text als Fabel.

besteht. Anders gesagt: das Schicksal Urias findet in 12,1b – 4 keinerlei Berücksichtigung.

Dennoch wird man davon ausgehen dürfen, daß sowohl die Parabelerzählung als auch die darauf erfolgende Reaktion Davids von vornherein auf den Bericht von Davids Ehebruch in 11,2 – 27a hin formuliert gewesen sind. Dafür spricht die Femininform כבשה »Schaflamm« in v. 3 (vgl. sonst noch Gen 21,28 ff.; Lev 14,10; Num 6,14) ebenso wie die den vorgelegten Fall sprengende Verurteilung durch David. Zudem ist das Stichwort לקח »(weg)nehmen«, wie noch zu zeigen sein wird, ein für die Kritik am Königtum typischer Terminus, vgl. 12,4 mit 11,4; ferner 12,9. Die Tat des Reichen war nach der im Alten Testament bezeugten Rechtsprechung in all ihrer Niedertracht nicht todeswürdig. Alle Versuche, dem das Urteil ausdrückenden בן מות »Sohn des Todes« in v. 5 einen metaphorischen Sinn zu unterlegen[36], scheitern an dem in v. 13b reflektierten Verständnis und an dem Parallelbeleg 1 Sam 26,16; es liegt zudem in der Absicht des Erzählers, daß David sich selbst das verdiente Urteil spricht, das nach Lage der Dinge nur ein Todesurteil sein kann. Somit wird die zweifelsohne zwischen dem vorgetragenen Fall und der Reaktion des Königs bestehende Unverhältnismäßigkeit aus der erzählerischen Absicht heraus verständlich. Sie mußte in Kauf genommen werden. H. Seebaß weist zu Recht die Auffassung zurück, beim von David ausgesprochenen Todesurteil handle es sich mehr um einen Ausdruck seines Zorns als um einen Richterspruch, denn dieses Urteil sei ja in einen feierlichen Schwur eingekleidet.[37] Jedoch muß der Versuch von H. Seebaß, das Todesurteil als Konsequenz eines maßlosen Unterlaufens des Rechts durch den Reichen zu verstehen, »während der in Tateinheit begangene Diebstahl usus-gemäß (Ex 21,7) mit Erstattung geahndet wurde«[38], als nicht besonders glücklich gelten. Denn bei dieser Argumentation ist eine Konstruktion des Sachverhaltes erforderlich, die im Text kaum eine Begründung findet. So versteht H. Seebaß die Tatsache, daß der Text vom »Nehmen« und nicht vom »Stehlen« des Lämmchens spricht, dahingehend, daß der Reiche irgendwelche rechtlichen Schritte seitens des Armen nicht zu befürchten hatte. Darin bestehe das verhöhnende Unterlaufen des Rechts.[39] Weniger Schwierigkeiten gibt es, wenn das Rechtsparadigma in 12,1b – 4 von seiner david- und königskritischen Intention her verstanden wird. H. Seebaß ist zwar zuzustimmen, daß

---

[36] So z.B. A. Phillips, Interpretation, 244, und P. K. McCarter, II Samuel, 299. K.-J. Illman, Art. מות, Sp. 780, sieht eine Korrespondenz zwischen der Drohungsformel baen/bᵉnê-māwaet »dem Tode gehörig« und der Eidesformel »so wahr Jahwe lebt«, vgl. 1 Sam 26,16; ferner 20,31; 2 Sam 19,29; 1 Kön 2,26.

[37] H. Seebaß, Nathan, 204 f.

[38] H. Seebaß, Nathan, 205. Die Stellenangabe muß wohl Ex 21,37 lauten.

[39] H. Seebaß, Nathan, 205.

David »wirklich den Gebrauch des Rechtsmittels durch Uria nicht zu fürchten«[40] hatte, aber doch nicht, weil dieser in seiner Offiziersstellung durch ein besonderes Loyalitätsverhältnis gebunden gewesen wäre, sondern weil David mit einem durch Joab ausgeführten Mordbefehl diese Gefahr beseitigt hatte. Die von H. Seebaß vorgetragene Argumentation nimmt den Mordbefehl nicht hinreichend zur Kenntnis.

Für eine erzählerische Abzweckung des von Natan vorgetragenen Rechtsfalles auf den Ehebruch Davids mit Batseba spricht zudem die einfache Überlegung, daß ein dem vorgelegten Fall rechtlich angemessenes Urteil der Erzählung keinerlei Brisanz gäbe. »Das Gleichnis ist seltsam inkongruent zu dem Fall, auf den es gemünzt ist.«[41] Ihre Erklärung findet diese Inkongruenz in der erzählerischen Intention!

Im Anschluß an H. Seebaß verweist P. K. Mc Carter zu Recht auf das den Text 12,1b – 4 bestimmende Schlüsselwort לקח »(weg)nehmen«, vgl. v. 4. Der König, der an sich dazu berufen ist, sich für die Sache des Machtlosen einzusetzen, wird hier gesehen »as the *taker* par excellence«[42]. Diese königskritische Sicht legt ein Vergleich mit 1 Sam 8,11 – 18 nahe. Der nach dem Muster eines Königsvertrags gestaltete Text, der ebenfalls vom Stichwort לקח beherrscht wird, vgl. v. 11.13.14.16, schildert den König als Despoten, der die Söhne, Töchter, Felder, Weinberge, Knechte, Mägde, die jungen Leute und Esel zu seinem Nutzen »nimmt«.

Auf den von Natan vorgelegten Rechtsfall reagiert David mit einem feierlichen Schwur beim Leben Jahwes, in dem er den reichen Mann zum Tod und zur vierfachen[43] Restitution verurteilt. Dabei entspricht die vierfache Ersetzung dem in Ex 21,37 bezeugten Rechtsdenken.

Somit kann als vorläufiges Ergebnis zu 2 Sam 12,1 – 4 festgehalten werden:

1. Das in 12,1b – 4 von Natan vorgelegte Rechtsparadigma, dessen allegorische Bedeutsamkeit in v. 7 erschlossen wird, war von Anfang an auf die Erzählung von Davids Ehebruch mit Batseba hin angelegt.
2. Indem David das »Nehmen« des Schafes als todeswürdig verurteilt, spricht er das Urteil über seine eigene Despotie, in der er sich selbst einfachhin das Recht zu »nehmen« zugesteht.

---

[40] H. Seebaß, Nathan, 205 f.
[41] L. Delekat, Tendenz, 32 f. Ähnlich G. von Rad, Weisheit, 64 f.
[42] P. K. McCarter, II Samuel, 299. Siehe auch H. Seebaß, Nathan, 205.
[43] Trotz des in G bezeugten »siebenfach« wird man mit M, S und G[L] »vierfach« lesen dürfen. Die Übereinstimmung mit Ex 21,37 stellt kein textkritisches Argument dar, das eine Änderung nahelegt. Die in G bezeugte siebenfache Ersatzleistung mag von Spr 6,31 beeinflußt sein. Vgl. auch die Auslegung von Spr 6,31 ff. bei O. Plöger, Sprüche, 71, wonach der siebenfache Ersatz, den der mit einem Dieb verglichene Ehebrecher zu leisten hat, als »Preisgabe seiner ganzen Habe« verstanden wird (vgl. v. 31b) und den materiellen Ruin des Übeltäters herbeiführen soll.

Für die literarkritische Arbeit an dem nun folgenden Abschnitt liegen einige bemerkenswerte neuere Arbeiten vor, deren Diskussion weiterführen kann.

Schon L. Rost hatte zu zeigen versucht, daß von der Rede Natans an David in 2 Sam 12,7 – 12 nur v. 7a אתה האיש »Du bist der Mann!« alt sei. Die weiteren Ausführungen seien in zwei Zusätzen angefügt worden: zuerst v. 11 f., dann v. 7b – 10.[44]

An diesem Punkt der Rostschen Argumentation setzt W. Dietrich ein und hält fest, daß v. 7b – 10 keinesfalls einen einheitlichen Eindruck vermittle. Vor allem v. 9 f. weise störende Doppelungen auf: v. 9a.10a und 10b, wobei die knappe Formulierung von 10b die ältere Form präsentiere. Fragt man von diesem Ergebnis her weiter, dann lassen sich deutlich zwei Schichten (A und B) unterscheiden. Die ältere Schicht (= A) läßt Natan vorwurfsvoll fragen, warum David Jahwe verachtet und Batseba zur Frau genommen habe. Die jüngere Schicht (= B) hebt dagegen den Mord an Uria hervor und sagt dem Davidhaus eine blutige Zukunft an. »Die *Schicht A* (V. 8aαb.*9aα(bis יהוה).10bβ.*11.12) stellt Davids Ehebruch mit Batseba vor den Hintergrund der Güte Jahwes gegen den König; seine Sünde besteht darin, daß er Jahwe ›verachtet‹, d. h. ohne Not und eigenmächtig dem Uria die Frau weggenommen hat. Damit aber liegt A genau auf der Linie des Gleichnisses V. 1 – 4. ... David sagt, der Missetäter, von dem Nathan ihm erzählt hat, müsse ein Vielfaches des Geraubten zurückerstatten; in V. 11 f. antwortet Nathan, für die eine Bathseba werde David seinen ganzen Harem verlieren. ... Nathan hat es also schon in der alten Erzählung nicht bei dem kurzen, scharfen אתה האיש bewenden lassen, sondern er hat diese überraschende Wendung gegen den König und ihren Zusammenhang mit dem Gleichnis erklärt. ... Darüber hinaus haben wir in A einen gewiß vor-schriftprophetischen Beleg für die prophetische Redeform Scheltwort-Drohwort vor uns... Der im Scheltwort namhaft gemachten Sünde entspricht sehr genau die im Drohwort angekündigte Strafe.«[45] Demnach hätten wir es in 2 Sam 12,1 – 15a mit einem Einschub in die David-Batseba-Erzählung 2 Sam 11,2 – 12,25 zu tun, dessen älterer Bestand bereits in einem vaticinium ex eventu auf die Haremsübernahme, vgl. 2 Sam 16,21 ff., zurückblickt. R. Bickert schließt sich für 2 Sam 12 dem Ergebnis von W. Dietrich an und versteht die oben Schicht A benannte Grundschicht als weisheitlichen vordtr Einschub, in dem »bereits eine ausdrückliche theologische Wertung der von Jahwes Handeln betroffenen Geschichte«[46] vorliegt. Nach R. Bickert verlieren hier Schuld und Strafe ihren schick-

[44] L. Rost, Überlieferung, 203 f.
[45] W. Dietrich, Prophetie, 130 f.
[46] R. Bickert, Geschichte, 16.

salshaften Charakter, da David für beides persönlich zur Verantwortung gezogen wird: Er hat persönlich Schuld auf sich geladen und muß persönlich die dem Talionsgesetz entsprechende Strafe erleiden.[47]

An dieser Stelle ist nun zu fragen, ob die redaktionskritischen Einsichten von W. Dietrich mit literarkritischen Erkenntnissen in Einklang zu bringen sind.

Entscheidend ist der von W. Dietrich angenommene Einsatzpunkt der älteren Schicht, der auf das »Du bist der Mann!« folgt. Er findet sich nicht in der Botenformel v. 7b, die von W. Dietrich der jüngeren Schicht B zugeordnet wird, sondern erstaunlicherweise in v. 8aαb »und ich gab dir ›die Tochter‹ deines Herrn und die Frauen deines Herrn in deinen Schoß … und wenn das zu wenig, dann gebe ich dir diese und jene hinzu.« Hier ist nun die Frage aufzuwerfen, wer denn das redende Ich darstellt. Da der Prophet kaum in Frage kommt, bleibt nur Jahwe übrig. Zwar vermutet W. Dietrich, daß der Verfasser der jüngeren Schicht B in v. 8 »Jahwe« gestrichen und נתן in ואתנה geändert hat[48], doch wird man einwenden dürfen, daß derartige massive Texteingriffe kaum zu verantworten sind. Auf diese Weise kann sich jeder die ihm genehme Redaktionsschicht erstellen.

Geht man einmal mit W. Dietrich davon aus, daß der jetzt ab v. 7 vorliegende Text vor allem wegen der in v. 9 f. vorliegenden Doppelungen nicht aus einem Guß ist und daß die alte Erzählung vom Auftritt des Propheten Natan nicht mit der Anklage »Du bist der Mann!« endete, sondern bereits eine Anwendung des Rechtsparadigmas auf den Ehebruch Davids mit Batseba überliefert hat, dann fällt der erste Blick auf v. 8a, denn hier ist von dem David geschenkten Frauenreichtum die Rede, und hier begegnet das Stichwort בחיק »im Schoß«, das freilich in der Erzählung Natans, vgl. v. 3, nicht dem reichen sondern dem armen Mann zugeordnet wird. Somit gehört dieser Satz, der, da in der 1. Pers. Singular formuliert, sich ohne Mühen an die Botenformel in v. 7b anschließt, zu den Elementen, die unmittelbar den in v. 1b – 4 vorgelegten Rechtsfall erschließen. Nun erliegt W. Dietrich der Fiktion, der Prophet habe in der alten Fassung zunächst einmal mit eigenen Worten einen Schuldaufweis vorgetragen. Daher muß er neben den bereits erwähnten Texteingriffen eine komplizierte Interpolationstechnik beim Verfasser der jüngeren Schicht (= B) annehmen, denn er meldet sich demnach verstreut in v. 7b.8aβγ.*9aα(ab לעשות).9aβγ.10abα zu Wort. Das ist zwar nicht grundsätzlich unmöglich, doch weist die Theorie W. Dietrichs einen entscheidenden Schönheitsfehler auf. So unterstellt er dem jüngeren Interpolator zwar, daß dieser in v. 8a eine Änderung von der 3. Person

---

[47] R. Bickert, Geschichte, 16.
[48] W. Dietrich, Prophetie, 129 Anm. 82.

Singular zur 1. Person Singular vornimmt. Gleichzeitig aber soll er in v. 9a die Stat.-constr.-Verbindung דבר יהוה belassen haben, um dann noch in v. 10b eine nicht gerade geschickt formulierte Dublette anzuhängen, in der er jetzt sua voce die 1. Person Singular anschlägt. In v. 11 hätte er dann die ursprüngliche Botenformel vorgefunden und diese, da er ja v. 9 als Jahwerede ansieht, nochmal an den Anfang in v. 7 gestellt. Dabei hätte er dann auch noch v. 8a zur Jahwerede umstilisiert. Die dem alten Bestand zuzurechnende Drohung in v. 11 f. wäre ferner um die Wendung מקים עליך רעה מביתך »(ich lasse) erstehen (pt.) gegen dich Böses aus deinem Haus« erweitert worden.[49]

Zu diesem Ergebnis muß W. Dietrich kommen, weil für ihn v. 11*.12 dem alten Erzählbestand angehört. Nun kann nicht bestritten werden, daß die beiden Verse auf 2 Sam 16,20 – 23, die Erzählung von der Übernahme des davidischen Harems durch Absalom, verweisen. Mit W. Dietrich ist zwar zuzugestehen, daß der Verfasser des Natanauftritts diesen Bericht durchaus gekannt haben könnte, doch erschwert der redaktionelle Charakter von 16,20 – 23 diese Vermutung.

Wenn nun 16,20 – 23 erst nachträglich in den Ahitofel-Huschai-Komplex eingebaut worden ist, dann muß in der Tat gefragt werden ob 12,11 f. wirklich zum alten Erzählbestand gehört, auch wenn es sich bei 12,1 – 15a ebenfalls um eine nachträglich eingeschobene Erzählung handelt. Eher wäre zu fragen, ob nicht der nachklappende v. 6, der von W. Dietrich in Beziehung zu v. 11 f. gesetzt wird[50], einen schriftgelehrten Nachtrag darstellt, der mit Blick auf v. 11 f. und 16,20 – 23 den Restitutionsgedanken nachträgt. Die Bezugnahme auf Ex 21,37 (Bundesbuch) könnte vielleicht dafür sprechen. Allerdings sind auch eine Menge von Unwägbarkeiten in Anschlag zu bringen, denn streng genommen kann der Schädiger dem Geschädigten gegenüber der Pflicht zur Restitution nicht mehr nachkommen, es sei denn, die Vorstellung, Jahwe träte an dessen Stelle, würde hinter dem hier geäußerten Restitutionsgedanken stehen. Außerdem kann, geht man von W. Dietrichs Ansicht aus, von einer vierfachen Erstattung nicht die Rede sein. David verliert an Absalom zehn Nebenfrauen, nicht vier. Hier verselbständigt sich bei W. Dietrich die exegetische Diskussion doch allzu sehr gegenüber ihrer Textvorlage.

Nach W. Dietrich liegt, folgt man seiner Textrekonstruktion, die prophetische Redeform Scheltwort-Drohwort in reinster Ausführung vor[51]. Diese formale Beobachtung stimmt zwar für den von W. Dietrich vorgelegten Grundbestand der Erzählung, doch muß er an einer entschei-

---

[49] Vgl. zum Ganzen W. Dietrich, Prophetie, 127 – 132.
[50] W. Dietrich, Prophetie, 130.
[51] W. Dietrich, Prophetie, 130 f.

denden Stelle inhaltliche Inkongruenzen in Kauf nehmen: Die Brisanz des Rechtsparadigmas in 12,1b − 4 besteht ja gerade in dem in v. 7 als Selbstverurteilung Davids decouvrierten Urteil von v. 5. Der Leser wartet darauf, ob dieser Urteilsspruch bestätigt oder ob er zurückgenommen wird. In v. 11 f. hat die von David ausgesprochene Todeswürdigkeit des Verbrechens keinerlei Folgen. Erst in v. 13b erfährt der Leser, daß der Reue Davids die Zusage Natans folgt: »Du sollst nicht sterben!«[52]

Es besteht alles in allem keine Veranlassung, die in v. 7b begegnende Botenformel als sekundär anzusehen, ja, die Kompliziertheit der von W. Dietrich vorgeschlagenen Lösung, die nur mit Hilfe fragwürdiger Texteingriffe und einer komplizierten Interpolationstheorie zustande kommt, hat kaum etwas für sich. Man mag allenfalls erwägen, ob nicht mit אלהי ישראל eine nachträgliche Auffüllung der Botenformel begegnet. Zudem muß sich die durchaus zu Recht eng am Rechtsfall 12,1b − 4 orientierte Auslegung von W. Dietrich den Vorwurf gefallen lassen, inkonsequent zu argumentieren. Von 12,1b − 4 her besteht keinerlei Veranlassung, die Wohltaten Jahwes an David in v. 7b (Salbung, Errettung Davids vor Saul) und in v. 8aβ (die Gabe von Israel und Juda) von vornherein als jüngere Schicht innerhalb eines älteren Erzählbestandes zu bestimmen. Der Reiche ist ja nicht nur allein deshalb reich, weil er viele Herden besitzt. Der große Viehbestand muß vielmehr als sichtbarer Ausdruck eines umfassenden Reichtums gelten. Auf die Sachebene übertragen heißt das, daß David *als König* viele Frauen besitzt, die seine Würde und Macht repräsentieren. Auch die Wendung כהנה וכהנה am Ende von v. 8, deren neutrische Bedeutungsmöglichkeit durch die ähnlich lautende Stelle 1 Kön 20,40 gesichert ist, begründet keineswegs stichhaltig den Interpolationscharakter von v. 8aβ, da die hier begegnenden Feminin-Formen die Aussage, daß David zu den Frauen auch noch Israel und Juda hinzubekommen hat, nicht ausschließen. Somit geben sich weder v. 8aβ noch v. 7b* als redaktionelle Bildungen zu erkennen.

Läßt sich die exegetische Fragestellung von dem im Rechtsparadigma gegebenen inhaltlichen Rahmen bestimmen, dann ergibt sich für den alten Grundbestand folgender Umfang: v. 1 − 5.7*.8. Der darauf in v. 9 mit der Fragepartikel מדוע »warum« eingeleitete Vorwurf bietet bereits eine theologische Reflexion des Vorgangs, da die Tat Davids als Verachten des Jahwewortes interpretiert wird. Der Vers setzt zudem, da er an erster Stelle den Mord an Uria anführt, eine eigene Gewichtung der Sünde Davids. Erst nach dem Mord wird die Heirat mit Batseba −

---

[52] R. Bickert, Geschichte, 15, will 12,13 f. der jüngsten Schicht zuweisen. Damit läßt er die Leser der Verse 1b − 5 ratlos zurück. Nach T. Veijola, Dynastie, 113 Anm. 43, wurde v. 13 f. von DtrP als Brücke formuliert. Anders W. Dietrich, Prophetie, 130: »In V. 5b spricht David das Urteil über sich selbst, und darauf geht Nathan in V. 13b.14 ein...«

so wird man לקחת לך לאשה hier wohl verstehen müssen – genannt. Die Glosse v. 9b verbindet die Erzählung mit dem Rahmenbericht und trägt gleichzeitig nach, daß David zwar die Verantwortung am Tod Urias trägt, daß er ihn aber nicht eigenhändig getötet hat. V. 10 begründet nun interessanterweise die blutige Zukunft des Davidhauses nicht mit dem Mord an Uria sondern mit dem durch עקב כי umständlich angefügten Tatbestand des Ehebruchs. Bei der Formulierung ותקח ... להיות לך לאשה liegt dann der Akzent auch stärker auf dem Wegnehmen der Frau.[53] V. 10 und v. 11 sind kaum auf ein und derselben redaktionellen Ebene anzusetzen. Die verallgemeinernd theologisierenden Aussagen von v. 10 legen die Annahme einer zeitlichen Priorität von v. 11 nahe.

Daß v. 11 f. auf die in ihren Kontext redaktionell plazierte Erzählung 2 Sam 16,20 – 23 Bezug nimmt, wurde bereits gesagt. In v. 13 wird dagegen eindeutig v. 5 aufgegriffen, so daß dieser Vers dem Grundbestand der Natan-David-Erzählung zugerechnet werden muß.

Die so rekonstruierte Erzählung von der Begegnung Natans mit David entspricht zwar nicht mehr dem von W. Dietrich erarbeiteten Schema Scheltwort-Drohwort, doch stellt sich die Frage, ob dieses von W. Dietrich gefundene Schema überhaupt hier anzutreffen ist, oder ob nicht die literarische Eigenart der Erzählung ein derartiges Schema unwahrscheinlich macht. Der Bogen der Erzählung, das dürfte als gesichert gelten, spannt sich von dem durch den Propheten vorgetragenen Rechtsparadigma und dem daraufhin durch David gefällten Todesurteil bis zur Aufhebung dieses Spruches durch Natan. Es bedarf eigentlich weder eines Schelt- noch eines Drohwortes, denn das von David gefällte und von Natan danach gegen ihn gewendete Todesurteil ist gültig. Ein Hinweis darauf, warum David »der Mann« ist, reicht als Schuldaufweis völlig aus. Die Grunderzählung kann, da David, wie v. 7a erschließt, sich selbst sein Urteil gesprochen hat, auf eine Strafandrohung durch den Propheten verzichten. David bekennt seine Schuld, v. 13a, und der Prophet Natan verkündet Jahwes Vergebung. Das Todesurteil wird aufgehoben.

Die Erzählung erweist sich als mit der Davidüberlieferung vertraut. Zuerst wäre da der Hinweis auf die Salbung Davids in v. 7b zu nennen, der 1 Sam 16,1 – 13 voraussetzt. Wenn Jahwe sagt, er habe David vor den Nachstellungen Sauls errettet, dann muß das im Zusammenhang mit 1 Sam 26,24 gelesen werden. V. 8aβ, der davon spricht, daß David Israel und Juda als Jahwes Gabe erhalten hat, erinnert an Stellen wie 1 Sam 15,28; 28,17.

Mit der Aussage von v. 10a, wonach das Schwert nicht mehr vom Haus Davids weichen wird, ist v. 9a verbunden, wo neben dem Ehebruch

---

[53] Vgl. die Konstruktion לקח ... להיות in Dtn 4,20; 24,4; 2 Sam 7,8; 1 Chron 17,7. Gegenüber dem einfachen לקח לאשה betont לקח להיות לאשה den Vorgang des Nehmens.

Davids mit Batseba auch dessen Mordbefehl an Uria angeklagt wird.
Dabei wird mit נכה, hif., »schlagen« der in 11,15 verwendete Terminus
aufgegriffen. V. 9b muß demgegenüber als sekundär gelten. Die harte
Anklage »den Hethiter Uria hast du durch das Schwert erschlagen«
(v. 9a) wird durch »und ihn hast du durch das Schwert der Ammoniter
getötet« abgeschwächt. David ist zwar verantwortlich, er hat aber selber
nicht getötet. Dieser Halbvers setzt die Rahmenerzählung 11,1; 12,26 −
31 voraus, wogegen sonst in 11,2 − 27 von den Ammonitern keine Rede
ist. Der sekundär mit der Botenformel angefügte Abschnitt v. 11 f. greift
wiederum bewußt das Stichwort »Haus« auf und führt aus, daß David
aus seinem eigenen Haus Unheil erwachsen wird. Damit blickt das
redaktionell eingefügte Gerichtswort auf die noch zukünftigen Ereignisse
von 2 Sam 16,20 − 23.

V. 14 setzt das aufgehobene Todesurteil über David aus v. 13b
voraus und wandelt dieses in eine Todesankündigung für den Sohn des
Ehebruchs um. Damit verknüpft dieser Vers explizit die Erzählung von
Natan und David mit der vorangegangenen Erzählung von Davids Ehebruch mit Batseba.[54] V. 15a »und Natan ging in sein Haus« beendet
den Auftritt des Propheten und ist bereits der kommenden Erzählung
zuzuordnen.

c) 2 Sam 12,15b − 24a.24b.25

V.15b − 24, ein in sich geschlossenes Stück, erzählt, daß Jahwe
das im Ehebruch gezeugte Kind mit Krankheit schlug und daß David
vergeblich versuchte, durch Fasten das Unheil von dem Kind abzuwenden. Mit dem Tod des Sohnes beendete David zur Verwunderung seiner
Diener das Fasten. Die Tröstung Batsebas, v. 24, hat die Geburt Salomos
zur Folge. V. 25, die Nennung des Kindes mit dem nur hier überlieferten
Namen »Jedidja«, erweist sich gegenüber der väterlichen[55] Namensnennung von v. 24b als Doublette. Im bislang behandelten Text trägt Natan
nur in v. 25 die Bezeichnung הנביא »der Prophet«.

Ob sich v. 15b − 25 nahtlos an den alten Erzählbestand in 11,2 −
27a* anfügt, kann erst eine tendenzkritische Analyse verdeutlichen. Festzuhalten ist zunächst, daß offenbar 12,15b − 25 die Natanerzählung
12,1 − 15a nicht sonderlich zur Kenntnis nimmt. Andererseits verbieten
es stilistische Auffälligkeiten, 12,15b − 25 einfachhin an 11,2 − 27 an-

---

[54] So auch T. Veijola, Salomo, 234, der allerdings auch schon v. 13 einer dtr Überleitung
hinzurechnet.

[55] Ob hier mit ויקרא eine gegenüber der Qere-Lesart ותקרא jüngere Lesart vorliegt, wie
T. Veijola, Salomo, 234 f., vertritt, ist m. E. nicht eindeutig zu entscheiden. V. 24 müßte
mit nachweisbarer Sicherheit einer Zeit entstammen, die die Namensgebung durch die
Mutter praktizierte.

schließen zu lassen: Trotz der Aussage von 11,27 nennt 12,15 die Mutter des Kindes אשת אריה »Frau des Uria« ohne daß der Eigenname fallen würde. Soll hier der Blick noch einmal auf die Tat des Ehebruchs gelenkt werden? Das im Ehebruch gezeugte Kind, nach 11,27 ein Sohn, begegnet in 12,15b – 24 durchweg unter der Bezeichnung ילד »Kind«. Aber auch die Umgebung Davids in 12,15b – 23 bleibt anonym. Es wird ganz allgemein von den Ältesten seines Hauses und von seinen Knechten gesprochen. Der für die Davidzeit anachronistische Tempelgang in v. 20 berührt ebenfalls eigenartig.

In einem Aufsatz hat jüngst T. Veijola mit beachtlichen Argumenten den legendenhaften Charakter von 12,15b – 24 herauszustellen versucht.[56] Für ihn ist es bemerkenswert, daß bei dem allgemeinen biographischen Interesse, das die Thronfolgeerzählung als Familiengeschichte Davids aufbringt, dem Erstgeborenen von David und Batseba kein Name gegeben wird, vgl. 11,27a. Dabei muß gleichzeitig festgehalten werden, daß die alttestamentliche Überlieferung nur dann keine Namensnennung kennt, wenn besondere Gründe vorliegen. T. Veijola verweist in diesem Zusammenhang auf 1 Kön 3,16 – 28 und 2 Kön 4,8 – 37. »Sowohl historische wie auch formgeschichtliche Erwägungen sprechen also dafür, daß auch das erstgeborene Kind einen Namen bekam.«[57] Ferner nimmt T. Veijola die bereits von S. A. Cook und E. Würthwein vorgetragene literarische Argumentation auf: »Der Satz *wyqr' 't šmw šlmh* (xii 24bβ) würde zu dem abrupten Ende der Erzählung von der Geburt des ersten Kindes in xi 27a eine tadellose Fortsetzung bilden. Der unmittelbar vorangehende Satz *wtld bn* (xii 24bα) wäre dann eine dem Kontext geschickt angepaßte Wiederaufnahme des gleichen Satzes in xi 27a, die zeigte, daß alles, was zwischen diesem Ring liegt (xi 27b – xii 24a), einen sekundären Einschub bildet.«[58] Verschiedene Gründe sichern die Annahme von T. Veijola:

1. Die dem David durch Natan angesagte Strafe in 12,10 – 12* spricht nicht vom Tod des erstgeborenen Kindes; das geschieht erst in der dtr Überleitung 12,13 f.[59]
2. Die Qere-Lesart von 2 Sam 12,24 überliefert die feminine Lesung ותקרא und vertritt damit »ohne Zweifel die ältere Textform, die aus einer Zeit stammt, als es noch üblich war, daß die Mutter ihrem Kind den Namen gab«.[60]

---

56 Vgl. T. Veijola, Salomo.
57 T. Veijola, Salomo, 233.
58 T. Veijola, Salomo, 233.
59 T. Veijola, Salomo, 233 f.
60 T. Veijola, Salomo, 234.

3. Die jüngere, maskuline Lesart von 2 Sam 12,24 entspricht dem jetzigen Kontext, in dem David die zentrale Rolle spielt.[61]

4. Gemeinhin wird der Name Salomo als Ersatzname (»sein Ersatz«) gedeutet und auf das erstgeborene Kind bezogen. Dabei stellt sich die Frage, ob dieses erste Kind wirklich so wichtig war, daß *dessen* Ersetzung durch Salomo intendiert war, wie es die Erzählung von der Krankheit und dem Tod des erstgeborenen Kindes offenbar nahelegt. Nach T. Veijola ist vielmehr an den »Ersatz« des verstorbenen Ehemanns Uria zu denken.[62]

5. Die in 12,25 angefügte Namensgebung durch den Propheten Natan bezeugt das Unbehagen an dieser Namensgebung. Freilich konnte sich der durch und durch orthodoxe Name Jedidja nicht behaupten.[63]

6. Mit E. Würthwein erinnert T. Veijola an die zeitliche Schwierigkeit, die zwei Geburten während der Belagerung von Rabba bieten.[64]

7. Mit einiger Berechtigung lehnt T. Veijola die von E. Würthwein im Anschluß an J. Pedersen vertretene Auffassung ab, in 12,15b – 24a werde die liberale Einstellung Davids zu den Trauerbräuchen Israels gezeichnet. Demgegenüber wollte der von T. Veijola angenommene spätere Verfasser zweierlei aussagen: »Einerseits wollte er dem Leser den Gedanken suggerieren, daß Bathseba nach 7 Tagen, als David zu ihr kam (V. 24), sich wieder in demselben Zustand befand wie beim ersten Mal [in 11,4] und auch jetzt sofort schwanger werden konnte. Andererseits gab die siebentägige Lebenszeit des Kindes dem Erzähler die Gelegenheit zu demonstrieren, daß David ein frommer Mann war, der nichts unterließ, um dem Kind durch intensives Fasten und Beten das Leben zu retten.«[65]

8. Eingeführt wird die Erzählung von der Krankheit und dem Tod des Erstgeborenen mit einem irrationalen Eingreifen Jahwes. Dieser Erzählzug ist nach T. Veijola, berücksichtigt man einmal die zwei Parallelen der Davidüberlieferung (1 Sam 25,38; 26,10), »eines Zusatzes verdächtig«[66].

Selbst wenn einem die häufig ins Psychologisierende gehende Argumentation T. Veijolas nicht so recht liegt, bleiben doch gewichtige Gesichtspunkte, die den Legendencharakter von 12,15b – 25 hinreichend begründen. Entscheidend ist dabei m. E. zum einen die völlig auf David

[61] T. Veijola, Salomo, 235.
[62] T. Veijola, Salomo, 235 ff.
[63] T. Veijola, Salomo, 236 f.
[64] T. Veijola, Salomo, 237 – 241.
[65] T. Veijola, Salomo, 243.
[66] T. Veijola, Salomo, 245.

konzentrierte Erzählweise und zum andern der erbauliche Charakter von
12,15b–24, der diesen Textkomplex vom in 2 Sam 11 vorangehend
Erzählten deutlich unterscheidet. Dagegen nennt v. 24 wieder Batseba
mit Namen und gibt mit אשתו »seine Frau« eine eindeutige Beschreibung
ihres Verhältnisses zu David. Ob die Ausführungen von T. Veijola freilich
den endgültigen Erweis gebracht haben, daß eigentlich Salomo das Kind
des Ehebruchs gewesen ist, kann erst dann mit Eindeutigkeit beantwortet
werden, wenn eine Datierung des Abschnitts versucht wird und eine
Zuordnung zu einer vergleichbaren theologischen Denkrichtung gelingt.
Zwar bietet 2 Sam 12,24bβ eine tadellose Fortsetzung von 11,27a, doch
könnte der Ehebruch auch den besonderen Gründen zugezählt werden,
bei denen aus tendenzieller Absicht heraus der Name des Neugeborenen
nicht genannt wird. Dann bestünde keine Notwendigkeit, an der historischen Existenz des Anonymus zu zweifeln.

Der Textkomplex 2 Sam 12,1–25 zeigt somit folgende Schichtung:

1. In 2 Sam 12,1–5.7 (ohne אלהי ישראל).8.13 begegnet die Erzählung vom Auftritt Natans vor David.

2. V. 6 stellt eine schriftgelehrte Glosse dar, die unter Rekurs auf
Ex 21,37 die Frage der Restitution anspricht.

3. V. 10 bildet eine Erweiterung, die die blutige Zukunft der Dynastie vorhersagt.

4. V. 9a verbindet den Natan-David-Komplex explizit mit der Erzählung vom Ehebruch Davids. Der Vers ist als verallgemeinernd-
theologisierender Nachtrag zu verstehen, der als einziger auf den
Mord an Uria rekurriert.

5. V. 11 f. muß ebenfalls als Erweiterung gelten, da diese Verse auf
2 Sam 16,20–23 blicken.

6. V. 14 setzt 11,27 voraus und lenkt den Blick bereits auf v. 15b–
24. Der Vers muß als Verbindungsstück gelten. Vermutlich gehört
auch v. 15a hinzu, denn Natan muß nach Hause gehen, da er in
v. 15b–24 nicht vorkommt. Der erneute Auftritt Natans in v. 25
setzt zudem seinen Abgang in v. 15a voraus.

7. Bei 12,15b–24 handelt es sich um einen legendenartigen Nachtrag, der zwar die Erzählung vom Auftritt Natans nicht sonderlich
berücksichtigt, der aber deshalb nicht ursprünglich einmal hinter
11,27a gestanden haben muß.

8. Die doppelte Namensgebung in 12,24b.25 läßt nicht unbedingt
den Schluß zu, hier seien zwei Redaktoren am Werk gewesen. Der
Verfasser der Legende könnte einfach der historischen Tatsache,
daß der Nachfolger Davids nun einmal Salomo hieß, Rechnung
getragen haben. Die prophetische Namensgebung hätte dann als
Bestandteil seines theologischen Programms zu gelten. Allerdings
spricht die Beobachtung, daß in v. 24 wieder von Batseba die Rede

ist, dafür, daß an dieser Stelle altes Material in die Legende eingearbeitet worden ist.
9. Die Glosse v. 9b kennt die Rahmenerzählung 11,1*; 12,26 – 31.

3. Redaktionskritische Überlegungen zu 2 Sam 11 f.

Die literarkritischen Ergebnisse lassen bereits vermuten, daß es sich bei 2 Sam 11 f. um zwei kompliziert geschichtete Kapitel handelt.

a) Die Rahmenerzählung 11,1*; 12,26 – 31 berichtet von der Belagerung der Ammoniter-Hauptstadt Rabba durch Joab und seine Söldner, der Einnahme der Stadt unter Davids Führung und der Krönung Davids zum König der Ammoniter. Die militärische Erfolgserzählung handelt von David und seinem loyalen Feldherrn Joab und will berichten, wie das Königreich der Ammoniter unter Davids Herrschaft gekommen ist.

b) In diesen Rahmen wurde die Erzählung vom Ehebruch Davids mit Batseba, von der Ermordung Urias und der Geburt Salomos 2 Sam 11,2 – 11*.12 – 20a.21b – 23.24*.25 – 27a* hineinkomponiert. Für dieses arbeitstechnische Vorgehen spricht zum einen das Fehlen eines jeglichen konkreten Hinweises auf die Kriegssituation, zum andern das unbestimmte Reden von der belagerten Stadt. Man könnte zwar einwenden, daß das völlig anders gelagerte Erzählinteresse die geographischen und militärischen Dinge vernachlässigen ließ[67], doch ändert das nichts daran, daß die in 2 Sam 11 f. geschilderten Vorgänge im Zusammenhang mit dem Ammoniter-Feldzug zu denken sind. Die gelegentlich geäußerte Annahme, der Feldzug gegen Ammon und die in 2 Sam 11 erwähnte Stadtbelagerung seien zwei verschiedene militärische Aktionen, ist eine unbewiesene Spekulation. Die Rahmenhandlung wird somit vorausgesetzt. Indem die alte Erzählung vom Ehebruch Davids mit Batseba und von der Ermordung Urias auf Veranlassung des Königs anscheinend einfach Vorgang an Vorgang reiht, zeichnet sie ein vernichtendes Bild des Königs und Dynastiegründers. Der König nimmt (לקח) die Frau eines seiner Offiziere und läßt diesen töten, um einen Skandal, die Geburt eines Kindes aus der ehebrecherischen Beziehung, zu vertuschen.

Der Erzähler erweist sich als gewandter Schriftsteller, der seine Erzählabsichten trefflich anzubringen weiß. Nachdem er in 11,2 – 5 in aller Kürze den Tathergang beschrieben und dabei bereits das Konfliktfeld aufgezeigt hat, spitzen sich in der Folge die Begebenheiten dramatisch zu. Der geschilderte dreifache Versuch Davids, Uria zum Betreten seines Hauses zu bewegen, und die Verarbeitung eines vorgegebenen Erzählmo-

---

[67] L. Rost, Überlieferung, 200 f.: »Die ganze Erzählung bietet eine in sich geschlossene Vorgeschichte Salomos, die ohne den Rahmen des Ammoniterkriegsberichtes, an den sie anknüpfte, nicht bestanden haben kann.«

tivs (»Uriabrief«) dienen dazu, ein eindeutig negatives Bild des Königs zu zeichnen, das im Ausbleiben der von Joab vorhergesagten Reaktion auf die militärische Waghalsigkeit und Unachtsamkeit, die Uria in den Tod führen, nur bestätigt wird. Dem Erzähler liegt alles daran, ein antidavidisches Bild zu zeichnen. Ihm geht es nicht so sehr um »objektive Geschichtsschreibung« – sofern derartiges in Israel überhaupt begegnet –, er weiß sich vielmehr einer eindeutigen Erzähltendenz verpflichtet. David und das mit ihm die geschichtliche Bühne betretende Königtum in Israel werden in einer kritisch-ablehnenden Perspektive gesehen.

Diese königskritische Sicht teilt 2 Sam 11 mit anderen Texten in den Samuelbüchern. Zunächst ist an den in 1 Sam 8,10 – 17 überlieferten ironisierten Königsvertrag zu denken. Der Text entstammt wohl noch der Königszeit[68] und schildert rückblickend, wie der König, den Israel zu wählen gewillt ist, sich als der oberste Ausbeuter des Landes entpuppen wird. Auf das diesen Text mit 2 Sam 11 verbindende Verbum לקח »nehmen« wurde schon aufmerksam gemacht. David überbietet in 2 Sam 11 sogar die schlimmsten Erwartungen von 1 Sam 8,10 – 17, denn dort ist der Ehebruch mit einer verheirateten Frau des Landes nicht vorgesehen.

Die in 1 Sam 8,10 – 17 vorgetragene Kritik am Königtum unterscheidet sich in der Argumentation nicht unerheblich von der Jotamfabel in Ri 9,7b – 15. Die Jotamfabel will sagen, daß vor allem der Unfähigste und für die staatliche Gemeinschaft Nutzloseste sich besonders zum hohen Dienst berufen fühlt. 1 Sam 8,10 – 17 nimmt dagegen mehr die despotische Deformierung der Macht ins Visier. Im Ergebnis stimmen freilich beide Texte überein: das Königtum ist für Israel nicht der richtige Weg.

Der Text bietet keine sprachlichen Anhaltspunkte, die ihn eindeutig einer bestimmten Schul- oder Denkrichtung zuordnen könnten. Zwar gibt es nach F. Langlamet eine ganze Anzahl von terminologischen Bezügen vor allem zum Elohisten[69], doch läßt sich damit kaum noch die Datierungsfrage beantworten, denn wer der Elohist ist, wo und wann er gelebt hat, wird in der alttestamentlichen Exegese zunehmend fraglich. Somit aber gibt dieser von F. Langlamet gefundene Zusammenhang kaum eine überzeugende Datierungsmarke ab.

Die Tatsache, daß der Text von 2 Sam 11,2 – 27a* in die Rahmenerzählung hineinkomponiert worden ist und daß der Erzähler alle Register einer tendenziösen Darstellungsweise beherrscht, er somit einer entwikkelten Erzählkultur verbunden ist, läßt frühestens an die ausgehende Königszeit denken. Die dtr Geschichtsbetrachtung konnte mit ihrer

---

[68] Nach T. Veijola, Königtum, 95, hat DtrN »das alte Königsrecht 1 Sam 8,11 – 17 ... in seine Darstellung einverleibt«.

[69] F. Langlamet, Affinités, 241, nennt für 2 Sam 11 folgende Termini: ḥy yhwh/npšk; hlwʾ; wyrʿ hdbr bʿyny x.

königskritischen Sehweise auf derartigen Traditionen, wie sie in Ri 9,7b – 15; 1 Sam 8,10 – 17 und eben auch 2 Sam 11 vorliegen, aufbauen. Wenn sich die Ehebruchgeschichte in 2 Sam 11 weder terminologisch noch intentionaliter völlig den dtr Schriftstellern zuordnen läßt, dann spricht das insgesamt für die Eigenständigkeit von 11,2 – 27a*.[70]

c) Daß spätere Zeiten sich nicht mit der Erzählung über Davids Ehebruch mit Batseba, über den vom König veranlaßten Mord an Uria und über die Geburt Salomos zufrieden gegeben haben, zeigt das Kapitel 2 Sam 12, das eine theologische Interpretation der Vorgänge beisteuert.

Den Ausgangspunkt bildet eine Erzählung, in der David auf den prophetischen Schuldaufweis hin seine Sünde bekennt und der Prophet daraufhin Jahwes Vergebung ausspricht: 2 Sam 12,1b – 5.7*.8.13. In diesem Abschnitt begegnen, sieht man einmal von der »fülligen Botenformel«[71] in v. 7b ab, keine Deuteronomismen. Das gilt auch für v. 8. Mit W. Dietrich können diese Versteile als knapper Auszug einer vorgegebenen Davidüberlieferung verstanden werden.[72] Das bedeutet gleichzeitig, daß nicht nur DtrP derartiges Material zur Verfügung stand.

Die Tatsache, daß das Rechtsparadigma in 12,1b – 4, das von vornherein auf den Ehebruch hin formuliert worden ist, mit keinem Wort den Mord an Uria erwähnt, wurde bereits angesprochen. Ein Blick auf Spr 6,20 – 35 zeigt den weisheitlichen Charakter des Rechtsparadigmas auf. In Spr 6,29 – 31 wird der Ehebruch mit einem Diebstahl verglichen, den einer ausführt, um seinen Hunger zu stillen. Freilich ist zu beachten, daß weder das Rechtsparadigma noch 2 Sam 12,5 – 8*.13 auch nur andeutungswiese auf die in Spr 6,29 – 31 vorausgesetzten Verführungskünste der »fremden Frau«, vgl. Spr 6,26, anspielen. Es ließe sich einwenden, daß der Verfasser möglicherweise die Einführung Batsebas in 11,2 so verstanden hat, doch müssen derartige Überlegungen nicht weiter verfolgt werden, da ja 12,1b – 4 die *Schuld* Davids aufweisen soll und nicht nach Entlastungsgründen sucht. Würdigt man einerseits den Befund, daß dem Ehebruch vor allem in den jüngeren Partien des Sprüchebuches (Spr 5,15 – 23; 6,20 – 35; 7,10 – 23; 30,20) eine besondere Aufmerksamkeit geschenkt wird, und stellt man andererseits in Rechnung, daß die Vorgeschichte der Sammlung eine längere innerisraelitische Entwicklung voraussetzt, so wird man für einzelne Vorstellungen bis in die späte Königszeit hinuntergehen können. Die geringe Aufmerksamkeit, die Batseba entgegengebracht wird, der Verzicht auf eine wie auch immer geartete Beschuldigung der »fremden« Frau scheint die in 12,1b – 4.5 –

---

[70] Die Erzählung wäre, folgt man den Untersuchungen von T. Veijola, Dynastie, 115 Anm. 59.139, der Intention nach am ehesten von DtrP aufgegriffen worden.

[71] W. Dietrich, Prophetie, 131.

[72] W. Dietrich, Prophetie, 131.

8*.13 begegnende Bewertung des Ehebruchs nicht gerade an das Ende dieser moralischen Denkentwicklung zu stellen.

Wenn nach T. Veijola DtrH den König David vor allem als gerecht und uneingeschränkt unschuldig hinstellen will[73], dann wird dieses Bild des Dynastiegründers keine völlig neue Erfindung sein, sondern auf idealisierenden Tendenzen der Davidüberlieferung aufbauen. Immerhin ist doch beachtenswert, daß in den Augen Natans das moralische Versagen Davids keineswegs seine königlich-richterliche Kompetenz außer Kraft setzt. Wenn nun auch die Schuldlosigkeit Davids beim besten Willen nicht behauptet werden konnte, so stellen ihn doch sein unbestechliches Urteil, das sich letztlich gegen ihn selbst wendet, und sein mustergültiges Schuldbekenntnis trotz allem als vorbildlichen König und Pönitenten heraus.

d) Daß in 2 Sam 11 f. mehrere Überarbeitungen vorliegen, haben W. Dietrich und T. Veijola insgesamt überzeugend nachgewiesen, wenn auch die hier vorgelegte Lösung erheblich abweicht. Zunächst muß die in 11,1 und 11,11 eingetragene gesamtisraelitische Perspektive des Waffengangs gegen die Ammoniter als dtr Erweiterung bestimmt werden. Sieht man einmal von der verklammernden Funktion ab, so vergrößert die gesamtisraelitische Sicht die Schuld des Königs, wie die Ausführungen Urias in 11,11 via negativa belegen. Die Erwägungen Joabs zur möglichen Reaktion des Königs auf die gemeldete Niederlage in 2 Sam 11,20b.21a erinnern an das schändliche Ende Abimeleks sicherlich nicht nur aus historischem Interesse heraus. Zwar kann nicht ausgeschlossen werden, daß es sich bei den beiden Halbversen um einen schriftgelehrten Nachtrag handelt, doch haben, folgt man den Analysen von T. Veijola, vor allem DtrH und DtrN am Abimelek-Komplex gearbeitet.[74] Beabsichtigt ist wohl die Aussage, daß die Kenntnis der Geschichte vorsichtiger und behutsamer machen müßte.

Eine weitere, vermutlich dtr Wendung stellt 11,27b dar. Zwar findet sich der Ausdruck וירע הדבר בעיני noch in Gen 21,11 f.; 1 Sam 8,6; 18,8, doch nur in 2 Sam 11,27b bezieht er sich auf Jahwe. Das spricht für die von W. Dietrich geäußerte Vermutung, es handle sich um »eine dem Kontext angepaßte Fassung der Formel vom ›Tun des Bösen in den Augen Jahwes‹.«[75] So wird der Anschluß zu 12,1 geschaffen.

2 Sam 12,6 ist schwierig zu beurteilen, denn hier könnte ein schriftgelehrter Zusatz vorliegen, der die auf den Rechtsfall passende Vorschrift aus Ex 21,37 nachtragen will. Eigentlich stört die Restitutionsverpflich-

---

[73] Vgl. dazu T. Veijola, Dynastie, 127–138.

[74] T. Veijola, Königtum, 100–114. Er erkennt in der gesamtisraelitischen Perspektive die Hand von DtrG (= DtrH). (107).

[75] W. Dietrich, Prophetie, 132.

tung die Aussageintention, die von v. 5bβ auf v. 13 zielt und es völlig
auf die Todeswürdigkeit der Tat Davids abgesehen hat.

Die Auffüllung der Botenformel in 12,7 erinnert an dtr Sprachge-
wohnheit.

Einem eindeutigen dtr Sprachgebrauch begegnet man wieder ab 12,9
mit den für Dtr typischen Phrasen לעשות רע בעיני יהוה und הקים
רעה על[76]. Das bedeutet freilich nicht, daß es sich bei v. 9 – 12 um eine
in sich geschlossene dtr Interpolation handelt. In v. 9 f. wird mit dem
dreimal begegnenden Stichwort חרב die blutige Tat an Uria als Ursache
für die blutige Zukunft des Davidhauses interpretiert. Diese Argumentation hängt an v. 9a, da nur hier Mord und Ehebruch zusammen erwähnt
werden. V. 11 f. spricht dagegen eine der vorliegenden Erzählung 12,1 –
8*.13 entsprechende Strafe aus, die dem Tun-Ergehen-Zusammenhang
entspricht. Hatte David dem Uria seine einzige Frau weggenommen, so
nimmt jetzt Jahwe in Entsprechung dazu dem König alle Frauen weg.
In diesem noch eng an der Grunderzählung orientierten Gerichtswort
liegt zweifelsohne die erste dtr Erweiterung vor. Schwieriger stellt sich
v. 9 f. dar. V. 10b muß als Brücke zu v. 11 f. gelten, da er überflüssigerweise die blutige Zukunft des Davidhauses nochmals mit dem Ehebruch
begründet, nachdem v. 10a bereits mit ועתה die Anklage von v. 9 aufgegriffen hat. Mit להיות לך לאשה soll offenbar für v. 11 f. erneut das
Stichwort geliefert werden. Dafür spricht nicht zuletzt die nur noch
Am 4,12b begegnende und einen redaktionellen Halbvers einleitende
Wortverbindung עקב כי[77] und die erneute Aufnahme des Verbums בזה,
das sich hier unmittelbar auf Jahwe bezieht (Suff. 1. Pers. Sing.). V. 9a
bietet eine Gewichtung der Untat Davids, die bislang noch nicht in
Erscheinung getreten ist: primo loco ist vom Mord an Uria die Rede,
secundo loco vom Ehebruch.

Die gut dtr bezeugte Wendung לעשות הרע בעיניו konnte dazu veran-
lassen, hier eine weitere dtr Hand zu vermuten. Die ausgeprägt theologische Terminologie, die in Begriffen wie דבר יהוה und הרע begegnet, läßt
ihrerseits auf eine fortgeschrittene Systembildung schließen, so daß hier,
schriebe man 12,11 f. dem DtrP zu, die Hand von DtrN zu vermuten
wäre. Allerdings bietet die Begrifflichkeit allein keinen Anhaltspunkt, da
sie zwar auch gut, aber nicht ausschließlich dtr Provenienz ist. So wird
das in v. 9 f. zweimal begegnende Verbum בזה sonst im dtr bearbeiteten
Geschichtswerk nicht benutzt, um ein religiöses Versagen anzuzeigen
(vgl. 1 Sam 10,27; 17,42; 2 Sam 6,16). Ein mit בזה ausgedrücktes religiöses
Fehlverhalten ist Ez 16,59; 17,19 (gegen den Bund), Ez 22,8 (gegenüber
dem, was Jahwe heilig ist), Mal 1,6 (gegenüber Jahwes Namen), Spr

---

[76] Vgl. die Belege bei W. Dietrich, Prophetie, 88 f.131 Anm. 92.
[77] So J. Vermeylen, Isaie II, 551.

14,2 (gegenüber Jahwes Weg)[78] bezeugt. In unserem Zusammenhang besonders beachtenswert sind die Stellen 2 Chron 36,16 und Num 15,31. Bei dem Summarium 2 Chron 36,14 – 16 handelt es sich mit T. Willi und gegen O. H. Steck nicht um ein dtr Traditionsstück, sondern um eine typologisierende, musivische, sich literarisch an Jeremia orientierende Eigenschöpfung des Chronisten, die sich freilich das Dtr Geschichtswerk zum Vorbild nimmt.[79] In dieser Geschichtsreflexion wird das Versagen des Volkes gegenüber der prophetischen Botschaft reflektiert.

Als für 2 Sam 12,9 äußerst wichtig erweist sich der Abschnitt Num 15,22 – 31, der »von der Sühnung unbeabsichtigt, versehentlich und ›unwissentlich‹ begangener Verstöße gegen irgendein göttliches Gebot« handelt.[80] V. 24 – 26 behandeln einen die ganze Gemeinde betreffenden Verstoß, v. 27 f. das Vergehen eines Einzelnen. V. 30 f. bespricht die »mit erhobener Hand«, d. h. absichtlich vollzogene Gesetzesübertretung. Kennzeichnend für den gesamten Abschnitt ist das Fehlen konkreter Verschuldungen. Vergleicht man nun Num 15,30 f. mit 2 Sam 12,9, dann wird man den Eindruck nicht los, daß die Frage von 12,9 die Tat Davids im Licht von Num 15,30 sehen will. Hier wie dort handelt es sich um die bewußte Tat eines Einzelnen, die die Todesstrafe nach sich zieht. Num 15,30 f. weist zudem einige terminologische Berührungspunkte mit 2 Sam 12,9 auf:

»Aber die Person, die handelt (תעשה) mit erhobener Hand, gehöre sie zu den Einheimischen oder zu den Fremden, sie lästert Jahwe. Und ausgerottet soll werden diese Person aus der Mitte ihres Volkes. Denn das Wort Jahwes (דבר יהוה) hat sie verachtet (בזה) und seine Gebote gebrochen. Unbedingt ausgerottet werden muß diese Person; ihre Schuld ist an ihr.«

Dieser Abschnitt, der zu »den sehr jungen Stücken im Pentateuch«[81] gehört, vertritt einen strengen Vergeltungsglauben, der freilich zwischen versehentlich und absichtlichen Verstößen zu unterscheiden weiß. Der harten Strafe unterliegt allein der Gesetzesbrecher, der vorsätzliche Verächter des Gotteswortes.

Auch v. 10 hat seine terminologischen Besonderheiten, die es erschweren, einfachhin eine dtr Redaktion zu vermuten. Der Ausdruck לא תסור חרב begegnet nur hier. Im Vergleich mit der gebräuchlicheren Wendung, die das Nomen חרב mit dem Verbum אכל verbindet, erweist

---

78 Der Vers unterbricht den Zusammenhang zwischen Spr 14,1 und 14,3; somit erweist er sich als Zusatz. Vgl. dazu O. Plöger, Sprüche, 169.
79 T. Willi, Chronik, 212 Anm. 29, in Auseinandersetzung mit O. H. Steck, Israel, 74.
80 M. Noth, Numeri, 102.
81 M. Noth, Numeri, 101. Nach O. Eißfeldt, Einleitung, 271 f., gehört Num 15 zu den sekundären Auffüllungen der Priesterschrift.

er sich als die abstraktere Formulierung. Hier finden die Stellen, in denen vom im Haus Davids wütenden Schwert die Rede ist (1 Kön 1,51; 2 Kön 11,15 f.20; 2 Chron 20,9; 21,4; 23,21), ihr fiktiv antizipatorisches Resümee. Die עד עולם dauernde Strafe gegen das Haus Davids muß ebenfalls als singuläre Formulierung gelten. Wenn das Vergehen des Dynastiegründers die Dynastie »in Ewigkeit« straft, dann spricht das zum einen für dessen exponierte Stellung, zum andern für ein strenges Verständnis des Tun-Ergehen-Zusammenhangs, das die individuelle Schuld weit übersteigt.

V. 14 blickt zurück auf 11,27a und leitet über zu 12,15b – 24. Ob dieser Vers einfach als redaktionelle Klammer zu verstehen ist oder der Hand zugeschrieben werden muß, die 12,15b – 24 verfaßt hat, ist schwierig zu entscheiden. Der Vers verankert Jahwes Strafhandeln in der prophetischen Botschaft. Ihm lag einerseits die Aufhebung des Todesurteils durch Natan vor, andererseits mußte ihm daran gelegen sein, Jahwes Gerechtigkeit zu verdeutlichen. Anders gesagt: Er war sehr daran interessiert, daß Vergeltung geübt wurde. Das Schuldbekenntnis Davids in 12,13 ließ es jedoch nicht zu, daß diese Vergeltung in ganzer Strenge erfolgte. Diese Vorstellung ist z. B. im dtr Vers 1 Kön 21,29, aber auch in 2 Chron 12,6 ff.; 32,26; 33,11 ff.19; 34,27 f. zu finden; vgl. ferner 2 Chron 33,22 f.; 36,12. Den Belegen ist gemeinsam, daß ein an sich gerechtes, hartes Gericht wegen der Selbstdemütigung eines Königs (zu seinen Lebzeiten) nicht eintrifft oder gemildert vollzogen wird. Diese Vorstellung bestimmt auch v. 14, der somit durchaus die Intention von 12,15b – 24 sachgerecht vorwegnimmt. Die breit belegte Vorstellung, daß das Unheil zu Lebzeiten des Königs nicht eintrifft, da er sich ja bekehrt hat, schließt zudem nicht aus, daß 12,9a ebenfalls dieser Redaktionsschicht zugehört. Das als gerecht angekündigte Urteil wird, da sich David vor Gott erniedrigt, nicht zu seinen Lebzeiten wirksam.

V. 15a, der Weggang des Propheten, und v. 24, Natans erneuter Auftritt, bedingen einander. Beide Verse stammen vom Verfasser der Legende und erweisen diese somit als Anschlußdichtung.

e) Die Legende in 12,15b – 24 zeichnet ein Bild von David, das einerseits gut an den bußfertigen König von 12,13 erinnert, andererseits aber mit den in 2 Sam 11 begegnenden Vorstellungen nichts gemein hat. David sorgt sich um das Kind des Ehebruchs und will durch Fasten Jahwe bewegen, die Krankheit von dem Kind zu nehmen. Da diese Verse den König in den Mittelpunkt stellen, die Umgebung dagegen anonym bleibt, selbst Batseba nicht mit dem Eigennamen begegnet (12,15), fällt auch die Anonymität des Kindes nicht aus dem Rahmen. Diese Anonymität wird freilich in v. 24 aufgegeben, so daß die Erwägung von T. Veijola, es liege hier versprengt der Anschluß zu 11,17a vor, eine gewisse Bestätigung erfährt. Der König wird als vorbildlich fromm hingestellt. Er setzt darauf, daß Jahwe es sich noch einmal gereuen läßt und das

Leben des Kindes erhält. Nachdem Jahwe seinen endgültigen Willen gezeigt hat, nimmt David, der, wie v. 16 vermuten läßt, im Tempel gefastet und gebetet hat, den Tod des Kindes als unabänderlich an und geht zum Haus Jahwes, um anzubeten. Diese Ergebenheit in Gottes Willen und Fügung begegnet in der Davidüberlieferung häufiger: 1 Sam 25,32 f.; 2 Sam 15,25 f.; 16,11 ff. Die Analysen von T. Veijola weisen all diese Stellen dem DtrG (= DtrH) zu.[82] Darüber hinaus hat T. Veijola darauf aufmerksam gemacht, daß die Verse in den geschichtlichen Büchern, die von einem strafenden Schlagen Gottes (נגף) an einem einzelnen Menschen wissen, als nachträgliche Theologisierung zu gelten haben.[83] Somit zeigen der Sprachgebrauch und die verwendeten Motive für 2 Sam 12,15b–24 eine späte Entstehungszeit an, so daß eine Zuordnung der Erzählung zum dtr Redaktorenkreis sehr wohl erwogen werden könnte. Gegen eine derartige Zuweisung gibt es freilich ein gewichtiges Argument. Die Erwähnung des Tempels in 12,20 wäre einem dtr Schriftsteller nicht unterlaufen. DtrH reflektiert und interpretiert das in 2 Sam 7,1a.2–5.7 vorliegende prophetische unbedingte Nein zum Tempelbau als nur vorläufig gültig. Man wird einer Denktradition, die so bewußt mit dem Thema »David-Tempel« umgeht, einen derartigen anachronistischen Lapsus nicht unterstellen dürfen. Daher ist zu fragen, ob späte Traditionen zu greifen sind, in denen das Verhältnis vom Dynastiegründer David zum nicht von ihm gebauten Tempel enger gesehen wird. Diese Vorstellung einer engen Verbindung von David und Tempel findet sich nun in der Tat in 1 Chron 28 f. Demnach ergreift David die Initiative zur Planung und leitet eine erste Kollekte für den Bau in die Wege. So schafft es der Chronist, daß letztlich aus dem salomonischen ein davidischer Tempel wird, wenn auch der Vorbehalt, David selbst dürfe den Tempel nicht bauen, weiterhin gilt (vgl. 1 Chron 28,3). Möglicherweise steht eine verblassende Kenntnis der chronistischen Sehweise hinter 2 Sam 12,15b–24.

Daß in 2 Sam 12,15b–24 späte Vorstellungen wirksam werden, zeigt die Auffassung vom Fasten Davids, das kaum als antizipierendes Trauerfasten anzusehen ist.[84] Dafür spräche allein die Zeitangabe von sieben Tagen, vgl. 1 Sam 31,13 und 1 Chron 10,12.[85] Vielmehr wird in der Antwort Davids auf die Anfrage der Dienerschaft, warum er nun nach dem Tod des Kindes mit dem Fasten aufhöre, deutlich, daß hier Fasten und Beten einen Sinneswandel bei Jahwe herbeiführen sollten. Das Aufsuchen (בקשׁ) Jahwes soll durch Selbsterniedrigungsriten nachdrücklich gestützt und bekräftigt werden. Ein Fasten, das den vorgetrage-

---

[82] Vgl. zu 1 Sam 25,32 f. T. Veijola, Dynastie, 47–55; zu 2 Sam 15,25 f. ebd., 78.103 f.132; zu 2 Sam 16,11 f. ebd., 78.132.

[83] T. Veijola, Salomo, 245.

[84] So wohl T. Veijola, Salomo, 243.

[85] 2 Sam 1,12 bezeugt ein Trauerfasten »bis zum Abend«.

nen Bitten oder Klagen Nachdruck verleihen soll, begegnet z. B. Ri
20,26; 1 Sam 7,6; Esra 8,21 ff.; Neh 9,1; Dan 9,3. Der Gedanke, für das
Wohlergehen eines anderen zu fasten, findet sich noch Ps 35,13[86] und
Est 4,16. Bitten, Klagen und Fasten bewirken zumeist eine Sinnesände-
rung der Gottheit und bringen den erbetenen Erfolg bzw. wenden eine
Strafe ab: Ri 20,26; 1 Sam 7,6; 1 Kön 21,27; Joel 2,12 ff.; Esra 8,23;
2 Chron 20,3.

In 2 Sam 12,15b – 24 muß allerdings berücksichtigt werden, daß
hier der Tun-Ergehen-Zusammenhang und dessen mögliche Aufhebung
durch Jahwe problematisiert wird. Nach 12,15b wird das Kind von
Jahwe mit Krankheit geschlagen. David unternimmt nun den Versuch,
durch Fasten Einfluß auf das göttliche Handeln zu nehmen, was aber,
wie der Ausgang der Erzählung weiß, nicht gelingt. Jahwe handelt so,
wie Natan es angekündigt hat. Die bereits geminderte Strafe wird nicht
gänzlich aufgehoben. Dem frommen König verbleibt allein die anbetende
Anerkennung des göttlichen Gerichtshandelns.

Befragt man die Stellen, die sich dem Problem des wirkungslosen
Fastens stellen, dann muß zunächst auf den der dtr Redaktion des
Jeremiabuches zugehörigen Abschnitt Jer 14,11 f. verwiesen werden.[87]
Jahwe wird das mit Fasten verbundene Flehen des Volkes nicht hören,
weil er sein Gericht vollziehen will.

Das wirkungslose Fasten des Volkes reflektiert ausführlich der Abschnitt Jes 58,1 – 12. Gott sieht das Fasten des Volkes nicht (v. 3), weil
dessen ethisches Verhalten in Unordnung ist. Nicht die Kasteiung durch
Fasten, allein das Üben von Gerechtigkeit vermag das ersehnte Heil zu
bringen. Die Auffassung des Propheten vom Verhältnis zwischen Gott
und Mensch ist »derjenigen der gescholtenen Gemeinde nicht unähnlich.
Auch er erwartet, daß Gott auf Grund des frommen Tuns wie zur
Belohnung einer erbrachten Leistung erhört und hilft...«[88]

Ähnlich verläuft die Argumentation in Sach 7,4 – 10: Jahwe zweifelt
an, daß das Fasten des Volkes überhaupt ihm gilt (v. 4 ff.). Er erinnert
an die Worte der früheren Propheten, womit wohl die vorexilischen
Propheten gemeint sind[89], um dann gerechtes Gericht, Güte und Erbarmen zu fordern.

Zwar läßt sich 2 Sam 12,15b – 24 nicht, da es hier um die vorbild-
liche Gottergebenheit Davids geht, der seinem Gott die Anbetung nicht
verweigert, obwohl er keine Erhörung gefunden hat, der Intention nach
mit den angeführten Texten zur Deckung bringen, das ändert aber nichts

---

[86] Der Psalm ist in seiner jetzigen Gestalt nicht vor dem 4. Jh. v. Chr. entstanden, vgl. A.
Deissler, Psalmen, 146.
[87] Zum dtr Charakter der Verse vgl. W. Thiel, Jeremia 1 – 25, 182 f.
[88] G. Fohrer, Jesaja III, 212.
[89] W. Rudolph, Dodekapropheton 4, 145.

daran, daß diese Texte, die allesamt den Zusammenhang von Bittfasten und verweigerter Erhörung thematisieren, frühestens der Exilszeit angehören.

Es ist nun ernsthaft zu erwägen, ob 2 Sam 12,15b – 24 sich nicht einem ausgeprägten Vergeltungsglauben verpflichtet weiß, wie er z. B. in Ez 18,21 ff. und vor allem im Chronistischen Geschichtswerk begegnet.[90] Es sei hier exemplarisch auf die Geschichte des judäischen Königs Manasse in der chronistischen Interpretation verwiesen. Nach dem in 2 Chron 33,1 – 9 übernommenen Urteil aus 2 Kön 21,1 – 9 galt Manasse als Greuel. Gleichzeitig aber übertraf die Dauer seiner Regierungszeit die der anderen Könige. 2 Chron 33,11 – 13 läßt daher den König nach Babel deportiert werden, dort findet der die lange Regierungszeit legitimierende Sinneswandel statt.[91]

Mehrere Auffälligkeiten in 2 Sam 12 könnten auf dem Hintergrund einer derartigen Geschichtsperspektive ihre Erklärung finden:

a) Zwar hatte der Dynastiegründer David als Idealgestalt zu gelten, doch der nicht wegzudiskutierende Ehebruch des Königs mußte diese Idealvorstellung stören. Es lag daher nahe, David als vorbildlichen und gottergebenen Beter zu zeichnen. Dabei konnte der Verfasser der Legende auf der Schuldanerkenntnis Davids in 12,13 aufbauen.

b) Der ebenfalls hochgeschätzte Salomo hatte selbstverständlich als legitim gezeugter Sohn Davids zu gelten. Deshalb mußte das Kind des Ehebruchs sterben. Daß aus dogmatisch-ideologischen Gründen mit dem im Anonymen verbleibenden Kind eine fiktive Gestalt eingeführt wird, kann nur den verwundern, der Geschichtsschreibung an neuzeitlichen Maßstäben mißt.

c) Das Argument, 2 Sam 12,15b – 24 sei, da der Natan-Auftritt keine Berücksichtigung finde, ursprünglich die Fortsetzung von 11,27a, zählt bei einer späten Entstehungszeit von 12,15b – 24 nicht mehr. Die Bußhandlung des Königs kann folgerichtig nur hinter den Prophetenauftritt plaziert werden. Wenn es zudem stimmt, daß v. 14 das vom Verfasser gebildete Anschlußstück bildet, dann wurde zudem die Bußhandlung des Königs, der als kultischer Handlung eine gewisse Eigenständigkeit gebührt, hinreichend mit der prophetischen Botschaft verknüpft.

d) Das besondere kultische Interesse findet seinen Niederschlag in der Anbetung Davids im Haus Jahwes und im vielleicht im Tempel zu denkenden בקש את יהוה, 2 Sam 12,16cj.

---

[90] Auf die Bedeutung des Vergeltungsglaubens für 1 + 2 Chron verweisen z. B. G. Fohrer, Geschichte, 371; R. Smend, Entstehung, 229; W. Zimmerli, Grundriß, 159; O. Kaiser, Einleitung, 191.

[91] Vgl. dazu O. Kaiser, Einleitung, 191.

Auch terminologisch verweist der Abschnitt in die spätere Zeit. גגף als Ausdruck für Jahwes Strafhandeln an einem Einzelnen begegnet außer in 2 Sam 12,15 noch in 1 Sam 25,38; 26,10; 2 Chron 13,20; 21,18, wobei T. Veijola bereits auf die Besonderheiten der 1 Sam-Belege hingewiesen hat.[92]

לחש, hitp., »flüstern« ist noch im nachexilischen Ps 41,8 bezeugt.[93] II סוך »sich salben« ist als hif.-Form nur in 2 Sam 12,20 belegt, weist aber im q. und hof. überwiegend späte Belege auf: (q.) Dtn 28,40; 2 Sam 14,2; Ez 16,9; Mi 6,15; Rut 3,3; Dan 10,3; 2 Chron 28,15; (hof.) Ex 30,32. חלף »(die Kleider) wechseln« begegnet nur noch Gen 41,14b, d. h. in der nach H.-C. Schmitt frühestens der späten Königszeit zuzuordnenden Ruben-Jakob-Schicht.[94]

Eine besondere Aufmerksamkeit muß dem Abschluß in v. 24bβ.25 gelten. Bereits v. 24a unterscheidet sich vom vorangehenden Sprachgebrauch, denn hier begegnet Batseba wiederum mit Namen und als »seine«, d. h. Davids Frau. Berücksichtigt man mit T. Veijola und den oben getroffenen Ausführungen, daß hier eine ältere Namensgebung, die ursprünglich 11,27a abgeschlossen hat, verarbeitet worden ist, die möglicherweise sogar Batseba namensgebend sein ließ, dann wird der Wechsel im Sprachgebrauch verständlich.

Von dem neugeborenen Salomo wird ausdrücklich gesagt, daß Jahwe ihn liebt. Hier liegt, wie ein Blick auf die Stellen, in denen Jahwes Liebe (אהב) einem Einzelnen zugesagt wird, später Sprachgebrauch vor, vgl. Jes 48,14; Mal 1,2; Spr 15,9; ferner Jes 41,8.[95] Neh 13,26 bezieht sich ausdrücklich auf 2 Sam 12,24. Auch das im Namen Jedidja als Element begegnende Nomen ידיד hat, wo es die Liebe Jahwes bezeichnet, überwiegend späte Belege[96]: Dtn 33,12; Ps 60,7 = 108,7; 127,2; Jer 11,15. Und schließlich sei noch darauf verwiesen, daß ביד (שלח) als prophetentheologischer Terminus mit 2 Kön 17,13; Sach 7,12 und 2 Chron 36,15 äußerst selten und spät begegnet. Wenn hier im Anschluß an die Namensgebung durch David nochmals auf göttliches Geheiß und durch prophetische Vermittlung dem neugeborenen Kind ein Name gegeben wird, wenn zudem ausdrücklich gesagt wird, daß das »Jahwes wegen« erfolgt, dann wird die fromme Bußhaltung des Königs schließlich doch noch belohnt. Es gibt, da der Verfasser der Legende bereits in 12,14 die folgenden Begebenheiten mit dem Prophetenauftritt verbunden hat,

---

[92] Vgl. T. Veijola, Salomo, 245.

[93] Vgl. H.-J. Kraus, Psalmen I, 466. A. Deissler, Psalmen, 172, sieht den Psalm als Schöpfung der nachexilischen Weisheitsschule an.

[94] H.-C. Schmitt, Josefsgeschichte, 35 – 39.163 – 169.

[95] Vgl. E. Jenni, Art. אהב, Sp. 69 f.

[96] Siehe dazu H.-J. Zobel, Art. ידיד, Sp. 477 ff.

keinen ersichtlichen Grund, 12,25 nicht dieser Legende als Abschluß zu belassen.

Gemäß den vorgelegten Ergebnissen können die Stufen des redaktionellen Wachstums in 2 Sam 11 f. folgendermaßen zusammenfassend beschrieben werden:

a) Ausgangspunkt ist die Erzählung vom Ehebruch Davids und der von ihm veranlaßten Ermordung Urias in 2 Sam 11,2 – 11*.12 – 20a.21b – 23.24aβb.25 – 27a.

b) 2 Sam 12,1 – 5.7*.8.13 bildet den Grundstock der David-Natan-Szene. Diese Erzählung handelt vom Auftritt Natans vor David, in dem der Prophet einen Rechtsfall vorlegt, der König das Urteil spricht, Natan das im Rechtsparadigma vorgestellte Unrecht auf den König bezieht und in diesem Sinne entfaltet, der König seine Schuld bekennt und Natan die Vergebung Jahwes verkündet.

c) 2 Sam 11,1 (ואת כל ישראל) 11 (הארון וישראל ויהודה ישבים בסכות). 20b.21a.24aα.27b sind von einem dtr Verfasser, vermutlich DtrP. Er übernimmt die Erzählung vom Umkehr bewirkenden Gotteswort, erweitert sie im Blick auf 2 Sam 16,20 – 23 um das Gerichtswort 12,11 f. und fügt diese von ihm überarbeitete Natan-David-Szene mit Hilfe von 11,27b an den bereits von 11,1 und 12,26 – 31 gerahmten Bericht vom Ehebruch Davids mit Batseba, von der Verantwortung Davids am Tod Urias und von der Geburt Salomos an. Die gesamtisraelitische Perspektive in 11,1.11; 12,7 (אלהי ישראל), vgl. auch 12,12, und die Erinnerung an den Tod Abimeleks in 11,20b.21a.24aα können vermutlich auch dieser Hand zugeschrieben werden, da all die angeführten Erweiterungen letztlich die Schuld des Königs vergrößern. Daß in den Partien der David-Natan-Erzählung, die dieser Redaktion zuzuweisen sind, die Mordtat an Uria noch keine Erwähnung findet, mag in einer durch die Vorlage geprägten Perspektive begründet sein, zumal v. 11 f. im Blick auf 16,20 – 23 der vorgegebenen Umkehrgeschichte die Harmlosigkeit nimmt.

d) Die Abschnitte 2 Sam 12,9a.10.14.15 – 25 gehören zu einer Redaktion, die in ihrer Grundtendenz der chronistischen Vergeltungstheologie nahesteht. Sie interpoliert die Frage in 12,9a, die die Tat Davids theologisch als Verachten des Jahwewortes reflektiert und interpretiert. Dieser Redaktion ist auch v. 10a zuzusprechen, denn der Halbvers blickt in verallgemeinernder Weise auf die blutige Geschichte des Davidhauses zurück. In v. 10b verknüpft sie schließlich ihre Aussagen mit der ihr bereits vorliegenden Drohung v. 11 f. V. 9a.10a bieten eine deutliche Neuakzentuierung. Stand bislang unter dem Eindruck des in 12,1 – 4 vorgetragenen Rechtsfalls allein der Ehebruch im Mittelpunkt des prophetischen Auftritts, so kommt jetzt dem Mord an Uria die erste Stelle zu. Die Todeswürdigkeit des Verbrechens erhält damit ein stärkeres Gewicht. Vielleicht soll hier dann zudem die Unausweichlichkeit des Ersatzopfers, der Tod des Kindes, begründet werden. Dieser Tod des im Ehebruch gezeugten Kindes wird in v. 14 zur vom Propheten angekündigten Tat Jahwes. Es hat sich gezeigt, daß v. 14 dem Verfasser der Legende zugeschrieben werden kann. In anderer Terminologie greift er noch einmal das »Verachten Jahwes« auf, wie in v. 10b richtet sich dieses Verachten unmittelbar gegen Jahwe. Die nun folgende Erzählung von der Erkrankung und dem Tod des Kindes, in der David als vorbildlicher Büßer begegnet, der das Mißlingen seines Fastens in demütiger Gottergebenheit trägt, vereint Elemente, die von den Lehrbüchern gemeinhin als Kennzeichen chronistischer Geschichtstheologie angesehen werden. In deren Umkreis ist dann wohl auch der Verfasser zu suchen. Dafür sprechen: (1.) Das Schema der Vergeltung findet Anwendung. David kann sich nicht völlig der Strafe entziehen. (2.) Es wird mit einem unmittelbaren göttlichen Eingreifen gerechnet und das menschliche Handeln auf das Gebet eingeschränkt. (3.) Die versteckte Vorliebe für den Tempel kommt in dem für die Davidzeit anachronistischen Tempelgang zum Ausdruck. Auch das Gott-Aufsuchen wird man sich im Tempel zu denken haben.[97]

e) 2 Sam 12,9b ist nicht einzuordnen. Der Halbvers setzt die Verbindung der Rahmenerzählung mit dem David-Batseba-Uria-Komplex voraus. Er will wohl klarstellen, daß David zwar den Tod Urias zu verantworten, er ihn aber nicht eigenhändig getötet hat. Es waren die Ammoniter, die den Mann Batsebas getötet haben.

4. Die theologische Geschichtsinterpretation der in 2 Sam 11 f. überlieferten Vorgänge in 11,27b und 12,24bβ.25

Die redaktionskritischen Überlegungen haben aufgewiesen, daß die drei Stellen, die von einem Sinnen bzw. von einem unmittelbaren Handeln Jahwes sprechen, keinesfalls dem Grundbestand der beiden Kapitel angehören, sondern eindeutig unterschiedlichen Redaktionsschichten zuzuordnen sind. Da redaktionelle Arbeit immer zugleich verstehend interpretierende Arbeit ist, die vorgegebene Stoffe auslegen und aus ihrer Perspektive heraus sehen lehren will, soll abschließend nach der Intention der theologischen Deutestellen in 2 Sam 11 f. gefragt werden.

a) 2 Sam 11,27b

Wenn die oben vorgelegte redaktionskritische Analyse zutrifft, dann gehört der Vers 2 Sam 11,27b dem am Prophetischen besonders interes-

---

[97] Vgl. O. Eißfeldt, Einleitung, 726–730.

sierten Deuteronomisten (DtrP) an. Sein Verständnis des ihm in 2 Sam 11 f. vorliegenden Geschehens wird deutlich, wenn verfolgt wird, wie er das ihm vorgegebene Material verarbeitet. Er bindet die Erzählung vom Ehebruch, von der Ermordung Urias und von der Geburt Salomos in eine gesamtisraelitische Perspektive, so daß künftig eine isolierte private Sicht der königlichen Sünde unmöglich wird. DtrP hatte zwar schon der ihm vorliegenden Übertragung des Rechtsparadigmas auf David entnehmen können, daß David von Jahwe umfassend und reich als König ausgestattet worden ist, doch verdeutlichen die gesamtisraelitischen Zusätze in 2 Sam 11,1.11, daß aus dieser Ausstattung als König Verantwortung erwächst. Das Königtum ist nicht als private Domäne Davids anzusehen, dient nicht dem verantwortungslosen Eigenstreben. Wenn ganz Israel in Auseinandersetzung mit dem äußeren Feind steht, wenn Jahwe selbst im Kampf präsent ist, dann steht es dem König schlecht an, zu Hause zu bleiben, vgl. 11,11. Die Untat Davids betrifft Jahwe und ganz Israel. Das reflektiert der Halbvers 11,27b, der als redaktioneller Vers die Auffassung von DtrP wiedergibt. Jahwe ergreift nun die Initiative und sendet seinen Propheten Natan, um vor dem König dessen Unrecht aufzudecken.

Wenn sich die Redaktion anscheinend nicht sonderlich weit von der Vorlage, der Erzählung von David als dem unbestechlichen Richter und reumütigen Pönitenten, entfernt, dann kann das nur der erste Eindruck sein. Tatsächlich übersteigt die Sünde Davids in ihren Folgen ein einfaches Tun-Ergehen-Denken: Ein im Blick auf 2 Sam 16,20—23 formuliertes Vaticinium ex eventu kündigt in dem Bewußtsein, daß der König für seine Tat büßen muß, für David den Verlust seines Harems an. Anders gesagt: DtrP sieht in den 2 Sam 16,20—23 berichteten Vorgängen das gerechte Gericht Jahwes an David vollstreckt. Dem Denken zufolge, daß eine Untat die gerechte Strafe zeitigt, erkennt DtrP in Absaloms Haremsübernahme Jahwes Gerichtshandeln an David, um den Ehebruch mit Batseba zu strafen. Dabei ist wichtig, daß nach DtrP dieser Tun-Ergehen-Zusammenhang nicht einfachhin eo ipso und blind funktioniert, sondern daß Jahwe dem ausdrücklich zustimmt und selber nach dieser Vorstellung handelt. Die Tatsache, daß Jahwe eigens eingreift, um dem Tun-Ergehen-Zusammenhang entsprechend zu handeln, sichert in gewissem Sinn seine Souveränität gegenüber diesem Zusammenhang. Er wird nicht zum Jahwe bindenden Gesetz. Denn dem Gesetz zufolge hätte David wegen des Ehebruchs den Tod verdient. Wenn nach DtrP Jahwe eine mildere Strafe als das Todesurteil verhängt, dann zeigt das gleichzeitig, daß er dem Tun-Ergehen-Zusammenhang nicht schicksalhaft ausgeliefert ist. Zwar scheint Jahwe grundsätzlich zu garantieren, daß der Sünde die Strafe folgt, doch in der Festsetzung des Strafmaßes kommt ihm göttliche Freiheit zu.

Jahwe vermittelt das, was er zu sagen hat, durch den Propheten Natan. Diesem kommt eine zweifache Botenaufgabe zu: Er hat die Schuld des Königs aufzuzeigen und den göttlichen Strafbeschluß zu übermitteln. Konnte sich DtrP beim Schuldaufweis der Vorlage bedienen, so ist die auf 2 Sam 16,20 – 23 blickende Strafankündigung sein Werk. Wenn David der Vorlage entsprechend seine Sünde einsieht und bekennt, dann wird DtrP darin das Wirksamwerden des prophetisch vermittelten Jahwewortes erkannt haben.

Daß Natan nur in 2 Sam 12 das Format eines Gerichtspropheten erlangt, wogegen er sonst zumeist als am Hof agierender Intrigant begegnet, spricht literarisch für den eigenständigen Charakter von 2 Sam 12,1 – 15. Theologisch wird zum Ausdruck gebracht, wie sich reflektierende Kreise in Israel das Wirken des Jahwewortes denken. In der Fassung des DtrP stellt 2 Sam 12,1 – 15 einen Beitrag zum Thema »Prophet und Politik« dar. Der Prophet deckt die von David vorgenommene Privatisierung der Macht als Mißbrauch auf und sagt ein Strafgericht Jahwes an, das diesem Mißbrauch angemessen entspricht. Wenn in 11,27b ausdrücklich davon die Rede ist, daß die Tat Davids in Jahwes Augen böse war, wenn dieser Halbvers zum Prophetenauftritt überleitet, dann wird gleichzeitig der eigentliche Souverän der Geschichte eingeführt, der nicht zuläßt, daß die für das Gemeinwesen gegebene königliche Macht zur despotischen Willkür verkommt.

Sowohl W. Dietrich als auch R. Bickert haben herausgestellt, daß der am Prophetischen interessierte Deuteronomist (DtrP) 2 Sam 12,1 – 12* dem Thronfolgeerzählkomplex inkorporiert hat, denn er fand darin »einen willkommenen älteren Beleg für seine eigene Überzeugung, daß die Geschichte unter bestimmten Umständen von Jahwe seinem Urteil unterstellt wird.«[98]

Dieses Urteil kann für die Intention der von DtrP aufgegriffenen und überarbeiteten Prophetenerzählung gelten, trifft aber nicht mehr auf die Aussage der oben rekonstruierten Grunderzählung zu. Diese Erzählung von der Begegnung zwischen Natan und David, die vor allem den König als vorbildlichen Pönitenten darstellt, ist weit weniger an einer geschichtlichen Fragestellung interessiert als es R. Bickert wahrhaben möchte. Die Grunderzählung selbst verbleibt noch völlig dem Einzelfall verhaftet, dem Ehebruch Davids mit Batseba. Die Tatsache, daß dem Mord an Uria, der lediglich im späten v. 9 erwähnt wird, in der Grunderzählung keinerlei Beachtung zukommt, ist nicht unerheblich für die erzählerische Perspektive: David hat sich schuldig gemacht. Der Prophet legt diese Schuld offen. Der König bekennt sich als Sünder, und der Prophet deklariert die durch Jahwe gewährte Vergebung. Es bestehen keine Bedenken, eine derartige Erzählung noch in der vorexilischen Zeit anzusetzen. Das gleichnishafte Rechtsparadigma am Anfang des Kapitels

---

[98] R. Bickert, Geschichte, 16.

und die daran anschließende Entfaltung in der Grunderzählung kann mit R. Bickert als vor-dtr Prophetenlegende bestimmt werden, die zwar, auch darin kann R. Bickert gefolgt werden, den König einer Schuld überführen will, die aber wohl kaum ein vom Propheten verkündetes Strafgericht folgen läßt. Die Gründe, die zu dieser Auffassung führen, wurden bereits genannt: Eine nicht unwesentliche Pointe der Erzählung besteht darin, daß David letztlich sich selbst richtet. Damit richtet sich das Interesse des Hörers auf die Frage, wie denn nun das von David ausgesprochene und von Natan bestätigte Todesurteil wirksam wird. Gibt es für den König ein Entrinnen aus dieser Situation, in der die eigene Gerechtigkeit sich gegen ihn wendet? In der alten Erzählung geht es theologisch somit weniger um das Funktionieren des prophetischen Wortes, vielmehr tritt der Prophet als Repräsentant einer umfassenden Ordnung auf, die auch der König in seinem Urteil vollziehen hilft. Um so brisanter ist die Tatsache, daß der König zwar gerecht urteilt, obwohl er selbst nicht gerecht gehandelt hat. Sollte hier nicht vielleicht eine wichtige Erzähltendenz liegen? Als Amtsträger entscheidet der König gerecht; dank prophetischen Wirkens richtet sich diese Gerechtigkeit sogar, wenn es nötig ist, gegen den König selbst. Man wird das hier begegnende David-Bild nicht als eine für den König abträgliche Charakterisierung ansehen dürfen. David begegnet als der gerecht richtende König und mustergültige Pönitent, der auf den Erweis seiner Schuld das von ihm selbst gefällte Urteil im Sündenbekenntnis annimmt. »Ich habe gegen Jahwe gesündigt!« ist die von David vollzogene Anerkennung des Natan-Satzes »Du bist der Mann!«

Die Tatsache, daß die Erzählung das gerechte Richten des Königs von seinem ungerechten Lebenswandel zu trennen weiß, lenkt den Blick auf eine Erzählung, die bei David von einer mit der Salbung verbundenen Ausstattung des Königs mit Amtscharismen weiß, die ebenfalls von den subjektiven Irrtumsmöglichkeiten getrennt und vor ihnen geschützt sind: In 1 Sam 16,13 ist davon die Rede, daß der Geist Jahwes vom Tag der Königssalbung an über David war. Mit H. J. Stoebe wird man dieser Erzählung von der Salbung Davids attestieren müssen, daß in ihr das Königtum bereits eine feste Größe darstellt. »Hier [in 1 Sam 16,1 – 13] geht es darum, daß der, der de facto König ist, natürlich auch Charismatiker und geistbegabt ist.«[99] Die Natan-Erzählung setzt voraus, darin der Erzählung von der Salbung Davids vergleichbar, daß der König, wenn er als Richter angegangen wird, ein gerechtes Urteil findet. In diesem Punkt wird die Erzählung Vorgänge der späteren Königszeit in die Anfänge zurückverlegen, denn daß von David angenommen wird, er werde ein gerechtes Urteil fällen, setzt bereits eine Vertrautheit mit der

---

[99] H. J. Stoebe, Samuel, 306.

königlichen Rechtsprechung voraus, die für die Zeit Davids so kaum denkbar ist. Zwar ließe sich einwenden, daß auf David mit der Eroberung Jerusalems die Rechte und Pflichten des obersten Gerichtsherrn dieser Stadt übergegangen sind und daß der König daher durchaus in der in Kap. 12 geschilderten Weise in Aktion hätte treten können. Doch mißachtet ein derartiger Einwand den paradigmatischen Charakter des Rechtsbeispiels in 12,1 – 4, der eben doch höfische Rechtsprechungspraxis voraussetzt. Hinzu kommt, daß die Idealisierung des Königs als mustergültigen Pönitenten frühestens für eine Zeit denkbar ist, die bereits mit Wehmut auf die Anfänge der Dynastie zurückblickt und dabei vielleicht insgeheim die miserable Gegenwart daran mißt. Wenn H. J. Stoebe die Erzählung von Davids Salbung in 1 Sam 16,1 – 13 in die späte Königszeit datiert, dann trifft er sich mit der Auffassung von T. Veijola, DtrP habe diese Erzählung *vorgefunden* und in seinen Erzählzusammenhang eingebaut.[100] Ähnliches kann von der Grunderzählung in 2 Sam 12,1 – 15* mit Fug und Recht vermutet werden. Daß die Übernahme und Weiterinterpretation der Vorlage durch DtrP entscheidend neue Perspektiven eröffnet hat, wurde oben verdeutlicht.

b) 2 Sam 12,15b und 12,24bβ.25

Die Stellen 2 Sam 12,15b und 12,24bβ.25, die ebenfalls eine explizit theologische Beurteilung in die Erzählung eintragen, sind einem Verfasser zuzusprechen, der verschiedenen Grundgedanken der chronistischen Theologie nahesteht. Wenn die redaktionskritischen Überlegungen zutreffen, dann hat diese Redaktion den Vorwurf des Uria-Mordes der prophetischen Botschaft eingefügt. Gleichzeitig wurde von dieser Hand auch die Ankündigung, das im Ehebruch gezeugte Kind werde sterben, dem prophetischen Gerichtsspruch inkorporiert. Die Erzählung 2 Sam 12,15b – 25, die vom Tod des Kindes und von Davids beispielhafter Frömmigkeit berichtet, verfolgt mehrere Absichten:

1. Jahwe handelt an David entsprechend den Gesetzmäßigkeiten des Vergeltungsdenkens. Zwar kann er das Maß der Strafe herabsetzen, doch trifft das, was er dann beschlossen hat, ein.
2. David erweist sich als der mustergültige Büßer, der Jahwe im Tempel aufsucht, um die Krankheit des Kindes abzuwenden, und der nach dem Tod des Kindes Jahwe die Ehre gibt.
3. Salomo ist das legitime Kind Davids, gewissermaßen die Frucht der Bußgesinnung.
4. Die Legende spielt mit dem Namen »Salomo«, der zwar als »Sein Friede« gedeutet werden kann, hier aber deutlich als Ersatzname

---

[100] Vgl. T. Veijola, Dynastie, 102 Anm. 156.

»Seine Unversehrtheit« fungiert.[101] Im Neugeborenen ist demnach des verstorbenen Kindes Unversehrtheit wieder ganz da.[102] Es besteht keinerlei Veranlassung, die in 12,24bβ.25 überlieferte prophetische Namensgebung als Nachtrag anzusehen, denn der Verfasser verarbeitet in v. 24bα die ursprünglich hinter 11,27a stehende ältere Namensgebung (durch Batseba?) und fügt dieser überkommenen Namensgebung einen weiteren Namen für Salomo an.

Diese zweite Namensgebung verdankt sich einem unmittelbaren Eingreifen Jahwes und liegt damit auf einer Ebene mit 2 Sam 12,15b.

5. Wenn der Prophet Natan auf Jahwes Geheiß Salomo »Jedidja« nennt, dann will er gleichzeitig etwas über die tatsächlich erfolgte Thronfolge aussagen. Zurückblickend wird Salomo, der historisch gesehen nur einer der möglichen Thronprätendenten war und dessen Thronanwartschaft keineswegs als gesichert gelten konnte, der von Geburt an favorisierte Kandidat Jahwes. Wenn von Salomo gesagt wird, daß Jahwe ihn liebt, wenn er »Jahwes wegen« den Namen »Jedidja« (= Jahwes Liebling) erhält, dann wird zudem ausgesprochen, daß Salomo sein Königtum allein göttlichem Wollen und Eingreifen verdankt. Rückblickend erkennt der Verfasser, daß Jahwe selber in der Thronbesteigung Salomos seinen Willen, den er bereits kurz nach der Geburt Salomos durch den Propheten geoffenbart hat, verwirklicht hat. Nur wenn der die gegenwärtige Geschichtswissenschaft bestimmende Gedanke der »Objektivität« in ungeschichtlicher Weise auf die alttestamentliche Darstellung geschichtlicher Handlungsabläufe übertragen wird, kann eingewendet werden, daß ein derartiges theologisches Denken in einer fragwürdig zu nennenden Weise den faktischen Ablauf von Ereignissen ideologisch vergoldet. Berücksichtigt man aber die Perspektive des Verfassers, dann fällt das Ergebnis anders aus: Salomo wurde König. In diesem tatsächlichen Geschichtsablauf sieht die spätere Zeit Jahwes Willen und Plan am Werk. Schon in den ersten Lebenstagen Salomos wurde, so die als vaticinium ex eventu zu verstehende prophetische Namensgebung, die unter juristischen und moralischen Gesichtspunkten überhaupt nicht eindeutige Ablösung Davids durch Salomo göttlicherseits proklamiert.

---

[101] Siehe dazu J. J. Stamm, Name, 285 – 297.
[102] Zur Bedeutung der Eigennamen für die chronistische Geschichtsschreibung vgl. T. Willi, Chronik, 184 ff.

IV. 2 Samuel 16,15 – 17,23

1. Textkritische Anmerkungen

2 Sam 16,15: Mit G[B] ist העם zu streichen, da dieses Wort vermutlich aus v. 14 herübergekommen ist.[1] – V. 18: Statt לא אהיה lies das Qere לו אהיה.

2 Sam 17,3: Der Vers ist verderbt und muß unter Zuhilfenahme von G rekonstruiert werden: Statt הכל האיש אשר ist zu lesen: הכלה אל אישה רק את נפש איש אחד.[2] – V. 11: Statt בקרב wird mit G[B] בקרבו gelesen. – V. 19: Statt פני lies mit G[B] פי.

2. Literarkritik

Nachdem 2 Sam 16,14 die Erzählung von der Flucht Davids mit der Nachricht von der Ankunft des erschöpften Königs und seines Gefolges am Rastplatz abgeschlossen hat, wendet sich v. 15 den Geschehnissen in Jerusalem zu, wo Absalom mit allen Israeliten eingetroffen ist. Mit der Notiz von Ahitofels Tod in 2 Sam 17,23 wird dieser Erzählkomplex beschlossen, in dem, mit Ausnahme von 17,22, David nirgendwo als Handelnder begegnet. Ab 2 Sam 17,24 werden Ereignisse um David in Mahanajim berichtet. Diese Beobachtungen mögen die arbeitstechnische Abgrenzung des Abschnitts 2 Sam 16,15 – 17,23 hinreichend rechtfertigen.

Der Abschnitt gliedert sich folgendermaßen:

a) Notiz von der Ankunft Absaloms, seiner Leute und Ahitofels (16,15)

b) Der Auftritt Huschais vor Absalom (16,16 – 19)

---

[1] So z. B. auch W. Nowack, Bücher Samuelis, 215; K. Budde, Samuel, 277; P. K. McCarter, II Samuel, 380. Anders z. B. F. Stolz, Samuel, 259; H. W. Hertzberg, Samuelbücher, 285.287. Die jetzige Formulierung wirkt ungeschickt; dennoch bleibt die als nicht völlig abwegig auszuschließende Möglichkeit eines redaktionellen Eintrags. So muß wohl J. W. Flanagan, Study, 51, verstanden werden: »Mention of ›the people‹ and ›men of Israel‹ in v. 15 indicates reworking.«

[2] Vgl. dazu die ausführliche Diskussion der Textprobleme bei P. K. McCarter, II Samuel, 381 f., und BHK. Siehe ferner W. Nowack, Bücher Samuelis, 216; H. W. Hertzberg, Samuelbücher, 286 Anm. 1; F. Stolz, Samuel, 259 f.

c) Der erste Rat Ahitofels (16,20 – 23)
d) Der zweite Rat Ahitofels (17,1 – 4)
e) Der Rat Huschais (17,5 – 14)
f) Die Spionageaktion und Davids Maßnahmen (17,15 – 22)
g) Ahitofels Selbsttötung (17,23)

a) Die Notiz von der Ankunft Absaloms (16,15)

V. 15 setzt als invertierter Satz mit dem Subjekt ואבשלום וכל איש
ישראל »und Absalom und alle Israeliten« und der AK-Form באו neu
ein.[3] Desgleichen markieren Orts- und Personenwechsel, daß eine neue
Begebenheit erzählt wird. Der einleitende Satz steht seinerseits in Beziehung zu 2 Sam 15,37, erweitert allerdings das dort Berichtete um die
Bemerkung, Absalom sei *mit allen Männern Israels und mit Ahitofel* in
Jerusalem angekommen. V. 15 wurde nötig, um den Anschluß an 15,37b
zu schaffen und den Ortswechsel zu markieren. Die Annahme, 16,1 – 14
sei insgesamt eine redaktionelle Einfügung, ist jedoch nicht zwingend.
Es muß festgehalten werden, daß in v. 15 neben Absalom die איש
ישראל»Israeliten« begegnen, vgl. auch 16,18; 17,14a. In 17,4.15 fungieren
dagegen die זקני ישראל»die Ältesten« als Entscheidungsträger.
Von Ahitofel ist bereits in 2 Sam 15 die Rede: In v. 12 wird er ausdrücklich als aus Gilo stammender Berater Davids eingeführt, der in Hebron
von Absalom in den Kreis der Aufständischen einbezogen wird. Zu Recht
hält F. Langlamet fest, daß die Erwähnung Ahitofels in 2 Sam 15,12 für
den alten Erzählablauf unverzichtbar ist.[4] 15,31 teilt mit, David habe
Kenntnis von der Teilnahme Ahitofels an Absaloms Aufstand erhalten.
Zutreffend verweist E. Würthwein darauf, daß die Notiz in v. 31a eigentlich zu spät kommt, da die Information über die Teilnahme Ahitofels an
Absaloms Aufstand bereits in v. 12 f. enthalten ist.[5] Demnach wird man
v. 31a als Exposition zum folgenden v. 31b ansehen müssen. F. Langlamet
sieht ebenfalls v. 31 als sekundär an. Darüber hinaus ist für ihn auch der
überwiegende Teil von v. 34 redaktionell, da in פרר »zerbrechen« und
עצה »Plan« Schlüsselbegriffe der Redaktion begegnen, vgl. 17,14. Für F.
Langlamet lautet der Grundbestand in v. 34 f.: »und wenn du in die Stadt
zurückkehrst, siehe[6], dann sind dort bei dir…« Die von David für Huschai
formulierte Rede, die dieser vor Absalom halten soll, wäre demnach redaktionelle Ausgestaltung.[7] Ob diese Sehweise stimmt, hängt von der Beurteilung des Abschnittes 16,16 – 19 ab.

---

[3] J. P. Fokkelman, David, 203, sieht die Inversion in v. 15 und v. 14 als Chiasmus an,
»which marks the father/son opposition«.

[4] F. Langlamet, Ahitofel, 58.

[5] E. Würthwein, Erzählung, 35.

[6] הלוא hat hier ausrufenden Charakter; vgl. P. Joüon, § 161c.

[7] Vgl. F. Langlamet, Ahitofel, 61.

Wenn 16,15 Ahitofel ausdrücklich erwähnt, dann wird bereits auf seine Bedeutsamkeit in der folgenden Szene verwiesen.[8] Ob der Vers eine redaktionelle Reprise von 15,37 darstellt, ist von 16,16 – 19 her zu bestimmen. Sollte diese Szene in isolierter Stellung begegnen, dann wäre 16,15 eher redaktionellen Ursprungs. Die in 16,16 – 19* geschilderte Begegnung zwischen Huschai und Absalom könnte immerhin ursprünglich gut hinter 15,37 gestanden haben.

b) Der Auftritt Huschais vor Absalom (16,16 – 19)

V. 16 – 19 berichtet eine kurze Episode mit dem Arkiter Huschai, der 2 Sam 15,32 ff. zufolge von David zu Sabotage- und Spionagezwecken nach Jerusalem geschickt wird und gleichzeitig mit Absalom die Stadt erreicht, vgl. 15,37. Der aufmerksame Leser bekommt mit, daß Davids Vorsorgemaßnahmen einen ersten Erfolg zeitigen: Huschai trifft bei Absalom ein und kann dessen ironischen Einwand, der mit dem Titel »Freund des Königs«[9] spielt, überwinden. Die doppelte Begründung in 16,18 f. verrät allerdings, das muß gegen F. Langlamet festgehalten werden, die redaktionelle Hand. Weckt schon das Verbum בחר die exegetische Aufmerksamkeit[10], ist schon der Gebrauch von והשנית als Fortführung einer Rede singulär[11], so macht vor allem die differenzierte Sehweise der »Erwählung« durch Jahwe, Volk und die Männer Israels besonders stutzig. Hinzu kommt, daß die Argumentation in v. 19 annäherungsweise der »Vorformulierung« Davids entspricht, v. 18 dagegen eindeutig theologisch akzentuiert ist. Ist sonst entweder von der Erwählung des Königs durch das Volk die Rede (1 Sam 8,18; 12,13a) oder durch Jahwe (1 Sam 10,24; 16,8.9.10; 2 Sam 6,21; 1 Kön 8,16; 11,34; vgl. auch 2 Sam 21,6), wird hier beides in einen Zusammenhang gestellt, der ähnlich noch in Dtn 17,14 f. begegnet:

> »Wenn du in das Land kommst, das Jahwe, dein Gott, dir geben will, und du es in Besitz nimmst und du darin wohnst, und du sagst dann:

---

[8] So ausdrücklich P. R. Ackroyd, Samuel, 154.

[9] Zum Titel »Freund des Königs« vgl. H. Donner, Freund, 269 – 277. Der Titel, der vermutlich äyptischen Hofstil nachahmt, ist in Israel nur für die davidisch-salomonische Zeit belegt. Er wurde nach H. Donner später überflüssig, weil sich die Funktionen seines Trägers nicht mehr von denen eines Beraters bei Hof unterschieden. (270 f.)

[10] Ob בחר ein altes Wort ist oder nicht, gilt als umstritten; vgl. H. Wildberger, Art. בחר, Sp. 218 – 283; H. Seebaß, Art. בחר, Sp. 595 – 598. Für T. Veijola, Königtum, 50, sind die בחר-Stellen 2 Sam 16,18 und 21,6 möglicherweise alt. Er stellt in Anm. 76 aber fest: »Hier [2 Sam 16,18] ist die Häufung der drei Subjekte für בחר etwas verdächtig. Doch dürfte eben darin, dass Jahwe und Volk in einem Atemzug als Anstifter der Wahl Davids erwähnt werden, der noch unreflektierte vor-dtr Gebrauch des Terminus zum Ausdruck kommen.« – Anders sieht es m. E. aus, wenn die *doppelte* Argumentation in 2 Sam 16,18 f. berücksichtigt wird.

[11] So C. Conroy, Absalom, 133 Anm. 75, im Anschluß an I. Lande, Wendungen, 53.

Laß mich über mich einen König setzen wie alle Völker in meiner Umgebung, dann sollst du über dich einen König setzen, den Jahwe, dein Gott, erwählt hat...«[12]

Der eine entwickelte Erwählungsvorstellung voraussetzende Vers 16,18 könnte als restrictio verstanden werden: Huschai wird bei dem bleiben, den Jahwe, das Volk und alle Männer Israels erwählt haben. Das kann, berücksichtigt man die drei genannten Voraussetzungen, nur auf David bezogen werden, vgl. 2 Sam 5,1 – 5, denn eine Erwählung durch Jahwe steht aus dem Blickwinkel des Redenden für Absalom aus. Das theologisch-königsideologische Argument würde auf den Usurpator nicht zutreffen. Huschai würde hier seinen persönlichen Standpunkt äußern, doch Absalom bezieht all das auf sich. Bei diesem Verständnis bestünde selbstverständlich eine Spannung zu v. 19. Dagegen bringt v. 19 (ohne והשנית) die im Ablauf der Erzählung von David bereits »vorformulierte« Rede, mit der das Mißtrauen Absaloms überwunden wird, das Argument, er, Huschai, diene ja seinem Sohn.

Zum Verständnis von 2 Sam 16,16 – 19 muß 15,32 – 37 vorausgesetzt werden. Dann aber stellt sich das Problem der Zuordnung von 15,31. Bildet dieser Vers, der im jetzigen Erzählzusammenhang zum ersten Mal vom Plan des Ahitofel spricht, die unverzichtbare Voraussetzung für das Folgende, oder liegt eine dem David in den Mund gelegte Deutung des Folgenden vor?

Beim Halbvers 2 Sam 15,31b fällt zunächst auf, daß David auf die Nachricht, Ahitofel sei bei den Verschwörern, mit einer Bitte an Jahwe reagiert, Jahwe möge den Plan Ahitofels vereiteln. Das steht in einer gewissen, wenn auch nicht unüberwindlichen Spannung zu v. 32 – 37, wo David konkrete Vorkehrungen trifft, um mit Hilfe des Arkiters Huschai die Lage in Jerusalem auszuspionieren. Daß David bereits mit den Priestern Zadok und Abjatar eine ähnliche Abmachung getroffen hat, vgl. 15,27 f., ist zu notieren. Bemerkenswert bleibt die Tatsache, daß die Weisung Davids an Huschai genau dem in 17,15 – 19 geschilderten Hergang entspricht, wogegen die Abmachung mit den Priestern in 15,27 f. ungenauer ausfällt. Nun muß man diese Kongruenz nicht unbedingt gleich auf das Konto einer Redaktion buchen, denn auch der Erzähler der alten Erzählung könnte seinen Stoff in dieser Weise vorgestellt haben, zumal er bereits in 15,27 f. Davids Vorsorge für das Gelingen der Spionage geschildert hat. Es stimmt allerdings auch, daß 15,35 f. anders als 15,27 f. der Begebenheit 17,15 f. die

---

[12] Diese Bestimmung aus dem (noch vorexilischen) dtn Königsgesetz, das die Institution Monarchie bereits voraussetzt, weist gegenüber 2 Sam 16,18 eine nicht unerhebliche Nuance auf: das Volk setzt den von Jahwe Erwählten als König ein. Meine Vermutung geht dahin, daß 2 Sam 16,18 diese Differenzierung deshalb nicht mehr nennt, weil sie als selbstverständlich gilt.

Spannung nimmt. Will aber der alte Erzähler die List und Umsicht Davids
darstellen, dann stört die ausführliche Anweisung an Huschai weniger. Es
stört dann auch nicht, daß David eine kurze Rede für Huschai formuliert,
mit der dieser sich bei Absalom einschmeicheln soll. Der Einwand von F.
Langlamet, David habe keine Antwort formulieren können auf eine Frage,
die ihm unbekannt war, sticht nur, wenn man dem alten Bericht protokoll-
hafte Genauigkeit zumißt.[13] Man hat aber zu unterscheiden zwischen den
historischen Abläufen und der erzählerischen Präsentation. F. Langlamet
fragt z. B. auch nicht, warum Huschai in 17,16 auf einmal weiß, daß David
sich an den Furten zur Steppe aufhält, obwohl er von niemandem eine
Nachricht erhalten hat, die ihm Davids Aufenthaltsort mitgeteilt hätte.
Die in der Bitte Davids an Jahwe und den Abmachungen mit Huschai
begegnenden Momente kehren in Kap. 17 auf der Ebene der Ausführung
wieder: Huschai durchkreuzt Ahitofels Plan und läßt David benachrich-
tigen, vgl. 17,15 f. Die Bitte Davids hat ihre Entsprechung in 17,14b. Aus
terminologischen Gründen bleibt allerdings 15,34b fraglich, da mit פרר
und עצה möglicherweise doch das Rededuell in Kap. 17 anvisiert ist. Da
auch in 16,20 die Frage Absaloms »Was sollen wir tun?« um die Aufforderung »Bringt ihr Rat!« erweitert worden ist, läßt sich ein derartiger Vorgang in 15,34 ff. ebenfalls annehmen. Der Grundbestand würde demnach
lauten:

> »Und wenn du in die Stadt zurückkehrst und zu Absalom sagst: Dein
> Diener bin ich, König. Ich war früher der Diener deines Vaters, jetzt
> bin ich dein Knecht! – siehe, dann sind bei dir dort die Priester
> Zadok und Abjatar, und alles, was du aus dem Haus des Königs hörst,
> kannst du den Priestern Zadok und Abjatar mitteilen.«

Gerade die von David beabsichtigte Anwesenheit Huschais am königlichen
Hof und die dadurch möglichen Kenntnisse dessen, was dort vor sich geht,
gibt der Anweisung Davids einen trefflichen Sinn. Es geht nicht um eine
Bevormundung Huschais, sondern um die arbeitsteilige Zuweisung seines
Wirkungsbereichs im Rahmen des aufgebauten Nachrichtendienstes.

Auch E. Würthwein stellt bei den Aussagen über Ahitofel eine bemerkenswerte Doppelung fest: In 2 Sam 15,31 ruft David Jahwe an, und in
15,33 – 36 schickt er Huschai nach Jerusalem mit dem Auftrag, dort den
Plan Ahitofels zu vereiteln. Dieser Doppelung entspricht nach E. Würthwein der zweifache Rat Ahitofels in 2 Sam 16,21 ff. Demnach soll Absalom
einmal zu den Haremsfrauen Davids gehen, zum anderen soll er die Verfolgung Davids aufnehmen. »Widersprüchlich sind diese beiden Ratschläge
besonders insofern, als zuerst der erste ausgeführt wird, bevor der zweite
gegeben wird, der aber nach dem anzunehmenden Zeitverlust sinnlos ge-

---

[13] Vgl. F. Langlamet, Ahitofel, 64.

worden wäre.«[14] Die jeweils zuletzt genannte Version gehört nach E. Würthwein der alten Thronfolgeerzählung an. Zweifelsohne sieht E. Würthwein hier etwas Richtiges: es gibt zwei Pläne Ahitofels, von denen der erste kaum etwas mit der aktuellen politischen Lage Absaloms gemein hat. Problematisch ist freilich das Argument des Zeitverlustes, da die für E. Würthwein so eindeutige Interpretation der Inbesitznahme des väterlichen Harems keineswegs verbürgt ist.

Fragt man nach der Stellung der ursprünglichen Erzählung vom Zusammentreffen Huschais mit Absalom 16,16 f.18aα.19 (ohne והשנית), dann gilt, daß sie nicht nur im Folgenden keinerlei Berücksichtigung mehr findet, sondern sogar zu 17,5 in eine gewisse Spannung tritt, denn dort muß Huschai eigens herbeigerufen werden, um seinen Rat zu geben. Da nun, wie noch gezeigt wird, der Abschnitt 17,5 – 14 redaktionell eingearbeitet worden ist, legt es sich nahe, auch die jetzt gegebene Plazierung von 16,16 – 19 dieser Hand zuzuordnen. Mit Blick auf 15,37 hat sie in 16,15 eine Überleitung geschaffen, in der bereits an exponierter Stelle Ahitofel genannt wird, und hat das Ereignis 16,16 – 19 – um die theologische Begründung v. 18aβb.19 (והשנית) erweitert – angefügt. Der alte Bestand von 16,16 – 19*, der vermutlich einmal hinter 15,37 gestanden hat, wurde an die jetzige Stelle gesetzt, um die folgende, ebenfalls redaktionell ausgestaltete Beratungsszene einzuleiten: Die Hauptkontrahenten werden vorgestellt.

Die theologische Begründung in 16,18* könnte so verstanden werden, daß der Redaktor durch den Mund Huschais seiner Überzeugung Ausdruck verleiht: Der Erwählte Jahwes bleibt weiterhin David; eigentlich dient Huschai ihm. Der Leser weiß das bereits! Die von Absalom an Huschai gerichtete Frage nach dessen Loyalität wird von diesem hintergründig wahrheitsgemäß beantwortet. Die im Fortgang der Erzählung berichteten Aktionen Huschais sind nichts anderes als Ausdruck seiner Loyalität. »Huschai's acclamation ›Long live the king‹ (16,16) refers on the surface to Absalom, but the reader knows that it is David's life that depends on the outcome of Huschai's mission; Absalom accepts Hushai's affirmation of life, and thereby enters on the path that leads to his own death.«[15] Wenn diese Interpretation auch mit Vermutungen belastet ist, so sprechen doch der Rückgriff auf das »Königsgesetz« (vgl. Dtn 17,14 f.), das theologische Kriterien für den legitim amtierenden König aufstellt, und das in 2 Sam 17,5 – 14 feststellbare redaktionelle Interesse an einer positiven Sicht Davids für die Möglichkeit eines derartigen Verständnisses.

Der Leser, der jetzt die Ausführungen Huschais zur Kenntnis nimmt und sich dabei der Abmachung zwischen Huschai und David erinnert, nimmt diese List Huschais neugierig zur Kenntnis.

---

[14] E. Würthwein, Erzählung, 35.
[15] C. Conroy, Absalom, 114.

c) Der erste Rat Ahitofels (16,20 – 23)

Mit ויאמר אבשלום אל אחיתפל »und Absalom sprach zu Ahitofel«
beginnt eine andere Szene. Die Aufforderung הבו לכם עצה מה נעשה
»Bringt ihr Rat! Was sollen wir tun?« erweckt in ihrer jetzigen Ausfor-
mung den Eindruck, als seien mit Ahitofel noch andere angesprochen.
Wird hier bereits das Rededuell 17,1 – 14 vorbereitet? Wenn, wie noch
zu zeigen sein wird, der Abschnitt 16,21 – 23 redaktionell plaziert worden
ist, dann würde die Erwiderung Ahitofels erst in 17,1 – 4 erfolgen und
eine Antwort auf die Frage מה נעשה »Was sollen wir tun?« geben.
Die Aufforderung הבו לכם עצה »Gebt ihr Rat!« würde erst auf dem
Hintergrund der ebenfalls redaktionellen Rede Huschais sinnvoll.

Nun fällt tatsächlich auf, daß in der ersten Ratszene mit Ahitofel in
2 Sam 16,20 – 23 das Stichwort עצה »Rat, Plan« gleich dreimal begegnet:
v. 20.23., wobei der kommentierende Charakter von v. 23 besondere
Beachtung verdient. Da ferner 17,1 neu einsetzt, das Folgende jedoch
auf die Frage Absaloms »Was sollen wir tun?« in 16,20 eine Antwort gibt,
bekommt 2 Sam 16,21 – 23 den Charakter eines später eingearbeiteten
Stückes, das zudem von langer Hand vorbereitet ist: 2 Sam 12,11 f.
kündigt dem David als Strafe für den Ehebruch mit Batseba an, daß ein
anderer am hellen Tag bei des Königs Frauen liegen wird. In 2 Sam
15,16b läßt der König bei seiner Flucht zehn Nebenfrauen zurück, damit
sie das Haus bewachen. Dieser Nachricht kommt im engeren Kontext
kein besonderer Wert zu, sie steht sogar in einer gewissen Spannung zur
Aussage der ersten Vershälfte: »und der König und sein ganzes Haus
zogen zu Fuß fort.« Verständlich wird 15,16b als Anbahnung der Szene
16,20 – 23, denn da erfüllt sich das über David gesprochene Gerichtswort
aus 12,11: Absalom geht לעיני כל ישראל »vor den Augen ganz Israels«
zu Davids Haremsfrauen. Der Ort, ein Zelt auf dem Dach, gibt dieser
Gerichtserfüllung einen Sinn im Rahmen des Tun-Ergehen-Denkens,
denn den König trifft dort das Gericht, wo der Ehebruch mit Batseba
seinen Ausgang nahm, vgl. 2 Sam 11,2.

Gegen die Ausführung E. Würthweins, der in der Übernahme des
königlichen Harems lediglich eine David entehrende und gegen altisraeli-
tisches Recht (vgl. Lev 18,8; Dtn 23,1; 27,20) verstoßende Maßnahme
erblickt[16], ist mit R. de Vaux, G. Fohrer u. a. daran festzuhalten, daß es

---

[16] E. Würthwein, Erzählung, 37 f. Auch H. Seebaß, David, 20 Anm. 39, schließt sich der
Deutung E. Würthweins an, doch lehnt er es ab, in der Haremsübernahme »eine simple
Herabsetzung Davids« zu sehen. »... Absalom beanspruchte den Harem, weil er sich
als König verstand und daher seinen Vater beseitigen mußte.« K. Budde, Samuel, 278,
und H. W. Hertzberg, Samuelbücher, 288, sprechen von einem Staatsakt, der einer
Toterklärung des bisherigen Königs gleichkommt. Daß Ahitofel als Großvater der
Batseba so gehandelt hätte, um Davids Schandtat zu rächen, kann nicht wahrscheinlich

sich um eine Handlung im Rahmen der Machtübernahme handelt.[17] Es geht dabei weniger um einen Akt der Legitimation als um eine Demonstration, wer nun das Sagen hat. Immerhin ist mit Blick auf 2 Sam 12,8 einzuräumen, daß die Verfügung über den Harem des Vorgängers zum Machtantritt hinzugehört. Daran ändert auch die Tatsache nichts, daß es sich um eine vergleichsweise junge Überlieferung handelt. Auch sollte der Informationswert nicht mit dem Urteil, die Äußerung sei unbedacht gewählt, herabgemindert werden.[18] Die Argumentation Ahitofels in 2 Sam 16,21 stützt zudem diese Sicht: Absalom soll demonstrieren, daß er sich bei seinem Vater verhaßt gemacht hat, um so seine Gefolgschaft in ihrer Treue zu ermutigen, auf daß die eigenen Reihen gestärkt würden. Natürlich liegt darin wie in dem gesamten Aufstand Absaloms auch eine Erniedrigung Davids. Daß das Verbum בוא »kommen« den sexuellen Verkehr meinen kann, aber nicht unbedingt muß, sei angemerkt. »Besteht man auf voller Durchführung des Geratenen, so hat man dafür sicherlich eine Anzahl Tage anzusetzen. Recht wohl aber kann die Öffentlichkeit mit einer sinnbildlichen Handlung zufrieden gewesen sein. Es ist denkbar, dass man alle Kebsweiber Davids in dem *einen* Zelte vereinigte, und dass Absalom durch blosses *Hineingehen zu ihnen* im schlichten Sinne des Wortes ... der Forderung Ahitophels Genüge that.«[19] Das vaticinium ex eventu in 2 Sam 12,11 f. vermittelt allerdings ein massiveres Verständnis des Vorgangs.

Ein wichtiges Argument E. Würthweins zugunsten der redaktionellen Stellung von 16,21 – 23 bleibt freilich bestehen und kann nicht wegdiskutiert werden: 17,1 setzt unvermittelt ein mit ויאמר אחיתפל אל אבשלום »Und Ahitofel sagte zu Absalom«.[20] Wenn zudem, wie bereits angeführt, der Vorschlag Ahitofels in 17,1 – 4 eine Antwort auf die Frage Absaloms in 16,20bβ darstellt, dann spricht das für die Annahme eines redaktionellen Eingriffs. Der Redaktor stellt an den Beginn der Aufstandsbewegung in Jerusalem die Übernahme des königlichen Harems durch Absalom und läßt so das von Jahwe über David verhängte Gerichtsurteil seine Vollstreckung finden, vgl. 12,11 f. Die Szene an sich mag historisch sein

---

gemacht werden. Dieser Verwandtschaftsgrad läßt sich nur unzuverlässig aus 2 Sam 23,34 und 11,3 kombinieren.

[17] Vgl. G. Fohrer, Vertrag, 334; R. de Vaux, Lebensordnungen I, 189; H. Bardtke, Erwägungen, 6. Ferner: H. P. Smith, Samuel, 354; K. Budde, Samuel, 278 (»Toterklärung« Davids); W. Caspari, Samuelbücher, 582; H. W. Hertzberg, Samuelbücher, 288; M. Tsevat, Marriage, 237 – 243; J. Mauchline, 1 and 2 Samuel, 278; P. R. Ackroyd, Samuel, 155; P. K. McCarter, II Samuel, 384 f.

[18] E. Würthwein, Erzählung, 38.

[19] K. Budde, Samuel, 278.

[20] Die Einheitsübersetzung formuliert hier: Und Ahitofel sagte weiter zu Abschalom ...; ähnlich auch andere Übersetzungen.

oder nicht; ihre jetzige Stellung im Lauf der Ereignisse verrät theologische Aussageabsichten. Es soll im Gericht an David[21] vor allem Jahwes Gerechtigkeit deutlich werden. Im Zusammenhang mit 12,11 f. wird somit Wichtiges zum Verständnis von Jahwes Geschichtshandeln ausgesagt, so wie es dann auch 17,14 in einem anderen Handlungskontext ausspricht: Die Menschen handeln, doch Jahwe hat seine eigenen Absichten, die nicht identisch sein müssen mit den menschlichen Zielen, die sich aber in menschlichem und durch menschliches Handeln verwirklichen.

Ein besonderes Augenmerk muß dem Abschluß in 16,23 gelten:

»Und der Rat Ahitofels, den er in jenen Tagen riet, war, wie wenn man das Orakel Gottes befragte; so war jeder Rat Ahitofels sowohl für David als auch für Absalom.«

Die Wendung שאל בדבר האלהים begegnet so nur hier. Gebräuchlicher ist sonst שאל באלהים, vgl. Ri 18,5; 20,18; 1 Sam 14,37; 22,13.15; 1 Chron 14,10.14, oder שאל ביהוה, vgl. Ri 1,1; 20,23.27; 1 Sam 10,22; 22,10; 23,2.4; 28,6; 30,8; 2 Sam 2,1; 5,19.23.[22]

Dieser Satz will das Vorhergehende rückblickend (בימים ההם) kommentieren. Der Vers sagt nichts Geringeres, als daß für Absalom der Rat Ahitofels den Charakter eines göttlichen Bescheides besaß. Das Problem der Stelle besteht darin, daß unklar bleibt, ob diese Bemerkung lediglich die Autorität Ahitofels hervorheben oder ob sie etwas über die Dignität seines Rates aussagen will. Der erstgenannten Möglichkeit könnte man zustimmen, wenn der Kommentar allein auf Absalom hin formuliert wäre. Nun wird aber auch der abwesende David einbezogen, gegen den sich die von Ahitofel geratene Handlung Absaloms richtet. Will der Kommentar aussagen, daß sich in der Haremsokkupation Absaloms auch für (oder besser: gegen) David ein Gottesbescheid verwirklicht? Die oben aufgezeigte Linie von 2 Sam 12,11 f. über 2 Sam 15,16b bis zu 16,21 könnte diese Sicht stützen.

d) Der zweite Rat Ahitofels (17,1 – 4)

Die folgende Begebenheit setzt erneut mit ויאמד אחיבתפל אל אבשלום »und Ahitofel sprach zu Absalom« ein und leitet so über zu einer Absichtserklärung Ahitofels, die gut an 16,20* anschließt: Er will David nachsetzen und überfallen. Absalom selbst soll die Ereignisse in Jerusalem abwarten, vgl. 17,3 cj. Die Sache — es findet sich hier das Wort דבר und nicht עצה — trifft bei Absalom und den Ältesten Israels auf Zustimmung, vgl. 2 Sam 17,1 – 4. Die später von David getroffenen Maßnahmen antworten genau auf diesen von Ahitofel geäußerten Vorschlag, vgl. 17,22.[23]

---

[21] Das wird von P. R. Ackroyd, Samuel, 155, betont.

[22] Belege nach C. Conroy, Absalom, 148. Vgl. auch G. Gerleman, Art. שאל, Sp. 843.

[23] Ähnlich P. R. Ackroyd, Samuel, 161.

e) Der Rat Huschais (17,5 – 14)

Obwohl der Rat Ahitofels bereits Zustimmung bei Absalom und den Ältesten Israels gefunden hat, fordert Absalom, mit ויאמר אבשלום »und Absalom sprach...« eingeleitet, man solle noch Huschai holen, um auch ihn zu hören. Daß er eigens herbeigerufen werden muß, stört den in 16,15 – 19 vermittelten Eindruck seiner Anwesenheit bei der Beratung. Mit 17,6 tritt Huschai auf und liefert in v. 7 das Stichwort, das auch in der theologischen Reflexion v. 14b aufgegriffen wird: der gute, d. h. der erfolgversprechende Plan Ahitofels wird von Huschai verworfen (לא טובה העצה »nicht gut ist der Plan«). Der Leser freilich weiß, daß hinter der Äußerung Huschais der listige Versuch steht, den Plan Ahitofels zu Fall zu bringen, denn er bezieht ja 2 Sam 15,34b auf die Einlassung Huschais zu Ahitofels Plan. Er weiß zudem, daß der Rat Ahitofels eigentlich als zutreffend hätte erkannt werden müssen, vgl. 2 Sam 17,14b.

Wenn Huschai bemerkt, der Rat (עצה) Ahitofels sei בפעם הזאת »diesmal« nicht gut, dann bezieht er sich, weil sonst von einem Rat Ahitofels nicht die Rede ist, auf die Begebenheit 16,20 – 22. Dieses Verständnis wird durch die Belege der Wendung in Ex 8,28 und 9,14 gestützt. Möglich wäre es allerdings auch, die Aussage Huschais allgemein mit der Beratertätigkeit Ahitofels in Verbindung zu bringen: Der als Berater fungierende hat diesmal nicht gut beraten. So könnte die Wendung בפעם הזאת mit Blick auf Jer 10,18 und 16,21 verstanden werden.

Die Klärung der Frage, ob die Wendung בפעם הזאת »diesmal« der Rede Huschais ursprünglich angehört oder aber erst redaktioneller Arbeit zuzurechnen ist, besitzt für die Erstellung einer relativen Chronologie erhebliches Gewicht. Gilt die Wendung als ursprünglich, dann würde das bedeuten, daß dem Verfasser von 17,5 – 14 der Text 16,20 – 22 bereits vorgelegen hat. Könnte dagegen der redaktionelle Charakter von בפעם הזאת gesichert werden, dann wären die beiden Worte bei der Voranstellung der Verse 16,20 – 22 eingefügt worden. Das Dilemma besteht darin, daß sich keine der beiden Lösungsmöglichkeiten letztlich beweisen läßt.

Im Gegensatz zu Ahitofel schlägt Huschai vor, ganz Israel »von Dan bis Beerscheba«, vgl. 17,11, zu mobilisieren; somit richtet er sich deutlich gegen Ahitofels Argument in 17,3b: du suchst nur das Leben eines Mannes, das ganze Volk aber lebe in Frieden.[24] Auffällig ist die lange Begründung in 17,8 – 10, in der sich Huschai gegen die beabsichtigte Unternehmung Ahitofels richtet. Der Überlegung Ahitofels, er wolle noch heute nacht aufbrechen, um den ermüdeten David in einem Überraschungsangriff von seinen ebenfalls ermüdeten Männern zu trennen und ihn allein zu töten, begegnet Huschai mit einem breiten Hinweis auf die Tapferkeit Davids und seines Gefolges und der Forderung, ganz Israel

---

[24] Zum Text siehe BHK.

gegen den König aufzubieten, um nicht den Aufstand durch entstehende und sich verbreitende Verlustmeldungen zu gefährden. Zudem ist der Einsatz Absaloms dringend erforderlich, vgl. 17,11b. Somit zerstört 17,5 – 14 Schritt für Schritt die in 17,1 – 4 vorliegende Argumentation und erweist auch damit die literarische Priorität der Rede Ahitofels. Der jetzige Kontext erweckt den Eindruck, daß Huschai Zeit gewinnen will, um David warnen zu können. Gleichzeitig wird das in der Rede Ahitofels gezeichnete Davidbild korrigiert: auch auf der Flucht stellt David einen ernstzunehmenden Gegner dar, dem nur der Herausforderer selbst und ganz Israel begegnen können.

Mit der Zustimmung Absaloms und *ganz Israels* (וכל איש ישראל) endet in v. 14a die Beratung, wiewohl in 17,4 Absalom und *die Ältesten Israels* genannt sind. Den Abschluß der Szene bildet jetzt der theologische Kommentar in v. 14b.

Die Tatsache, daß im weiteren Fortgang der Erzählung allein der Vorschlag Ahitofels handlungsleitend zu sein scheint, spricht sehr dafür, daß in 16,20* (הבו לכם עצה) und 17,5 – 14.15 (וכזאת וכזאת יעצתי אני) eine Textschicht begegnet, die Huschais Aktivitäten in Jerusalem als eine rednerische Auseinandersetzung mit Ahitofel versteht. Diese Schicht will darstellen, was der theologische Kommentar in 17,14b reflektiert ausspricht: Der bessere Rat Ahitofels wird von Absalom und Israel verworfen, denn Jahwe hatte es so gefügt (צוה).

G. von Rad hatte gemeint, der Halbvers 17,14b sei seiner Wichtigkeit wegen an einen Ruhepunkt der Erzählung gesetzt worden, obgleich der Eindruck vorherrsche, der Verfasser unterbräche »nur ungern den Bericht von den völlig geschichtsimmanenten Gegenständen«.[25] In dieser Interpretation liegt natürlich eine gewisse Schwierigkeit, denn kaum ein Erzähler formuliert gewichtige Äußerungen widerwillig. Zudem trägt die theologisierende Bemerkung, die antizipierenden Charakter hat, eigentlich nichts zum Fortgang der Handlung bei[26]; das gilt übrigens auch für die Davidbitte an Jahwe in 2 Sam 15,31b. Für beide Stellen bietet sich somit die Annahme einer redaktionellen Bildung geradezu an.

Es legt sich nahe, an dieser Stelle auf den kommentierenden Halbvers 17,14b, auf sein Verhältnis zum Vorangehenden und auf sein Vokabular, genauer einzugehen. Anders als 16,23 ist 17,14b eng mit dem Kontext verbunden; das was kommentiert wird, wurde in der vorangehenden Szene berichtet: die Ablehnung von Ahitofels zutreffendem Plan durch Absalom und ganz Israel und die Annahme von Huschais Rat. Der Halbvers 17,14b führt dazu aus, daß Jahwe selber diesen Vorgang gelenkt hat. Wenn Huschai, der dem Leser als der Freund Davids bekannt ist,

---

[25] G. von Rad, Anfang, 182.
[26] So auch C. Conroy, Absalom, 45 f.

agiert, wenn er mit seinen Absichten zum Zuge kommt, dann begründet sich das in einem vorgängigen göttlichen Beschluß. Jahwe bringt Böses über Absalom, so der Kommentar, weil er das Mißlingen seines Aufstandes will. Jahwe will dieses Fehlschlagen der Absalom-Revolte, weil er für David einsteht. Damit aber blickt der kommentierende Vers nicht nur auf Vergangenes zurück, sondern zugleich auch in die Zukunft.

Der theologische Kommentar verrät, wie ein Blick auf Spr 19,21 lehren kann, eine Nähe zu weisheitlichem Denken; hier wie dort wird das Verhältnis von menschlichem Sinnen und göttlichem Planen bedacht:

»Viele Gedanken sind im Herzen des Menschen,
doch Jahwes Plan, der besteht.«

Daß das Herz des Menschen als der Ursprungsort seiner Gedanken gilt, belegen außer Spr 19,21 noch Jes 10,7; Sach 7,10; 8,17; Ps 140,3; ferner Gen 6,5; Ez 38,10; Spr 6,18; 1 Chron 29,18.[27] Diese menschlichen Gedanken ersinnen Böses (Gen 6,5; Ez 38,10; Sach 7,10; 8,17; Ps 140,3), Übles (Spr 6,18), Hochmut (Jes 10,7), aber auch die Aufrichtigkeit Jahwe gegenüber (1 Chron 29,16 – 18).

Im Unterschied zum menschlichen Sinnen, das vielerlei und gegensätzliche Dinge erörtert und dabei auch schwanken kann, gilt von Jahwes Plan, daß er Bestand hat. Obwohl von diesem Plan nicht gesagt wird, daß er dem Einzelnen im Widerstreit des menschlichen Sinnes und im Auf und Ab der Lebensbewegungen den nötigen Halt vermittelt, muß eine derartige Vorstellung dahinter vermutet werden. Es handelt sich sicherlich nicht um Jahwes Welt- und Heilsplan.[28] Man wird vielmehr eine den Lebensraum eines Menschen, sein individuelles Lebensschicksal bedenkende Perspektive vermuten dürfen. Andere weisheitliche Sprüche, die Jahwes Handeln erörtern, können das, was Spr 19,21 reflektieren will, verdeutlichen. O. Plöger hat Spr 19,14 als eine Illustration von 19,21 verstanden:

»Haus und Vermögen sind das Erbe der Väter,
doch von Jahwe kommt eine einsichtige Frau.«

»Das väterliche Erbe ist gewiß auch den Wechselfällen des Lebens unterworfen, aber es ist doch ein Faktor, mit dem zu rechnen ist. Die für die Verwaltung des von den Vätern ererbten Besitzes wichtige Ehefrau ist aber nicht in gleicher Weise einzuplanen. Wenn die Rechnung gleichwohl aufgeht, dann sind es nicht die sorgfältigen Planungen des Menschen, die dazu geführt haben. In V. 21 wird in allgemeiner Form von den Planungen der Menschen im Gegensatz zum feststehenden Ratschluß Jahwes gesprochen.«[29]

Das Gelingen eines an sich unkalkulierbaren Sachverhaltes wird letztendlich auf Jahwes Plan zurückgeführt, der, so Spr 19,21, dadurch gekennzeichnet ist, daß er von Dauer ist. Dieses vor allem bei O. Plöger entfaltete Verständnis vom göttlichen Plan, das das »an der Grenze des Kalkulierbaren«[30] Liegende mit Jahwe in Verbindung bringt, hat in der Tat für die Erhellung des in Spr 19,21 Gemeinten einiges für sich: Wenn die Aussage des zweiten Halbverses in adversativem Sinn davon spricht, daß Jahwes Plan Bestand hat,

---

[27] Belege nach W. Schottroff, Art. חשב, Sp. 643.
[28] So zu Recht W. Frankenberg, Sprüche, 113.
[29] O. Plöger, Sprüche, 223 f.
[30] O. Plöger, Sprüche, 223.

dann müssen die im ersten Halbvers angeführten Gedanken der Menschen als unbeständige Größen angesehen werden. Eine Anzahl weiterer Einzelsprüche belegt zudem die Auffassung, daß Jahwe gerade mit dem nicht Planbaren in Verbindung gebracht wird: Spr 16,1 f.9.33; 21,2.

Spr 19,21 versteht demnach den Plan Jahwes als eine Größe, die im Leben des Einzelnen ihre Wirksamkeit erweist. Erfahren wird dieser Plan, wenn an sich Unkalkulierbares glückt. Gegenüber den wechselnden Gedanken der Menschen erweist er sich als beständig und ist somit Ausdruck und Manifestation der göttlichen Souveränität.

Der in Spr 19,21 begegnende Jahwespruch gehört zu den Sprüchen, die etwas über Jahwes Handeln aussagen. Somit unterscheidet er sich von den Jahwesprüchen, die etwas über Jahwes Urteil berichten, und von denen, die von der Jahwefurcht reden.[31] Die Frage nach der Datierung derartiger Einzelsprüche läßt sich kaum sicher beantworten. Folgende Gesichtspunkte bestimmen das Problem der zeitlichen Situierung von Spr 19,21:

1. Die Teilsammlung Spr 16,1 – 22,16, die zusammen mit Spr 10,1 – 15,33 die salomonische Sammlung bildet, kann vielleicht noch in der späten Königszeit angesetzt werden.[32]

2. Die lange Zeit gehegte Ansicht, daß die theologischen Sprüche jünger seien als die nicht theologischen, läßt sich nur bedingt als richtig erweisen.[33] Stimmt aber die Überlegung von O. Plöger, daß ein Spruch wie Spr 19,14 die Aussage von 19,21 illustrieren kann, dann ist zu vermuten, daß die allgemeiner gehaltene Sentenz ein späteres Stadium der Reflexion repräsentiert.[34]

3. Da Spr 19,21 wohl wegen des Stichworts עצה hinter v. 20 gestellt worden ist[35], der Spruch zudem in isolierter Position begegnet, ist die Vermutung angemessen, daß hier ein Theologe seinen Kommentar einbringen wollte.

Erlaubt man sich aufgrund dieser Überlegungen ein Urteil in der Datierungsfrage des Spruches, dann wird man zwar eine spätvorexilische Entstehung nicht völlig ausschließen dürfen, doch rückt ein nachexilisches Datum eher in den Bereich des Wahrscheinlichen. Ist auch für das inhaltliche Verständnis von Spr 19,21 die Entstehungszeit nicht sonderlich bedeutungsvoll, so ist die Anfrage, ob nicht etwa die Vorstellung von einem in der persönlichen Lebensgeschichte wirksam werdenden Plan Jahwes das Vorstellungsmodell für Jahwes Führungsplan in der Geschichte Israels abgegeben hat, von Interesse. Gleichwohl wird eine zufriedenstellende Antwort auf diese Frage aufgrund der schmalen Textbasis kaum gegeben werden können.

Die literarischen Verhältnisse und die Terminologie sprechen für den redaktionellen Charakter vom 2 Sam 17,14b:

1. Zwischen 17,14b und 15,34b besteht ein enges Korrespondenzverhältnis, wie die Termini עצה und פרר näher belegen. Zwar soll in 15,34b Huschai den Plan zerbrechen, wogegen in 17,14b Jahwe

---

[31] Vgl. dazu H.-J. Hermisson, Studien, 68.

[32] Siehe dazu O. Eißfeldt, Einleitung, 640 f.; G. Fohrer, Einleitung, 348 f.; O. Kaiser, Einleitung, 379 f.; O. Plöger, Sprüche, 119.

[33] Vgl. O. Kaiser, Einleitung, 379 f.

[34] O. Plöger, Sprüche, 225, denkt sich die Abhängigkeit wohl umgekehrt: Spr 19,14 ist ihm eine beispielhafte Erläuterung der allgemein gehaltenen Aussage von Spr 19,21.

[35] B. Gemser, Sprüche, 77.

als handelndes Subjekt genannt wird, doch kann dieser Sachverhalt dem theologischen Charakter des kommentierenden Verses zugeschrieben werden.

2. 2 Sam 15,34b ist nicht sonderlich eng mit dem Kontext verbunden. Versucht man einmal die Anweisung Davids ohne v. 34b zu lesen, so ergibt das auch weiterhin einen guten Sinn: Nachdem David dem Huschai gesagt hat, wie er sich bei Absalom unverdächtig vorstellen kann, verweist er auf die Priester und deren Söhne, mit denen Huschai zusammenarbeiten soll. Die Termini עצה und פרר setzen in 17,14b mit Sicherheit die Auseinandersetzung zwischen Ahitofel und Huschai voraus. Somit wird man ähnliches auch für Davids Aufforderung in 2 Sam 15,34b annehmen dürfen.

3. Da der theologische Kommentar in 17,14b die redaktionell gestaltete Beratungssituation voraussetzt, erweist er sich seinerseits ebenfalls als redaktionell. Das gilt dann auch für das oben gezeigte Korrespondenzverhältnis zwischen 15,34b und 17,14b. Die Frage bleibt, ob die ausgestaltenden Elemente der Beratungsszene und der Kommentar derselben Schicht angehören oder ob sie zu verschiedenen Zeiten eingefügt worden sind.

Schon häufiger wurde auf den dtr Charakter der Wendung הביא (את) (ה)רעה (על, אל) hingewiesen. W. Dietrich macht darauf aufmerksam, daß die Wendung außer in den Prophetenreden des dtr Geschichtswerks (1 Kön 14,10; 21,21.29; 2 Kön 21,12; 22,16.20) auffällig häufig in Jer begegnet: Jer 4,6; 6,19; 11,23; 23,12; 32,42; 49,37[36]; 19,15; 36,31; 42,17; 44,2; 45,5[37]; 11,11; 19,3; 35,17[38]. Weitere Belege finden sich 1 Kön 9,9[39]; Dan 9,12; 2 Chron 7,22; 20,9[40]; 34,24.28.

Subjekt des Handelns ist stets Jahwe. Mit Ausnahme von 1 Kön 21,29; Jer 11,23; 23,12; 32,42; 49,37; 36,31; 44,2; 1 Kön 9,9; Dan 9,12; 2 Chron 7,22 überwiegt die Partizipialkonstruktion. Nur in 1 Kön 9,9;

---

[36] Nach W. Dietrich, Prophetie, 73, sind das jeremianische Belege. Für W. Thiel, Jeremia 1–25, 100, kommt die Wendung »auch in einer wohl original jer. Stelle vor: 4,6, jedoch in einer etwas anderen Form: רעה ist dem ganzen Ausdruck vorangestellt, der seinerseits absolut steht, ohne einen Empfänger der angekündigten רעה mit (על-אל) anzuschließen. Die Form in 6,19 entspricht also der in den D-Stellen [der dtr Redaktion], nicht aber 4,6.« Ähnlich lautet das Urteil zu 49,37, vgl. ebd., 138 Anm. 7. Als jeremianisch verbleiben nach W. Thiel außer Jer 4,6 noch 23,12 = 11,23, vgl. ebd., 153. Zu Jer 32,42 siehe die zusammenfassende Beurteilung zu Jer 32 bei W. Thiel, Jeremia 26–45, 37.

[37] Nach W. Dietrich, Prophetie, 73, gehören diese Belege zur Barucherzählung.

[38] Nach W. Dietrich, Prophetie, 73, handelt es sich um in eine nomistische Terminologie eingebettete Stücke (DtrN).

[39] Nach W. Dietrich, Prophetie, 72, gehört 1 Kön 9,9 zu DtrN.

[40] Das Verbum begegnet hier im Qal. Subjekt ist רעה.

Dan 9,12; 2 Chron 7,22 und eben in 2 Sam 17,14b begegnet die Wendung in einer Aussage *über* Jahwe, die sonstigen Belegstellen finden sich *in Jahweworten*. Die Tatsache, daß mit Hilfe der Wendung einer einzelnen Person von Jahwe her Böses angesagt wird, verbindet 17,14b lediglich noch mit 1 Kön 21,21.29, einem Wort gegen Ahab.

Ob, wie E. Würthwein meint, Ahitofel durch die Überarbeitung in ein besonders schlechtes Licht gerückt werden soll, muß kritisch befragt werden.[41] Eine indirekte moralische Beurteilung seines Handelns findet sich allein in der (nachgetragenen) Bitte Davids an Jahwe in 15,31b und in 20,3.

f) Die Spionageaktion und Davids Maßnahmen (17,15 – 22)

Im Folgenden gibt Huschai die Nachricht vom Ablauf der Beratung an Zadok und Abjatar weiter, vgl. 17,15 f. und 15,34 – 36, damit diese sie an David und die Seinen übermitteln können.[42] Wie in 17,4 werden als beschlußfassendes Gremium neben Absalom die Ältesten Israels genannt. Die Nachricht läßt offen, welcher Rat zur Ausführung gelangt:

> »Und Huschai sagte zu den Priestern Zadok und Abjatar: So und so hat Ahitofel dem Absalom und den Ältesten Israels geraten, und so und so habe ich geraten.«

Da aber die Rede Huschais v. 5 – 13 bereits als sekundär erkannt worden ist, empfiehlt es sich, in v. 15 die Wendung וכזאת וכזאת יעצתי אני »und so und so habe ich geraten« ebenfalls dieser Überarbeitung zuzurechnen. Die an David übermittelte Empfehlung, keinesfalls bei den Furten zur Steppe hin zu übernachten, berücksichtigt eher den Rat Ahitofels, vgl. 17,1 הלילה »in dieser Nacht«, als den Huschais, vgl. auch 17,21b.[43] Eine Magd überbringt diese Nachricht den Priestersöhnen Jonatan und Ahimaaz, die sich nicht in der Stadt aufhalten, sondern in der Nähe der Rogel-Quelle.

Mit der Notiz in v. 17aβ והם ילכו והגידו למלך דוד »und sie gingen und teilten es dem König David mit« erreicht die Botschaft, die vielleicht jetzt in v. 21b (ohne אל דוד) zu finden ist, ihren Adressaten. Freilich bedarf es an dieser Stelle nicht zwingend einer Wiedergabe der Nachricht, da Huschais Empfehlung noch präsent ist; somit kann eben v. 21b* nicht eindeutig diesem Erzählfaden zugerechnet werden.

---

[41] E. Würthwein, Erzählung, 39.

[42] Gelesen wird בלע II »mitteilen«, vgl. HAL, 129, s. v. II בלע. Sollte בלע I »verschlagen o. ä.« zutreffen, dann würde noch deutlicher hervortreten, daß David Ahitofels Rat zu fürchten hatte.

[43] Vgl. P. R. Ackroyd, Samuel, 161.

Die in v. 17b überlieferte Anmerkung כי לא יכלו להראות לבוא
העירה »denn sie konnten nicht, da sie gesehen werden konnten, in die
Stadt gehen« ermöglicht die Anfügung der Brunnen-Episode v. 18–20,
die ihrerseits ebenfalls in die Ausrichtung der Nachricht an David mündet
(v. 21). Die rätselhafte Antwort der Frau, die »zur Wasseransammlung«
oder »von hier zum Wasser«[44] gelautet haben mag, zeigt die Genugtuung
des Erzählers über den dummen Eifer der Verfolger, denen selbst eine
wahre Auskunft bei ihrer Suche nach den Priestersöhnen nicht hilft. Als
bemerkenswert muß gelten, daß die Aufforderung zur Flußüberquerung
allein mit dem gegen David ergangenen Rat Ahitofels begründet wird,
wo doch der Gesamtduktus der jetzigen Erzählung vermuten ließe, daß
der Rat Huschais befolgt würde. V. 22 berichtet, wie sich David und
sein Gefolge bis zum nächsten Morgen in Sicherheit gebracht haben.

g) Ahitofels Selbstmord (17,23)

V. 23 handelt vom Ende Ahitofels. Er tötet sich selbst, nachdem
sein Rat nicht zur Ausführung gelangt ist. Der Vers setzt v. 14 voraus
und steht in einem gewissen Widerspruch zu v. 21.[45] Im jetzigen Zusammenhang erweckt er den Eindruck, Ahitofels Plan sei deshalb nicht
zustande gekommen, weil Absalom sich für den Rat Huschais entschieden habe. Wenn die Rede Huschais redaktionell eingefügt worden ist,
dann weisen zumindest die Aussage לא נעשתה und das Substantiv עצה
auf diese Redaktion. Die auch sonst in der Literatur begegnende Einschätzung des Verses als Zusatz könnte ein Hinweis auf seinen redaktionellen Charakter sein.[46]

---

[44] Vgl. HAL, 546, s. v. מיכל.

[45] Die von H. Bardtke, Erwägungen, 6 f., vermuteten Gründe zum Selbstmord Ahitofels
entbehren zum überwiegenden Teil der textlichen Grundlage. Demnach hat Absalom,
indem er nicht auf den Rat des Ahitofel eingegangen ist, einen Heilsrat nicht befolgt.
»Hier war eine Sünde begangen worden. Hier hatte man den leben lassen, der sein
Leben nach den strengen Grundsätzen der großjudäischen Amphiktyonie verwirkt
hatte. ... In dem Augenblick also, in dem sich Absalom als der Charismatiker erweisen
mußte, der charismatisch-glaubensmäßig die Beseitigung Davids als notwendig anerkennen mußte, versagte er und sah keine Notwendigkeit, auf Ahitophels Rat einzugehen
(2 Sam 17,4–14). Vielleicht ist noch manches andere, was Ahitophel an Absalom
erkennen mußte, ausschlaggebend gewesen für die Erkenntnis, auch Absalom sei nicht
der von Juda erwartete Heilskönig. Diese Enttäuschung mag den Freitod Ahitophels
herbeigeführt haben.« Vgl. das abwägende Urteil zu H. Bardtkes Ausführungen bei W.
Dietrich, David, 60.

[46] So verweist z. B. E. Würthwein, Erzählung, 42, auf den isolierten Charakter von 2 Sam
17,23.

h) Zusammenfassung

Die literarkritische Analyse von 2 Sam 16,15–17,23 erbrachte folgendes Ergebnis:

1. Als Grundschicht läßt sich folgender Bestand sichern: 2 Sam 16,16 f.18aα.19*.20*; 17,1–4.15a.16.17a.(21b*).22. Möglicherweise wurde der Abschnitt 16,16–19* von 15,37 abgetrennt.
Die Grundschicht berichtet vom Beginn der Agententätigkeit Huschais, von Ahitofels Rat, David nachzusetzen, von der erfolgreichen Spionage Huschais und von Davids geglückter Flucht.
2. Redaktionelle Partien liegen in 2 Sam 16,15.18aββb.19*.20*.21–23; 17,5–14.15b.17b–21a.(21b).23 vor.
Die redaktionellen Abschnitte sind im wesentlichen für den jetzt vorherrschenden Eindruck verantwortlich, Huschai habe den Rat Ahitofels durch seine Argumentation und nicht so sehr durch seine nachrichtendienstliche Tätigkeit durchkreuzt. Dieser rednerischen Auseinandersetzung wird jetzt eine längere, redaktionell gestaltete Exposition und ein erster Rat Ahitofels vorangestellt. Die Spionageaktion wird um die Begebenheiten in Bahurim erweitert. In ihrer jetzt greifbaren Gestalt ist die Nachricht vom Ende Ahitofels mit großer Wahrscheinlichkeit ebenfalls redaktionell.

Der redaktionskritische Arbeitsschritt wird nun zu prüfen haben, ob die als redaktionell erkannten Partien einer einzigen Schicht zugewiesen werden können oder ob sich in ihnen unterschiedliche Stimmen zu Wort melden. Ein besonderes Augenmerk gilt dem Halbvers 17,14b.

3. Redaktionskritik

Die literarkritische Analyse hat verdeutlicht, daß der Erzählkomplex vom Aufstand Absaloms in Jerusalem in 2 Sam 16,15–17,23 keinesfalls aus einem Guß ist; er weist vielmehr erhebliche Überarbeitungsspuren auf. Einen möglichen Ansatzpunkt, die Schichten in der Erzählung genauer zu fassen, bietet die Beobachtung, daß David in 17,22 Maßnahmen ergreift, die den Schluß zulassen, der Vorschlag Ahitofels in 17,1–4 sei angenommen worden und nicht der Rat Huschais in 17,5–14. Offenbar wurde David von seinen Gewährsleuten allein über Ahitofels Absichten in Kenntnis gesetzt. Diese Beobachtung findet mehrere Stützen:

a) Die ein volkstümliches Erzählmotiv aufgreifende Brunnen-Episode in 17,18–21 weiß nur von einem Plan Ahitofels gegen David. Da diese Szene die in 17,15–17 berichteten Begebenheiten voraussetzt, muß den Elementen, die in 17,15–17 eine Mitwirkung Huschais berücksichtigen, mit Skepsis begegnet werden. Damit wird

gleichzeitig die Frage nach der Beurteilung der Rede Huschais in
17,5 – 13 aufgeworfen, die dann kaum noch zum Grundbestand des
Kapitels gehören dürfte.

b) Der Abschnitt 17,15 – 17 erweckt zwar den Eindruck als habe
ein ausführliches Rededuell zwischen Ahitofel und Huschai stattgefunden: »und ich habe so und so geraten« (17,15b). Das ändert
aber nichts daran, daß der von Huschai den Priestern übermittelte
Vorschlag an David in der Grundsubstanz allein den Plan Ahitofels
berücksichtigt. Zu Recht sieht P. A. Ackroyd in der rednerischen
Auseinandersetzung zwischen Ahitofel und Huschai und in der
Spionagetätigkeit Huschais einander widersprechende Züge, die
aber mit ihm kaum als getrennte und alternative Traditionen, »telling how the rebellion of Absalom was defeated«, angesehen werden
können.[47] So sollen David und die Seinen nicht mehr übernachten,
vgl. 17,16 mit 17,1, sondern umgehend die Furten zur Steppe, vgl.
dazu auch 15,28, verlassen.

c) Die Anweisung Davids in 15,34 – 36 weiß nur davon, daß Huschai den Plan Ahitofels durchkreuzen (פרר, hif.) soll. Das Verbum
פרר kann sowohl »brechen, zerstören« als auch »vereiteln, ungültig
machen« bedeuten. Die erste Bedeutungsnuance würde zur jetzt
überlieferten Auseinandersetzung der beiden Redner passen, die
zweite eher zur Spionageaktion. Verdächtig bleiben dennoch in
15,34b das Substantiv עצה und das Verbum פרר, Wörter, die im
Folgenden ausschließlich in redaktionellen Partien begegnen. Außerdem würde die Anweisung Davids in v. 35 f. völlig ausreichen, um
die Tätigkeit Huschais in Jerusalem zu benennen: Er soll Kontakt
mit den davidtreuen Priestern aufnehmen. Dagegen muß der erste
Teil des Auftrags an Huschai, der die von David »vorformulierte«
Rede enthält, nicht überflüssig sein. Einmal können keine literarkritischen Argumente geltend gemacht werden; zum andern gibt es
sachliche Gründe dafür, daß Huschai im überlieferten Sinn bei
Absalom vorgesprochen hat. Er mußte verständliche Verdachtsmomente ausräumen und zudem einen Zugang zur Gruppe um Absalom erhalten. Was lag da näher als im von David vorgegebenen
Sinn zu handeln? Sollte es sich aber trotz berechtigter Einwände bei
15,34b nicht um einen redaktionell eingefügten Satz handeln, dann
wäre der Auftrag Davids bereits mit der Übermittlung des Ahitofel-
Vorschlags an die Priester erreicht, denn David geht es zunächst
darum, durch die Spionagetätigkeit seiner Verbindungsmänner einen
Überblick über die Lage in der Stadt zu behalten. Sicherlich war
ihm nicht daran gelegen, daß eine Überlegung angenommen würde,

---

[47] P. R. Ackroyd, Samuel, 159.

die ihn gegebenenfalls in noch größere Schwierigkeiten hätte bringen können. Genau das aber würde der Plan Huschais, ganz Israel zu mobilisieren, bewirken. Der beim Zustandekommen seines Vorschlags eventuell erreichte Zeitgewinn stünde in keinem Verhältnis zu der dann zu erwartenden kriegerischen Auseinandersetzung.

d) Die Aufforderung Absaloms, auch den Rat Huschais zu hören, kommt unerwartet, da der Vorschlag Ahitofels von »Absalom und den Ältesten Israels« bereits angenommen worden ist, vgl. 17,4.

e) Tatsächlich liegen dem Ahitofelvorschlag und dem Plan Huschais zwei unterschiedliche Auffassungen zugrunde, die ihrerseits wiederum auf zwei unterschiedlichen Davidbildern basieren. Ahitofel zeichnet das Bild eines übermüdeten und erschöpften Königs auf der Flucht. Das entspricht auch anderen Nachrichten, vgl. 15,14; 16,14. Dagegen geht Huschai davon aus, daß David wild entschlossen und tapfer kämpfen wird, weil er und seine Gefährten Helden sind. Somit aber wird die Tendenz der Huschai-Rede deutlich: Das klägliche Bild, das Ahitofel von David zeichnet, wird durch Huschais Gegendarstellung Zug um Zug korrigiert. Die jetzt in 17,14 erfolgende Annahme des Huschai-Rates durch ganz Israel verbürgt, daß Huschais Darstellung zutrifft.

f) Die Nachricht vom Selbstmord Ahitofels in 17,23 kontrastiert und bestätigt die erfolgreichen Aktionen Davids und seiner Helfer. Es finden sich in diesem Vers Hinweise auf die Huschai-Bearbeitung. Von ihr wurde er vermutlich an den jetzigen Ort plaziert.

Somit ergibt sich vorläufig eine redaktionelle Schicht, deren Kern die Huschai-Rede samt deren Annahme in 17,5 – 14a darstellt. Diese Rede greift wesentlich in den von der Vorlage gegebenen Handlungsablauf ein und verändert ihn so, daß jetzt der Eindruck aufkommt, Huschai vereitle den Plan Ahitofels, indem er einen Gegenplan zur Entscheidung anbiete.

Dieser redaktionell geschaffenen Konzeption tragen einige weitere Hinzufügungen Rechnung:

a) 16,15 nennt in einer kurzen Notiz von der Ankunft Absaloms in Jerusalem auch Ahitofel. Die daran anschließende Begegnung Huschais mit Absalom in 16,16 – 19*, schafft zusammen mit v. 15 eine Exposition, in der die Hauptakteure der folgenden Ereignisse vorgestellt werden. Da 16,16 – 19* an seinem jetzigen Platz isoliert steht – die Aufforderung Absaloms in 17,5, Huschai zu rufen, spricht dafür – kann vermutet werden, daß 16,16 – 19* ursprünglich einmal hinter 15,37 plaziert gewesen ist. Dort wird die gleichzeitige Ankunft Absaloms und Huschais in Jerusalem berichtet. Die kurze Episode 16,16 – 19* würde dort passend den nun einsetzenden Erfolg von Davids Bemühungen vermerken.

b) Die Frage Absaloms an Ahitofel »Was sollen wir tun?«, vgl.
16,20, wird um die Wendung הבו לכם עצה erweitert und auf diese
Weise in eine an eine Mehrzahl gerichtete Aufforderung umgestaltet.

c) Die redaktionelle Konzeption einer rednerischen Auseinandersetzung zwischen Ahitofel und Huschai macht sich bemerkbar in der
Erweiterung 17,15b.

Die Aussageintention dieser redaktionellen Stücke differiert deutlich
von der der Grunderzählung. Der Grundbestand berichtet von der gleichzeitigen Ankunft Absaloms und Huschais in Jerusalem, vgl. 15,37, vom
Anfang der Spionagetätigkeit Huschais in der Stadt, vgl. 16,16 – 19*,
vom Vorschlag Ahitofels und dessen Annahme durch Absalom und die
Ältesten Israels, vgl. 16,20*; 17,1 – 4, von der gelungenen Benachrichtigung Davids, vgl. 17,15a.16 – 17a.(21b), und den daraufhin von ihm
getroffenen Fluchtmaßnahmen, vgl. 17,22. David wird als auf der Flucht
erschöpft dargestellt, vgl. 15,14; 16,14. Seine Maßnahmen, in den Wirren
den Überblick nicht zu verlieren, erweisen ihn als listigen Taktiker, der
aber grundsätzlich verwundbar ist. Der Rat Ahitofels in 17,1 – 3 geht
davon aus, daß David in der augenblicklichen Lage einem Überraschungsangriff hilflos ausgeliefert sein muß.

Demgegenüber zeichnet Huschai in seiner Rede ein Bild von David,
das den Ausführungen Ahitofels Zug um Zug widerspricht. Selbst auf
der Flucht als in seinem Königtum angefochtener Herrscher bleibt David
ein imposanter Gegner, dem nur der herausfordernde Usurpator und
ganz Israel gemeinsam begegnen können. Es ist abwegig, ihm und seinen
Begleitern nur ein Überfallkommando unter der Leitung Ahitofels nach-
zusenden.

Wird in der redaktionell eingefügten Rede Huschais eindeutig eine
prodavidische Tendenz greifbar, dann ist als nächstes zu untersuchen,
ob ähnliche Aussagen auch in anderen Partien begegnen.

Erzählerische Freude an der gelungenen Aktion ließ 17,17b –
21a(21b) hinzukommen. Diese Erweiterung weist ebenfalls eine gewisse
prodavidische Tendenz auf. Wenn auch über David nichts ausgesagt wird,
so zeigt doch die Charakterisierung der Verfolger, wem die Sympathien
gehören. Eine gewisse Schwierigkeit besteht darin, daß 17,21b nur den
Rat Ahitofels kennt. Wenn die Verse mit prodavidischer Tendenz
(v. 17b – 21a) der oben herausgearbeiteten redaktionellen Schicht angehören, dann ist eine Verbindung von v. 17a und 21b noch wahrscheinlicher. Daß die Mitteilung an David nicht im Sinne der Huschai-Überarbeitung gestaltet worden ist, mag mit den Begebenheiten zusammenhän-
gen, die der der Grunderzählung zugehörige v. 22 berichtet.

In 16,18 legt eine Überarbeitung des Grundbestandes (2 Sam 16,16 –
19*) dem Huschai einen mehrdeutigen theologischen Grund für seinen
Übertritt auf die Seite Absaloms in den Mund: »Führwahr, den Jahwe,

das Volk und die Männer Israels erwählt haben, ›bei dem‹ will ich sein
und bei ihm bleiben.« Sollte die oben genannte Vermutung stimmen, daß
dieser Teil der Argumentation Huschais über das in der Gesprächssitua-
tion Geforderte hinaus geht und ein verstecktes Bekenntnis zu David
darstellt, dann müßte auch dieser aus 16,15 und 16,16 – 19 gebildete
Komplex als redaktionell überarbeitete Exposition verstanden werden.
Die bevorstehende Auseinandersetzung wirft in der Einführung von
Ahitofel und Huschai bereits ihre Schatten voraus.

Fragt man nach der Situierung dieser Huschai-Überarbeitung, dann
lassen zwei wichtige Beobachtungen ein vorsichtiges Urteil zu:

a) In 2 Sam 15,31, ein Vers, der sich als der Huschai-Überarbeitung
zugehörig erwiesen hat, betet David, Jahwe möge den Plan Ahitofels
zerbrechen.

b) In 2 Sam 17,14b verfügt Jahwe selber das Böse über Absalom.

In seiner Dissertation hat T. Veijola herausgearbeitet, daß gerade DtrG
(= DtrH) sein Davidbild »durch speziell *religiöse Tugenden* vervollständigt: durch Davids exemplarische Frömmigkeit, … sowie durch seine
Demut, in der er Leid und sogar Lästerungen widerstandslos als Jahwes
Fügung entgegennimmt und alle Zuversicht hoffnungsvoll auf seinen
Gott richtet.«[48] Ferner gehört es nach T. Veijola »zur Theorie des DtrG,
dass David sich *nicht mit seiner eigenen Hand Recht verschaffen darf,*
sondern dass seine Feinde durch Jahwe selber vernichtet werden.«[49] Mit
diesen Vorstellungen kann die oben herausgearbeitete Huschai-Schicht
zusammengebracht werden.

Können die bisher genannten redaktionellen Züge in 2 Sam
16,15.18aβb.19*.20*; 17,5 – 14ab.15b.17b – 21a(21b) einer Hand zugewiesen werden, so gestaltet sich das bei 16,20 – 23 schwieriger, denn die
Erzählung von der Haremsokkupation durch Absalom vermag das bislang anzutreffende Davidbild nicht zu bestätigen. Die redaktionellen
Absichten, die hinter der Plazierung von 16,20 – 23 an den Anfang der
Rebellion in Jerusalem stehen, sind in der Tat anderer Natur und
bekommen erst dann Kontur, wenn sie im Zusammenhang mit 2 Sam
12,11 f. gesehen werden. Dort kündigt Natan dem David nach dem
Ehebruch mit Batseba an: »So spricht Jahwe: Siehe, ich lasse über dich
Böses eintreffen aus deinem Haus, und ich nehme deine Frauen vor
deinen Augen weg, und ich gebe sie einem anderen (wörtlich: deinem
Nächsten o. ä.), und er wird deinen Frauen beiwohnen am hellichten
Tag.«

Sowohl W. Dietrich als auch R. Bickert haben herausgestellt, daß
der am Prophetischen interessierte Deuteronomist (DtrP) 2 Sam 12,1 –

---

[48] T. Veijola, Dynastie, 132.
[49] T. Veijola, Dynastie, 130.

12* dem Thronfolgeerzählkomplex inkorporiert hat. Von diesem Ergebnis her läßt sich für 2 Sam 16,20 – 22 festhalten:

a) Bei 2 Sam 16,20 – 22 handelt es sich um ein vor-dtr Stück, dessen Verhältnis zu 12,11 f. durch den Tun-Ergehen-Zusammenhang bestimmt ist.[50]

b) Da 2 Sam 12,1 – 12* von DtrP in das Werk eingearbeitet worden ist, wird man vermuten dürfen, daß diese Hand auch für die redaktionell exponierte Stellung von 16,20 – 22 verantwortlich ist. Der Aufstand Absaloms erreicht mit der Haremsokkupation eine Dimension, die im Licht von 12,11 f. als von Jahwe verfügte Strafe erkannt wird. In 2 Sam 16,20 – 22 gibt es freilich sprachlich keinerlei Hinweise auf eine dtr Hand. Auch der Kommentar in v. 23 weist kaum eindeutig in diese Richtung.

Die kommentierende Notiz in 16,23 ergibt sich nicht zwangsläufig aus den vorher geschilderten Handlungsabläufen. Darin unterscheidet sich 16,23 von 17,14b, einem Vers mit ebenfalls kommentierendem Charakter. C. Westermann verweist zu Recht darauf, daß hier eine »Säkularisierung« vorliegt: »Der Rat eines politischen Ratgebers wird jetzt schon ... einer Gottesantwort gleichgesetzt.«[51] Ob diese Bemerkung, wie C. Westermann meint, die Gottesbefragung (durch das Orakel) als praktizierte Übung noch voraussetzt, darf bezweifelt werden, denn die Achtung vor einer derartigen Institution würde es untersagen, göttliches Reden und menschlichen Rat einfachhin gleichzusetzen. Zudem lenkt C. Westermann die Aufmerksamkeit auf einen für die Beurteilung von 16,23 wichtigen Sachverhalt: »Diese Orakelfrage, die mit šaal bezeichnet wird, ist durchweg Entscheidungsfrage, d. h. eine Frage, die mit Ja oder Nein beantwortet werden kann.«[52] Er verweist in diesem Zusammenhang auf 1 Sam 14,41, wo die Frage in der Weise eingerichtet wird, daß sie eine Entscheidungsfrage wird. Nun kommentiert 16,23 einen Vorgang, in dem eine derartige Entscheidungssituation eindeutig nicht gegeben ist; d. h.: der Terminus שאל בדבר האלהים wird in einem abgeblaßten Sinn gebraucht. Der Verfasser hebt hier nicht mehr auf den mit Hilfe der Orakeltechnik erfragten göttlichen Entscheidungsspruch ab, sondern er meint in einem allgemeineren Sinn eine göttliche Willensäußerung.

Die Terminologie des Verses bietet mit der Stat.-constr.-Verbindung דבר האלהים einen nicht gerade häufig belegten Ausdruck. In Ri 3,20; 1 Sam 9,27 meint דבר אלהים vermutlich ein Gottesorakel. In 1 Kön 12,22 begegnet zwar der Ausdruck דבר האלהים; es ist aber vermutlich mit G, S und V ein ursprüngliches דבר יהוה zu lesen.[53] Der Chronist

---

[50] So z. B. auch R. Bickert, Geschichte, 16.
[51] C. Westermann, Begriffe, 13.
[52] C. Westermann, Begriffe, 12 f.
[53] So auch M. Noth, Könige, 267, und E. Würthwein, Könige I, 160.

ersetzt in 1 Chron 17,3 wie auch sonst häufiger דבר יהוה durch דבר אלהים, vgl. 2 Sam 7,3.
In 1 Chron 26,32 meint דבר אלהים soviel wie »Angelegenheit Gottes«[54].

Als terminus technicus für die Gottesbefragung mit Hilfe des Orakels begegnet שאל
recht häufig in den Samuelbüchern: 1 Sam 10,22; 14,37; 22,10.13.15; 23,2.4; 28,6; 30,8;
2 Sam 2,1; 5,19.23.[55]

Nun will 2 Sam 16,23 zweifelsohne den Vorgang in 16,20 ff. kommentieren: Absalom räumt dem Rat Ahitofels den Rang eines im Orakel
erfragten (שאל) Gotteswortes ein. Zudem hält der Vers ausdrücklich fest,
daß nicht nur Absalom sondern auch David dem Rat des Ahitofel diese
Qualität beigemessen hat. Wenn Absalom auf den Rat des Ahitofel hin
handelt, dann tut er das aus der Überzeugung heraus, es sei eine göttliche
Anweisung; und auch David schickt sich aus denselben Gründen in
dieses Handeln.

Ließe sich 2 Sam 16,23 deutlicher mit einer am Prophetischen
interessierten Intention in Verbindung bringen[56], dann könnte der gesamte Abschnitt von DtrP integriert worden sein. Da aber 16,23 die
Verse 16,20 ff. kaum glatt fortsetzt, er vielmehr diese durch Absalom
vollzogene Haremsübernahme aus späterer Sicht (בימים ההם) verstehen
will, scheint sein Glossencharakter ausgemacht. Er will vor allem deutlich
machen, daß sowohl Absalom als auch David betroffen sind. Ferner will
er sagen, daß Absalom ›bona fide‹ gehandelt hat. Einerseits wird somit
Absaloms Tun in gewissem Maße exkulpiert, zum andern wird man
kaum fehlgehen mit der Annahme, der Verfasser des Kommentars blicke
zurück auf 2 Sam 12,1 – 12*. Absalom wird letztlich nicht von menschlicher Niedertracht geleitet, sondern der für ihn mit göttlicher Dignität
ausgezeichnete Rat des Ahitofel bestimmt sein Vorgehen. Dennoch besteht bei dem Kommentator offenbar eine gewisse Scheu, Ahitofels Rat
ohne Umschweife als von Jahwe her kommend anzusehen, weil er
vermutlich die aus moralischer Sicht recht anfechtbaren Vorgänge nicht
unmittelbar mit Jahwe in Verbindung bringen wollte. Soll etwa auch
Jahwe, vgl. 2 Sam 12,11 f., exkulpiert werden?

In 2 Sam 16,20 – 23 läßt sich ein spezifisch dtr Sprachgebrauch nicht
feststellen. Wenn v. 23, ein nun als spät erwiesener Vers, Ahitofels Rat
mit dem in der Gottesbefragung erhaltenen Gotteswort in Verbindung
bringt, dann mag er an die zahlreichen Belege in 1 Sam gedacht haben,
zudem wird er sich des durch Natan an David ergangenen Wortes 12,11 f.
erinnert haben.

Wie schon kurz angerissen, ist die Frage nach der Diachronie der Redaktionsschichten
kaum zuverlässig zu beantworten. Sie hängt ab von der Beurteilung der Wendung בפעם
הזאת »diesmal« in 2 Sam 17,7, die vermutlich auf die Begebenheiten von 16,20 – 22 zurück-

---

[54] Vgl. W. H. Schmidt, Art. דבר, Sp. 119.
[55] Vgl. die Belegangaben bei W. H. Schmidt, Art. דבר, Sp. 119.
[56] Siehe dazu G. Gerleman, Art. שאל, Sp. 843.

verweisen will. Wenn die beiden Wörter *ursprünglich* zur Huschai-Rede gehören, dann käme dem Abschnitt 16,20–22 die zeitliche Priorität zu. Wurden sie aber *nachträglich* eingefügt, dann hätte der Huschai-Bearbeitung die Erzählung von der Haremsübernahme noch nicht vorgelegen. Diese Lösung würde freilich dem von R. Smend, W. Dietrich und T. Veijola entworfenen Bild der dtr Redaktionen im Dtr Geschichtswerk eher entsprechen. Wenn nämlich die Huschai-Bearbeitung Züge des dtr Historiographen (= DtrH) aufweist und 2 Sam 16,20–22 von DtrP eingefügt worden ist, dann würde ein Ergebnis, das die Huschai-Bearbeitung älter sein läßt, das zeitliche Hintereinander von DtrH und DtrP bestätigen. Dieser Lösung wird hier mit allen genannten Vorbehalten gefolgt.

Zusammenfassend läßt sich folgendes Bild von der redaktionellen Schichtung des Abschnitts 2 Sam 16,15 – 17,23 zeichnen:

a) Die Grunderzählung 2 Sam 16,16 f.18aα.19*.20*; 17,1 – 4. 15a. 16. 17a.(21b*).22 setzt 2 Sam 15,37b fort und berichtet vom Zusammentreffen Huschais mit Absalom, vom Beginn der Agententätigkeit Huschais, vom Rat Ahitofels an Absalom, David in einer Nacht- und Nebelaktion nachzusetzen, von Huschais erfolgreicher Nachrichtenübermittlung an David und von Davids geglückter Flucht.
b) In der ersten redaktionellen Überarbeitung 2 Sam 16,15.18aββ. 19*.20*; 17,5 – 14.15b.17b – 21a.23 gelten alle Sympathien dem König und seinen Helfern. In listiger Mehrdeutigkeit spricht Huschai von David als dem rechtmäßig Erwählten und zeichnet in seiner Entgegnungsrede auf den Plan Ahitofels den König als imposanten Gegner. Mit Geschick lassen die Helfer Davids die Nachricht vom Plan Ahitofels an David überbringen. Dagegen erweisen sich die Parteigänger Absaloms als tölpelhafte Verfolger. Die Nachricht vom Scheitern und vom Tod Ahitofels unterstreicht nochmals die Überlegenheit und den Erfolg des Königs und seiner Helfer.
c) Die zweite redaktionelle Erweiterung 2 Sam 16,20 – 22 stammt aus der Hand des prophetisch orientierten Deuteronomisten (DtrP). Er stellte die Erzählung von der Übernahme des väterlichen Harems durch Absalom an den Anfang der Rebellion in Jerusalem. Die Absicht des Redaktors wird in Verbindung mit 2 Sam 12,11 f. und mit 15,16b deutlich: im Handeln der Menschen und durch dieses Handeln vollzieht Jahwe seine an David ergangene Strafankündigung.
d) Die Glosse 2 Sam 16,23 hat als nachträglich angefügter Kommentar zu gelten, der Ahitofels Rat in die Nähe eines Gottesorakels rückt. Der Satz bekommt auf dem Hintergrund einer Linie von Ankündigung und Erfüllung seinen Hintersinn: In der Befolgung des Ahitofel-Rates vollzieht sich Gottes Wort an David – und an Absalom, wie das Folgende zeigen wird. Freilich äußert der Kommentator das nicht offen, da er offenbar moralisch motivierte

Skrupel gehegt hat. So kommt es dazu, daß zwar Absalom ›guten Glaubens‹ handelt, der Rat Ahitofels allerdings nicht einfach mit Gottes Wort gleichgesetzt wird.

3. Zur Theologie der Redaktionsschichten

G. von Rad führt in seiner Deutung des theologischen Urteils in 2 Sam 17,14b aus: »Und tatsächlich, hier [bei der Begegnung Davids mit Huschai in 2 Sam 15,32 – 36] bahnt sich der große Umschwung an. Huschais listiger Rat wurde dem Absalom zum Verderben. Wir verstehen nun, warum der Historiker hier, nachdem die Würfel über Absalom gefallen waren, einen Augenblick innehält und dem Leser eine theologische Deutung der Ereignisse gibt. Hier war der Wendepunkt in den Ereignissen des Aufstandes, und herbeigeführt war dieser Umschwung durch Gott selbst, der das Gebet des Königs [in 2 Sam 15,31b] in seiner tiefen Erniedrigung erhört hatte.«[57] An anderer Stelle führt er aus: »Die Ereignisse in dem Kriegsrat sind nicht sensationeller oder wunderhafter als alle die anderen, von denen der Historiker berichtet. Er zeigt vielmehr eine Abfolge von Geschehnissen, in der die immanent kausale Kette ganz dicht geschlossen ist; so dicht, daß das Menschenauge überhaupt keine Lücke mehr findet, in der Gott hätte eingreifen können. Und doch hat er heimlich alles gewirkt, alle Fäden lagen in seinen Händen, sein Wirken umschloß die großen politischen Ereignisse gleicherweise wie die verborgenen Entschlüsse des Herzens. Der ganze menschliche Bereich ist das Betätigungsfeld der göttlichen Vorsehung. Diese Auffassung von dem ›concursus divinus‹ ist es, die es unserem Historiker ermöglicht hat, in seiner Darstellung der ganzen menschlichen Wirklichkeit gerecht zu werden.«[58]

Diese Deutung G. von Rads, die in der Feststellung gipfelt, die gesamte Thronfolgeerzählung sei eine Führungsgeschichte mit messianischer Thematik[59], gilt jedoch nur dann uneingeschränkt, wenn der Erzählkomplex 2 Sam 16,15 – 17,23 ohne Zweifel ein und derselben Hand entstammt. Nun haben aber die redaktionskritischen Überlegungen gezeigt, daß sich in 2 Sam 16,15 – 17,23 mehrere Stimmen zu Wort melden.

Die Grunderzählung schildert, wie Huschai bei Absalom ankommt und dessen Vertrauen gewinnen kann, indem er mögliche Verdachtsmomente ausräumt. Damit sind freilich für David nicht alle Gefährdungen

---

[57] G. von Rad, Anfang, 184.

[58] G. von Rad, Anfang, 185.

[59] G. von Rad, Anfang, 186. »Messianisch« deshalb, weil es um den davidischen Thron geht: Man sah »die furchtbaren Wirrnisse, in die er hineingezogen wurde, bis sich am Ende der von Gott ersehene Erbe der Krone einstellte...«

strieren, daß er sich bei seinem Vater David endgültig verhaßt gemacht hat. Wenn David in 2 Sam 15,16b seine Frauen zur Bewachung des Palastes zurückläßt, dann strebt er ebenfalls in seiner Handlung etwas an, was, so der Redaktor, dem göttlichen Kalkül nicht entspricht. Beides aber, die politische Aktion Absaloms und die vorsorgende Handlung Davids, läuft darauf hinaus, daß Jahwes Gericht an David für dessen Ehebruch mit Batseba vollstreckt wird. Zwischen dem Ehebruch Davids mit Batseba und der Haremsokkupation Absaloms gibt es keinen in der Erfahrung nachweisbaren Zusammenhang, doch erkennt theologisches Reflektieren, vom Tun-Ergehen-Denken her bestimmt, eine Verbindung zwischen den beiden Geschehen, und es macht diesen Zusammenhang als im Gerichtshandeln Jahwes beschlossenes und ausgeführtes Handeln verstehbar. Das Jahwegericht stiftet, so die theologische Interpretation, dort geschichtliche Kontinuität, wo die einfache Beobachtung der Ereignisse keinen Zusammenhang erblicken würde, nicht zuletzt deshalb, weil die Ereignisse zeitlich getrennt begegnen. Der Leser, der sich der Erzählweise des DtrP anvertraut hat, weiß, nachdem er 16,20 – 22 vernommen hat, daß Jahwe hier durch Absalom sein Strafgericht an David vollzieht. Mit einigem Schaudern mag er auf 15,16b zurückblicken, wo David de facto zum Erfüllungsgehilfen wird. Gleichzeitig erahnt er, daß Gerichtsankündigung und Gerichtsvollzug keine punktuellen Ereignisse sind, sondern daß beide den Ablauf der Geschichte umfassender bestimmen.

In der Gerichtsankündigung Natans in 2 Sam 12,1 – 12* und in der Erzählung von der Übernahme des väterlichen Harems durch Absalom hat DtrP Elemente geschaffen bzw. vorgefunden, die seiner Auffassung von der Geschichte als dem Wirksamwerden des prophetisch vermittelten Jahwewortes entgegengekommen sind. Er konnte das ihm vorgegebene Gut erweiternd überarbeiten. »Menschliche Sünde und göttliche Strafe korrespondieren aufs genaueste, und zwischen beiden mediatisiert der Prophet.«[61]

---

[61] T. Veijola, Dynastie, 140. Vgl. ferner oben, S. 232 – 240. 256 – 261.

Zusammenfassung

Eine konkrete Ausprägung der Vorstellung, daß Jahwe der Herr der Geschichts- und Menschenwelt ist, liegt in der alttestamentlichen Vorstellung vom göttlichen Plan vor. Dieser Thematik wollten die in diesem Band vorgelegten Studien nachgehen. Aus verschiedenen Gründen war dabei eine Begrenzung des Materials unerläßlich. Zunächst wurde eine Anzahl repräsentativer Texte besprochen, die für den göttlichen Plan bzw. das göttliche Planen die Termini יעץ und עצה verwenden. Die Belege der Weisheitsliteratur und der Psalmen wurden dabei vernachlässigt. Darüber hinaus galt die Aufmerksamkeit der prophetentheologisch recht bedeutsamen Stelle Am 3,7 und den für eine Jahweplan-Theologie relevanten Partien der sog. Thronfolgeerzählung.

Der Einsatz der Studien bei Jesaja 1–39 war sowohl forschungsgeschichtlich als auch wortstatistisch geboten. So ist der noch bis heute nachwirkenden Untersuchung von J. Fichtner zufolge Jesaja der Erste gewesen, der von einem Plan Jahwes in der Geschichte gesprochen hat. Eine ähnliche Auffassung fand sich bereits bei L. Köhler und wird außerdem von W. Eichrodt, H. W. Wolff und H. Wildberger vertreten. Vor allem die theologische Interpretation der jesajanischen Predigt durch G. von Rad, die sich eng an die Ausführungen von J. Fichtner anlehnt, hat der Auffassung, Jesaja habe von einem göttlichen Plan gesprochen, weite Verbreitung geschenkt. Der bei G. Fohrer vorgetragene Einwand gegen eine jesajanische Jahweplan-Vorstellung blieb nahezu unbeachtet.

Aus Jes 1–39 wurden folgende Texte eingehend besprochen: Jes 5,11–17.18 f.; 14,24–27; 19,1–15.16 f.; 23,1–14; 28,23–29; 30,1–5. Die Durchsicht dieser Belege hat nun deutlich ergeben, daß das historische Urteil, Jesaja habe als Erster in Israel von einem Jahweplan in der Geschichte gesprochen, nicht zu halten ist. Die Texte erwiesen sich vielmehr als Zeugnisse der nachexilischen Zeit, die entweder redaktionell geschaffen oder übernommen worden sind.

So handelt es sich bei den Wehesprüchen in Jes 5,8–23 um eine literarische Komposition, in der ein Grundbestand von sieben kurzen Weherufen redaktionell erweitert worden ist. Im Rahmen der gestellten Thematik interessierten besonders die beiden Wehesprüche 5,18 f. und 5,11–17.

Im Wehespruch Jes 5,18 f. wurde der kurze Weheruf v. 18, der ein soziales Fehlverhalten geißeln will, redaktionell um die theologische Reflexion v. 19 erweitert. Dieses literar- und redaktionskritische Urteil

basiert vor allem auf terminologischen, formgeschichtlichen und reli-
gionsgeschichtlichen Überlegungen.

1. Der zu עצה »Plan« in Parallele stehende Terminus מעשה »Werk« begegnet, nimmt
man Jes 1–39 aus, in der prophetischen Literatur äußerst selten. Die Belege, die in Jes
1–39 ein Gerichtshandeln Gottes an Israel mit Hilfe des Begriffs »Werk« aussagen, müssen
allesamt als sekundär gelten (Jes 10,12; 28,21). Es ist zudem fraglich, ob in Jes 5,12.19
»Werk« und »Plan« überhaupt ein kommendes Jahwegericht bezeichnen, da dieses ja erst
durch das Nichtbeachten von und den Zweifel am »Werk« und am »Plan« Jahwes
herbeigeführt wird.

2. Wendet sich der kurze Weheruf Jes 5,18 gegen ein soziales Fehlverhalten, so besitzt
dagegen v. 19 eher den Charakter einer präzisierenden theologischen Kommentierung.

3. Die zu Jes 5,19 nächsten alttestamentlichen Parallelen Ps 28,5 und 92,6 f. sprechen
für den späteren, redaktionellen Charakter von Jes 5,19.

Auch der Wehespruch Jes 5,11–17 erwies sich als mehrfach ge-
schichtet:

1. Am Anfang steht der Weheruf Jes 5,11, der ein soziales Fehlverhalten anprangert.

2. Die vor allem für die aufgegebene Thematik interessanten Verse Jes 5,12 f. bilden
eine erste Erweiterung, die die ursprünglich soziale Anklage theologisch als falsches
Gottesverhältnis interpretiert und dem Volk die Verbannung ankündigt.

3. Das Drohwort gegen Jerusalem in Jes 5,14.17 bietet eine zweite Erweiterung.

4. Jes 5,15 f. muß als schriftgelehrte Einschaltung angesehen werden.

Die terminologische Nähe zwischen Jes 5,19 und 5,12b erlaubt
die Annahme, daß Jes 5,19 und 5,12 f. derselben Bearbeitungsschicht
zuzurechnen sind.

Wenn man Jes 5,19 und 5,12 f. als redaktionelle Erweiterung und
Aktualisierung eines vorgegebenen Weherufes versteht, dann stellt sich
die Frage nach weiteren alttestamentlichen Zeugnissen, die, ähnlich wie
Jes 5,12 f.19, von einer Verborgenheit bzw. von einer Nichterkennbarkeit
des göttlichen Willens sprechen. Die Untersuchung stellt zur Diskussion,
ob nicht in Jes 55,8 f.; 56,9–57,13 (bes. 56,11 f.; 57,11); Mal 3,13–21
(bes. 3,13 ff.) Aussageparallelen zu finden sind, die gleichzeitig eine
religions- und theologiegeschichtliche Einordnung in die nachexilische
Zeit erlauben. Ferner müssen aus der Weisheitsliteratur Belege wie Ijob
38,2; Koh 3,11; 7,13; 8,17 und 11,5 berücksichtigt werden.

In Jes 5,12 f.19 meldet sich demnach eine Stimme zu Wort, die gegen
eine Haltung der Gottvergessenheit angeht, wie sie sonst vor allem in
prophetischen und weisheitlichen Zeugnissen aus dem 4./3. Jh. v. Chr.
begegnet: Die Menschen achten nicht auf den in der Menschen- und
Geschichtswelt wirksamen göttlichen Plan. Ihnen gilt, so der Redaktor,
das prophetische Wehe.

Im nachexilischen Spruch Jes 14,24–27 wird der zur Zeit des
Verfassers herrschenden Macht, die mit dem Chiffrenamen »Assur«
angeredet wird, in der Form eines feierlichen Jahweschwurs der Untergang angesagt. Die Vernichtung der feindlichen Macht erfolgt im Unter-

schied zu den anderen erörterten Fremdvölkerorakeln in Jahwes eigenem Land. Diese Vorstellung, die eine gewisse Nähe zum Gog-Mythos in Ez 38 aufweist, spiegelt die politische Ohnmacht des nachexilischen Judentums wider. Die feindliche Großmacht sitzt im Land und bestimmt dessen Geschicke. Sie kann somit auch folglich nur im eigenen Land besiegt werden. Daß die Überwindung der Feindesmacht durch Jahwe bevorsteht, sichert die feierliche Form des Jahweschwurs und die Aussage, daß bei Jahwe ein unverbrüchlicher Plan dazu besteht.

Das Wort gegen Ägypten Jes 19,1 – 15 erwies sich als einheitliche Dichtung. Die literarkritische Textanalyse konnte ferner den nachexilischen Charakter der Dichtung sichern.

Mit der Vorstellung von Jahwes Wolkenfahrt wird, ein Charakteristikum der späteren Zeit, ein kanaanäisches Motiv auf Jahwe übertragen. Die Kennzeichnung der Götter als »Nichtse« verweist ebenfalls frühestens in die exilische Zeit. Die Rede vom starken König in v. 4 erinnert an eine ähnliche Wendung in Dan 8,23.

Die gelegentlich vertretene Ansicht, der Abschnitt Jes 19,5 – 10 beruhe auf einer ägyptischen Vorlage, konnte nicht überzeugen, weil ein tragendes Motiv, das Austrocknen des Nil, Analogien in anderen alttestamentlichen Texten aufweist. Wie schon in Jes 19,1 – 4 so fand sich auch in v. 5 – 10 ein in die spätere Zeit verweisendes Vokabular. Das gilt auch für den Abschnitt Jes 19,11 – 15, der wiederum in die politische Szene Ägyptens zurückkehrt. Das, was Jahwe über Ägypten beschlossen hat, entzieht sich den ägyptischen Weisen.

Von der vermutlich sukzessive angefügten sechsfachen Nachexegese des Ägyptenwortes in Jes 19,16 – 25 (v. 16 f.18.19.20 ff.23.24 f.) interessieren vor allem die vv. 16 f. Die beiden Verse interpretieren und wiederholen, was Jes 19,1 – 15 bereits gegen Ägypten gesagt hat, beziehen aber Juda explizit in das Orakel ein und geben somit indirekt eine Begründung für das Gerichtshandeln Jahwes an Ägypten.

Souverän verfügt Jahwe über das Schicksal Ägyptens nach einem Plan, dessen Absichten in Jes 19,1b – 4 ausgesprochen werden: Jahwes Intervention läßt Ägypten ins Chaos fallen und bricht dessen eigenen Plan. Dabei bleibt sowohl der Grund als auch der Zeitpunkt des göttlichen Handelns an Ägypten im Dunkeln. Der Autor ist vermutlich derselben Auffassung wie der Verfasser der ersten Nachexegese: Der Gott Israels erniedrigt die feindliche Macht und ermöglicht ein erneutes Aufblühen Israels. Dieser Untergang Ägyptens ist bei Jahwe beschlossen.

Jes 23,1 – 14 wird, v. 5.13 ausgenommen, als eine geschlossene Spruchkomposition angesehen, die aus einer Klage über Sidon (v. 1b – 4), einer über Tyros (v. 6 – 9) und einer über Phönizien insgesamt (v. 10 – 14) besteht. Der Text wird heute kaum noch auf Jesaja zurückgeführt. Darüber hinaus zeigt eine ausführliche Analyse, daß die Dichtung nicht in die spätassyrische Periode sondern eher in die spätere nachexilische Zeit zu datieren ist. In Jes 23,8 f. bekundet der Verfasser die Auffassung, daß die Zerstörung der Stadt Tyros im Gerichtsbeschluß Jahwes begründet ist, der den Stolz der Stadt in derselben Weise ahndet, wie er einst

Israels Hochmut bestraft hat. Wenn Jahwe, so der Autor der Dichtung,
mit dem Untergang von Tyros, vgl. Jes 23,9, den Hochmut und Stolz
aller Welt bestrafen will, dann werden diesem Geschehen eschatologische
Dimensionen beigemessen.

Wie eine spätere Redaktion sich Texte, die ursprünglich etwas
anderes aussagen wollten, ihrer eigenen Intention dienstbar gemacht hat,
verdeutlicht das Lehrgedicht Jes 28,23 – 29. Von Haus aus kann der Text
kaum als Gleichnis verstanden werden. Es handelt sich vielmehr um eine
theologische Lehrdichtung, die von Gottes weisem Lehren und Planen
handelt. Wenn der Bauer in seiner Arbeit planvoll vorgeht, dann verweist
das auf eine allumfassende göttliche Ordnung. Erst der für die Stellung
des Lehrgedichts verantwortliche Redaktor hat den Abschnitt als Gleichnis für Israels Geschichte mit Jahwe verstanden. Terminologische, formale und inhaltlichen Erwägungen führen zu dem Ergebnis, daß Jes
28,23 – 29 spät zu datieren ist.

1. Terminologisch sprechen vor allem das Substantiv תושיה, aber auch die Wendung
מעם יהוה צבאות und die Verben יסר und פלא gegen die Herkunft des Textes von Jesaja.

2. Die Gattung »Lehrgedicht« muß als für Jesaja fremd angesehen werden.

3. Inhaltlich befremdet die wechselnde Beurteilung Assurs durch den Propheten,
die, nimmt man Jes 28,23 – 29 als echt an, hinter dem Lehrgedicht stehen müßte. Die
Redaktion, die das Lehrgedicht eingefügt hat, erblickte in dem durch den Landmann
vollzogenen planvollen Handeln samt dessen Verwiesenheit auf eine umfassende göttliche
Ordnung ein Gleichnis für Jahwes planvolles Handeln in der Geschichte.

Auch Jes 30,1 – 5 muß als späte Dichtung angesehen werden, die
das rätselhafte Wort Jes 30,6 f. verdeutlichen will. Vor allem terminologische und inhaltliche Gesichtspunkte sprechen gegen eine Herleitung des
Wortes von Jesaja.

1. Die Verbindung der Interjektion הוי »Wehe« mit einem Substantiv begegnet nicht
häufig und stellt sehr wahrscheinlich ein Charakteristikum späterer Zeiten dar.

2. Die Anrede der Judäer als »Söhne«, der Vorwurf der Widerspenstigkeit, die
Kennzeichnung des Wortes als Jahwespruch durch נאם יהוה, das רוחי im Munde Jahwes und
die am Psalter orientierte Vertrauenssprache lassen terminologisch begründete Bedenken an
der Jesajanität des Spruches aufkommen.

3. Die explizit theologischen Absichten des Wehespruchs sprechen für eine späte,
rein literarische Entstehung.

Der Verfasser der theologischen ausgestalteten Wehedichtung blickt
zurück auf eine Begebenheit in der Geschichte seines Volkes und stellt
diese mittels seiner theologischen Deutung auf die Ebene stets aktueller
Bedeutsamkeit. Für eine Theologie des göttlichen Weltenplanes kann der
Text Jes 30,1 – 5 nicht in Anspruch genommen werden. Er bietet aber
in v. 1 f. eine beachtenswerte Terminologie und bezeugt den Glauben
seines Verfassers an den in der Geschichte Israels wirkmächtigen Gott.

In den diskutierten Texten begegnete keine homogene Vorstellung
vom Plan Jahwes, es ließen sich vielmehr drei Textgruppen mit unterschiedlichen Vorstellungen von diesen Plan(en) ausmachen:

1. In den Fremdvölkersprüchen Jes 14,24 – 27; 19,1 – 15.16 f. und 23,1 – 14 begegnet Jahwe, der Gott Israels, als der souverän über das Geschick der fremden und feindlichen Völker Verfügende.

2. Die redaktionellen Partien der Wehesprüche Jes 5,11 – 17 und 5,18 f. verstehen unter dem Plan Jahwes eine das Leben Israels bestimmende Größe, der sich vor allem die Verantwortlichen verweigern. In Jes 30,1 – 5 begegnet eine verwandte Auffassung: Israel verfolgt eigene Pläne, die nicht von Jahwe sind.

3. Das Lehrgedicht Jes 28,23 – 29 bildet ein gutes Beispiel dafür, wie ein Text unter Mißachtung von Form und Inhalt anders ausgerichteten redaktionellen Intentionen dienstbar gemacht werden kann: ein Weisheitsgedicht, das von Gottes planvoller Ordnung in der Natur und in der Menschenwelt handelt, wird unter den Händen der Redaktion zum Gleichnis für Israels Geschichtsverlauf.

Ließen sich die Texte aus Jes 1 – 39 nur annähernd als nachexilisch bestimmen, so begegnet, folgt man den Analysen von R. P. Merendino, in Jes 46,9 – 11 ein auf Deuterojesaja zurückgehendes und somit genauer datierbares Selbsterweiswort, das mit der Vorstellung von Jahwes Plan die göttliche Geschichtssouveränität begründet. Dieser Text und die ferner für die Thematik relevanten Stellen Jes 40,12 – 17 und 44,24 – 28 waren genauer zu analysieren.

Nach R. P. Merendino handelt es sich bei Jes 40,12 – 17 um ein Weisheitsgedicht, dem in v. 17 eine abstrakte, nicht mehr bildhafte Reflexion angefügt worden ist. Das Gedicht v. 12 – 16 stammt nicht von Deuterojesaja, es wurde allenfalls von ihm mit Hilfe von v. 17 eingearbeitet. Wahrscheinlicher ist freilich die Vermutung, daß v. 17 einer späteren Redaktion entstammt. Der Ausdruck איש עצתו »Mann seines Rates« meint kaum den Mann, dem Jahwe seinen Ratschluß kundgibt. Demgegenüber kam die Untersuchung des Abschnitts in Anlehnung an Jes 46,11 zu dem Ergebnis, daß darunter jemand zu verstehen ist, der dazu ausersehen ist, den göttlichen Plan in der Welt auszuführen. Auch der kann, obwohl er den Plan durchführen soll, Gott keinerlei Belehrung erteilen.

Die Bedeutung von »Plan« in v. 13 erklärt sich von den im näheren Kontext begegnenden Wendungen »Pfad des Rechts« und »Weg der Einsicht« her. »Pfad des Rechts« meint in v. 14 die Art und Weise, in der Jahwe in Schöpfung und Völkerwelt ordnungsstiftend handelt. Mit »Weg der Einsicht« ist die göttliche Weltüberlegenheit in Schöpfung und Geschichte angesprochen. Das weisheitliche Lehrgedicht strebt keine Lehre vom Jahweplan an. Es bedient sich vielmehr der Vorstellung, um die Stellung der Völker vor Jahwe zu verdeutlichen. Sie, die »Geschichte machen«, sind vor Jahwe klein. Zu den Völkertexten in Jes 1 – 39 besteht freilich ein entscheidender Unterschied: Jes 40,12 – 16.17 richtet sich

nicht *gegen* ein Volk oder die Völker, sondern spricht vom Handeln
Jahwes *in* der Völkerwelt. Der Gedanke eines Gerichtes an den Völkern
wird in Jes 40,12 – 17 nicht thematisiert.

Mit R. P. Merendino wird die Auffassung geteilt, daß es sich bei
Jes 44,24 – 28a um ein nicht von Deuterojesaja herzuleitendes Stück
handelt, das jetzt als Bestandteil des redaktionell geschaffenen Kontextes
Jes 44,24 – 25,7 begegnet. Der Abschnitt 44,25 – 28a wird als responsori-
sche Antwort auf die nach deuterojesajanischem Vorbild gestaltete Selbstprädikation Jahwes in v. 24 angesehen. Wenn Jahwe in 44,24 »Löser«
genannt wird, dann stellt diese Bezeichnung vor allem Jahwes Verantwortungsverhältnis gegenüber Israel und seinen Willen zur Wiederherstellung
seines Volkes heraus.

Die Frage, was der Abschnitt Jes 44,24 – 25,7, insbesondere 44,24 –
28, unter dem Plan Jahwes versteht, wurde von 44,25 – 26a her beantwortet. Wenn die Exegese bislang in den Orakelpriestern, Wahrsagern und
Weisen Repräsentanten der babylonischen Religion gesehen hat, dann
war das aus der Situierung der Verse in die deuterojesajanische Verkündigung her verständlich. Wurde aber der Abschnitt redaktionell eingefügt,
dann können auch in Israel tätige Mantiker gemeint sein. Jahwe zerbricht
die Zeichen der Orakelpriester und macht die Weissager und Weisen
zum Gespött. Gleichzeitig bewahrheitet er die prophetische Botschaft.
Somit erweist Jahwe in Souveränität die Botschaft der einen als falsch
und bestätigt das Wort der anderen als wahr. Allein im prophetischen
Wort wird kundgetan, was Jahwe beabsichtigt. Das durch die Propheten
angekündigte Wort Gottes und sein darin geoffenbarter Plan finden ihren
Grund in der in v. 24 ausgesprochenen Weltüberlegenheit Jahwes, die –
darin wirkt die im Deuterojesajabuch belegte Fremdgötterpolemik
nach – *alles* bewirkt.

Das Selbsterweiswort Jes 46,9 – 11 wird mit R. P. Merendino auf
Deuterojesaja zurückgeführt. Die Aufforderung, des Früheren zu gedenken, soll bei den Zuhörern den Glauben wecken, daß Jahwe der einzige
und unvergleichbare Gott ist (v. 9b), denn Jahwe teilt am Anfang das
Ende mit, plant souverän die Geschichte und ruft den Perserkönig Kyros.
Damit erweist er sich als der Herr der Geschichte. Vor allem das
Argument, daß Jahwe das Ende bereits am Anfang mitgeteilt hat, schafft
ein Element der Kontinuität zur vorexilischen Gerichtsprophetie, denn
in ihr hatte Jahwe seine Gerichtsabsichten angekündigt; Israel mußte
das in seiner Geschichte schmerzvoll erfahren. Noch deutlicher als Jes
40,12 – 17 und 44,24 – 28 stellt 46,9 – 11 Jahwes Handeln in der Geschichte heraus.

Das Danklied Jes 25,1 – 5 wurde für seinen jetzigen Kontext geschaffen. So blickt v. 2 auf 24,10.12 zurück, nachdem v. 1 Jahwe als den
gepriesen hat, der in der Geschichte Israels wunderbare Ratschlüsse
vollbringt. Auf die Entmachtung der Weltmacht folgt die Anerkennung

des Herrseins Jahwes durch deren Bewohner. An v. 4 ist die Aufnahme von Begriffen der individuellen Psalmendichtung beachtenswert. V. 5* nennt nochmals die Folgen des Gottesgerichts: das Lärmen und der Gesang der fremden Gewaltherrscher wird verstummen. Es kann mit guten Gründen vermutet werden, daß das Danklied Jes 25,9 – 10a, das in v. 10a auf 25,6 zurückblickt, und die Abschnitte Jes 24,14 – 16a und 26,1 – 6 derselben Schicht wie Jes 25,1 – 5 angehören.

Jahwe hat in der Geschichte seines Volkes seine Ratschlüsse verwirklicht. Das bekennt der Sprecher von Jes 25,1 – 5 dankbar. Er versetzt sich anticipando in die glückliche Heilszeit und blickt von dort zurück auf die bisherige Geschichte seines Volkes. Die im Danklied erwähnten göttlichen Ratschlüsse meinen vermutlich nicht so sehr einzelne prophetische Weissagungen; sie lassen eher an die Vorstellung einer letztendlich sich als Heilsgeschichte erweisenden Geschichte Israels denken, in der kontinuierlich seit alters her die göttlichen Ratschlüsse wirksam geworden sind.

Weitere Texte aus Prophetenbüchern, in denen von einem göttlichen Plan(en) die Rede ist, liegen in Jer 32,16 – 25; 49,19 – 22 (50,44 – 46); Am 3,3 – 8; Mi 4,11 – 13. Ferner war der Text 2 Chron 25 zu berücsichtigen.

Das in Jer 32,16 – 25 vorliegende Gebet Jeremias ist Teil der umfassenden Komposition Jer 32,1 – 44. Jer 32 bildet eine in Prosa gehaltene Fortsetzung der in Jer 30 f. überlieferten Heilsworte. Durchweg anerkannt ist der sekundäre Charakter von Jer 32,1 – 6a und die Auffassung, Jer 32,6b – 15 biete als authentischer Selbstbericht den Kern der ganzen Komposition. Die vorliegende Studie vertritt hinsichtlich der Herkunft von Jer 32,16 – 44 mit W. Thiel die Ansicht, daß Jer 32,16 – 44 durchweg als dtr formulierter Abschnitt anzusehen ist, der eine dtr Interpretation des Ackerkaufs bieten will. Freilich erhebt sich die Frage, ob nicht doch noch weitere Überarbeitungsspuren auszumachen sind. Wenn die vorgenommene Analyse zutrifft, dann handelt es sich bei den Versen Jer 32,18bβ.19 um eine nachträgliche Interpolation. Illustriert das Gebet des Jeremia die theologische Überzeugung, daß Jahwe die Schuld der Väter an den Söhnen heimsucht, so bringt Jer 32,18bβ.19 mit dem Gedanken der individuellen Vergeltung einen Zug ein, der später nicht mehr aufgenommen wird. Wenn Jahwe in Jer 32,19 als »groß an Rat und mächtig an Tat« gepriesen wird, dann steht das für die Auffassung des Interpolators, daß sich beides in der Geschichte Jahwes mit Israel gezeigt hat. Gericht und Heil sind Manifestationen des göttlichen Rates. In ihnen lenkt Jahwe souverän die Geschicke seines Volkes. Wenn der Interpolator darüber hinaus die am individuellen Lebenswandel orientierte göttliche Gerechtigkeit herausstellt, dann versucht er eine Erklärung auf die Frage, warum in Jeremias Zeichenhandlung das Heil in einer der Katastrophe ausgelieferten Stadt präsent ist. Dieses Nebeneinander kann er sich nur so erklären, daß Jahwe als der gerechte Gott nur die Bösen untergehen läßt.

Jer 49,19 – 22, ein Abschnitt, der die Dichtung gegen Edom abschließt, bietet mit den vv. 19 – 21 einen Abschnitt, der auch in der umfassenden Babeldichtung Jer 50,1 – 51,64 begegnet (50,44 – 46). Die Frage nach dem Abhängigkeitsverhältnis konnte redaktionell gelöst werden: Sowohl Jer 49,19 – 21 als auch 50,44 – 46 wurden von einer Redaktion eingetragen, die die Zerstörung Edoms bzw. Babels als von Jahwe geplant verstanden wissen wollte. Diese Intention trifft sich mit den Absichten einer von G. Fohrer in Jer 51,11.12b.28 f. erkannten redaktionellen Schicht, die »an den Absichten Jhwhs und einer geschichtlichen Deutung« interessiert ist. Der spätnachexilische Text Jer 49,19 – 22 stellt zunächst fest, daß der wie ein Löwe auftretende Jahwe von niemandem aufgehalten werden kann. Der das Volk von Edom weidende Hirte, Edoms Gott, kann sich nicht mit Jahwe messen. In seiner Gerichtssouveränität plant Jahwe den Untergang Edoms, der seinerseits die ganze Erde betrifft. Das in Jer 49,22 angefügte Adlerbild verdeutlicht ein weiteres Mal Jahwes Souveränität in der Geschichte.

Die literarkritische Untersuchung des Abschnitts Am 3,3 – 8 erwies den Glossencharakter des theologisch bedeutsamen Satzes Am 3,7.

Der prophetische Spruch Am 3,4 – 6 bildet den Kern. Er tritt der Auffassung entgegen, daß Jahwe gegen Israel nichts Unheilvolles unternehmen könne. Das mit dem Mittel rhetorischer Fragen gestaltete Diskussionswort wurde von der dtr Redaktion des Amosbuches prophetentheologisch gerahmt: Am 3,3.8. Der zweifelsohne später nachgetragene Vers Am 3,7 kann freilich nicht dieser dtr Redaktion zugewiesen werden, sondern er wird als Glosse verstanden, die die dtr Sicht weiterführt: Die Propheten sind die von Jahwe ins Vertrauen gezogenen Menschen, deren Botschaft zeigt, was Jahwe zu tun gedenkt.

Ein Vergleich mit Jer 23,16 – 18.22 verdeutlicht, daß es sich bei Am 3,7 um eine Weiterentwicklung der dtr Prophetenvorstellung handelt. Der Intention nach will die Glosse Am 3,7 zum rechten Verständnis des inzwischen schriftgewordenen Prophetenwortes führen: Der Leser des Prophetenbuches soll seine eigenen Fragen mit dem Prophetenwort in Verbindung setzen, um eine Antwort zu bekommen, denn nichts tut Jahwe, ohne daß er seinen Propheten seinen göttlichen Plan geoffenbart hätte.

Mi 4,11 – 13 ist, wie H. W. Wolff gezeigt hat, ein Spruch innerhalb der literarisch erstellten Texteinheit Mi 4,9 – 5,5. Die ausführliche Analyse hat den nachexilischen Charakter des gesamten Abschnitts erwiesen. Wenn nach Mi 4,11 – 13 Zion im bevorstehenden Kampf mit den Völkern die Oberhand behält, dann findet das seinen Grund im Plan Jahwes, der Jerusalems Heil will. Im endzeitlichen Sieg Zions erweist sich Jahwe als der Herr der ganzen Welt und offenbart darin seine Geschichtsmächtigkeit.

In 2 Chron 25,1 – 28 hat das Chronistische Geschichtswerk den in 2 Kön 14,2 – 14.17 – 20 vorliegenden Bericht übernommen und um

2 Chron 25,5 – 13.14 – 17aα.20aβb.27aα erweitert. Dabei handelt es sich um chronistische Eigentexte. Die Hinwendung Amazjas zu den edomitischen Göttern und die Ablehnung des prophetischen Rates lassen den Propheten darauf schließen, daß Jahwe gegen den König Verderben geplant hat. Der Prophet erkennt und verkündet das.

Die Notwendigkeit, die geschichtstheologisch relevanten Passagen der Thronfolgeerzählung (ThFE) erneut zu untersuchen, ist forschungsgeschichtlich begründet. Hatte die literarkritische Arbeit von L. Rost den Blick auf den geschlossenen Überlieferungskomplex der »Thronfolgequelle« gelenkt und damit Schule gemacht, so steuerte G. von Rad Überlegungen bei, die die Theologie der ThFE betreffen: Demnach repräsentiert die in der salomonischen Ära entstandene ThFE einen Typ theologischer Geschichtsschreibung, der »Führungsgeschichte« darstellen will und um das messianische Problem kreist.

Lange hat sich die von L. Rost entworfene und von G. von Rad aufgegriffene und weiterentwickelte Position in der alttestamentlichen Diskussion breiter Zustimmung erfreuen können, wenn sie auch in (gewichtigen) Details modifiziert worden ist. Erst in jüngerer Zeit hat sich Kritik angemeldet.

Gegen die von L. Rost vorgetragene Beurteilung der literarischen Probleme stellt H. Schulte einen an der neueren Urkundenhypothese orientierten Lösungsversuch. Sie kommt zu dem Ergebnis, daß die Königsideologische Bearbeitung der David-Geschichten (1 Sam 24f.; 2 Sam 1,5 – 10.13 – 16; 3,39; 16,10; 19,22 f.; 15,25 f.?; 21,12 – 14a?) dem Jahwisten zuzuschreiben ist, der somit als Schöpfer einer großen, von der Väter- bis zur Königszeit reichenden Geschichtskonzeption gelten darf.

Gegen die von L. Rost und von G. von Rad vorgetragenen Überlegungen zur Intention der ThFE haben vor allem L. Delekat und E. Würthwein Bedenken geltend gemacht. Nach ihnen kann kaum von einer prosalomonischen bzw. königsfreundlichen Tendenz der ThFE gesprochen werden. Widerspruch legen J. Kegler und F. Crüsemann ein. J. Kegler übernimmt ausdrücklich die Ansicht von G. von Rad, der König sei überall mit warmer Anteilnahme und Ehrerbietung geschildert. Nach F. Crüsemann haben sowohl die Vertreter einer proköniglichen als auch die einer antiköniglichen Deutung der ThFE Richtiges gesehen. Sie mußten jedoch, um jeweils ihre Sicht zu stützen, das widersprechende Material unterdrücken. Da nach F. Crüsemann eine literarkritische Lösung der in der ThFE eruierbaren Spannungen nicht in Frage kommt, stellt sich erneut das Problem der erzählerischen Intention: Die ThFE will vermitteln zwischen dem Recht und den Grenzen des Königtums.

Einen anderen Lösungsweg, der die relative Geschlossenheit des ThFE-Komplexes *und* die darin auftretenden Spannungen berücksichtigt, bietet das von R. Smend, W. Dietrich, T. Veijola, aber auch von F.

Langlamet u. a. aufgenommene redaktionskritische Programm. Die Begrenzung der hier vorgelegten Analyse auf die Abschnitte 2 Sam 11 f.; 16,15 – 17,23 resultiert aus der Tatsache, daß in diesen Kapiteln die von G. von Rad u. a. herausgestellten geschichtstheologischen Deutestellen der ThFE begegnen: 2 Sam 11,27b; 12,15b.24 und 17,14b.

Die literar- und redaktionskritische Analyse von 2 Sam 11 f. erweist eine komplizierte Schichtung der beiden Kapitel.

1. Der Bericht von der Belagerung und Eroberung der Ammoniter-Hauptstadt Rabba 2 Sam 11,1*; 12,26 – 31 wurde auseinandergebrochen und diente als Rahmen für den David-Batseba-Natan Komplex.

2. In diesen Rahmen wurde zunächst die Erzählung vom Ehebruch Davids mit Batseba, von der Ermordung Urias und von der Geburt Salomos hineinkomponiert: 2 Sam 11,2 – 10.11 (außer: die Lade und Israel und Juda wohnen in Hütten).12 – 20a.21b – 23.24*.25 – 27a. Zusätze sind in der Rede Urias v. 11 und in der von Joab formulierten Nachricht an David in v. 21a und den dazu gehörenden Versteilen v. 20b und v. 24aα auszumachen. 11,27b und 12,1a bilden die redaktionelle Brücke zum Auftritt Natans.

3. 2 Sam 12,1 – 5.7 (ohne: der Gott Israels).8.13 bildet den Grundstock der David-Natan-Szene, der vom Auftritt Natans vor David handelt, in dem Natan einen Rechtsfall vorlegt, der König das Urteil spricht, Natan das im Rechtsparadigma vorgestellte Unrecht auf den König bezieht und in diesem Sinn entfaltet, der König seine Schuld bekennt und Natan die Vergebung Jahwes verkündet.

4. Ein dtr Verfasser, vermutlich DtrP, der bereits 2 Sam 11,1*.11*.20b.21a.24aα.27b eingefügt hat, übernimmt diese Erzählung vom Umkehr bewirkenden Gotteswort, erweitert sie im Blick auf 2 Sam 16,20 – 23 um das Gerichtswort 12,11 f. und fügt diese von ihm überarbeitete Natan-David-Szene mit Hilfe von 11,27b an den bereits von 11,1 und 12,26 – 31 gerahmten Bericht von Davids Ehebruch und Urias Ermordung an. Ferner hat er in 12,7 die Botenformel um »der Gott Israels« erweitert.

5. Die Abschnitte 2 Sam 12,9a.10.14.15 – 25 gehören zu einer Redaktion, die in ihrer Grundtendenz der chronistischen Vergeltungstheologie nahesteht. In 12,24a verarbeitet der Legendenautor die alte Notiz von der Geburt Salomos, die ursprünglich vermutlich 11,27a abgeschlossen hat, und ergänzt sie um die prophetische Namensgebung.

6. Nicht einzuordnen ist 2 Sam 12,9b.

Fragt man nach dem Stellenwert der von G. von Rad herausgehobenen theologischen Deutestellen 2 Sam 11,27b; 12,24bβ.25, dann ist aufgrund des redaktionskritischen Befundes nur eine differenzierte Antwort möglich. 2 Sam 11,27b wurde DtrP zugewiesen. Diese Redaktionsschicht bindet die Erzählung von Davids Ehebruch, Urias Ermordung und der Geburt Salomos in eine gesamtisraelitische Perspektive ein. Wenn nach DtrP Natan zudem in einem Vaticinium ex eventu in 2 Sam 12,11 f. dem König den Verlust seines Harems ankündigt, dann sieht DtrP darin nur die gerechte Strafe für den Ehebruch. Damit aber wird die Aussage der Grunderzählung überstiegen. Ferner läßt dieses von DtrP eingetragene Vaticinium ex eventu Natan das Format eines Gerichtspropheten erlangen, wogegen er in den sonstigen Erzählungen eher als Hofintrigant in Erscheinung tritt. 11,27b will gerade diesen gerichtsprophetischen Auftritt Natans vorbereiten.

2 Sam 12,24bβ.25 läßt sich dagegen eher einem Geschichtsdenken zuordnen, das die Geschichte als die Verwirklichung eines göttlichen Planes verstanden wissen will, denn hier wird die Tatsache, daß Salomo König geworden ist, rückblickend in der nach der Geburt erfolgenden prophetischen Namensgebung festgemacht. Somit könnte man sagen, daß in dem Namen »Jedidja« die Vorstellung eines göttlichen Planes Gestalt gewonnen hat, wenn auch die terminologische Fassung dieses Sachverhaltes fehlt. Es erhebt sich allerdings die Frage, ob damit die Primärintention der Legende erhoben worden ist, denn die will vor allem herausstellen, daß der Tod des anonymen Kindes als Strafe Jahwes und die Geburt Salomos als Frucht der Bußgesinnung Davids zu gelten haben. Daß Salomo der Nachfolger Davids wird, ist für den in nachexilischer Zeit arbeitenden Erzähler eine selbstverständliche Gegebenheit. Im Namen Jedidja wird diese Selbstverständlichkeit in einer Massivität und Zielstrebigkeit ausgesagt, die die Wirrnisse um Salomos Thronnachfolge in keiner Weise berücksichtigt. Der Name muß als Programm gelten.

Literarkritik und Redaktionskritik ergeben ein differenziertes Bild von der Schichtung des Textkomplexes 2 Sam 16,15 – 17,23.

1. Die Grundschicht des Komplexes begegnet in 2 Sam 16,16 f.18aα.19* (ohne: und zum zweiten).20* (ohne: schafft ihr Rat herbei); 17,1 – 4.15a.16.17a.21b* (ohne: zu David).22. Dabei ist mit der Möglichkeit zu rechnen, daß 16,16 – 19* von 15,37 abgetrennt worden ist. Die Grundschicht berichtet vom Beginn der Agententätigkeit Huschais, von Ahitofels Rat, David nachzusetzen, von der erfolgreichen Spionage Huschais und von Davids geglückter Flucht.

2. In der ersten redaktionellen Überarbeitung 2 Sam 16,15.18aβb.19*(und zum zweiten).20*(schafft ihr Rat herbei); 17,5 – 14.15b.17b – 21a.23, die vermutlich vom Dtr Historiographen (DtrH) stammt, gelten alle Sympathien dem König und seinen Helfern. Dieser Überarbeitung verdanken wir den Eindruck, es habe eine rednerische Auseinandersetzung zwischen Ahitofel und Huschai stattgefunden. Ihr verdanken wir auch den theologisch hochbedeutsamen Kommentar in 2 Sam 17,14b.

Die Nähe dieses Kommentars zu weisheitlichem Denken verdeutlicht ein Blick auf Spr 19,21. Diese Sentenz, die vermutlich nachexilischen Ursprungs ist, reflektiert das Verhältnis von menschlichem Sinnen und göttlichem Plan. Das Gelingen eines an sich unkalkulierbaren Sachverhaltes wird letztendlich auf Jahwes Plan zurückgeführt, der als dauerhafter Plan dem menschlichen Sinnen überlegen ist. So erweist Jahwe in der Lebensgeschichte der Menschen seine Souveränität.

Der theologische Kommentar von 2 Sam 17,14b interpretiert, darin kann G. von Rad Zustimmung finden, die vorgängigen Ereignisse als göttliche Führungsgeschichte. Die literarkritische Analyse und die darauf basierenden redaktionskritischen Überlegungen haben freilich gezeigt, daß dieses Verständnis der rückblickenden theologischen Reflexion späterer Zeiten vorbehalten blieb.

3. Mit der Voranstellung von 2 Sam 16,21 f. meldet sich der prophetisch interessierte Deuteronomist (DtrP) zu Wort. Er verschafft der vordtr Erzählung von Absaloms Haremsübernahme diese nunmehr exponierte Stellung. In Jerusalem beginnt die Absalom-Revolte mit einer David herabsetzenden Handlung, die freilich in Verbindung mit 2 Sam 12,11 f. als Gottesgericht an David gelten muß. Diese beiden zeitlich nun recht weit auseinanderlie-

genden Elemente ein und desselben Tun-Ergehen-Zusammenhangs stellen einen Zeit- und Handlungsabschnitt unter eine konkrete Gerichtsansage, die der Notiz 2 Sam 15,16b Bedeutung schenkt. Zwar läßt die von DtrP vorgenommene Präsentation der Ereignisse noch nicht die Geschichtskonzeption eines göttlichen Planes erkennen, aber 2 Sam 15,16b verdeutlicht, daß die Gerichtsankündigung in 2 Sam 12,11 f. nicht nur die Erfüllungssituation in 16,20 ff. bestimmt, sondern daß David selber zum »Erfüllungsgehilfen« wird. Berücksichtigt man zudem, daß die Gerichtsankündigung in 2 Sam 12,11 f. ein Vaticinium ex eventu darstellt, dann will das besagen, daß das Jahwegericht dort geschichtliche Kontinuität stiftet, wo die einfache Beobachtung der Ereignisse keinen Zusammenhang erblicken würde.

In aller Vielfalt, mit der uns die Vorstellung vom Plan/Rat Jahwes in der Geschichte begegnet, bleibt für die Rede vom Plan Jahwes eine entscheidende Gemeinsamkeit: Die Erkenntnis, daß das Leben des Einzelnen, das Leben des Volkes nach einem göttlichen Plan gelenkt wird, und der Glaube, daß Jahwes Geschichtssouveränität die eschatologische Heilszeit herbeiführen wird, sind an ihren Ursprüngen das Ergebnis einer Reflexion über die individuelle Lebens- bzw. die Volksgeschichte. Im Rückblick vermag der verstehende Glaube zu erkennen, daß Jahwe geschichtsmächtig handelt.

Literaturverzeichnis

Aufsätze und Monographien werden in der Regel mit dem ersten Substantiv des Titels angeführt. Aufsätze aus Zeitschriften und Sammelbänden, die mehrfach publiziert wurden, werden jeweils nach der letzten im Literaturverzeichnis aufgeführten bibliographischen Angabe zitiert. Die für Zeitschriften, Serien, Wörterbücher und sonstige Standardwerke benutzten Abkürzungen richten sich nach

> Schwertner, S., Internationales Abkürzungsverzeichnis für Theologie und Grenzgebiete. Zeitschriften, Serien, Lexika, Quellenwerke mit bibliographischen Angaben (IATG), Berlin/New York (1974).

Den bei den textkritischen Bemerkungen benutzten Abkürzungen liegt die Liste der

> Biblia Hebraica Stuttgartensia, ed. K. Elliger et W. Rudolph, Stuttgart (1967 ff.), XLIV-L,

zugrunde; aus schreibtechnischen Gründen wurde jedoch auf die Verwendung der Frakturtypen verzichtet.

Ackroyd, P. R., The Second Book of Samuel, CBC, Cambridge (1977).
−, The Succession Narrative (so-called), Interp. 35, Richmond, Virg. (1981) 383 − 396.
Aharoni, Y., Das Land der Bibel. Eine historische Geographie, Neukirchen-Vluyn (1984).
Albertz, R., Art. פלא *pl'* wunderbar sein, THAT II, Sp. 413 − 420.
Albrektson, B., History and the Gods. An Essay on the Idea of Historical Events as Divine Manifestations in the Ancient Near Eeast and in Israel, CB, Old Testament Series 1, Lund (1967).
Amsler, S., siehe unter Mury, O.
Anderson, G. W., Isaiah XXIV − XXVII Reconsidered, VTS 9, Leiden(1963) 118 − 126.
Auvray, P., Isaïe 1 − 39, SB, Paris (1972).
Baltzer, D., Ezechiel und Deuterojesaja. Berührungen in der Heilserwartung der beiden großen Exilspropheten, BZAW 121, Berlin (1971).
Bardtke, H., Erwägungen zur Rolle Judas im Aufstand des Absalom, in: FS. K. Elliger, AOAT 18, Kevelaer/Neukirchen-Vluyn (1973) 1 − 8.
Barth, H., Die Jesaja-Worte in der Josiazeit. Israel und Assur als Thema einer produktiven Neuinterpretation der Jesajaüberlieferung, WMANT 48, Neukirchen-Vluyn (1977).
Bauer, H./Leander, P., Historische Grammatik der hebräischen Sprache des Alten Testamentes, Halle (1922) = Olms Paperbacks 19, Hildesheim (1965), zit. B − L.
Baumgärtel, F., Die Formel n^e'um jahwe, ZAW 73, Berlin (1961) 277 − 290.
Baumgartner, W., siehe unter Köhler, L.
Becker, J., Isaias − der Prophet und sein Buch, SBS 30, Stuttgart (1968).
Begrich, J., Studien zu Deuterojesaja, BWANT 77, Stuttgart (1938) = 2. A., ThB 20, München (1963).
Berridge, J. M., Prophet, People and the Word of Yahweh, BST 4, Zürich (1970).

(Bibel)
Elliger, K./Rudolph, W. (Hg.), Biblia Hebraica Stuttgartensia, Stuttgart (1967/77).

(Bibel)
Kittel, R. (Hg.), Biblia Hebraica, 16. A., Stuttgart (1971).

(Bibel)
Einheitsübersetzung der Heiligen Schrift. Das Alte Testament, Stuttgart (1980).

Bickert, R., Die Geschichte und das Handeln Jahwes, in: FS. E. Würthwein, Göttingen (1979) 9 – 27.

Böhmer, S., Heimkehr und neuer Bund. Studien zu Jeremia 30 – 31, GTA 5, Göttingen (1976).

Boer, P. A. H. de, The Counsellor, VTS 3, Leiden (1969) 42 – 71.

Bonnard, P.-E., Le Second Isaïe son disciple et leurs éditeurs. Isaie 40 – 66, EB, Paris (1972).

Born, A. van den, Art. Massa, BL, Sp. 1107.

Boström, G., Proverbiastudien. Die Weisheit und das fremde Weib in Spr. 1 – 9, Lunds Universitets Arsskrift. N. F. Avd. 1 Bd. 30 Nr. 3, Lund (1935).

Botterweck, G. J., Art. ארי, ThWAT I, Sp. 404 – 418.

– , Ringgren, H., Theologisches Wörterbuch zum Alten Testament, Stuttgart (1970 ff.).

Branson, R. D., Art. יסר, ThWAT III, Sp. 688 – 697.

Bright, J., Jeremiah, AncB 21, 2. A., New York (1974).

Brockelmann, C., Hebräische Syntax, Neukirchen-Vluyn (1956).

Brueggemann, W., David and his Theologian, CBQ 30, Washington (1968) 156 – 181.

– , On Trust and Freedom. A Study of Faith in the Succession Narrative, Interp. 26, Richmond, Virg. (1972) 3 – 19.

Brunner, H., siehe unter Janssen, J.

Budde, K., Die Bücher Samuel, KHC VIII, Tübingen (1902).

Buhl, F., siehe unter Gesenius, W.

Cancik, H., Mythische und historische Wahrheit. Interpretationen zu Texten der hethitischen, biblischen und griechischen Historiographie, SBS 48, Stuttgart (1970).

Carlson, R. A., David, the chosen King. A Traditio-Historical Approach to the Second Book of Samuel, Stockholm (1964).

Carroll, R. P., From Chaos to Covenant. Prophecy in the Book of Jeremiah, New York (1981).

Caspari, W., Die Samuelbücher, KAT VII, Leipzig (1926).

Cazelles, H., Les Débuts de la Sagesse en Israël, in: Les Sagesses du Proche-Orient Ancien. Colloque de Strasbourg, Paris (1963) 27 – 40.

Cheyne, T. K., Einleitung in das Buch Jesaja, Gießen (1897).

Childs, B. S., Isaiah and the Assyrian Crisis, SBT II,3, London (1967).

Coats, G. W., Parable, Fable, and Anecdote. Story telling in the Succession Narrative, Interp. 35, Richmond, Virg. (1981) 368 – 382.

Coggins, R. J., The First and Second Books of the Chronicles, CNEB, Cambridge (1976).

Conroy, C., Absalom Absalom! Narrative and Language in 2 Sam 13 – 20, AnBib 81, Rom (1978).

Cornill, C. H., Der israelitische Prophetismus. In fünf Vorträgen für gebildete Laien geschildert, 6. A., Straßburg (1906).

– , Die Composition des Buches Jesaja, ZAW 4, Gießen (1884) 83 – 105.

Cramer, K., Amos. Versuch einer theologischen Interpretation, BWANT 51, Stuttgart (1930).

Crenshaw, J. L., YHWH ṣᵉbaʾôt šᵉmô: A Form Critical Analysis, ZAW 81, Berlin (1969) 156 – 175.

−, Prophetic Conflict. Its Effect Upon Israelite Religion, BZAW 124, Berlin (1971).

Crüsemann, F., Der Widerstand gegen das Königtum. Die antiköniglichen Texte des Alten Testamentes und der Kampf um den frühen israelitischen Staat, WMANT 49, Neukirchen-Vluyn (1978).

−, Studien zur Formgeschichte von Hymnus und Danklied in Israel, WMANT 32, Neukirchen-Vluyn (1969).

Dahood, M., Accusative ʿēsāh, »Wood«, in Isaiah 30,1b, Bibl. 50, Rom (1969) 57 f.

Dalman, G., Arbeit und Sitte in Palästina, 7 Bde., Gütersloh (1928 ff.) = Hildesheim (1964 ff.).

Deissler, A., Die Psalmen, Düsseldorf (1964).

−, Zwölf Propheten I. Hosea, Joel, Amos, NEB, Würzburg (1981).

−, Zwölf Propheten II. Obadja, Jona, Micha, Nahum, Habakuk, NEB, Würzburg (1981).

Delekat, L., Tendenz und Theologie der David-Salomo-Erzählung, in: FS L. Rost, BZAW 105, Berlin (1967) 26 − 36.

Delitzsch, F., Commentar über das Buch Jesaia, BC III/1, 4. A., Leipzig (1889).

Dentan, R. C., The Literary Affinities of Exodus XXXIV 6 f., VT 13, Leiden (1963) 34 − 51.

Dietrich, W., David in Überlieferung und Geschichte, VuF 22,1, München (1977) 44 − 64.

−, Jesaja und die Politik, BEvTh 74, München (1976).

−, Prophetie und Geschichte, FRLANT 108, Göttingen (1972).

Dillmann, A./Kittel, R., Der Prophet Jesaja, KEH 5, 6. A., Leipzig (1898).

Donner, H., Der »Freund des Königs«, ZAW 73, Berlin (1961) 269 − 277.

−, Israel unter den Völkern. Die Stellung der klassischen Propheten des 8. Jahrhunderts v. Chr. zur Außenpolitik von Israel und Juda, VTS 11, Leiden (1964).

Duhm, B., Das Buch Jeremia, KHC XI, Tübingen (1901).

−, Das Buch Jesaia, 5. A., Göttingen (1968).

−, Die Psalmen, KHC XIV, Freiburg (1899).

Eaton, J. H., Festal Dramas in Deutero-Isaiah, London (1979).

Eichrodt, W., Der Heilige in Israel. Jesaia 1 − 12, BAT 17/1, Stuttgart (1960).

−, Der Herr der Geschichte. Jesaia 13 − 23 und 28 − 39, BAT 17/2, Stuttgart (1967).

−, Theologie des Alten Testaments, Teil I: Gott und Volk, 8. A., Stuttgart/Göttingen (1968).

−, Theologie des Alten Testaments, Teil II: Gott und Welt, Teil III: Gott und Mensch, 6. A., Göttingen (1974).

Eißfeldt, O., Einleitung in das Alte Testament unter Einschluß der Apokryphen und Pseudoepigraphen sowie der apokryphen und pseudoepigraphenartigen Qumran-Schriften, NTG, 4. A., Tübingen (1976).

−, Hexateuchsynopse. Die Erzählung der fünf Bücher Mose und des Buches Josua mit dem Anfange des Richterbuches in ihre vier Quellen zerlegt und in deutscher Übersetzung dargeboten samt einer in Einleitung und Anmerkungen gegebenen Begründung, Leipzig (1922) = 2. A., Darmstadt (1962).

Elder, W. H., III, A Theological-Historical Study of Isaiah 24 − 27, Baylor University, Ph. D., Ann Arbor (1974).

Elliger, K., Das Buch der zwölf Kleinen Propheten II: Die Propheten Nahum, Habakuk, Zephanja, Haggai, Sacharja, Maleachi, ATD 25, 7. A., Göttingen (1975).

−, Der Begriff »Geschichte« bei Deuterojesaja, in: FS. O. Schmitz, Witten (1953) 26 − 36 = ders., Kleine Schriften zum Alten Testament, ThB 32, München (1966) 199 − 210.

−, Deuterojesaja in seinem Verhältnis zu Tritojesaja, BWANT 63, Stuttgart (1933).

—, Deuterojesaja. 1. Teilband, BK XI/1, Neukirchen-Vluyn (1978).

—, Die dreissig Helden Davids, PJ 31, Berlin (1935) 29–75 = ders., Kleine Schriften zum Alten Testament, ThB 32, München (1966) 72–118.

—, Leviticus, HAT I/4, Tübingen (1966).

Ewald, H., Die jüngsten Propheten des Alten Bundes, in: Die Propheten des Alten Bundes, 3 Bde., 2. A., Göttingen (1868).

Feliks, J., Art. Gerste, BHH I, Sp. 553 f.

—, Art. Spelt, BHH III, Sp. 1830.

Feuillet, A., Art. Isaïe (Le livre de), DBS IV, Sp. 647–729.

Fey, R., Amos und Jesaja. Abhängigkeit und Eigenständigkeit des Jesaja, WMANT 12, Neukirchen-Vluyn (1963).

Fichtner, J., Die »Umkehrung« in der prophetischen Botschaft, ThLZ 78, Leipzig (1953) Sp. 459–466 = ders., Gottes Weisheit, AzTh II/3, Stuttgart (1965) 44–51.

—, Gottes Weisheit. Gesammelte Studien zum Alten Testament (Hg. K. D. Fricke), AzTh II/3, Stuttgart (1965).

—, Jahwes Plan in der Botschaft des Jesaja, ZAW 63, Berlin (1951) 16–33 = ders., Gottes Weisheit, AzTh II/3, Stuttgart (1965) 27–43.

—, Jesaja unter den Weisen, ThLZ 74, Leipzig (1949) Sp. 75–80 = ders., Gottes Weisheit, AzTh II/3, Stuttgart (1965) 18–26.

—, Zum Problem Glaube und Geschichte in der israelitisch-jüdischen Weisheitsliteratur, ThLZ 76, Leipzig (1951) Sp. 145–150 = ders. Gottes Weisheit, AzTh II/3, Stuttgart (1965) 9–17.

Ficker, R., Art. מלאך mal'ak Bote, THAT I, Sp. 900–908.

Flanagan, J. W., A Study of the Biblical Traditions Pertaining to the Foundation of the Monarchy in Israel, Ph. D. Notre Dame, Indiana, Ann Arbor, Mich. (1971).

—, Court History or Succession Document? A Study of 2 Samuel 9–20 and 1 Kings 1–2, JBL 91, Missoula/Montana (1972) 172–181.

Fohrer, G., Das Buch Hiob, KAT XVI, Gütersloh (1963).

—, Das Buch Jesaja. 1. Band: Kapitel 1–23, ZBK, 2. A., Zürich/Stuttgart (1966).

—, Das Buch Jesaja. 2. Band: Kapitel 24–39, ZBK, 2. A., Zürich/Stuttgart (1967).

—, Das Buch Jesaja. 3. Band: Kapitel 40–66, ZBK, Zürich/Stuttgart (1964).

—, Der Aufbau der Apokalypse des Jesaja-Buchs (Jesaja 24–27), CBQ 25, Washington (1963) 34–45 = ders., Studien zur alttestamentlichen Prophetie (1949–1965), BZAW 99, Berlin (1967) 170–181.

—, Der Vertrag zwischen König und Volk in Israel, ZAW 71, Berlin (1959) 1–22 = ders., Studien zur alttestamentlichen Theologie und Geschichte (1949–1966), BZAW 115, Berlin (1969) 330–351.

—, Einleitung in das Alte Testament, 12. A., Heidelberg (1979).

—, Entstehung, Komposition und Überlieferung von Jes 1–39, in: ders., Studien zur Alttestamentlichen Prophetie (1949–1965), BZAW 99, Berlin (1967) 113–147.

—, Geschichte der israelitischen Religion, GLB, Berlin (1969).

—, Prophetie und Geschichte, ThLZ 89, Leipzig (1964) Sp. 481–500 = ders., Studien zur Alttestamentlichen Prophetie (1949–1965), BZAW 99, Berlin (1967) 265–293.

—, Die Struktur der alttestamentlichen Eschatologie, ThLZ 85, Leipzig (1960) Sp. 401–420 = ders., Studien zur alttestamentlichen Prophetie (1949–1965), BZAW 99, Berlin (1967) 32–58.

—, Studien zu alttestamentlichen Texten und Themen (1966–1972), BZAW 155, Berlin (1981).

—, Studien zur alttestamentlichen Prophetie (1949–1965), BZAW 99, Berlin (1967).

—, Studien zur alttestamentlichen Theologie und Geschichte (1949–1966), BZAW 115, Berlin (1969).

—, Vollmacht über Völker und Königreiche (Jer 46–51), in: FS J. Ziegler, fzb 2, Würzburg (1972) 145–153 = ders., Studien zu alttestamentlichen Texten und Themen (1966–1972), BZAW 155, Berlin (1981) 44–52.

—, Wandlungen Jesajas, in: FS. W. Eilers, Wiesbaden (1967) 58–71 = ders., Studien zu alttestamentlichen Texten und Themen (1966–1972), BZAW 155, Berlin (1981) 11–23.

Fokkelman, J. P., Narrative Art and Poetry in the Books of Samuel. A full interpretation based on stylistic and structural analyses, Bd. I, King David (II Sam. 9–20 & I Kings 1–2), Assen (1981).

Fosbroke, H. E. W., Lovett, S., The Book of Amos, IB VI, New York/Nashville (1956) 761–853.

Frankenberg, W., Die Sprüche, HAT II/3.1, Göttingen (1898).

Fritz, V., Israel in der Wüste. Traditionsgeschichtliche Untersuchung der Wüstenüberlieferung des Jahwisten, MThSt 7, Marburg (1970).

Galling, K., Art. Ackerwirtschaft, BRL, 1–4.

—, Biblisches Reallexikon (BRL²), HAT I,1, 2. A., Tübingen (1977).

Gemser, B., Sprüche Salomos, HAT I/16, 2. A., Tübingen (1963).

Gerleman, G., Art. שאל š'l fragen, bitten, THAT II, Sp. 841–844.

Gerstenberger, E., The Woe-Oracles of the Prophets, JBL 81, Philadelphia (1962) 249–263.

Gese, H., Geschichtliches Denken im Alten Orient und im Alten Testament, ZThK 55, Tübingen (1958) 127–145.

—, Kleine Beiträge zum Verständnis des Amosbuches, VT 12, Leiden (1962) 417–438.

Gesenius, W., Buhl, F., Hebräisches und Aramäisches Handwörterbuch über das Alte Testament, 17. A., Berlin u. a. (1962), zit. G-B.

—, Kautzsch, E., Hebräische Grammatik, 28. A., Leipzig (1909) = Hildesheim (1977), zit. G-K.

Giesebrecht, F., Löhr, M., Das Buch Jeremia und die Klagelieder Jeremia, HAT III/2, Göttingen (1906 f.).

Gitay, Y., A Study of Amos's Art of Speech: A Rhetorical Analysis of Amos 3:1–15, CBQ 42, Washington (1980) 293–309.

Golka, F. W., Die israelitische Weisheitsschule oder »Des Kaisers neue Kleider«, VT 33, Leiden (1983) 257–270.

Graffy, A., The Literary Genre of Isaiah 5,1–7, Bib. 60, Rom (1979) 400–409.

Gray, G. B., A Critical and Exegetical Commentary on the Book of Isaiah I–XXVII, ICC, Edinburgh (1912).

Greßmann, H., Die älteste Geschichtsschreibung und Prophetie Israels (von Samuel bis Amos und Hosea), SAT 2/1, 2. A., Göttingen (1921).

Gunkel, H., Das Märchen im Alten Testament, RV II, 23/26, Tübingen (1917).

—, Die Psalmen, 5. A., Göttingen (1968).

—, Genesis, 9. A., Göttingen (1977).

Gunn, D. M., David and the Gift of the Kingdom (2 Sam 2–4, 9–20, 1 Kgs 1–2), Semeia 3, Missoula, Mt. (1975) 14–45.

—, Narrative Patterns and Oral Tradition in Judges and Samuel, VT 24, Leiden (1974) 286–317.

—, On Oral Tradition: A Response to John Van Seters, Semeia 5, Missoula, Mt. (1976) 155–163.

—, The Story of King David. Genre and Interpretation, JSOT. Suppl. 6, Sheffield (1978).

—, Traditional Composition in the »Succession Narrative«, VT 26, Leiden (1976) 214–229.

Gunneweg, A. H. J., Leviten und Priester. Hauptlinien der Traditionsbildung und Geschichte des israelitisch-jüdischen Kultpersonals, FRLANT 89, Göttingen (1965).

Guthe, H., Eggen und Furchen im Alten Testament, in: FS. K. Budde, BZAW 34, Gießen (1920) 75–82.

Haag, H. (Hg.), Bibel-Lexikon, 3. A., Zürich (1982).

—, Art. בֵּן II.III. ThWAT I, Sp. 670–682.

Hagan, H., Deception as Motiv and Theme in 2 Sm 9–20; 1 Kgs 1–2, Bib. 60, Rom (1979) 301–326.

Hagstrom, D. G., The Coherence of the Book of Micah: A Literary Analysis, Union Theological Seminary in Virginia, PhD 1982, Ann Arbor, Mich. (1985).

Haller, M., Edom im Urteil der Propheten, in: FS. K. Marti, BZAW 41, Gießen (1925) 109–117.

Hamlin, E. J., The Nations in Second Isaiah, Ann Arbor (1979).

Hanhart, R., Die jahwefeindliche Stadt. Ein Kapitel aus »Israel in hellenistischer Zeit«, in: FS. W. Zimmerli, Göttingen (1977) 152–163.

Hardmeier, C., Texttheorie und biblische Exegese – Zur rhetorischen Funktion der Trauermetaphorik in der Prophetie, BEvTh 79, München (1978).

Harper, W. R., A Critical and Exegetical Commentary on Amos and Hosea, ICC, Edinburgh (1905).

Henry, M.-L., Glaubenskrise und Glaubensbewährung in den Dichtungen der Jesajaapokalypse, BWANT 86, Stuttgart (1967).

Herbert, A. S., The Book of the Prophet Isaiah 1–39, CNEB, Cambridge (1973).

—, The Book of the Prophet Isaiah 40–66, CNEB, Cambridge (1975).

Hermisson, H.-J., Diskussionsworte bei Deuterojesaja, EvTh 31, München (1971) 665–680.

—, Studien zur israelitischen Spruchweisheit, WMANT 28, Neukirchen-Vluyn (1968).

—, Weisheit und Geschichte, in: FS. G. von Rad, München (1971) 136–154.

Hertzberg, H. W., Die Nachgeschichte alttestamentlicher Texte innerhalb des Alten Testaments, in: P. Volz u. a. (Hg.) Werden und Wesen des Alten Testaments, BZAW 66, Berlin (1936) 110–121 = ders., Beiträge zur Traditionsgeschichte und Theologie des Alten Testaments, Göttingen (1962) 69–80.

—, Die Samuelbücher, ATD 10, 5. A., Göttingen (1973).

Hilgenfeld, A., Das Judentum in dem persischen Zeitalter, ZWTh 9, Jena (1866) 398 ff.

Hölscher, G., Das Buch Hiob, HAT I/17, Tübingen (1952).

Hoffmann, H. W., Die Intention der Verkündigung Jesajas, BZAW 136, Berlin (1974).

Horst, F., Hiob. 1. Teilband, BK XVI/1, 2. A., Neukirchen-Vluyn (1969).

—, siehe unter Robinson, T. H.

Huber, F., Jahwe, Juda und die anderen Völker beim Propheten Jesaja, BZAW 137, Berlin (1976).

Hylmö, G., De s. k. profetiska liturgiernas rytm, stil och komposition, LUA N. F. Avd. 1 Bd. 25. Nr. 5, Lund/Leipzig (1929).

Illman, K.-J. Art. מוּת, ThWAT IV, Sp. 763–787 (gemeinsam mit H. Ringgren und H.-J. Fabry).

Irwin, J. R., The Revelation of עצה in the Old Testament, Ph. D., Drew University (1965).

Janssen, J., Brunner, H., Art. Soan, BL, Sp. 1608 f.

Janzen, W., Mourning Cry and Woe Oracle, BZAW 125, Berlin (1972).

Jenni, E., Art. אב 'ab Vater, THAT I, Sp. 1 – 17.

–, Art. אהב 'hb lieben, THAT I, Sp. 60 – 73.

–, Art. עולם 'ōlām Ewigkeit, THAT II, Sp. 228 – 243.

–, Zwei Jahrzehnte Forschung an den Büchern Josua bis Könige, ThR 27, Tübingen (1961) 1 – 32.97 – 146.

–, Westermann, C., Theologisches Handwörterbuch zum Alten Testament, 2 Bde., Bd. I: 3. A., Bd. II: 2. A., München (1978 f.).

Jepsen, A., Art. אמן, ThWAT I, Sp. 313 – 348.

–, Die Begriffe des »Erlösens« im Alten Testament, in: FS. R. Herrmann, Berlin (1957) 153 – 163.

–, Die Quellen des Königsbuches, 2. A., Halle (1956).

Jeremias, J., Der Prophet Hosea, ATD 24/1, Göttingen (1983).

Joüon, P., Grammaire de l'Hébreu Biblique, Rom (1923) = Graz (1965).

Kaiser, O., Das Buch des Propheten Jesaja. Kapitel 1 – 12, ATD 17, 5. A., Göttingen (1981).

–, Der Prophet Jesaja. Kapitel 13 – 39, ATD 18, 3. A., Göttingen (1983).

–, Einleitung in das Alte Testament. Eine Einführung in ihre Ergebnisse und Probleme, 5. A., Gütersloh (1984).

Kapelrud, A. S., Art. Weizen, BHH III, Sp. 2159.

–, Eschatology in the Book of Micah, VT 11, Leiden (1961) 392 – 405.

Kautzsch, E., siehe unter Gesenius, W.

Kegler, J., Politisches Geschehen und theologisches Verstehen. Zum Geschichtsverständnis in der frühen israelitischen Königszeit, CThM A/8, Stuttgart (1977).

Keller, C.-A., siehe unter Vuilleumier, R.

Kellermann, D., Art. לוי, ThWAT IV, Sp. 499 – 521.

Kiesow, K., Exodustexte im Jesajabuch. Literarkritische und motivgeschichtliche Analysen, OBO 24, Fribourg/Göttingen (1979).

Kilian, R., »Baut eine Straße für unseren Gott!«, in FS. J. Schreiner, Würzburg (1982) 53 – 60.

–, Jesaja 1 – 12, NEB, Würzburg (1986).

–, Der heilsgeschichtliche Aspekt in der elohistischen Geschichtstradition, ThGl 56, Paderborn (1966) 369 – 384.

–, Jesaja 1 – 39, EdF 200, Darmstadt (1983).

Kissane, E. J., The Book of Isaiah, 2 Bde., Dublin (1941 – 43).

Knierim, R., Art. עון 'āwōn Verkehrtheit, THAT II, Sp. 243 – 249.

Köhler, L., Deuterojesaja (Jesaja 40 – 55) stilkritisch untersucht, BZAW 37, Gießen (1923).

–, Theologie des Alten Testaments, NTG, 4. A., Tübingen (1966).

–, Baumgartner, W., Hebräisches und aramäisches Lexikon zum Alten Testament, 3. A., Leiden (1967 ff.).

–, Baumgartner, W., Lexicon in Veteris Testamenti libros, Leiden (1985).

Kraus, H.-J., Psalmen. 1. Teilband (Ps 1 – 59), BK XV/1, 5. A., Neukirchen-Vluyn (1978).

–, Psalmen, 2. Teilband (Ps 60 – 150), BK XV/2, 5. A., Neukirchen-Vluyn (1978).

–, Theologie der Psalmen, BK XV/3, Neukirchen-Vluyn (1979).

Krause, M., Art. Zoan, BHH III, Sp. 2244 f.

Kühlewein, J., Art. בן bēn Sohn, THAT I, Sp. 316 – 325.

Kuhn, G., Beiträge zur Erklärung des Salomonischen Spruchbuches, BWANT 57, Stuttgart (1931).

Kuschke, A., Zu Jes 30,1 – 5, ZAW 64, Berlin (1952) 194 f.

Lande, I., Formelhafte Wendungen der Umgangssprache im Alten Testament, Leiden (1949).

Langlamet, F., Affinités sacerdotales, deuteronomiques, élohistes dans l'Histoire de la succession (2 S 9 – 20; 1 R 1 – 2), in: FS. H. Cazelles, AOAT 212, Kevelaer/Neukirchen-Vluyn (1981) 233 – 246.

– , Ahitofel et Houshai. Rédaction Prosalomonienne en 2 S 15 – 17?, in: FS. E. Loewenstamm, Jerusalem (1978) 57 – 90.

– , Pour ou contre Salomon? La Rédaction prosalomonienne de I Rois I – II, RB 83, Paris (1976) 321 – 379.481 – 528.

Leander, P., Siehe unter Bauer, H.

Leeuw, G. van der, Phänomenologie der Religion, NTG, 3. A., Tübingen (1970).

Leeuwen, C. van, Art. רשע rš‛ frevelhaft/schuldig sein, THAT II, Sp. 813 – 818.

Lehming, S., Erwägungen zu Amos, ZThK 55, Tübingen (1958) 145 – 169.

Lescow, T., Redaktionsgeschichtliche Analyse von Mi 1 – 5, ZAW 84, Berlin (1972) 46 – 85.

Liedke, G., Art. שפט špṭ richten, THAT II, Sp. 999 – 1009.

Lindblom, J., Die Jesaja-Apokalypse, LUA N. F. Avd. 1. Bd. 34. Nr. 3, Lund (1938).

Lisowsky, G., Rost, L., Konkordanz zum Hebräischen Alten Testament, 2. A., Stuttgart (1958).

Ludwig, O., Die Stadt in der Jesaja-Apokalypse. Zur Datierung von Jes 24 – 27, Diss. Bonn, Bonn (1961).

Maag, V., Text, Wortschatz und Begriffswelt des Buches Amos, Leiden (1951).

Maier, J., Das altisraelitische Ladeheiligtum, BZAW 93, Berlin (1965).

– , Grundzüge der Geschichte des Judentums im Altertum, Grundzüge 40, Darmstadt (1981).

Mandelkern, S., Veteris Testamenti Concordantiae Hebraicae atque Chaldaicae, 2 Bde., Berlin (1937) = Graz (1975).

Markert, L., Struktur und Bezeichnung des Scheltworts. Eine gattungskritische Studie anhand des Amosbuches, BZAW 140, Berlin (1977).

Marti, K., Das Buch Jesaja, KHC X, Tübingen (1900).

– , Das Dodekapropheton, KHC XIII, Tübingen (1904).

Mauchline, J., 1 and 2 Samuel, NCeB, London (1971).

Mays, J. L., Amos. A Commentary, OTL, London (1969).

– , Micah. A Commentary, OTL, London (1976).

McCarter, P. K., Jr., »Plots, True or False« The Succession Narrative as Court Apologetic, Interp. 35, Richmond, Virg. (1981) 355 – 367.

– , II Samuel, AncB 9, Garden City, New York (1984).

McKane, W., Prophets and wise men, SBT 44, 2. A., London (1966).

McKeating, H., The Books of Amos, Hosea and Micah, CNEB, Cambridge (1971).

McKenzie, J. L., Second Isaiah, AncB 20, New York (1973).

Melugin, R. F., The Formation of Isaiah 40 – 55, BZAW 141, Berlin (1976).

Merendino, R. P., Der Erste und der Letzte. Eine Untersuchung von Jes 40 – 48, VTS 31, Leiden (1981).

Micheel, R., Die Seher- und Prophetenüberlieferungen in der Chronik, BET 18, Frankfurt (1983).

Mildenberger, F., Die vordeuteronomistische Saul-David-Überlieferung, Diss. masch. Tübingen, Tübingen (1962).

Millar, W. R., Isaiah 24 – 27 and the Origin of Apocalyptic, Harvard Semitic Museum. Harvard Semitic Monograph Series 11, Missoula, Montana (1976).

Mittmann, S., Gestalt und Gehalt einer prophetischen Selbstrechtfertigung (Am 3,3 – 8), ThQ 151, Tübingen (1971) 134 – 145.

Morawe, G., Art. Massa, BHH II, Sp. 1158.

Mosis, R., Untersuchungen zur Theologie des chronistischen Geschichtswerkes, FThSt 92, Freiburg (1973).

Müller, H.-P., Neige der althebräischen Weisheit. Zum Denken Qohäläts, ZAW 90, Berlin (1978) 238 – 264.

–, Wie sprach Qohälät von Gott?, VT 18, Leiden (1968) 507 – 521.

Mulder, S. E., Die Teologie van die Jesaja-Apokalipse, Jesaja 24 – 27, Groningen/Djakarta (1954).

Mury, O., Amsler, S., Yahweh et la sagesse du paysan. Quelques remarques sur Ésaïe 28,23 – 29, RHPhR 53, Paris (1973) 1 – 5.

Myers, J. M., II Chronicles, AncB 13, 3. A., Garden City (1973).

Naidoff, B. D., Israel and the Nations in Deutero-Isaiah: The Political Terminology in Form-Critical Perspective, Ann Arbor (1982).

Nicholson, E. W., The Book of the Prophet Jeremiah, CNEB, 2 Bde., Cambridge (1973/1975).

North, C. R., The Second Isaiah. Introduction, Translation and Commentary to Chapters XL – LV, Oxford (1964).

Noth, M., Das dritte Buch Mose. Leviticus, ATD 6, 4. A., Göttingen (1978).

–, Das vierte Buch Mose. Numeri, ATD 7, 3. A., Göttingen (1977).

–, Das zweite Buch Mose. Exodus, ATD 5, 6. A., Göttingen (1978).

–, Überlieferungsgeschichte des Pentateuch, 3. A., Darmstadt (1966).

–, Überlieferungsgeschichtliche Studien. Die sammelnden und bearbeitenden Geschichts- werke im Alten Testament, 3. A., Darmstadt (1967).

–, Könige. I. Teilband, BK IX/1, Neukirchen-Vluyn (1968).

Nowack, W., Die kleinen Propheten, HAT III/4, 2. A., Göttingen (1903).

–, Die kleinen Propheten, HAT III/4, 3. A., Göttingen (1922).

–, Die Bücher Samuelis, HAT I/4,2, Göttingen (1902).

Odendaal, D. H., The Eschatological Expectation of Isaiah 40 – 66 with Special Reference to Israel and the Nations, Ann Arbor, Mich. (1976).

Otzen, B., Traditions and Structures of Isaiah XXIV – XXVII, VT 24, Leiden (1974) 196 – 206.

Pedersen, J., Israel, Its Life and Culture, 4 Bde., London – Kopenhagen (1926 – 40).

Peters, N., Das Buch der Psalmen, Paderborn (1930).

Pfeiffer, R. H., Introduction to the Old Testament, London (1966).

Phillips, A., The interpretation of 2 Samuel xii 5 – 6, VT 16, Leiden (1966) 243 – 245.

Pirot, L., u. a., Dictionnaire de la Bible, Supplement, Paris (1928 ff.).

Plöger, O., Das Buch Daniel, KAT XVIII, Gütersloh (1965).

–, Reden und Gebete im deuteronomistischen und chronistischen Geschichtswerk, in: FS. G. Dehn, Neukirchen-Vluyn (1957) 35 – 49 = ders., Aus der Spätzeit des Alten Testaments, Göttingen (1971) 50 – 66.

–, »Siebzig Jahre«, FS. F. Baumgärtel, ErF A/10, Erlangen (1959) = ders., Aus der Spätzeit des Alten Testaments, Göttingen (1971) 67 – 73.

–, Sprüche Salomos (Proverbia), BK XVII, Neukirchen-Vluyn (1984).

–, Theokratie und Eschatologie, WMANT 2, 3. A., Neukirchen-Vluyn (1968).

Preuß, H. D., Art. אליל, ThWAT I, Sp. 305 – 308.

−, Das Gottesbild der älteren Weisheit Israels, VTS 23, Leiden (1972) 117 – 145.

−, Deuterojesaja. Eine Einführung in seine Botschaft, Neukirchen-Vluyn (1976).

−, Verspottung fremder Religionen im Alten Testament, BWANT 92, Stuttgart (1971).

Procksch, O., Jesaia I, KAT IX/1, Leipzig (1930).

Rad, G. von, Das erste Buch Mose. Genesis, ATD 2/4, 11. A., Göttingen (1981).

−, Das fünfte Buch Mose. Deuteronomium, ATD 8, 3. A., Göttingen (1978).

−, Das Werk Jahwes, in: Studia biblica et semitica, FS. T. C. Vriezen, Wageningen (1966) 290 – 298.

−, Der Anfang der Geschichtsschreibung im alten Israel, AKuG 32, Weimar (1944) 1 – 42 = ders., Gesammelte Studien zum Alten Testament, ThB 8, 4. A., München (1971) 148 – 188.

−, Der Heilige Krieg im Alten Israel, 2. A., Göttingen (1952).

−, Theologie des Alten Testaments. Bd. I: Die Theologie der geschichtlichen Überlieferung Israels, EETh 1, 4. A., München (1966).

−, Theologie des Alten Testaments. Bd. II: Die Theologie der prophetischen Überlieferungen Israels, EETh 1, 5. A., München (1968).

−, Weisheit in Israel, Neukirchen-Vluyn (1970).

Radjawane, A. N., Das deuteronomistische Geschichtswerk. Ein Forschungsbericht, ThR 38, Tübingen (1973) 177 – 216.

Reddit, P., Isaiah 24 – 27: A Form Critical Analysis, Vanderbuilt University, Ph. D., Ann Arbor (1972).

Reicke, B., Rost, L., Biblisch-Historisches Handwörterbuch, 4 Bde., Göttingen (1962 – 1979).

Renaud, B., Génèse et Théologie d'Amos 3,3 – 8, in: FS. H. Cazelles, AOAT 212, Kevelaer/ Neukirchen-Vluyn (1981) 353 – 372.

−, La formation du livre de Michée. Tradition et actualisation, EtB, Paris (1977).

Rendtorff, R., Beobachtungen zur altisraelitischen Geschichtsschreibung anhand der Geschichte vom Aufstieg Davids, in: FS. G. von Rad, München (1971) 428 – 439.

−, Geschichtliches und weisheitliches Denken im Alten Testament, in: FS. W. Zimmerli, Göttingen (1977) 344 – 353.

Rignell, L. G., A Study of Isaiah Ch. 40 – 55, Lunds Universitets Arsskrift. N. F. Avd. 1. Bd. 52 Nr. 5, Lund (1956).

Ringgren, H., Art. אב, ThWAT I, Sp. 2 – 19.

−, siehe unter Botterweck, G. J.

−, Some Observations on Style and Structure in the Isaiah Apocalypse, ASTI 9, Leiden (1972) 107 – 115.

Robinson, T. H., Horst, F., Die Zwölf Kleinen Propheten, HAT I/14, 3. A., Tübingen (1964).

Rost, L., Art. Kümmel, BHH II, Sp. 1027.

−, Die Überlieferung von der Thronnachfolge Davids, BWANT III, 6, Stuttgart (1926) = ders., Das Kleine Credo und andere Studien zum Alten Testament, Heidelberg (1965) 119 – 253.

−, siehe unter Lisowsky, G.

−, siehe unter Reicke, B.

Rudolph, W., Chronikbücher, HAT I/21, Tübingen (1955).

−, Haggai – Sacharja 1 – 8 – Sacharja 9 – 14 – Maleachi, KAT XIII, 4, Gütersloh (1976), zit. Dodekapropheton 4.

−, Hosea, KAT XIII,1, Gütersloh (1966), zit. Dodekapropheton 1.

−, Jeremia, HAT I/12, 3. A., Tübingen (1968).

−, Jesaja 23,1 − 14, in: FS. F. Baumgärtel, Erlangen (1959) 166 − 174.

−, Jesaja 24 − 27, BWANT 62, Stuttgart (1932).

−, Joel − Amos − Obadja − Jona. Mit einer Zeittafel von Alfred Jepsen, KAT XIII, 2, Gütersloh (1971), zit. Dodekapropheton 2.

−, Micha − Nahum − Habakuk − Zaphanja. Mit einer Zeittafel von Alfred Jepsen, KAT XIII,3, Gütersloh (1971), zit. Dodekapropheton 3.

Rüger, H. P., Art. Musikinstrumente, BRL, 234 − 236.

Ruppert, L., Art. יעץ, ThWAT III, Sp. 718 − 751.

Saebo, M., Art. Chronistische Theologie/Chronistisches Geschichtswerk, TRE 8, Berlin (1981) 74 − 87.

Söderblom, N., Das Werden des Gottesglaubens, 2. A., Leipzig (1926) = Hildesheim (1979).

Scharbert, J., Die Propheten Israels bis 700 v. Chr., Köln (1965).

Schlißke, W., Gottessöhne und Gottessohn im Alten Testament, BWANT 97, Stuttgart (1973).

Schmid, H. H., Wesen und Geschichte der Weisheit. Eine Untersuchung zur altorientalischen und israelitischen Weisheitsliteratur, BZAW 101, Berlin (1966).

Schmidt, H., Die großen Propheten, SAT 2/2, 2. A., Göttingen (1923).

Schmidt, L., »De Deo«. Studien zur Literarkritik und Theologie des Buches Jona, des Gesprächs zwischen Abraham und Jahwe in Gen 18,22 ff. und von Hi 1, BZAW 143, Berlin (1976).

Schmidt, W. H., Art. דבר, ThWAT II, Sp. 89 − 133 (gemeinsam mit J. Bergman und H. Lutzmann).

−, Die deuteronomistische Redaktion des Amosbuches. Zu den theologischen Unterschieden zwischen dem Prophetenwort und seinem Sammler, ZAW 77, Berlin (1965) 168 − 193.

−, Exodus, BK II, Lief. 1 − 3, Neukirchen-Vluyn (1974 ff.).

Schmitt, G., Art. Maße, BRL, 204 − 206.

Schmitt, H.-C., Die Hintergründe der »neuesten Pentateuchkritik« und der literarische Befund der Josefsgeschichte Gen 37 − 50, ZAW 97, Berlin (1985) 161 − 179.

−, Die nichtpriesterliche Josephsgeschichte. Ein Beitrag zur neuesten Pentateuchkritik, BZAW 154, Berlin (1980).

−, Prophetie und Schultheologie im Deuterojesajabuch. Beobachtungen zur Redaktionsgeschichte von Jes 40 − 55*, ZAW 91, Berlin (1979).

−, Redaktion des Pentateuch im Geiste der Prophetie, VT 32, Leiden (1982) 170 − 189.

Schmitt, R., Zelt und Lade als Thema alttestamentlicher Wissenschaft. Eine kritische forschungsgeschichtliche Darstellung, Gütersloh (1972).

Schoors, A., I am God your Saviour. A Form-Critical Study of the Main Genres in Is. XL − LV, VTS 24, Leiden (1973).

Schottroff, W., Art. חשב ḥšb denken, THAT I, Sp. 641 − 646.

Schulte, H., Die Entstehung der Geschichtsschreibung im Alten Israel, BZAW 128, Berlin (1972).

Schwally, F., Zur Quellenkritik der historischen Bücher, ZAW 12, Gießen (1882) 153 − 161.

Scott, R. B. Y., Proverbs, Ecclesiastes, AncB 18, Garden City (1965).

Seebaß, H., Art. בחר, ThWAT I, Sp. 592 − 608.

—, David, Saul und das Wesen des biblischen Glaubens, Neukirchen-Vluyn (1980).

—, Nathan und David in II Sam 12, ZAW 86, Berlin (1974) 203 – 211.

Sellin, E., Das Zwölfprophetenbuch, KAT XII, Leipzig (1922).

Smend, R., sen., Anmerkungen zu Jes. 24 – 27, ZAW 4, Gießen (1884) 161 ff.

Smend, R., Das Gesetz und die Völker. Ein Beitrag zur deuteronomistischen Redaktionsgeschichte, in: FS. G. von Rad, München (1971) 494 – 509.

—, Das Nein des Amos, EvTh 32, München (1963) 404 – 423.

—, Elemente alttestamentlichen Geschichtsdenkens, ThSt 95, Zürich (1968).

—, Die Entstehung des Alten Testaments, ThW 1, 2. A., Stuttgart (1981).

Smith, H. P., A Critical and Exegetical Commentary on the Books of Samuel, ICC, Edinburgh (1899).

Smith, J. M. P., Micah, in: J. M. P. Smith, W. H. Ward, J. A. Bewer, A Critical and Exegetical Commentary on Micah, Zephaniah, Nahum, Habakkuk, Obadiah and Joel, ICC, Edinburgh (1911).

Smith, M., The so-called »Biographie of David« in the Books of Samuel and Kings, HThR 44, Cambridge, Mass. (1951) 167 – 169.

Stähli, H.-P., Art. יעץ jʿṣ raten, THAT I, Sp. 748 – 753.

Stamm, J. J., Der Name des Königs Salomo, ThZ 16, Basel (1960) 285 – 297.

—, Erlösen und Vergeben im Alten Testament. Eine begriffsgeschichtliche Untersuchung, Bern (1940).

Steck, O. H., Israel und das gewaltsame Geschick der Propheten. Untersuchungen zur Überlieferung des deuteronomistischen Geschichtsbildes im Alten Testament, WMANT 23, Neukirchen-Vluyn (1967).

Stoebe, H. J., Das erste Buch Samuelis, KAT VIII, 1, Gütersloh (1973).

—, Überlegungen zu den geistlichen Voraussetzungen der Prophetie des Amos, in: FS. W. Eichrodt, AThANT 59, Zürich (1970) 209 – 225.

Stolz, F., Art. בוש bōš zuschanden werden, THAT I, Sp. 269 – 272.

—, Das erste und zweite Buch Samuel, ZBK: AT 9, Zürich (1981).

—, Jahwes und Israels Kriege. Kriegstheorien und Kriegserfahrungen im Glauben des alten Israel, AThANT 60, Zürich (1972).

Thiel, W., Die deuteronomistische Redaktion von Jeremia 1 – 25, WMANT 41, Neukirchen-Vluyn (1973).

—, Die deuteronomistische Redaktion von Jeremia 26 – 45. Mit einer Gesamtbeurteilung der deuteronomistischen Redaktion des Buches Jeremia, WMANT 52, Neukirchen-Vluyn (1981).

—, Die Rede vom »Bund« in den Prophetenbüchern, Theologische Versuche 9, Berlin (1977) 11 – 36.

Thompson, J. A., The Book of Jeremiah, NIC.AT, Grand Rapids, Mich. (1980).

Thorion, Y., Studien zur klassischen hebräischen Syntax, Marburger Studien zur Afrika- und Asienkunde B/6, Berlin (1984).

Tsevat, M., Marriage and Monarchical Legitimacy in Ugarit and Israel, JSSt 3, Manchester (1958) 237 – 243.

Vannutelli, P., Libri synoptici Veteris Testamenti seu Librorum Regum et Chronicorum loci paralleli, SPIB, Rom (1931).

Van Seters, J., Abraham in History and Tradition, New Haven – London (1975).

—, Oral Patterns or Literary Conventions in Biblical Narrative, Semeia 5, Missoula, Mt. (1976) 139 – 154.

—, Problems in the Literary Analysis of the Court History of David, JSOT 1, Sheffield (1976) 22 – 29.

Vaulx, J. de, Les Nombres, SB, Paris (1972).

Vaux, R. de, Das Alte Testament und seine Lebensordnungen, 2 Bde., 2. A., Freiburg (1966).

Veijola, T., Das Königtum in der Beurteilung der deuteronomistischen Historiographie. Eine redaktionsgeschichtliche Untersuchung, STAT = AASF B/198, Helsinki (1977).

—, Die ewige Dynastie. David und die Entstehung seiner Dynastie nach der deuteronomistischen Darstellung, STAT = AASF B/193, Helsinki (1975).

—, Salomo – der Erstgeborene Bathsebas, in: J. A. Emerton, Studies in the Historical Books of the Old Testament, SVT 30, Leiden (1979) 230 – 250.

Vermeylen, J., Du prophète Isaïe à l'apocalyptique. Isaie, I – XXXV, miroir d'un demi-millénaire d'expérience religieuse en Israël, 2 Bde., Paris (1977/78).

—, La composition littéraire de l'»Apocalypse d'Isaie« (Is., XXIV – XXVII), EThL 50, Löwen/Gembloux (1974) 5 – 38.

Vincent, J. M., Studien zur literarischen Eigenart und zur geistigen Heimat von Jesaja, Kap. 40 – 55, BET 5, Frankfurt (1977).

Vollmer, J., Art. עשה 'śh machen, tun, THAT II, Sp. 359 – 370.

—, Art. פעל p'l machen, tun, THAT II, Sp. 461 – 466.

Volz, P., Der Prophet Jeremia, KAT X, 2. A., Leipzig (1928) = Hildesheim (1983).

—, Jesaia II, KAT IX/2, Leipzig (1932).

Vuilleumier, R., Keller, C.-A., Michée, Nahoum, Habacuc, Sophonie, CAT XIb, Neuchâtel (1971).

Wagner, S., Art. ירה III, ThWAT III, Sp. 920 – 930.

Weippert, H., Art. Dreschen und Worfeln, BRL, 63 f.

—, Schöpfer des Himmels und der Erde. Ein Beitrag zur Theologie des Jeremiabuches, SBS 102, Stuttgart (1981).

Weippert, M., »Heiliger Krieg« in Israel und Assyrien. Kritische Anmerkungen zu Gerhard von Rads Konzept des »Heiligen Krieges im Alten Israel«, ZAW 84, Berlin (1972) 460 – 493.

Weiser, A., Das Buch Jeremia. Kapitel 1 – 25,14, ATD 20, 6. A., Göttingen (1969).

—, Das Buch Jeremia. Kapitel 25,15 – 52,34, ATD 21, 5. A., Göttingen (1969).

—, Das Buch der zwölf Kleinen Propheten. I: Die Propheten Hosea, Joel, Amos, Obadja, Jona, Micha, ATD 24, 5. A., Göttingen (1967).

—, Die Profetie des Amos, BZAW 53, Gießen (1929).

Wellhausen, J., Die Composition des Hexateuchs und der historischen Bücher des Alten Testaments, 4. A., Berlin (1963).

—, Die kleinen Propheten, 4. A., Berlin (1963).

Welten, P., Geschichte und Geschichtsdarstellung in den Chronikbüchern, WMANT 42, Neukirchen-Vluyn (1973).

Werner, W., Eschatologische Texte in Jesaja 1 – 39. Messias, Heiliger Rest, Völker, fzb 46, 2. A., Würzburg (1986).

—, Vom Prophetenwort zur Prophetentheologie. Ein redaktionskritischer Versuch zu Jes 6,1 – 8,18, BZ NF 29, Paderborn (1985) 1 – 30.

Westermann, C., Art. נגד ngd hi. mitteilen, THAT II, Sp. 31 – 37.

—, Art. עבד 'aebaed Knecht, THAT II, Sp. 182 – 200.

—, Das Buch Jesaja. Kapitel 40 – 66, ATD 19, 3. A., Göttingen (1976).

—, Die Begriffe für Fragen und Suchen im Alten Testament, KuD 6, Göttingen (1960) 2 – 30.

—, Genesis, 3 Bde., BK I/1 – 3, Neukirchen-Vluyn (1974 – 82).

−, Grundformen prophetischer Rede, BEvTh 31, 4. A., München (1971).

−, siehe unter Jenni, E.

−, Zum Geschichtsverständnis des Alten Testaments, in: FS. G. von Rad, München (1971) 611−619.

Wharton, J. A., A Plausible Tale. Story and Theology in II Samuel 9−20, I Kings 1−2, Interp. 35, Richmond, Virg. (1981) 341−354.

Whedbee, J. W., Isaiah and Wisdom, Nashville (1971).

Whybray, R. N., Isaiah 40−66, London (1975).

−, The Heavenly Counsellor in Isaiah x1 13−14. A Study of the Sources of the Theology of Deutero-Isaiah, MSSOTS, Cambridge (1971).

−, The Second Isaiah, Sheffield (1983).

−, The Succession Narrative. A Study of II Samuel 9−20; I Kings 1 and 2, SBT II, 9, London (1968).

Widengren, G., Religionsphänomenologie, GLB, Berlin (1969).

Wildberger, H., Art. אמן 'mn fest, sicher, THAT I, Sp. 177−209.

−, Art. בחר bḥr erwählen, THAT I, Sp. 275−300.

−, Jesaja, 1. Teilband (Jes 1−12), BK X/1, Neukirchen-Vluyn (1972).

−, Jesaja, 2. Teilband (Jes 13−27), BK X/2, Neukirchen-Vluyn (1978).

−, Jesaja, 3. Teilband (Jes 28−39), BK X/3, Neukirchen-Vluyn (1982).

−, Jesajas Verständnis der Geschichte, VTS 9, Leiden (1963) 83−117 = ders., Jahwe und sein Volk. Gesammelte Aufsätze zum Alten Testament, ThB 66, München (1979) 75−109.

Wilke, F., Jesaja und Assur. Eine exegetisch-historische Untersuchung zur Politik des Propheten Jesaja, Leipzig (1905).

Willi, T., Die Chronik als Auslegung. Untersuchungen zur literarischen Gestaltung der historischen Überlieferung Israels, FRLANT 106, Göttingen (1972).

Willi-Plein, I., Vorformen der Schriftexegese innerhalb des Alten Testaments. Untersuchungen zum literarischen Werden der auf Amos, Hosea und Micha zurückgehenden Bücher im hebräischen Zwölfprophetenbuch, BZAW 123, Berlin (1971).

Williamson, H. G. M., 1 and 2 Chronicles, NCeB, Grand Rapids (1982).

−, Israel in the Books of Chronicles, Cambridge (1977).

Willis, J. T., Isaiah, LWC 12, Austin, Texas (1980).

−, The Structure of Micah 3−5 and the Function of Micah 5,9−14 in the Book, ZAW 81, Berlin (1969) 191−214.

Wolff, H. W., Amos geistige Heimat, WMANT 18, Neukirchen-Vluyn (1964).

−, Das Geschichtsverständnis der alttestamentlichen Prophetie, in: ders., Gesammelte Studien zum Alten Testament, ThB 22, 2. A., München (1973) 289−306.

−, Die Begründungen der prophetischen Heils- und Unheilssprüche, ZAW 52, Berlin (1934) 1−22.

−, Dodekapropheton 1. Hosea, BK XIV/1, 2. A., Neukirchen-Vluyn (1965).

−, Dodekapropheton 2. Joel und Amos, BK XIV/2, Neukirchen-Vluyn (1969).

−, Dodekapropheton 4. Micha, BK XIV/4, Neukirchen-Vluyn (1982).

Würthwein, E., Die Bücher der Könige. 1. Kön. 17 − 2. Kön. 25, ATD 11, 2, Göttingen (1984).

−, Die Bücher der Könige. Das erste Buch der Könige. Kapitel 1−16, ATD 11, 1, Göttingen (1977).

−, Die Erzählung von der Thronfolge Davids − theologische oder politische Geschichtsschreibung? ThSt 115, Zürich (1974).

−, Erwägungen zu Psalm 73, in: FS. A. Bertholet, Tübingen (1950) 532 − 549.

Zimmerli, W., Ezechiel. 1. Teilband, BK XIII/1, Neukirchen-Vluyn (1969).

−, Ezechiel. 2. Teilband, BK XIII/2, Neukirchen-Vluyn (1969).

−, Grundriß der alttestamentlichen Theologie, ThW 3, 4. A., Stuttgart (1982).

−, Jesaja und Hiskia, in: FS. K. Elliger, AOAT 18, Neukirchen-Vluyn (1973) 199 − 208.

Zobel, H.-J., Art. ארן, ThWAT I, Sp. 391 − 404.

−, Art. ידיד, ThWAT III, Sp. 474 − 479.

Register

JULIUS WELLHAUSEN

Die Composition des Hexateuchs und der historischen Bücher des Alten Testaments

4., unveränderte Auflage.
Oktav. VI, 374 Seiten. 1963. Ganzleinen DM 60,— ISBN 3 11 001265 0

Das arabische Reich und sein Sturz

2., unveränderte Auflage.
Oktav. XVI, 352 Seiten. 1960. Ganzleinen DM 96,— ISBN 3 11 001342 8

Reste arabischen Heidentums

3., unveränderte Auflage.
Oktav. X, 250 Seiten. 1961. Ganzleinen DM 44,50 ISBN 3 11 001301 0

Prolegomena zur ältesten Geschichte des Islam Verschiedenes

Nachdruck der 1. Auflage 1899.
Oktav. VIII, 260 Seiten. 1985. Ganzleinen DM 104,— ISBN 3 11 002215 X
(Skizzen und Vorarbeiten, 6. Heft)

Medina vor dem Islam Muhammads Gemeindeordnung von Medina

Seine Schriften und die Gesandtschaften an ihn

Nachdruck der 1. Auflage 1889
Oktav. II, 194 Seiten deutscher Text, 78 Seiten arabischer Text. 1985.
Ganzleinen DM 106,— ISBN 3 11 009764 8 (Skizzen und Vorarbeiten, 4. Heft)

Preisänderungen vorbehalten

Walter de Gruyter   **Berlin · New York**

DATE DUE

HIGHSMITH   #LO-45220